Herbert Maisch
Patiententötungen

Herbert Maisch
Patiententötungen

Dem Sterben nachgeholfen

Mit einem Vorwort von
Gerhard Mauz

Kindler

Die Folie des Schutzumschlags sowie die Einschweißfolie
sind biologisch abbaubar.
Dieses Buch wurde auf chlor- und säurefreiem Papier gedruckt.

Umschlaggestaltung: Agentur ZERO, München
Umschlagfoto: G + J Fotoservice, Hamburg
Satz: Ventura Publisher im Verlag
Druck und Bindung: Franz Spiegel Buch GmbH, Ulm
Printed in Germany
ISBN 3-463-40254-8

2 4 5 3 1

Inhalt

4

Zwischen Cincinnati und Wien – Außenansichten

115

5

Ein Eisberg wird sichtbar – Problematik Dunkelfeld

188

6

Grauzone im Grenzbereich zwischen Leben und Tod

232

7

Innenansichten I – Lebensläufe und Persönlichkeitsstrukturen

272

8

Innenansichten II – Entwicklungen zur Tat und Beweggründe

316

9

Hintergründe angekündigter Patiententötungen

389

Dank
409

Anhang
411

Vorwort
»Die einzige unbestreitbare Solidarität«

In seinen *Betrachtungen zur Todesstrafe*, dem Essay »Die Guillotine«, heißt es bei Albert Camus: »Die Todesstrafe zerstört die einzige unbestreitbare Solidarität der Menschen, die gemeinsame Front gegen den Tod...«.
Daß Schwestern und Pfleger ihnen anvertraute Menschen töten, war ein Beben ohnegleichen, als dieses »neue kriminologische Phänomen« sichtbar wurde. Ein Bruch in der »gemeinsamen Front gegen den Tod« ausgerechnet in Kliniken und Pflegeheimen, dort, wo unstreitig die Front gegen den Tod verläuft – unfaßbar war das.

Der klinische Psychologe Herbert Maisch hat sich als Wissenschaftler und Sachverständiger vor Strafgerichten einen bedeutenden Namen gemacht. Doch mit dem Buch *Patiententötungen* schuf er ein Lebenswerk; trug er, zuletzt in schweren Stunden, die Erfahrungen und Erkenntnisse seines Lebens zusammen zu einem Buch über das Sterben und das »neue Gesicht« des Todes. Einen entschiedeneren Versuch, diese veränderte gesellschaftliche Bedingung dieses Jahrhunderts für das neue Jahrhundert zu beschreiben und zu angemessenen Antworten aufzurufen, wird es nicht geben.
Die öffentliche Reaktion auf die Meldungen über den Bruch der gemeinsamen Front gegen den Tod ausgerechnet durch Schwestern und Pfleger haben die Medien, hat ein Journalismus zu verantworten, dem es im Kampf um Auflage und Einschaltquote vor allem um das geht, was die Menschen lesen, hören und sehen wollen, und nicht um das, was die Menschen *auch* lesen, hören und sehen *sollten.*

Hans Zulliger, der Schweizer Pädagoge und Psychologe, verstand es, Geschichten zu erzählen. Eine von ihnen handelt von Marcel, einem

zwölf Jahre alten Jungen, der zu Zulliger mit der Bitte um Rat und Hilfe gebracht wird, weil er stiehlt. Vorerst bestiehlt er nur seine Eltern, doch die fürchten, er könne auch anderswo etwas entwenden. Überhaupt, ein Kind, das schon so jung stiehlt, was alles hat man noch von dem zu erwarten, da droht noch viel, viel Schlimmeres.
Die Behandlung des Jungen (die nicht darin besteht, daß ihm etwas bewußt gemacht wird, sondern in spielerischen Gesprächen) hat zunehmend Erfolg, bis eines Tages die Eltern wieder bei Zulliger vorsprechen: »... als der Bub im besten Zug ist, das Stehlen zu lassen, brechen die Eltern die Kur ab mit der Begründung, sie sei ihnen zu kostspielig, und sie sei zu wenig fruchtbar gewesen.«
Die Mutter hat absichtlich Geld herumliegen lassen, da und dort daheim, um zu prüfen, ob Marcel etwas davon nimmt, und, welch beklagenswerte Entdeckung – er hat genommen.
Zulliger läßt das nicht auf sich beruhen, und sein Ergebnis (die Eltern von Marcel sind Pfarrersleute) ist unmißverständlich:

> »Marcel muß schwierig bleiben. Des Rätsels Lösung besteht darin, daß die Ehe der Eltern schlecht ist. Es schickt sich jedoch nicht, daß sich Pfarrersleute scheiden lassen, und sie dürfen dies schon darum nicht tun, weil sie den Kindern ein Familienleben schuldig zu sein glauben. Vernunftgründe halten die Ehe äußerlich zusammen. Einer davon ist die Erziehungsaufgabe am schwierigen Marcel.«

Zulliger stellt fest:

> »Es ist nichts zu machen, weil nichts gemacht werden soll. Es ist für die Eheleute viel angenehmer, sich nur um den diebischen Marcel sorgen zu müssen mit dem ergebenen Seufzer: ›Es hat halt jedermann sein Kreuz zu tragen!‹, als den Ehekonflikt so oder so zu lösen, zu beseitigen. Und darum darf Marcel nicht ein normales Kind werden.«

Das Verbrechen und der Verbrecher liegen als hilfreicher dunkler, verdunkelnder Schleier über den Konflikten der Gesellschaft, die sie lieber trägt, als daß sie sich um ihre Lösung bemüht. Die verdunkeln-

den Konflikte sind nützlich und wichtig (sie werden sogar immer wichtiger, immer unersetzlicher): denn sie markieren den Fußbreit Boden, auf dem alle Menschen zusammenzustehen und einig zu sein haben, soviel sie auch trennt und so verständnislos und unversöhnlich sie einander auch begegnen – den Fußbreit Boden, auf dem sie sich zusammenzufinden und zusammenzustehen haben, damit die steigende, anbrandende Flut des Verbrechens sie nicht hinwegschwemmt. Die Menschen müssen das Kreuz dieser Bedrohung gemeinsam tragen, und wehe, es nimmt ihnen einer dieses Kreuz.
Es besteht ein steter, wachsender Bedarf an Verbrechen und Verbrechern. Und so werden neue gestiftet, wenn das alarmierende, zum Zusammenhalt nötigende Feuer der alten zu verblassen droht. Wird eine Rubrik der Kriminalstatistik schwächer, so ist man unverzüglich bei der Hand, andere Rubriken zu forcieren und aus ihrem Thema das Thema zu machen, das es zu bewältigen gilt, damit nicht Nation, Abendland und Welt untergehen. Frische Gesetze müssen her, die vorhandenen genügen nicht mehr, treffen das nicht, worum es nun jählings zu gehen hat. Ein Hort letzter Gemeinsamkeit auf einem Fußbreit Boden ist zu erhalten und auszugestalten.
Die Patiententötungen wurden überall in der Welt, wo man an sie geriet, dazu benutzt, das Publikum der Leser, Hörer und Zuschauer in Zorn und Wut zu vereinen, ihm die Rarität eines Gemeinschaftserlebnisses zu verschaffen. Die Bundesrepublik bot Spitzenleistungen auf höchstem internationalem Niveau. Eine Schlagzeile lautete: »Der Todesengel und die Chefärztin: Lesbische Liebe?«
Herbert Maisch beschreibt die urteilsreif geschriebene mediale Hysterie, der die gesetzlich mögliche Höchststrafe selbstverständlich nicht genügte angesichts von Taten, die angeblich alles übertrafen, was je von Menschenhand angerichtet worden ist. Längst ist es Sache der Medien, auszurufen, welches Verbrechen nunmehr den Gipfel der Unmenschlichkeit, die allergräßlichste Bedrohung darstellt. Das wollen die Leser, Hörer und Zuschauer. Das ist gemeinschaftsfördernd, ist der Fußbreit Boden, auf dem man einig zu sein hat.
Der Wall des Zorns und der Wut rund um die Patiententötungen ist heute längst planiert von anderen, neuen Highlights, von »organi-

sierter Kriminalität«, von »sexuellem Mißbrauch« und von der »Jugendkriminalität«. Und es versteht sich auch, daß Lehren, die sogleich zu erkennen und zu berücksichtigen gewesen wären, nicht gezogen wurden. Die jeweils vereinende Spitzenkriminalität wird unverzüglich durch eine neue ersetzt, sobald sie die Notwendigkeit bestimmter Reaktionen und Aktivitäten erkennen läßt. Zur Entlastung des Pflegepersonals ist nicht annähernd geschehen, was zur Behebung offenbar gewordener Notstände hätte geschehen müssen. Sterben und Tod werden weiter an die Institution Krankenhaus delegiert, ohne daß die Krankenhäuser dafür ausgestattet sind.

Maischs Buch, sein Lebenswerk, führt das neue Gesicht vor, das der Mensch dem Tod gegeben hat. Er führt es so vor, daß man, vor- und zurückgreifend, sich lesend selbst ein Bild machen kann; daß man nicht ein Bild gemacht bekommt.

Die angestiegene Lebenserwartung, die drastisch verbesserten Möglichkeiten der Medizin und – eben – die gedankenlose Delegation von Sterben und Tod an Krankenhäuser, deren personelle Besetzung und Ausstattung auf die Folgen der höheren Lebenserwartung und der verbesserten Möglichkeiten der Medizin noch nicht eingestellt wurden, das sind drei zentrale »globale« Entwicklungen dieses Jahrhunderts: Die »soziale Maschine Krankenhaus« aber ist nicht auf Patienten eingerichtet, die »weder geheilt werden können noch sterben« dürfen, die »Sand im Getriebe« sind.

Und Maisch führt vor, in immer neue, tiefere Schichten des Themas vordringend, wie sehr Ärzte und Pflegekräfte nicht nur auf Intensivstationen, sondern auch dort, wo schwerstkranke Patienten untergebracht sind, als Mitglieder eines Teams handeln müssen. Doch sie sind, nach den alten Strukturen, für die Behandlung und Pflege da und nicht für Sterben und Tod: »Eine Gesellschaft, die dem Anblick des Sterbens entfremdet ist, überläßt jenen den Spagat zwischen Anforderung und Realität im Umgang mit Todkranken, die man irrtümlich für zuständig und kompetent hält.«

Mit »Globalität« meint Maisch nur beiläufig, daß die Patiententötung ein internationales Phänomen ist. Er versucht damit Entwicklungen zu beschreiben, »von denen schwer vorstellbar ist, wie sie in der Gesellschaft rückgängig zu machen sind«. Der Zuwachs an Lebensalter, die Fortschritte der Medizin, sie lassen keine Umkehr zu. Gesellschaftliche Einstellungen hingegen, beispielsweise die Erwartungen und Forderungen an das Leben und die Erwartungshaltung gegenüber den schier unbegrenzten Machbarkeiten der Medizin lassen sich prüfen und ändern. Der Umgang mit Todkranken muß mit den veränderten Bedingungen und Anforderungen in der Arbeitswelt der Medizin in Einklang gebracht werden. Wird diese neue Realität ignoriert – so kann es zu tödlichen Konsequenzen kommen.

Ein Schwerpunkt der Arbeit von Maisch sind die Darstellungen der Angeklagten in den Strafprozessen der Bundesrepublik, in denen es um Patiententötungen ging. Die Namen der Täter(innen) sind aus rechtlichen und menschlichen Gründen geändert. Doch es bedarf der Erkennbarkeit dieser Menschen nicht. Sie stehen für viele, auch für jene, deren tödliches Eingreifen noch nicht zufällig auffiel und strafrechtlich verfolgt wurde. Es gibt unter ihnen, soweit sie verurteilt wurden, keinen, der als krank, als abartig, als schuldunfähig oder auch nur vermindert schuldfähig anzusehen wäre, auch wenn es gelegentlich zu Hilfskonstruktionen der Gerichte kam.
»Hilflosigkeit und absterbende Gefühle« führen in die »Todesspirale«. Die »Grenze zum Töten wird unterspült«. Risse im behandelnden Team gefährden die psychische Stabilität seiner Mitarbeiter. Die eigenen Ängste, Gefühle und Bedürfnisse werden auf den Patienten übertragen oder mit denen des Patienten verwechselt. Schwestern und Pfleger brennen aus, nicht nur das »Helfer-Syndrom« kann sie beschweren, auch das »Burnout-Syndrom« droht. Wie Sisyphus erleben sie eine Vergeblichkeit, angesichts derer sie plötzlich die Frage überkommt: »Warum kann der nicht in Ruhe sterben?« Und es gibt dann einen Punkt, von dem an die Schwester oder der Pfleger nicht mehr unterscheiden kann, was das Leid des Patienten und was das eigene Leid an sich selbst und der eigenen Situation ist. Es gibt kein Motiv, kein einzelnes, das zu benennen wäre. Ein Motivbündel steht hinter den Taten, die nicht wie ein Waldbrand über die Täter hin-

wegfegen. Sie erleben und empfinden ihre Taten nicht als Tötung. Sie sind mit ihrem Gewissen in Einklang.
Die Fortschrittsmedizin steht, wie dieses Buch belegt, dem wehrlosen Patienten, dessen Zukunft abgelaufen ist, hilflos gegenüber. Das »intensiv und rücksichtslos arbeitende Totengeschäft« bewältigt das Pflegepersonal in besonders sensiblen Bereichen »nicht unbegrenzt lange unbeschadet«. Man ist geneigt zu zitieren, daß hier wieder einmal die Armen hilflos ihrer Schuld überlassen, jedoch anschließend peinlich zur Rechenschaft gezogen werden. Es zeigt sich, daß jene, die Arme erst der Schuld und dann der Pein zu überlassen scheinen, auf ihre Weise auch Arme sind. Auch die Ärzte, verstrickt in widersprüchliche, verwirrende Bemühungen um rechtliche Regelungen, sind Fragen ausgeliefert, denen gegenüber sie ihre berufliche und persönliche Identität zu verlieren drohen.
Herbert Maisch spricht auch die zusätzliche Dimension an, mit der die Frage nach der Unantastbarkeit menschlichen Lebens erweitert worden ist: die Frage nach der Finanzierbarkeit des medizinisch Machbaren. Diese Frage wächst und wächst. Die »erwartete Tragedauer« eines gesunden Organs wird vor der Transplantation geprüft. Auch geht es darum, bis zu welchem Lebensalter Reanimation noch sinnvoll ist. Es geht nicht mehr allein darum, wer am dringendsten ein Organ braucht, sondern wer es verdient; zu schweigen davon, daß immer wichtiger wird, wer eine Transplantation bezahlen kann.
Nicht eine individuelle Disposition läßt Schwestern und Pfleger zu Tätern werden. »Es sind vielmehr komplexe gesellschaftliche Veränderungen, die dazu führen, daß sie in und mit der Sinnerfüllung ihrer pflegerischen Aufgabe scheitern«, so Maisch, der dafür wirbt, daß endlich angemessene Antworten gefunden werden.
Da ist denn noch einmal von der Solidarität zu sprechen. Bei Karl Jaspers heißt es: »Es gibt eine Solidarität zwischen Menschen als Menschen, welche einen jeden mitverantwortlich macht für alles Unrecht und alle Ungerechtigkeiten der Welt...«.

Gerhard Mauz

Einleitung

Dieses Buch handelt davon, daß in Kliniken schwerstkranke, alte Menschen durch Schwestern und Pfleger zu Tode gebracht wurden. Davon zu lesen mag Unglauben hervorrufen: Kann so etwas wirklich geschehen sein? Genauso erging es denen, die unmittelbar zugegen waren, die zusahen, ohne wahrzunehmen, vielleicht ohne wahrnehmen zu wollen, was da geschah: die Kolleginnen und Kollegen der Täter, deren Vorgesetzte, die Patienten selbst und ihre Angehörigen. Daß es solche Tötungen tatsächlich gab, erschien jenseits des Vorstellbaren, konnte nicht sein, weil es nicht sein durfte.

Tatsächlich erschienen diese Tötungen so unwahrscheinlich, daß sie lange Zeit unentdeckt blieben. Und das, obgleich es zum Teil erdrückende Verdachtsmomente gab. Doch wenn ein solcher Verdacht aufkam – häufig auch, bevor er aufkeimen konnte –, wurde er in gemeinschaftlichen Verleugnungsritualen zwischen Täterinnen und Tätern und ihren »unbeteiligten« Kollegen »gründlich« aus der Welt geschafft – keineswegs in dem Bewußtsein, daß es wirklich geschehen war. Der Verdacht blieb stets nur eine mehr oder weniger begründete Vermutung aufgrund von Beobachtungen, ein »unheimliches Gefühl«. Verdachtsmomente und Indizien prallten ab an einer schier unüberwindlichen Abwehrmauer von Verleugnung, Rationalisierung, Ironisierung und Verdrängung, wurden systematisch geschwächt. Zynische oder makabre Redensarten über Sterben, Töten und Tod, wie sie im Krankenhausjargon gang und gäbe sind, überlagerten die eindeutigen Signale. An diesen Jaron gewohnt, erschien es fast allen als Gewißheit, daß kein Verbrechen stattgefunden hatte, ja haben konnte. Der »freie«, zynische und offen erscheinende Umgang mit der Sprache, die scheinbar nichts verhüllte – und dadurch das Gegenteil dessen zu beweisen schien, was da angedeutet oder gar direkt behauptet wurde oder sich in Witzeleien Ausdruck ver-

schaffte –, erschien allen als Beweis dafür, daß nichts »Unrechtes«, daß kein Verbrechen geschehen sein konnte. Das Töten hatte fast freie Bahn.
Dennoch: Es bleibt unfaßbar, daß Schwestern und Pfleger ihnen anvertraute sterbenskranke Patienten töten. Das erscheint nicht nur unvereinbar mit dem Bild, das wir uns von Pflegekräften machen, auf den ersten Blick erscheint es auch völlig unvereinbar mit ihrem Selbstbild, ihrem beruflichen Selbstverständnis. Wie aber kommt es dann trotzdem dazu? Was hat die Täter zu ihrer Tat bewogen, was hat sie motiviert? Sind die Ursachen in ihrer Persönlichkeit zu suchen? Oder welche Umstände sonst haben dazu geführt, daß Menschen, die sich für einen helfenden, ja: für einen heilenden Beruf entschieden haben, andere Menschen töten – und zwar in ihrem beruflichen Umfeld töten? Und warum sind solche Tötungen in den letzten Jahrzehnten weltweit immer wieder aufgedeckt worden, so daß man längst nicht mehr davon sprechen kann, es handle sich um Einzelfälle? Welche Entwicklungen müssen stattgefunden haben, die diesen Taten vorausgehen?
Diese Fragen drängen sich geradezu auf. Dennoch sind sie vor Gericht, in den Prozessen, die den Täterinnen und Tätern gemacht wurden, bislang nicht aufgeklärt worden. Die Geschichten derartiger Tötungen beschreibe ich in diesem Buch, und ich beschreibe ihre Hintergründe. Dabei wird deutlich: Diese Tötungen sind nicht einfach Ausdruck oder Symptom irgendeiner (individuellen) Psychopathologie der Täter, sondern in entscheidendem Maße Reaktionen auf eine radikal veränderte Situation derjenigen, die heute mit Sterben und Tod umgehen müssen. Drastisch verändert hat sich deren Situation durch eine Reihe von Faktoren, die in allen westlichen Industriegesellschaften zu beobachten sind: unter anderem zählt dazu, daß die Menschen immer älter – und damit zum Lebensende hin auch immer kränker – werden, ebenso die enormen Fortschritte der Medizin, die scheinbar allmächtig ist. Diese veränderten Bedingungen fordern zu neuen Fragen heraus, konkret: Was können wir tun, um unter den veränderten Bedingungen mit Sterben und Tod angemessen umgehen zu können? Um die dieser Zeit angemessenen

Antworten darauf zu finden, müssen wir also nach den veränderten Bedingungen fragen, aus denen heraus sich diese Tötungen als neues Phänomen entwickelt haben. Die Antwort darauf ist überlebensnotwendig, denn sie wird unseren Umgang mit Sterben und Tod bestimmen.

In diesem Sinne ist das vorliegende Buch von Töten und Tod ein Plädoyer für das Leben, so paradox es klingt.

August 1997 *Herbert Maisch*

I

Der kurze Tod im langen Sterben – Tatort Intensivstation

Der Schwurgerichtssaal des imposanten, weißen Gerichtsgebäudes in Georgetown, im amerikanischen Bundesstaat Texas war überfüllt, als Richter Carter am Mittwoch, dem 15. Februar 1984, nach Belehrung der Geschworenen die Anklagevertreter zu ihren Schlußplädoyers aufforderte. Damit trat der Prozeß gegen Gene Jones, 30 Jahre alt, Krankenschwester im Bezirkskrankenhaus in San Antonio, in seine letzte Phase. Staatsanwalt Rothe hielt als zweiter der beiden Anklagevertreter sein Plädoyer in der Mordsache Nr. 83-297-K, der Staat Texas gegen die Intensivkrankenschwester Gene Jones, die im Verdacht stand, dreißig Kinder auf einer pädiatrischen Intensivstation mit einem hochdosierten Muskelrelaxantium getötet zu haben. Der Staatsanwalt wandte sich ganz zu den Geschworenen hin, die nun schon seit Wochen mit Zeugenaussagen und schwierigen pharmakologischen, toxikologischen und fachmedizinischen Gutachten konfrontiert worden waren. Er begann seinen Vortrag mit etwa folgenden Sätzen:

»Wenn ich in meiner Karriere zurückblicke, habe ich bereits vor vielen Geschworenen gestanden, aber noch nie in meinem Leben vor einer Jury, die dazu aufgerufen war, eine Ansammlung von Tatsachen zu beurteilen, wie wir sie hier in Georgetown gehört haben. Etwas Derartiges habe ich noch nie erlebt, und ich hoffe, daß ich es nie wieder erleben werde ... Sie müssen sich also mit dieser Situation befassen – mit einer sehr komplexen Situation, die ich sogar als bizarr bezeichnen würde. Warum? Wegen ihres Hintergrundes. Hier geschah ein Mord in einer Umgebung, in der es eigentlich um das genaue Gegenteil geht. Wir haben hier einen Mord, der vor einem medizinischen Hintergrund passierte. Der hippokratische Eid sagt uns, daß alle, die in der Medizin tätig sind, Leben bewahren müssen. Aus diesem Grund ist dieser Fall so absonderlich, so einzigartig und so erschreckend – es geht um Mord in einer medizinischen Situation.«[1]

Was der Ankläger an jenem Februarmorgen in Georgetown zum Ausdruck brachte, werden wohl viele Menschen empfinden, wenn sie derartige Meldungen hören: Zu groß ist die Diskrepanz, der Widerspruch zwischen solchen Taten und der lebensbewahrenden Fürsorge eben jener Schwestern und Pfleger, die nun plötzlich Täter sein sollen, schwer faßbar, daß das vielleicht letzte gewaltfreie Reservat unserer Gesellschaft, das Krankenhaus, zum Tatort von Tötungsverbrechen geworden sein soll. Die Meldungen solcher Tötungen schockieren nicht nur wegen dieser Unvereinbarkeiten, sondern auch, weil sie zugleich unser Bild, unser kollektives idealisiertes Leitbild von der »opferbereiten, duldenden, dienenden« Schwester, von der wir in besonderem Maße Einfühlsamkeit in Kranke und Moribunde erwarten, zu zerstören drohen.
Während der vergangenen zwanzig Jahre wurden in einigen westeuropäischen Ländern und den USA ein Dutzend Pflegekräfte – Schwestern und Pfleger – wegen Patiententötungen in 174 Fällen angeklagt und in über einhundert Fällen der vollendeten Tötung für schuldig befunden (siehe Kapitel 3 zur Übersicht und Chronik der Fälle). In all diesen Fällen handelt es sich nicht um Behandlungsverzicht oder sogenannte »Neugeborenen-Euthanasie« schwerstgeschädigter Neugeborener und Kinder. Das ist auch nicht Thema dieses Buches.

Die folgende Geschichte ist eine Kriminalgeschichte, eine von elf ungewöhnlichen, die in diesem Buch zur Sprache kommen. Sie ereignete sich auf der operativen Intensivstation eines Krankenhauses in Deutschland im letzten Viertel dieses Jahrhunderts. Es ist die Chronik einer mehrfachen Patiententötung durch eine äußerst tüchtige, bei den Patienten wie bei Ärzten gleichermaßen beliebte Intensivkrankenschwester. Die Schilderung beschränkt sich bewußt auf die äußeren Ereignisse und Handlungsstränge der tödlichen Chronologie, wie sie sich zum Teil aus der Beobachterperspektive des Kollegenumfelds, zum Teil aus den Erkenntnissen der späteren Ermittlungen nach Aufdeckung des Falles ergaben. Ausgespart bleiben also die Vorgänge im Inneren dieser Schwester, somit auch ihre innere Entwicklung in der Zeit vor den Taten und wie sie überhaupt dazu kam (siehe dazu Kapitel 7 und 8). Wie alle authentischen Geschichten ist auch diese nur eine Annäherung an die Realität, an den Kern der realen Geschehnisse, nicht die Realität selbst. Es mag überflüssig erscheinen, diesen trivialen Sachverhalt überhaupt zu erwähnen. Aber leider vergißt auch der psychologisch gebildete oder mit Strafsachen vertrautere Laie diese Banalität häufig genug, vor allem, wenn es sich um Gerichtsfälle handelt.

Tatort Intensivstation

Der Tatort ist der »funktionale Ort« eines Tatgeschehens, sagen die Kriminalisten und versprechen sich von seiner Besichtigung und Analyse wesentliche Aufschlüsse über den Tathergang, Einblicke in die Tatumstände oder auch Hinweise auf den Täter oder die Täterin. Daß es dabei zunächst um die Sicherung von Spuren geht, die durch die Tat entstanden sein können und gewisse Rückschlüsse zulassen, ist heute jedem bekannt. Der Tatort Intensivstation ist jedoch weit mehr und unterscheidet sich von allen übrigen Tatorten von Tötungsdelikten: Er ist zugleich der Arbeitsplatz der Täterin – eine große Seltenheit bei Tötungsdelikten (in der überwiegenden Zahl der Fälle ist der Tatort die Wohnung). Ein völlig anderer als die meisten Tatorte ist die Intensivstation jedoch auch wegen ihrer »Innenarchitektur« und ihres ganz besonderen »Innenlebens«. Die Grundmerkmale solcher Stationen – *die* Intensivstation gibt es nicht – verweisen auf Rahmenbedingungen, auf Umstände, unter denen täglich

Außergewöhnliches von jenen erwartet und auch geleistet wird, die angetreten sind, das Leben von Menschen gegen den Zugriff des Todes zu verteidigen, zu retten, um sie irgendwann in ein normales Leben zurückzuführen. Hier sind medizinisches Personal und Patienten gleichermaßen, wenn auch mit unterschiedlichen Vorzeichen und Konsequenzen, mit Grenzen und Grenzsituationen zwischen Leben und Tod konfrontiert.

Intensivstationen – das bedeutet ständige Handlungs- und Aktionsbereitschaft in einem »Innenraum«, dessen optisch-akustische »Kulisse« ungezählte Male so oder ähnlich beschrieben wurde:[2]

Die territorialen Grenzen sind abgesteckt, Schilder bedeuten, daß für das Passieren dieser hermetisch abgegrenzten Enklave bestimmte Vorschriften und Spielregeln gelten. Die Innenarchitektur der Räume wird beherrscht von eher furchteinflößenden Apparaturen, Bildschirmen, Schaltgeräten, deren Piepen und Flimmern eine eigenartige optisch-akustische Atmosphäre prägt, in die sich das Blinken bunter elektronischer Signale mischt, gelegentlich auch das Zischen der Sauerstoffapparate und das Brummen hydraulischer Matratzen. Vielfach herrscht räumliche Enge, während gleichzeitig ein Team von Ärzten, Schwestern, Pflegern an den zahlreichen Anzeigeelementen, Therapie- und Diagnosegeräten viel Bewegung und Aktivität entfaltet. In Notfallsituationen und Krisen von Patienten nehmen Aktivitäten und Hektik zu, ausgelöst vom Schrillen der Alarme, vom Läuten der Telefone, begleitet vom lauten Reden des Teams und den Geräuschen der Apparate – ein nur schwer erträglicher hoher Lärmpegel, gegen den man sich nicht wehren kann, dem man nicht entkommen kann.

Das Spezifische solcher Stationen aber ist die Konfrontation mit dem Leiden der Patienten, mit ihrer oft eingeschränkten oder ganz ausgefallenen Kommunikation, mit dem Sterben, mit Reanimationsversuchen nach plötzlichem Herz-Kreislauf- oder Atemstillstand. Reanimation, das bedeutet unverzügliches Handeln an der letzten Verteidigungslinie gegen den Tod – ein »Kampf«, bei dem »Sieg« und »Niederlage«, Erfolg und Mißerfolg oft dicht beieinanderliegen: von manuellen Basismaßnahmen zum Freimachen der Atemwege,

Mund-zu-Mund-Beatmung, Herzdruckmassage bis zu den technisch-apparativen Maßnahmen, bei denen ein Beatmungstubus in die Luftröhre des Patienten eingeführt wird, oder der sogenannten Defibrillation, einem Elektroschock, um die Herzaktion in bestimmten Fällen wieder zu normalisieren.

Auf einer Intensivstation – so haben Statistiker errechnet – stirbt alle 36 Stunden ein Patient, auf einer unfallchirurgischen Intensivstation rechnet man mit weit mehr Sterbefällen. Und je nach Funktionsschwerpunkt einer Intensiveinheit wird die Mortalität zwischen 20 und 55 Prozent angegeben.[3] Im Abwehrkampf gegen den Tod entsteht ein Klima von hoher Anspannung, ständiger Alarmbereitschaft bei starkem Anforderungsdruck und der virulenten Gefahr, diesen Kampf zu verlieren – ein »combat climate«, wie amerikanische Intensivmediziner es nennen. Es ist deshalb auch kein Zufall, daß Intensivpflegeteams mit den »Green Berets« verglichen werden, mit den legendären Kampfeinheiten der US-Army: »Sie haben die härtesten, schmutzigsten, gefährlichsten Aufgaben zu erledigen, und sie vollbringen auch das Unmögliche.«[4] Sie gelten als die »Elite« des modernen Krankenpflegeberufs. Das hat nicht allein damit zu tun, daß sie eine zusätzliche Spezialausbildung absolvieren müssen und besser bezahlt werden als die »normalen« Krankenpflegekräfte. Ihr höheres Prestige beziehen sie vielmehr aus der Tatsache, daß sie quasi-ärztliche Aufgaben erfüllen. Eine Intensivschwester vermag durch ihre eigenen Aktivitäten menschliches Leben direkt zu retten. Dabei stehen diese Pflegekräfte nicht selten im Spannungsfeld zwischen der Anforderung, Leben zu erhalten und Leiden zu lindern. Doch das ist nur eine der konfliktreichen Schattenseiten ihrer Elite-Position. Die andere ist, daß sie sich als »Anwalt« der Patienten fühlen, zugleich aber den Anordnungen der Ärzte zu folgen, deren Erwartungen zu erfüllen haben, obgleich sie deren Handeln nicht immer akzeptieren können. Einerseits sind sie mit den Ärzten identifiziert, wollen helfen und retten, und dies mit einem hohen Anspruch an sich selbst – andererseits fühlen sie sich verantwortlich für die Erfüllung der Bedürfnisse, Wünsche der Patienten, vor allem aber für die fürsorglich-tröstende Zuwendung auf der letzten Strecke des Lebens. Soviel und vorläufig zu einem Ort, der in den vergangenen Jahrzehnten in Kliniken zum Tatort mehrfacher Patiententötungen in den westlichen Industrieländern geworden ist.

Unheimliche Beobachtungen

An diesem Septembermorgen war es relativ ruhig auf der Sieben-Betten-Station. Der übliche Frühdienst mit Bettenmachen, Morgenwäsche der Patienten etc. war in vollem Gang. Der Pfleger Uli Müller kümmerte sich um den schwerstkranken 70jährigen Patienten Cordes, der an einem inoperablen Kehlkopfkarzinom litt, das bereits auf den Zungengrund übergegriffen hatte. Er war vor einigen Tagen wegen Blutungen im Rachen – nach einem Luftröhrenschnitt wegen Atem- bzw. Luftnot – auf die operative Intensivstation verlegt worden. Die Prognose war infaust, das heißt hoffnungslos, ohne Aussicht auf Heilung oder auch nur Besserung. Bei der ärztlichen Morgenvisite war sein Allgemeinzustand als »mäßig« im Krankenblatt eingetragen, die Spontanatmung als »unzureichend« beurteilt worden. Sprechen konnte der Patient freilich nicht, er verständigte sich mit Gesten. Gleichwohl, an diesem Morgen hatte der Pfleger Uli vom Patienten Cordes den Eindruck, daß er »recht guter Dinge« war und sogar auf kleine Späße reagierte. Überrascht war Uli deshalb, als seine Kollegin, die Intensivschwester Maria Morell, ihm einige Zeit später mitteilte, Herrn Cordes ginge es »nicht so gut«, er habe Schmerzen, sie gebe ihm jetzt gleich ein Schmerzmittel. Er wagte aber nichts zu sagen oder zu fragen. Maria Morell war seine Vorgesetzte, sie hatte langjährige intensivmedizinische Erfahrung und galt ohnehin als der verlängerte Arm der Chefärztin. Er hingegen war neu, erst wenige Monate auf der Station, hatte auch bei weitem nicht die Berufserfahrung seiner älteren Kollegin. Richtig stutzig wurde Uli jedoch erst, als es außerhalb seiner Sichtweite deutlich »klack« machte, nicht nur einmal, sondern drei- oder viermal. Es war das

typische Geräusch des Abbrechens von gläsernen Ampullenköpfen, nachdem sie angesägt waren, vor dem Aufziehen der Spritze. Was Uli merkwürdig fand, war das mehrfache »klack«, bedurfte es zur Verabreichung eines Schmerzmittels in der Regel doch nur einer Ampulle. Uli schaute nach und sah, daß Schwester Maria eine Fünf-Milliliter-Spritze und eine Ampullenschachtel in Händen hielt. Er konnte die Aufschrift gut lesen – es war ein blutdrucksenkendes Medikament. Als sie Uli bemerkte, sagte sie rasch und wie beiläufig: »Das müssen wir auch wieder bestellen!« Dabei wies sie auf die Schachtel mit den Ampullen. Dann eilte sie aus der Zentrale. Sie ging direkt zum Patienten Cordes ans Bett und verabreichte ihm über den Venenkatheter eine Spritze.
Kurze Zeit danach – es mochten vielleicht zehn Minuten vergangen sein – äußerte Schwester Maria im Vorbeigehen, daß es Herrn Cordes »schlecht« gehe, der Blutdruck sei niedrig. Auf Ulis besorgte Frage nach einem Arzt rief sie die Oberärztin. Sie ordnete einen Plasmaexpander zur Stabilisierung der Kreislaufverhältnisse des Patienten an. Danach schickte Schwester Maria ihren Kollegen aus dem Zentralraum, um irgend etwas zu holen. Weshalb sollte er ausgerechnet jetzt, in dieser kritischen Situation nach einer belanglosen Sache suchen? Uli wurden die ganzen Vorgänge, die Verhaltensweisen seiner Kollegin allmählich unheimlich, zumal Herr Cordes um 9 Uhr noch ganz normale Blutdruckwerte hatte. Uli verließ den Zentralraum. Er stellte sich aber hinter die Glastür, die das Krankenzimmer 2 von der Wachstation trennte. Er wollte jetzt einfach beobachten, was weiter geschehen würde. Er sah, wie Maria zwei Ampullen Kaliumchlorid auf Spritzen aufzog, das man normalerweise zum Ausgleich eines Kaliumverlusts insbesondere nach Operationen verabreichte. Sie ging dann – offenbar ohne ihn zu bemerken – an ihrem Kollegen vorbei wieder zum Bett des Patienten Cordes und injizierte ihm beide Spritzen. Fast unmittelbar danach zeigte der Überwachungsmonitor einen Herzstillstand an. Unfähig, das Unglaubliche seiner Wahrnehmung zu reflektieren, stürzte der Pfleger zum Bett des Patienten. Auf dem Monitor sah er, daß der Puls des Patienten plötzlich bis zur vollen Leistung wiederkam. Maria stand

neben ihm, sagte entsetzt: »Mein Gott, jetzt hatte es der arme Herr Cordes bald geschafft!«
Dann schickte sie ihren Kollegen Uli erneut – ganz offensichtlich unter einem Vorwand – aus dem Krankenzimmer des Patienten. Aus fast derselben Position wie zuvor beobachtete Uli, daß Schwester Maria erneut eine Spritze aufzog und sehr rasch durch den Venenkatheter verabreichte. Kurz danach, es war einige Minuten nach 10 Uhr, starb Herr Cordes einen vermutlich raschen Herztod, möglicherweise – wie die Sachverständigen später einmal erklären werden – einen sekundenschnellen »elektrischen« Herztod. »Siehste«, sagte Maria zu Uli, »'ne erfahrene Schwester weiß doch, was passiert!«
Wegen der Schwere der Erkrankung wurde auf eine Reanimation des Patienten verzichtet. Jahre später werden im Schwurgerichtsprozeß gegen Schwester Maria Morell zwei Intensivmediziner als Sachverständige einmal sagen, es sei völlig korrekt gewesen, bei dem schwerstkranken Patienten, der in einem finalen Stadium seiner Erkrankung gewesen sei, keine Wiederbelebungsversuche mehr zu unternehmen. Die Ärzte hätten nur die Monotonie des Abfalls von Blutdruck und Herzfrequenz (auf dem Monitor) übersehen, die unbedingt Anlaß hätte geben müssen, die Frage nach einer Fremdeinwirkung zu stellen.

Uli fühlte sich nach dieser – im wahrsten Sinne des Wortes – unglaublichen Szene wie betäubt. Was er mit eigenen Augen gesehen hatte, erschien ihm so undenkbar, daß er Wahrnehmungszweifel bekam. Hatte er das wirklich alles selbst gesehen und richtig gedeutet? Er war nach dem raschen, dem kurzen Sterben des Patienten noch zum Ampullencontainer in der Zentrale geschlichen, hatte ihn durchsucht und tatsächlich leere Ampullen jenes blutdrucksenkenden Mittels gefunden, von dem Schwester Maria eine ganze Schachtel in der Hand hielt, als sie dem Patienten Cordes ein Schmerzmittel injizieren wollte. Nein, zumindest daran konnte kein Zweifel sein: Es waren leere Ampullen dieses Medikaments, und das bekam zur Zeit kein Patient auf der Station. Gleichwohl war der Verdacht für ihn

»zuerst immer noch nicht faßbar«. Wer würde ihm diese Beobachtungen jemals glauben?
Der junge Pfleger hatte sich am nächsten Tag lange überlegt, was er machen sollte. Schließlich vertraute er sich seinem Kollegen Jörg Sonne an. Der war auch relativ neu auf der Station. »Verdammt unglaubwürdig« höre sich das alles an, erklärte Jörg nach dem Bericht seines Kollegen Uli. Auch durch den Fund der entsprechenden leeren Ampullen im Container ließ Jörg sich nicht überzeugen. Er konnte sich eine solche Handlungsweise weder prinzipiell und schon gar nicht von Schwester Maria vorstellen, einer Kollegin, die fachlich sehr hoch geschätzt war und großes Ansehen genoß. Mit denselben Unsicherheitsgefühlen hatte ja auch Uli zu kämpfen. Es konnte sich auch immer noch um einen Irrtum handeln, eine Fehldeutung des Gesehenen gewissermaßen. Ganz offensichtlich aber wollten sie beide nicht, daß es wahr sein könnte. Deshalb beschlossen sie, zunächst nichts zu unternehmen. Niemand auf der Station, da waren sie sicher, würde ihnen das Ganze glauben, selbst wenn sie beide von den Beobachtungen Ulis und seiner Deutung überzeugt gewesen wären. Aber sie wollten ihre Kollegin und Vorgesetzte künftig doch etwas genauer beobachten.
Es dauerte dann noch gut zwei Monate, bis sich etwas ereignete, was den Verdacht der beiden Pfleger gegen ihre Kollegin fast unabweisbar werden ließ.

Tödliche Reanimation

Bereits seit einiger Zeit nannten ihre Kolleginnen und Kollegen sie »Todesengel«. Während der Dienstzeiten von Schwester Maria Morell waren vermehrt Patienten gestorben. Das war freilich auf der Station aufgefallen. Aber alle, die sie irgendwann so nannten, betrachteten die erhöhte Mortalität in ihren Schichten als einen belastenden Zufall, bedauerten Maria, waren ohne Arg, wollten sie nicht kränken. Und manchmal – so erschien es den Mitgliedern des

Teams – habe sie damit in gewisser Weise auch kokettiert, so, wenn sie schon mal sagte, »der stirbt wohl, ich bin jetzt da«. Aber niemand nahm solche Äußerungen ernst, auch die Ärzte nicht.
Nach einem dreiwöchigen Jahresurlaub im Oktober war sie »wirklich« wieder da. Als Schwester Maria am 29. Oktober abends ihren ersten Dienst nach dem Urlaub beendet hatte, waren auf der Station zwei Patienten im Abstand von drei Stunden verstorben – Herz-Kreislauf-Versagen.

Am 28. Oktober war die 80jährige Irma Ruck wegen einer unstillbaren Blutung in einem hypovolämischen Schockzustand per Noteinweisung in die Klinik eingeliefert und sofort operiert worden. Danach kam sie auf die operative Intensivstation. Die Blutungsquelle im Bereich des künstlichen Darmausgangs (anus praeter) konnte bis zum Abend zum Stillstand gebracht werden, die niedrigen Blutdruckwerte versuchte man durch Infusionen auszugleichen. Die Patientin war auch desorientiert. Nach einem späteren Sachverständigenurteil befand sich die 80jährige in einem »sehr ernsten Zustand«, der nur eine »äußerst schlechte Prognose« erlaubte. Am Morgen des 29. Oktober hatte sich der Zustand der Patientin leicht gebessert, die Blutdruckwerte waren immer noch niedrig, aber stabil, die Herzfrequenz vermindert. Als Schwester Maria mit ihrer Kollegin Sylvia um 13 Uhr zum sogenannten Spätdienst auf die Station kam, konnte sie feststellen, daß Blutdruck und Herzfrequenz der Patientin Ruck ab 12 Uhr 30 ständig abgefallen waren. Unbemerkt von ihrer Kollegin Sylvia injizierte sie der Schwerstkranken ein Medikament, worauf der Blutdruck und gleichzeitig die Herzfrequenz weiter absanken. Kurz vor 14 Uhr 15 gab Schwester Maria – wiederum von allen unbemerkt – eine Stoßinjektion. Um 14 Uhr 15 verstarb Irma Ruck.
Wieder einmal – so sagten die Intensivmediziner Prof. Kettler und Scheler als Sachverständige im Schwurgerichtsprozeß 1989 – hätten die Ärzte der Station dem monotonen gleichzeitigen Abfall von Blutdruck und Herzfrequenz keine Bedeutung beigemessen und die Frage, worauf dieses Phänomen beruhen könnte, nicht gestellt. Die behandelnden Ärzte waren zwar vom plötzlichen Tod der Patientin

überrascht, erklärten ihn jedoch mit einem Herz-Kreislauf-Versagen, bedingt durch den Zustand nach Massivblutung und Blutungsschock. Die Sachverständigen im Prozeß waren sich darüber einig, daß die Schwerstkranke auch ohne tödliche Injektion bald gestorben wäre, ihr Leben jedoch durch den Eingriff der Schwester unzweifelhaft »verkürzt« worden sei.

Seit dem 24. Oktober lag der 67jährige Heinz Tobler nach einem Verkehrsunfall, bei dem er Rippenserienbrüche und ein Schädelhirntrauma erlitten hatte, auf der Intensivstation. Herr Tobler war schwer herzkrank und hatte nach einem Herzinfarkt vor Jahren einen Herzschrittmacher implantiert bekommen, der auch nach dem jetzigen Unfall voll funktionstüchtig geblieben war. Bei der Aufnahme auf die Station war der Patient zwar ansprechbar, jedoch – als Folge des Hirntraumas – zeitlich und örtlich desorientiert. Er wurde intubiert (= Einführung einer Kanüle in die Luftröhre) und künstlich beatmet. Nach dem 25. Oktober waren Krankheitsverlauf und Zustand von Herrn Tobler weitgehend unauffällig. Am Nachmittag des 29. Oktober gegen 16 Uhr 50 kam es – ohne vorherige Anzeichen – zu einem akuten Herz-Kreislauf-Versagen. Das Team verständigte sofort die Ärzte. Schwester Maria begann zusammen mit ihrer Kollegin Sylvia unverzüglich mit Wiederbelebungsmaßnahmen, die einige Minuten später durch die hinzugeeilten Ärzte fortgesetzt wurden. Um eine Übersäuerung des Gewebes, insbesondere in Hirn, Herzmuskel etc., durch den eingetretenen Sauerstoffmangel eines Patienten zu vermeiden, wird bei Reanimationen üblicherweise Natriumbicarbonat (als Puffermittel) injiziert. Der reanimierende Arzt bat Schwester Maria, eine Ampulle des Medikaments aufzuziehen. Sie ging zum Medikamentenschrank im Zentralraum. Dort zog sie aber nicht das verlangte Natriumbicarbonat auf, sondern mehrere Ampullen Kaliumchlorid. Dann lief sie zurück zum Krankenbett. Ahnungslos injizierte Dr. Weiß zügig die falsche Substanz. Bald danach trat der Herztod ein. Dr. Weiß sah die Erfolglosigkeit seiner Bemühungen und brach die Reanimation ab. Als Heinz Tobler starb, war es 17.02 Uhr – nur zehn Minuten waren vergangen, seitdem die hek-

tischen Aktivitäten begonnen hatten, die in solchen kritischen Situationen zur Normalität des Alltags von operativen Intensivstationen gehören.
Heinz Toblers Tod war – nach den Ausführungen der Sachverständigen im Schwurgerichtsprozeß 1989 – ein rascher, kurzer, ein sogenannter elektrischer Herztod. Für die behandelnden Ärzte blieb die Ursache des Herz-Kreislauf-Versagens unklar. Auch den Sachverständigen im Prozeß erschien der plötzliche Tod des Patienten aus dem Krankheitsverlauf nicht erklärbar. Allein das Geständnis von Schwester Maria Morell war in der Lage, das todesursächliche Rätsel aufzuklären.

Die Legende vom Hundeblut

Am Abend des 6. Dezember klagte die 82jährige Karla Gellert über Brustschmerzen und äußerte gegenüber ihrer Tochter Befürchtungen zu sterben. Die zucker- und herzkranke Patientin (Zustand nach Herzinfarkt, Myocardschaden, Rechtsherzbelastung) war nach einer Hüftkopfprothesen-Operation zwei Tage zuvor auf die Intensivstation verlegt worden. Wegen der geklagten Brustschmerzen bestand ärztlicherseits die Sorge, es könnte eine postoperative Embolie eingetreten sein. In Anbetracht ihres geschwächten Zustands wurde der Patientin lediglich ein Schmerzmittel verabreicht.
Der Pfleger Uli Müller übergab die Station gegen 20 Uhr an die Nachtschicht, die von Schwester Maria Morell geleitet wurde. Beim Übergabegespräch informierte Uli seine Kollegin und das übrige Team der Nachtschicht über die Brustschmerzen der Patientin Gellert und die ärztliche Verdachtsdiagnose. Außerdem hatten sich Nierenfunktion und Harnausscheidung (Diurese) der Patientin verschlechtert, und seit 18 Uhr bestand ein Blutdruckabfall. Daß Schwester Maria daraufhin mit einem »Bis Mitternacht wird sie es wohl geschafft haben« reagierte, fiel niemandem besonders auf. Das war einfach Teil jenes bisweilen ruppig-rauhen Umgangstons, der

zum Repertoire der nicht selten groben Scherze, Burschikositäten oder – für Außenstehende – auch schon mal »makabren« Redensarten auf solchen Stationen zählte. Die Mitteilungen der vorangehenden Schichtmitglieder veranlaßten Schwester Renate, den Blutdruck von Frau Gellert zu kontrollieren. Er lag im Normbereich, war also offensichtlich wieder angestiegen. Sie gab dies dem Oberarzt Dr. Fritz telefonisch durch, der keine weiteren Anordnungen traf.
Gegen 22 Uhr muß es wohl gewesen sein, als Schwester Renate meinte, nicht recht gehört zu haben: Der Blutdruck von Frau Gellert sei auf 60 (oberer Wert) gesunken, sagte ihre Kollegin Maria fast flapsig. Sie dachte, Maria wolle sie einfach »verkohlen«. Sie ging zum Krankenbett der Patientin und las selbst ab – der Wert lag tatsächlich bei 60. Renates Ansinnen, Dr. Fritz zu rufen, quittierte Maria mit einem: »Wozu noch, die stirbt sowieso.« Doch Schwester Renate rief bei Dr. Fritz zu Hause an und informierte ihn über den Zustand der Patientin. Der Oberarzt sagte sein Kommen zu. Niemand auf der Station hat gesehen, was Schwester Maria bis zu seinem Eintreffen zehn Minuten nach dem Telefonat mit Schwester Renate tat. In Unkenntnis, daß Maria Morell »etwas getan« hatte, intubierte Dr. Fritz die Sterbende, führte eine Herzmassage durch. Vergeblich, die Reanimationsversuche blieben erfolglos. Um 22 Uhr 18 verstarb die Patientin Karla Gellert.
Dr. Fritz konnte sich den plötzlichen Tod und die Erfolglosigkeit seiner Reanimationsbemühungen nicht erklären. Die Chefärztin Frau Dr. Brandenburg und ihre Oberärztin nahmen als Ursache der akuten Verschlechterung des Zustands von Frau Gellert eine Lungenembolie an. Die intensivmedizinischen Sachverständigen beklagten später im Prozeß eine »sehr unzureichende Überwachung der Körperfunktionen« dieser Patientin und – wiederum – die Tatsache, daß auch in diesem Fall dem behandelnden Arzt das Phänomen des gleichförmigen Abfalls von Blutdruck und Herzfrequenz nicht aufgefallen war.

Es war am anderen Morgen, am 7. Dezember. Mitglieder des Pflegeteams waren über das Pflegeübergabebuch gebeugt, in das Vermerke der jeweils vorhergehenden Schicht für die nächste über Patienten eingetragen werden. Jemand las laut daraus vor. Die vorgelesene Eintragung betraf die verstorbene Patientin Gellert:

> »Kreislauf mäßig – bis saumäßig – Diurese [Harnausscheidung] mies bis ganz mies – AZ [Allgemeinzustand] nicht unbedingt der beste – führt nicht mehr flüssig ab – bitte öfter mal in LH nachsehen, ob Patientin noch ruhig liegt – war unruhig – Pat. wurde auf eigenen Wunsch um 22.18 Uhr dorthin verlegt. Ansonsten ruhigen Dienst, schönes Wochenende, wenig Maloche.«

Es gab lautes Gelächter. Jemand fragte dazwischen, was LH bedeute. »Leichenhalle«, erklärte eine Schwester lachend. Und niemand, der in dieses Gelächter einstimmte, wußte vielleicht so recht, was es da zum Lachen gab. Den Vermerk hatte Maria Morell geschrieben. Das war völlig unüblich und gegen jede ihrer sonstigen Gewohnheiten. Später, Jahre danach, würde es einmal ganz verschiedene Deutungen des Textes und dieser für sie so ungewöhnlichen Verhaltensweise geben. Aber daran dachte jetzt niemand. Nur einer im Team war tief erschrocken. Er erinnerte sich an die Bemerkung Marias vom Vorabend beim Schichtwechsel – »bis Mitternacht wird sie es wohl geschafft haben«. Der Pfleger Uli Müller ging sofort zum Ampullencontainer. Er fand wieder zwei leere Ampullen jenes blutdrucksenkenden Mittels, das keinem der Patienten am Vortag verordnet worden war. Er war ratlos.

Uli wandte sich an seinen Kollegen Jörg Sonne. Was tun? Beiden war klar, daß sie keinesfalls damit zur Chefärztin gehen konnten, schon wegen des »denkbar guten Verhältnisses« von Schwester Maria zur Chefin. Sie würden von ihr sicher »nicht für voll genommen« werden, eine Abfuhr bekommen. Schließlich entschlossen sie sich, anderntags Oberarzt Dr. Fritz ins Vertrauen zu ziehen. Beide hatten sie Angst, waren unsicher, ließen sich von Dr. Fritz das Ehrenwort geben, niemandem etwas zu erzählen. Erst dann berichteten sie, was Uli am 23. September vor dem Tod des Patienten Cordes beobachtet hatte, was Schwester Maria vorgestern beim Schichtwechsel vor dem

Tod der Patientin Gellert äußerte und was sie an leeren Ampullen im Container gefunden hatten. Uli und Jörg konnten sich des Eindrucks nicht erwehren, daß der Oberarzt an ihren Schilderungen Zweifel hegte, jedenfalls ihnen nicht zu glauben schien. Gleichwohl, Dr. Fritz ging auf den Vorschlag der beiden Pfleger ein, der verstorbenen Frau Gellert in der Leichenhalle Blut zu entnehmen – zur Sicherung eventueller Beweise. Er füllte jedem der beiden Pfleger ein Röhrchen mit Blut ab, die sie in ihrem eigenen Kühlschrank lagerten. Mit der Legende, ihrem Hund gehe es nicht gut, baten sie das Krankenhauslabor um Untersuchung einer Blutprobe, die sie aus dem Leichenblut der Verstorbenen »abzweigten«. Noch am selben Tag kam der Befund: Extrem hoher Kaliumwert, ihr Hund müsse eigentlich längst tot sein. Nun, so glaubten die beiden Pfleger, hätten sie den sicheren Beweis in Händen. Sie benachrichtigten Dr. Fritz. Er wollte über den Befund erst noch mal mit einem Pathologen sprechen. Uli und Jörg warteten. Nach einigen Tagen gab Dr. Fritz den beiden Pflegern den enttäuschenden Bescheid: Nach Todeseintritt würde infolge Zellzerfall der Kaliumwert ansteigen, also in jeder Leiche stark erhöht sein, und deshalb sei der Befund irrelevant, als Beweismittel für eine Kaliumchloridinjektion untauglich. Nun saßen sie wieder da, gefangen in ihren alten Unsicherheiten. Sie konnten allerdings nicht ahnen, daß das von ihnen im Kühlschrank aufbewahrte Leichenblut bei den späteren toxikologisch-rechtsmedizinischen Untersuchungen auf eine bestimmte Substanz hin doch einen gewissen Beweiswert behalten würde.
Die Situation der beiden Krankenpfleger in der Folgezeit war – so empfanden sie es – höchst unangenehm. Auf der einen Seite liefen sie mit ihrem Verdacht gegen ihre Kollegin herum, andererseits mußten sie ihr dennoch »irgendwie normal« begegnen, obgleich sich innerlich eine »Mauer« gegen sie aufgebaut hatte. Sie wühlten heimlich in den Containern, suchten nach leeren Ampullen der in Frage kommenden Medikamente. Jörg nahm sogar einmal einen Container aufs Klo und durchsuchte ihn. Niemand durfte etwas von ihren Aktivitäten merken, im Team – das wußten sie – hätte man sie für verrückt erklärt. Dieses Versteckspiel dauerte nach dem Tod der

hochbetagten Frau Gellert Anfang Dezember fast genau einen Monat, als am 7. und 8. Januar 1986 dramatische Ereignisse die beiden Pfleger erneut auf den Plan riefen.

Irrsinnige Aktivitäten

Um 14.30 Uhr kam es bei der 75jährigen Patientin Vera Schumann zu einem raschen Blutdruckabfall. Der obere (systolische) Wert sank innerhalb einer Stunde von 170 auf 90. Die Operation am Morgen des 7. Januar, eine totale Magenresektion wegen eines Karzinoms, hatte die Schwerkranke gut überstanden. Die drei Liter Flüssigkeit, die ihr jetzt zugeführt worden waren, hätten den Blutdruck eigentlich wieder erhöhen müssen. Gegen 16 Uhr war der Blutdruckabfall immer noch nicht zum Stillstand gekommen. Schwester Maria und ihre Kollegin versuchten es nun mit einer sogenannten Auto-Transfusion, indem sie die Beine der Patientin hochlagerten und den Körper in Schräglage brachten. Ohne Erfolg. Kurz nach 17 Uhr kam es plötzlich zu einem akuten Herz-Kreislauf-Versagen mit Atemstillstand und Bewußtlosigkeit. Schwester Maria und Schwester Anna begannen unverzüglich mit Wiederbelebungsversuchen. Sie verabreichten zunächst Elektroschocks und übergaben nach etwa fünf Minuten den hinzueilenden Ärzten, den Oberärzten Dr. Fritz und Frau Dr. Klar, die Reanimation der Patientin. Sie fanden kaum noch Blutgefäße, die nicht zu sehr zusammengefallen waren, um Transfusionen aufnehmen zu können. Auch die Außenimpulse auf das Herz, die zur selbsttätigen Wiederaufnahme des Bluttransportes stimulieren sollten, blieben ohne die erhoffte Wirkung. Gegen 17.20 Uhr traf der chirurgische Chefarzt Dr. Jarezky ein, der hinzugezogen wurde, da er die Patientin operiert hatte. Er übernahm sofort die Regie.
Dr. Jarezky sah, daß die kollabierten Gefäße der bewußtlosen Patientin keine Bluttransfusion mehr aufnahmen. Er weigerte sich aber, den »Kampf« aufzugeben. Deshalb versuchte er jetzt, gewaltsam Blut in die Venen zu injizieren. Auch diese Versuche scheiterten.

Dennoch setzte der Chirurg die schon über eine halbe Stunde dauernden Reanimationsversuche fort. Jeder im Intensivteam wußte, daß eine derart massive Reanimation eine extreme Belastung für den Körper darstellte. Niemand konnte völlig sicher sein, was der Mensch auch im Zustand der Bewußtlosigkeit noch davon empfand, wahrnahm. Gegen 17.30 Uhr forderten die Ärzte erneut zwei Ampullen Natriumbicarbonat zur Pufferung an. Schwester Maria eilte zur Zentrale und zog ein tödliches Gemisch aus zwei verschiedenen chemischen Substanzen auf. Zu der Spritze, die sie ans Bett der Patientin brachte, legte sie zwei leere Ampullen Natriumbicarbonat. Nichts ahnend injizierte einer der Ärzte die letale Wirksubstanz. Die Chefärztin der Station, Frau Dr. Brandenburg, hatte auf dem Monitor in ihrem Zimmer die Bemühungen des Teams verfolgt. Dabei sah sie, daß bereits seit zehn Minuten die Null-Linie auftauchte, nur noch unterbrochen durch die Einwirkungen des Reanimationsteams. Nun ging sie hinüber zur Station. Dort erblickte sie zu ihrer Überraschung Dr. Jarezky, der seine Wiederbelebungsversuche unvermindert fortsetzte. Mittlerweile war es 17.50 Uhr. Die Oberärzte der Station, Dr. Fritz und Frau Dr. Klar, erklärten ihrer Chefin, daß die Patientin ihrer Meinung nach bereits klinisch tot sei. Ganz abrupt und barsch ordnete die Chefärztin den Abbruch der Reanimation an – zur Verärgerung von Dr. Jarezky. Was sich jetzt am Bett der toten Vera Schumann abspielte, war das, was man – milde ausgedrückt – einen Eklat zwischen zwei leitenden Ärzten nennen kann, zwei Ärzten, die unterschiedliche medizinische Disziplinen vertreten und schon seit längerer Zeit ihre Kontroversen austrugen. Schwester Maria aber war hochgradig erregt. Laut und für jeden hörbar sagte sie zu Dr. Jarezky, er habe durch seine ganzen Aktivitäten nur eines erreicht – ihr das »Bett mit Blut verschmiert«. Am Abend dieses 7. Januars 1986 wird Schwester Maria zu Hause in ihr Tagebuch einen einzigen Satz notieren: »17 Uhr Rean. Schumann bis 18 Uhr – grausam.«

Jahre später, 1989 in der Hauptverhandlung, erklären die beiden intensivmedizinischen Sachverständigen, bei dieser Reanimation habe es sich um »irrsinnige Aktivitäten der Ärzte« gehandelt. Und ein amerikanischer Internist und Hospizmediziner schrieb in seinem 1993 erschienenen Buch *Death and Dignity* (dt.: *Das Sterben erleichtern*) über einen ganz ähnlichen Fall mit einer derartigen Reanimationsszene die Sätze:

> »Wenn dieser Patient ebenso wie sein Arzt den Wunsch gehabt hätte, ohne Rücksicht auf die Konsequenzen und Chancen gegen den Tod zu kämpfen, dann hätten wir wenigstens glauben können, daß wir einem Sterbenden den letzten Wunsch erfüllten. Da der Patient jedoch nichts davon wußte, wurde er zum Opfer eines brutalen medizinischen Todesrituals. Auf das Pflegepersonal hat es eine verheerende demoralisierende Wirkung, wenn es solche Qualen zufügen muß, ohne über den Zweck der Maßnahmen oder die persönlichen Ziele des Patienten unterrichtet worden zu sein.«[5]

Es war einen Tag nach der forcierten Reanimation durch den Chirurgen Dr. Jarezky und kurz vor Dienstschluß der Spätschicht am 8. Januar gegen 19.30 Uhr, als im bereits abgedunkelten Raum 1 der Alarm schrillte. Auf dem Monitor des 94jährigen Patienten Feldmann konnte die ins Zimmer stürzende Schwesternschülerin Lydia Ludwig nur noch die Null-Linie sehen. Sie rief aufgeregt nach Schwester Maria, die gerade eine Spritze mit Kaliumchlorid aufgezogen hatte. Als sie zum Bett des 94jährigen kam, der nach einer Oberschenkelhalsoperation nachmittags noch »sehr munter«, wenngleich desorientiert war, sah Maria, daß das »Herz nicht mehr richtig kam«. Zwar hatte der Hochbetagte eine (altersbedingte) Herzmuskelschwäche. Die war aber durch einen Herzschrittmacher gut kompensiert. Nichtsdestoweniger war Schwester Maria sicher, daß der Patient sich bei seinem Lebensalter in einem akuten lebensbedrohlichen Zustand befand. Sie veranlaßte die Schwesternschülerin, nach dem Oberarzt zu telefonieren, der schon die Station verlassen hatte. Dann intubierte Maria Herrn Feldmann. Davor hatte sie die mit Kaliumchlorid aufgezogene Spritze aus der Hand gelegt und sie –

möglicherweise in der Hektik und weil die Schülerin die Privatnummer des Oberarztes nicht fand – neben eine Spritze mit Natriumbicarbonat zur Pufferung bei der Reanimation gelegt. Dann geschah es – im Bruchteil einer Sekunde hatte Schwester Maria die beiden Spritzen verwechselt. In der Annahme, sie injiziere Natriumbicarbonat, verabreichte sie dem Patienten zügig das tödlich wirkende Kaliumchlorid. Als Dr. Fritz eintraf, begann er sofort mit der Reanimation. Noch während seiner Wiederbelebungsversuche schickte er Maria nach einem Medikament in die Zentrale. Als sie den Raum betrat, erkannte sie sofort, daß sie die beiden Wirkstoffe vertauscht hatte. Was in diesen Sekunden in ihr vorging, werden wir später erfahren (siehe S. 328 ff.).
Als sie ans Krankenbett zurückkam, brach Oberarzt Dr. Fritz seine Reanimationsversuche erfolglos ab. Er lobte Maria noch, weil sie den Patienten so gut intubiert hätte, besser als ihm selbst dies am Vormittag gelungen sei. Jahre später werden die Prozeßbeteiligten eine Tagebucheintragung von Schwester Maria zu deuten suchen – mit ganz unterschiedlichem, ja teilweise gegensätzlichem Ergebnis. In diesem Tagebuch fand sich für den 8. Januar abends der Satz: »Ex[itus] von 94 J. Hüfte – Feldmann – Rea – Intub. – ich Super geklappt.« Mit »ich Super« hatte sie lediglich das Lob des Doktors gemeint.
Für Dr. Fritz war die Ursache des Kreislaufzusammenbruchs unklar. In der Hoffnung, eine Obduktion gebe ihm darüber Aufschlüsse, veranlaßte er eine Sektion des Verstorbenen. Sie brachte keinerlei Hinweise. In der Hauptverhandlung 1989 werden die intensivmedizinischen Sachverständigen harsche Kritik daran üben, daß der Venendruck, die Elektrolyte, die Blutgase, die Körpertemperatur, die Urinausscheidung nicht dokumentiert und keine postoperativen Untersuchungen gemacht wurden.

Ende eines Alptraums

Am Morgen des 8. Januar hatten die Intensivpfleger Uli Müller und Jörg Sonne von den Reanimationsereignissen am Vortag und vom Tod der Patientin Schumann erfahren. Sie sahen sofort im Ampullencontainer nach und wurden fündig: zwei oder drei – daran erinnerten sie sich nicht mehr genau – leere Ampullen jenes blutdrucksenkenden Medikaments, das sie nun schon kannten und das seit geraumer Zeit bei keinem Patienten der Station verordnet worden war. Nun stand für beide fest: Sie konnten die Sache nicht länger auf sich beruhen lassen, sie mußten ihren Verdacht der Chefärztin melden, auch auf die Gefahr hin »rauszufliegen«. Das wollten sie nach der Urlaubsrückkehr der Chefin Mitte Januar tun.
Nach den beiden Todesfällen Vera Schumann und Werner Feldmann, den vergeblichen und unerklärlichen Fehlschlägen bei der Reanimation beider Patienten, hielt auch Dr. Fritz es für angezeigt, die Chefärztin zu informieren. Am 13. Januar wurden die beiden Pfleger Uli Müller und Jörg Sonne zur Chefin gebeten. Sie berichteten ihr in allen Details ihre Beobachtungen seit September vergangenen Jahres. Frau Dr. Brandenburg hörte die beiden in Ruhe an, zog deren Verdacht gegenüber Schwester Maria jedoch in Zweifel. Damit hatten Uli und Jörg gerechnet. Doch was folgte, das hat »Uli und mir dann wirklich die Socken ausgezogen«, sagte Jörg später einmal.[6] Die Chefin äußerte die Vermutung, sie seien »sexuell bei ihr [Maria Morell] nicht angekommen«, wollten »den Posten von Schwester Maria erhaschen«, und warf ihnen Konkurrenzdenken vor. Uli und Jörg waren zutiefst betroffen, empfanden die Unterstellungen und Vorwürfe der Chefin als »regelrecht primitiv«, das »wirklich Letzte«. Wie konnte sie so etwas überhaupt denken? Es »gehört ja wirklich einiges dazu, daß man einen solchen Verdacht weiterträgt, das macht man ja nicht aus dem hohlen Bauch«, meinte Jörg. Frau Dr. Brandenburg beendete das Gespräch und entließ beide – nicht ohne sie zu »strengstem Stillschweigen« zu vergattern.

Zwei Tage später erneute Einbestellung beider Krankenpfleger zum Rapport im Chefzimmer. Diesmal saß die Klinikleitung mit am Tisch. Zuvor hatte Schwester Maria beim Justitiar des Krankenhauses und der Chefin alle Vorwürfe zurückgewiesen; die bezeichneten leeren Ampullen habe sie wegen einer Feuchtstelle im Medikamentenschrank »verworfen«, das heißt entfernt. Der Pfleger Uli hatte das Gefühl, »einem regelrechten Verhör unterzogen« zu werden. Er mußte die ganzen Vorgänge nochmals bis ins »kleinste Detail« schildern. Immer wieder unterbrach ihn der Justitiar, bis Uli ganz verunsichert war. Er hatte erwartet, daß man seiner Aufmerksamkeit wenigstens eine »gewisse Anerkennung« zuteil werden lasse, aber im Gegenteil, »man hat mich regelrecht angegriffen und mich als Phantasten bezeichnet, ich würde fadenscheinige Dinge erfinden und nur an meine Karriere denken«. Ja er wurde sogar gefragt, ob er mal in psychiatrischer Behandlung gewesen sei, an Verfolgungswahn gelitten hätte – »das Ganze war ziemlich deprimierend«. Als ihm dann noch die Darstellung Schwester Marias mit den leeren Ampullen vorgehalten wurde und er erfolglos auf die Unstimmigkeiten ihrer Angaben hingewiesen hatte, war das Gespräch rasch beendet. Der Intensivpfleger Uli Müller ging aus dem Zimmer mit den Worten: »Die Verantwortung liegt bei Ihnen!« Auch sein Kollege Jörg hatte eine »verdammte Wut«. Er hatte »da wirklich an der Gerechtigkeit gezweifelt« und gedacht, »irgendwo muß die Welt doch verkehrt sein«.

Doch irgendwie hatte es im Kopf der Chefärztin weitergearbeitet. Sie war entschlossen, den Angaben der Pfleger nachzugehen. Nach einigen Tagen forderte sie die beiden auf, ihr das im eigenen Kühlschrank gelagerte Leichenblut von Frau Gellert zu Untersuchungszwecken auszuhändigen. – Was tun? Die Pfleger waren mittlerweile total mißtrauisch geworden und dachten sogar daran, daß das Ersuchen der Chefin eine »Finte« sein könnte, um Beweismittel gegen »den Liebling«, gegen Schwester Maria zu beseitigen. Sie füllten einen Teil des Blutes ab und behielten es für den Fall einer kriminalpolizeilichen Ermittlung zurück (wie es später dann auch geschah).

Und wieder »dauerte es ewig, bis die Blutproben weggeschickt« worden waren. Uli und Jörg hatten den Eindruck, daß alles verzögert und unter den Teppich gekehrt werden sollte. Dazu trug auch bei, daß Schwester Maria nach wie vor auf der Station weiterarbeitete, als sei nichts geschehen. Die beiden Pfleger überlegten immer wieder, mit ihrer Kollegin über den Verdacht zu reden und ihr persönlich eine Chance zu geben, sich ihnen gegenüber zu erklären. Aber sie verwarfen diesen Gedanken – es würde »nichts bringen«.

Nur wenige Wochen nach der diskriminierenden Anhörung beider Pfleger und der Zurückweisung ihres Verdachts durch Chefärztin und Klinikleitung kam es Anfang Februar auf der Station erneut zu einem Todesfall unter merkwürdigen Umständen. Er führte in der Folge zur Aufdeckung der Serientötungen von Maria Morell und zerrte das sonst sorgsam abgeschirmte Innenleben einer Intensivstation ins grelle Licht einer erbarmungslosen Medienöffentlichkeit (siehe Kapitel 2). Und das kam so:
Die 77jährige Anna Markus lag nun fast schon ein halbes Jahr in der Klinik, hatte zwei schwere operative Eingriffe im vergangenen Jahr hinter sich, als ein akut eitriger Blinddarm in die Bauchhöhle durchgebrochen war und zu ihrer Einweisung führte. Erhebliche postoperative Komplikationen mit ausgedehnten Abszeßbildungen, entzündlichen Veränderungen, septischen Temperaturen erforderten einen zweiten chirurgischen Eingriff, nach dem sie zeitweise auf der Intensivstation behandelt werden mußte. Die 77jährige verlor zunehmend an Gewicht, litt an Auszehrung und befand sich in einem denkbar schlechten Allgemeinzustand. Anna Markus war schwerkrank und äußerte mehrfach die Befürchtung, bald wieder auf die Intensivstation verlegt zu werden. Es mag wohl auch zutreffen, daß die Patientin das Gefühl hatte, ihre Zeit sei abgelaufen. »Mit mir wird nichts mehr«, sagte sie zu Schwester Maria, die sie von Anfang an betreute und auch auf der Normalstation immer wieder besuchte. Maria Morell hatte zu der sympathischen alten Dame im Laufe der Zeit eine engere gefühlsmäßige Beziehung entwickelt. Sie bemühte sich, die leidende Patientin in ihren Stimmungstiefs aufzumuntern,

suchte sie überzeugend »anzulügen«, indem sie ihr einredete, es ginge ihr doch schon »von Tag zu Tag besser«, obgleich erkennbar das Gegenteil der Fall war. Anna Markus schenkte der Schwester wenig Glauben: »Sie können mir viel erzählen«, hatte sie gesagt. »Helfen« möge ihr die Schwester, wenn man sie wieder auf die Intensivstation verlegen würde, statt sie zu entlassen. Darum habe die Schwerstkranke mehrmals gebeten, zuletzt bei einem Besuch Schwester Marias auf der Normalstation, kurz bevor sie nun zum dritten Mal innerhalb von fünf Monaten operiert werden sollte. Schwester Maria sicherte ihr das zu, sagte der Patientin, sie würde im Falle einer Verlegung schon auf sie »aufpassen«, ihr »helfen«. Mag sein, daß – wie Maria Morell später sagte – sie dies äußerte in der »Hoffnung«, Dr. Jarezky, der Chefarzt der Chirurgie, würde die frisch Operierte auf seiner eigenen Station behalten.

Der operative Eingriff bei der Patientin am Morgen des 5. Februar 1986 dauerte mehr als drei Stunden. Es war eine schwierige Operation. Bei Eröffnung des Bauchraums stellte sich eine ausgedehnte Krebserkrankung des Dickdarms heraus. Ein über zwei Faust großer Tumor war aufgebrochen, in die Nachbarschaft infiltriert, hatte Tochtergeschwülste in den örtlichen Lymphknoten gebildet. Während des Eingriffs kam es zu einer mehr als einstündigen Kreislaufkrise mit einem Blutdruckabfall des oberen (systolischen) Wertes unter 80. Erst gegen Ende der Operation gelang es, den Kreislauf wieder zu stabilisieren. Die Spontanatmung der Patientin blieb erhalten, und Anna Markus überstand die Krise. Gegen Mittag wurde sie auf die Intensivstation verlegt. Kurz darauf trat Schwester Maria ihren Dienst an. Auf der Station waren alle über den kritischen Zustand der Schwerstkranken während der Operation informiert. Deshalb wunderte sich das Team über die nunmehr stabilen Kreislaufwerte, die gegen 13.15 Uhr gemessen wurden.

Die Patientin erwachte aus der Narkose, als Schwester Maria an ihr Bett trat. Mag sein, daß Frau Markus einen bittenden oder flehenden Blick auf Schwester Maria richtete. Vielleicht hat sie tatsächlich gesagt: »Sie denken doch an Ihr Versprechen ...« Schwester Maria jedenfalls war davon überzeugt, daß die Krebskranke keine Hei-

lungschancen mehr hatte, ihre Prognose hoffnungslos war und daß sie von ihrem Leiden erlöst werden wollte. Sie ging den kurzen Weg zur Zentrale, wo der frei zugängliche Medikamentenschrank stand. Sie zog zwei Ampullen des blutdrucksenkenden Medikaments auf die Spritze, dazu eine Ampulle Kaliumchlorid, mit dem zusammen die inzwischen erprobte, absolut tödliche Mischung entstand, die sie zügig injizierte. Bald danach kam es bei der Patientin zu einem starken Blutdruckabfall, einer Verlangsamung der Pulsfrequenz und in der Folge zum alsbaldigen Kreislaufzusammenbruch. Um 13.45 Uhr, knapp eine Stunde nach der Verlegung von Anna Markus auf die Intensivstation, zeigte der Monitor keine Herzaktivität mehr. Der klinische Tod war eingetreten. Die etwa 30minütigen Reanimationsversuche des herbeigerufenen Oberarztes Dr. Fritz blieben erfolglos. Der Tod von Anna Markus wurde für 14.10 Uhr eingetragen. Es war ein rascher, ein kurzer Tod im langen Sterben dieser Patientin. Zumindest darüber waren sich später – wie in einigen anderen Fällen – die Sachverständigen einig, die von einem »augenblicklichen Herzstillstand« oder dem »elektrischen Herztod« sprachen.
Am Nachmittag, als der Pfleger Uli Spätschicht hatte, äußerte Dr. Fritz, daß auch die Umstände dieses Todes »wieder mysteriös« gewesen seien. Daraufhin veranlaßte Uli seinen Oberarzt, den Bestand des in Verdacht geratenen blutdrucksenkenden Medikaments zu überprüfen. Das Ergebnis war ein Fehlbestand von drei Ampullen gegenüber der vorangehenden Zählung. Nun entnahm Dr. Fritz der Leiche von Frau Markus Blut, ließ es in Trockeneis verpacken und zur Untersuchung ins Institut für Rechtsmedizin bringen. Erstmals hatte sich der Verdacht auf eine Fremdeinwirkung bei dem Oberarzt verdichtet. Am Morgen des 6. Februar kam der Stein endgültig ins Rollen, als Jörg Sonne, der über alle Vorkommnisse unterrichtete Kollege von Uli Müller, den Ampullen-Container kontrollierte. Zwei Ampullenköpfe des in Verdacht geratenen Medikaments lagen im Container. Und bei der Überprüfung der Kaliumchlorid-Ampullen fehlten vier, obgleich seit der letzten Bestandskontrolle am Vortag die Substanz ärztlich nicht verordnet worden war. Dr. Fritz informierte jetzt unverzüglich die Chefärztin. Am anderen Tag, am 7. Fe-

bruar 1986, suspendierte Frau Dr. Brandenburg ihre leitende Intensivschwester vom Dienst, um die gegen sie erhobenen Vorwürfe zu klären. Sie sicherte der in Tränen ausbrechenden Maria Morell zu, sie offiziell und nach außen hin für dienstunfähig erkrankt zu erklären. Nur wenige Tage danach wurde der Schwester von der Klinikleitung mitgeteilt, daß man im Blut der verstorbenen Patientin Anna Markus »geringe Spuren« eines blutdrucksenkenden Medikaments gefunden habe, das der Krebskranken ärztlich nicht verordnet worden sei. Nun wußte sie, daß man ihr »etwas nachweisen konnte«. Und sie mußte nun eigentlich auch wissen, was auf sie zukommen würde. Sie war jedoch »geschockt«, als sie vor ihrer ersten kriminalpolizeilichen Vernehmung am 13. März im Haftbefehl las, daß ihr »Mord in mindestens sechs Fällen zur Last gelegt« wurde.

In den kriminalpolizeilichen Vernehmungen vom 13. bis 15. März 1986 gestand die hochangesehene, allseits als äußerst tüchtig geltende Intensivschwester, Lehrschwester, Schichtführerin und stellvertretende Leiterin des Pflegepersonals dieser Intensivstation, zwischen Ende 1984 oder Anfang 1985 bis Februar 1986 sieben bis zehn schwerstkranke ältere Patienten von ihren »Leiden erlöst« zu haben. Die Vernehmungsbeamten haben zu keinem Zeitpunkt ihre Erinnerungsunsicherheiten und -lücken als plumpe Täuschungsmanöver oder Vertuschungsversuche gewertet. Sie waren davon überzeugt, daß Maria Morell bemüht war, die Wahrheit zu sagen und dies – soweit ihr Gedächtnis reichte – auch tat.

Zu den Ereignissen in diesem vorläufigen Finale gehört aber auch, was mit jenen Pflegern geschah, die den Stein ins Rollen brachten, der zur Aufdeckung führte. Nun, man hat sie irgendwann darüber informiert, daß in dem von ihnen gelagerten Leichenblut der Patientin Gellert Spuren des verdächtigten Medikaments gefunden worden waren. Anerkennung oder Dank erfuhren die beiden zu keinem Zeitpunkt. Und niemand aus dem Kreis der Stations- oder Klinikleitung hat sich für die diskriminierende Behandlung der beiden Pfleger vor Aufdeckung der Taten entschuldigt. Daß sich ihr Verdacht gegen die »tüchtige und opferbereite« Kollegin bestätigte, war für

sie alles andere als eine Genugtuung oder ungetrübte Nachricht. Zwar waren sie einerseits froh, daß der monatelange Alptraum ein Ende fand, andererseits brach mit der Gewißheit für sie auch eine »Welt zusammen«. Den deprimierenden Schlußpunkt setzten dann auch noch die Ermittlungen gegen beide wegen »fahrlässiger Tötung«, die allerdings schon bald eingestellt wurden. Die beiden Krankenpfleger Müller und Sonne mußten die bittere Erfahrung machen, daß es riskant ist, einen so »ungeheuerlichen« Verdacht den Verantwortlichen einer Station oder Klinik zu melden, mag dieser Verdacht noch so begründet und durch Sachbeweise gestützt sein. Der Stein, den sie ins Rollen gebracht hatten, war ganz plötzlich zu einer Lawine angewachsen, die verheerende Spuren zu hinterlassen drohte – am »Haus«, in dem sie selbst saßen, am Ansehen der Vorgesetzten, im unmittelbaren Kollegenumfeld und bei sich selbst. Die vor Aufdeckung der tödlichen Ereignisse bestehende Furcht der Chefärztin und der Klinikleitung vor einem Skandal in der Öffentlichkeit wurde zur fast unüberwindlichen Barriere, den Verdacht ernst zu nehmen, ihn umgehend zu prüfen und die Wahrheit zu akzeptieren. Daß diese Furcht der Verantwortlichen dann so auf die beiden Pfleger zurückschlagen würde, konnten sie nicht ahnen. Betroffen waren sie in mehrfacher Weise: als Entdecker der Geschehnisse und Überbringer der Hiobsbotschaft waren sie fast wie Brandstifter behandelt worden, die das eigene Haus angezündet hatten; als Kollegen der Beschuldigten verloren sie ihren Glauben an eine als vorbildlich geltende Führungsperson eines »Elite-Teams«; als Pflegende im Dienst am Patienten und in der Abwehr des Todes wurde auch ein Stück ihrer Berufsidentität erschüttert.
Und die Chefärztin dieser Station? Die Staatsanwaltschaft ermittelte gegen sie wegen »fahrlässiger Tötung« – ein Verfahren, das erst nach Abschluß des Schwurgerichtsprozesses gegen die angeklagte Schwester Maria Morell 1989 eingestellt wurde. Deshalb hatte Frau Dr. Brandenburg im Hauptverfahren gegen ihre untergebene Schwester ein grundsätzliches Aussageverweigerungsrecht. Sie hat jedoch keinen Gebrauch davon gemacht. Die Intensivmedizinerin stellte sich den Fragen der Prozeßbeteiligten.

Bilanzierung einer Intensivstation

Es hat noch zweieinhalb Jahre gedauert, bis die Ermittlungen abgeschlossen waren, die Anklageschrift erstellt und der zuständigen Strafkammer vorgelegt wurde. Darin hat die Staatsanwaltschaft Maria Morell des Mordes in 17 Fällen angeklagt, begangen an »zumeist betagten, teilweise schwerkranken und frisch operierten Patienten kurz nach ihrer Verlegung auf die Intensivstation«. In der Öffentlichkeit hat man diese lange »Wartezeit« bisweilen kritisiert – zu Unrecht. Der Intensivschwester Maria Morell wurde eben nicht der »kurze Prozeß« gemacht. Das sogenannte Vorverfahren war – fraglos das Verdienst der Staatsanwaltschaft – ein Musterbeispiel umfassender interdisziplinärer Aufklärung des Falles und der Vorbereitung auf das Hauptverfahren vor dem Schwurgericht. Die Staatsanwaltschaft hat sich nicht, wie in den meisten anderen Strafverfahren von Patiententötungen, mit routinemäßigen Ermittlungen begnügt. Sie hat – neben den kriminalpolizeilichen Vernehmungen von Schwestern, Pflegern und Ärzten – zehn Sachverständige aus verschiedenen wissenschaftlichen Disziplinen mit spezifischen Untersuchungsaufgaben und der Erstellung schriftlicher Gutachten beauftragt:

Allein sechs Rechtsmediziner, darunter ein Toxikologe, waren damit betraut, die 29 exhumierten Körper der mutmaßlichen Opfer zu obduzieren und toxikologisch auf Spuren der medikamentösen Tötungsmittel zu untersuchen. Für den toxikologischen Spurennachweis von einer der beiden chemischen Substanzen, die Schwester Maria anwandte, mußte eigens ein dafür sensibles Gerät, ein 160 000 DM teurer Gas-Chromatograph, angeschafft werden. Die damit durchgeführten Analysen zur Beweissicherung der Spuren erforderten einen Zeitaufwand von 1160 Stunden, zusätzlich 928 Stunden für die Aufarbeitung des Probematerials. Zwei Sachverständige waren mehrere Monate mit der psychologisch-psychiatrischen Untersuchung und Gutachtenerstellung über Maria Morell beschäftigt. Und zwei Intensivmediziner – ein Anästhesist und ein Internist – befaßten sich mit Analysen von Krankengeschichten der mutmaßlichen Opfer und von anderen Patienten der Station seit 1984 sowie mit dem Zustand der Station (unter verschiedenen Aspekten). Mit dieser Inspektion durch zwei Spezialisten erfuhr die rein kriminalistische Tatortbesichtigung eine für solche Fälle ganz wesentliche Ergänzung: damit wurden die Rahmenbedingungen erforscht, in denen sich das ganze Tatgeschehen abspielte.

In welchem Zustand befand sich der Tatort, also die Station? Gemessen am Standard operativer Intensivstationen beklagten die Sachverständigen eine Reihe gravierender Mängel. Festgestellt und gerügt wurde vor allem die mangelnde ärztliche Präsenz auf der Station. Es gehe einfach nicht an, daß in kritischen Augenblicken eines oder mehrerer Patienten eine Schwester oder ein Pfleger sich erst durchringen müsse, einen Arzt zu holen – vor allem nachts, wenn das Pflegepersonal »da hundertmal« überlegt, »ob es wirklich nötig ist, einen Arzt daheim anzurufen«. Auf einer Intensivstation müssen – mehr als auf anderen Stationen – oft innerhalb ganz weniger Augenblicke Entscheidungen getroffen werden, die Leben oder Tod bedeuten können. Schon 1974 hieß es in den Richtlinien für die Organisation der Intensivmedizin in den Krankenhäusern: »Es ist absolut unsinnig, Intensivmedizin ohne ständige ärztliche Präsenz betreiben zu wollen.« Auch die nur zweimal am Tag durchgeführten ärztlichen Visiten bezeichneten die Experten als »absolut unzureichend« und als »bloße Kurvenvisiten«. Hinzu kommt, daß die Durchsicht der Krankenakten den Eindruck einer mangelhaften Aufsicht vermittelte, die dazu führte, daß Pflegepersonal vielfach eigenmächtig über medizinische Maßnahmen entschied. So setzten die Schwestern unter anderem die vom Arzt verordneten Medikamente gelegentlich eigenmächtig ab, weil sie ihrer Ansicht nach nicht mehr erforderlich waren, oder sie gaben blutdrucksenkende Medikamente häufig auch dann noch – oder trugen sie zumindest in die Krankenblätter ein –, wenn der Blutdruck des Patienten sich normalisiert hatte. Medizinische Maßnahmen wurden häufig gar nicht dokumentiert oder Eintragungen nur mit Bleistift vorgenommen, um sie später korrigieren

zu können. Bedrückend war die Auflistung von Behandlungs- und Diagnosefehlern auf der Station, die – zumindest teilweise – »in der Grauzone zum Kunstfehler« lagen: unzureichende Beatmung einiger Patienten, Verabreichung hoher Insulin-Dosen ohne anschließende Blutzuckerkontrolle, Diagnose eines Nierenversagens als Todesursache, wofür es in der Dokumentation nicht den geringsten Anhalt gab. Doch das sind nur einige Beispiele.
Die medizinische Versorgung der Station – so das Resümee der Sachverständigen – war so mangelhaft, daß die hohe Anzahl der Todesfälle »kein Zufall« gewesen sei. Unverständlich dabei bleibe auch, weshalb in einigen Fällen die Gleichförmigkeit des Blutdruckabfalls und die Verminderung der Herzfrequenz nicht aufgefallen sei – ein Phänomen, das sich durch die Verabreichung eines blutdrucksenkenden Medikaments erkläre. Hätten die Ärzte dies beachtet, die Bedeutung des Phänomens erkannt, dann hätten sie an Fremdeinwirkung denken müssen und wahrscheinlich einige Tötungen verhindert. Nicht nachvollziehbar war für die Sachverständigen auch, daß bei Sterbefällen aus ungeklärter Todesursache die Rechtsmedizin nicht eingeschaltet wurde. Es war ja immerhin schon längere Zeit im Kollegenumfeld der Schwester aufgefallen, daß in ihren Dienstzeiten viele Patienten verstorben waren – fast dreiviertel aller Todesfälle zwischen Januar 1985 und Februar 1986, wie sich bei den Ermittlungen herausstellte. Niemand auf der Station hatte, als es auffiel, daran gedacht, anhand des Sterbebuches einmal nachzuprüfen, wie viele Todesfälle und welche es waren, die in den Schichten von Schwester Maria verzeichnet waren.

Mit der intensivmedizinischen Bilanz, der gutachterlichen Mängelrüge dieser Station sind jedoch die Rahmenbedingungen der Tatgeschehnisse keineswegs vollständig. Auf dieser Station waren in der Regel neun Ärzte und – mit Schwankungen – über zehn Schwestern, Pfleger und Pflegeschüler(innen) im Einsatz. Struktur und Dynamik eines solchen Intensivteams sind von zentraler Bedeutung für das »Klima« auf der Station, die Behandlungseffizienz und die menschliche Zuwendung, die Patienten durch Ärzte und Pflegende erfahren. Ich werde auf den »Zustand« dieses Intensivteams an anderer Stelle im Zusammenhang mit der inneren Verfassung und Entwicklung Maria Morells zu den Taten eingehen (siehe S. 318 ff.).

Eine solche Serie von Tötungen schwerstkranker, betagter Patienten durch eine hochqualifizierte Schwester unter den Augen von Ärzten und Kolleg(inn)en wirft freilich viele Fragen auf:
Wie konnte es überhaupt dazu kommen und über eine so lange Zeit seinen Lauf nehmen, ohne daß einer der Ärzte Verdacht schöpfte? Gab es nicht einige Warnsignale? Weshalb nahm man Verdacht und Hinweise der beiden Pfleger in der »Chefetage« nicht ernst und überprüfte diese nicht unverzüglich? Weshalb hat diese Schwester auch noch »weitergemacht«, als sie wußte, daß zwei Kollegen sie beobachteten, verdächtigten? Was bringt eine so erfolgreiche, angesehene Schwester dazu, so zu handeln und ihre ganze Zukunft, ihre Existenz aufs Spiel zu setzen, ohne irgendwelche persönlichen oder materiellen Vorteile davon zu haben? Denn eins war sicher: Das Motiv einer finanziellen oder wie immer gearteten testamentarischen Legats- und Erberschleichung schied aus.
Alle diese Fragen und viele andere mehr stellten sich auch den ermittelnden Kriminalbeamten und der Staatsanwaltschaft, die nach Abschluß ihrer Ermittlungstätigkeit gegen Ende 1988 auch nicht mehr kannten als die rein äußeren Ereignisse und Handlungsabfolgen, die ich hier erzählt habe. Die meisten dieser Fragen blieben deshalb offen, vor allem die nach dem motivationalen Hintergrund von Maria Morells tödlichem Treiben.

Als im Januar 1989 die Hauptverhandlung vor dem Schwurgericht eröffnet wurde, waren fast drei Jahre seit der Inhaftierung von Schwester Maria Morell vergangen. Das war nicht sehr viel länger als in den meisten übrigen Strafverfahren wegen Patiententötungen durch Krankenschwestern und -pfleger in der Bundesrepublik, in Österreich, Norwegen und Holland seit 1976. Die Zeit nach Bekanntwerden solcher Patiententötungen und dem Beginn des Hauptverfahrens vor einem Schwur- oder Geschworenengericht – in der

Regel zwei Jahre – ist die Zeit mannigfacher Reaktionen: Reaktionen der unmittelbar Betroffenen solcher Stationen und Kliniken, der Medien, der zuständigen Strafverfolgungsbeamten, der Staatsanwälte und schließlich von Reaktionen der »Fachwelt«. Davon wird im nächsten Kapitel die Rede sein, ehe ich dann auf die Frage eingehe, ob und in welcher Hinsicht der Fall Maria Morell für alle bekannt gewordenen, verurteilten Fälle von Patiententötungen durch Pflegekräfte exemplarisch ist (siehe Kapitel 4).

2
Betroffenheit – Reaktionen und Phantasien

»... um 10.00 Uhr morgens wurde die Sitzung des Kreisgerichts eröffnet, in der die Verhandlung gegen D. K. begann ... Jedermann wußte, daß dieser Prozeß zu viele Menschen interessierte, daß alle vor Ungeduld brannten, wann denn endlich die Verhandlung eröffnet werde, ... daß man in unserer Gesellschaft schon zwei ganze Monate lang viel geredet, Vermutungen angestellt, leidenschaftlich Partei ergriffen und ganz Unglaubliches ... zusammenphantasiert hatte. Alle wußten auch, daß dieser Prozeß in ganz Rußland Widerhall erweckte, doch trotzdem konnten sie sich nicht vorstellen, daß er in einem so brennenden, in einem so aufreizenden Ausmaß alle und jeden erschüttert hatte ... Alle Eintrittskarten waren vergriffen.«

Dostojewskis Schilderung einer hochgespannten Erwartung, der seit Monaten in der Öffentlichkeit eines ganzen Landes kursierenden Gerüchte, phantastischen Geschichten und Spekulationen, sie bildet den Auftakt zu einem spektakulären Mordprozeß in seinem Roman *Die Brüder Karamasow*. Angeklagt des Mordes an seinem Vater, dem reichen Gutsbesitzer Fjodor Pawlowitsch Karamasow, ist sein ältester Sohn aus erster Ehe Dimitrij, genannt Mitja. Der szenische Auftakt, vor über hundert Jahren geschrieben, könnte auch heute noch die Gerichtsreportage über so manchen spektakulären Mordprozeß einleiten. Der Dichter wußte um die menschliche Neigung, das Unbekannte, Unerklärliche oder Geheimnisvolle eines außergewöhnlichen Ereignisses mit eigenen Phantasien anzureichern, Leerstellen und Wissenslücken damit zu »füllen« und sie zur Projektionsfläche individueller Bedürfnisse, Wünsche, Ängste, Aggressionen zu machen. Und genau dies geschah auch in den meisten der in diesem Buch behandelten Patiententötungsprozesse während der langen Zeiten des Vorverfahrens mit seinen Ungewißheiten, Gerüchten, bis in die Hauptverhandlung hinein. Auch diese Prozesse waren – wie bei Dostojewski – spektakulär.

Ich habe mich manchmal gefragt, wodurch eigentlich wird ein Kriminalfall zu einem spektakulären, zu einem Fall also, der landesweit oder sogar über die Landesgrenzen hinaus großes Aufsehen erregt, die Medien über die Maßen beschäftigt und die Debatten am Stammtisch ebenso beherrscht wie die der Familien am Abendbrottisch. Der strafrechtliche Tatbestand kann es ja nicht sein, denn ein und derselbe Tatbestand, also Mord oder Totschlag, findet im einen Fall kaum Beachtung, während er in einem anderen die Gemüter einer ganzen Nation erregt. Es gibt keine einfache Antwort auf diese Frage, und ich will mich damit auch nicht lange aufhalten. Eines scheint jedoch sicher zu sein: Je größer die Diskrepanz zwischen dem öffentlichen Meinungsbild von einem Täter, seinem Beruf oder Sozialprestige und dem Verbrechen, das er begeht, desto größer sind Überraschung, Bestürzung, Erschrecken, Ratlosigkeit und Aufsehen. Das trifft auch auf Patiententötungen zu, zumal auf mehrfache, verübt durch eine Krankenschwester oder einen Krankenpfleger:
Solche Taten stehen in großer Diskrepanz zum öffentlichen Ansehen und zum Meinungsbild vom Krankenpflegeberuf. Sie verletzen und beschädigen *unser* aller Bild von den Pflegenden, in dem immer auch ein Stück des Wunschbildes von den »aufopfernden und hilfreichen« Schwestern steckt. Dabei gerät auch *unser* Bild von der Ordnung, Harmonie, Moral und Menschlichkeit des Krankenhauses ins Schwanken, und dies in einer Zeit, in der diese Institution ohnehin so manchen häßlichen Kratzer durch bekannt gewordene ärztliche »Fehlleistungen« abbekommen hat. Daß Patiententötungen gleich mehrere Tabus verletzen, kommt hinzu: das Tötungs-Tabu, das Tabu des geschützten Vertrauens zwischen Patient und Pflegenden, das Tabu des Krankenhauses als geschützter gewaltfreier Ort für die

besonders Hilflosen: die Kranken, Schwerstkranken und Moribunden. Dies insgesamt wären Gründe genug, Erregung und Aufsehen zu erklären.

Es gibt jedoch noch einen anderen Grund, der viele beunruhigt, beschäftigt und zu zahlreichen Vermutungen und Spekulationen veranlaßt: Es ist die ungeklärte, schwer zu beantwortende Frage nach dem Warum solcher Taten, nach den individuellen und gegebenenfalls kollektiven Beweggründen der Schwestern und Pfleger. Dabei stellt sich nicht nur die Frage, weshalb sie überhaupt getötet haben, sondern weshalb sie ausschließlich schwerstkranke, ältere Menschen getötet haben. Damit wird zwangsläufig das Thema der Sterbehilfe mit allen ihren Formen und Problemen berührt – ein Thema, das den einzelnen potentiell in einem umfassenden existentiellen Sinne betrifft. Nicht selten hörte man die Frage: War es Mord – oder war es die Erlösung von »unerträglichen« Leiden in einem langen Sterbeprozeß? Dabei hatte ich bisweilen den Eindruck, daß die Frager sich oft gar nicht im klaren darüber waren, daß die »Erlösung«, vielleicht aus Mitleid, ja nichts daran ändert, daß es sich dabei um ein Tötungsdelikt handelt (ein Motiv, das in wenigen westlichen Ländern unter bestimmten Voraussetzungen allenfalls strafmildernd berücksichtigt wird).

Seit den ersten Fällen mehrfacher Patiententötungen in der Bundesrepublik (1976, 1981), in den Niederlanden (1976) und in Norwegen (1983) hat es noch rund ein Jahrzehnt gedauert, bis das Ausmaß und die Internationalität diese Phänomens einer breiten Öffentlichkeit ins Bewußtsein drang. Es war das Verdienst des *Spiegel*-Reporters Gerhard Mauz, 1989 darauf hingewiesen und die zentrale Frage nach den Motiven, den Hintergründen solcher Taten öffentlich gestellt zu haben: »Wir müssen diesem neuen Tatbestand, den Motiven, die zu ihm führen, endlich auf die Spur kommen. Es geht um Einsichten und Erkenntnisse, die uns in die Lage versetzen, etwas dagegen zu tun, daß sich Derartiges wiederholt.«[1]

Während in der Bundesrepublik die ersten solchen Fälle in den siebziger Jahren sicher noch ganz im Schatten von Terroranschlägen und Prozessen der RAF standen, wurde das Phänomen der Patiententötungen in Wuppertal, Wien, Bielefeld zwischen 1986 und 1993 in aller Breite von den Medien behandelt. Die anfängliche Vorstellung, die Illusion vom »ungewöhnlichen Einzelfall«, war kaum noch haltbar. Gleichwohl klammerten sich viele daran und suchten Beunruhigung, Ängste und Ratlosigkeit dadurch zu bewältigen. Die Realität solcher Tötungen nannten Mitarbeiter einer betroffenen Klinik – in Analogie zum schwersten Störfall einer atomaren Anlage – den GAU, den größten anzunehmenden Unfall in einem Krankenhaus oder Heim.[2] Sie brachten damit auch den schleichenden Charakter solcher Katastrophen – wie in Tschernobyl – zum Ausdruck. »Es müssen erst solche Katastrophen entstehen«, sagte damals Eberhard Schorsch, psychiatrischer Gutachter im Wuppertaler Prozeß, »um in der Öffentlichkeit ein Bewußtsein dafür zu schaffen, was versäumt wurde.«

Wie es mit dieser Bewußtseinsbildung heute, Jahre nach den vorläufig letzten Patiententötungsprozessen in Wuppertal (1989), Wien (1991) und Bielefeld (1993) aussieht, vermag ich nicht zu sagen. Ich fürchte jedoch, daß der »Betroffenheit« von damals sehr schnell das Vergessen, die Verdrängung folgte – nicht ahnend oder auch nicht wissen wollend, was weiterhin im Verborgenen in Kliniken zwischen Sydney, New York, London und Wien geschieht (siehe Kapitel 5).

In diesem Kapitel zeichne ich einige Streiflichter von mehr oder weniger ersten Reaktionen nach dem Bekanntwerden, der Aufdeckung, den Meldungen von Patiententötungen bis in die Prozeßtage hinein. Es sind Reaktionen von Angehörigen der direkt betroffenen Stationen und – auch potentiell betroffener – Kliniken, der Ermittlungs- und Verfolgungsbehörden, der Medien und schließlich der »Fachleute«, die das bis dahin unbekannte kriminologische Phänomen zu verstehen und zu erklären suchten. Es ist kein Kapitel der Antworten. Vielmehr ist es ein Kapitel der zahlreichen – vorläufig offenen – Fragen, die sich wahrscheinlich auch jeder Leser stellt, der einmal davon gehört oder darüber gelesen hat.

Betroffenheit vor Ort

Nach Bekanntwerden der tödlichen Ereignisse in den Kliniken von Wuppertal, Wien und Gütersloh (verhandelt in Bielefeld) – in diesen Verfahren waren sechs Pflegekräfte der Patiententötung in insgesamt 88 Fällen angeklagt – sagte eine Ärztin: »Es gibt keine Nicht-Betroffenen!«[3] Gemeint war damit nicht jene Aufforderung zur identifikatorischen Solidarität mit dem Opfer zwecks Herstellung einer gemeinschaftsbildenden Moral der Bürger – eine Aufforderung zum Gemeinsinn und moralischen Engagement, deren Fragwürdigkeit die Publizistin Cora Stephan als »Betroffenheitskult« kritisch reflektierte[4]. Gemeint war damit die Vielfalt individueller Reaktionen – Emotionen und Reflexionen – vor allem von Ärzten, Schwestern, Pflegern im unmittelbaren Umfeld solcher Katastrophen aber auch in den nicht direkt damit konfrontierten Kliniken.
Die emotionale Grundstimmung, die durch bekanntwerdende Patiententötungen beim medizinischen Personal unmittelbar betroffener Stationen und Kliniken ausgelöst wurde, läßt sich vielleicht als eine Mischung aus Erschütterung, Entsetzen, Traurigkeit, Angst, aber auch Fassungslosigkeit, Abscheu bis hin zu tiefstem Unverständnis beschreiben.[5] Entsetzen, Fassungslosigkeit, Suche nach Erklärungen und Ablehnung der Taten spiegelt sich in einer nicht untypischen Reaktion einer Kollegin von Schwester Maria Morell wider:

> »Das war ein riesiger Schock für mich. Ich war wie vor den Kopf geschlagen. Erst mal begriff ich das gar nicht, ich dachte, daß sich das noch irgendwie anders aufklärt. Dann kam es mir aber doch immer mehr ins Bewußtsein, und ich habe mich gefragt, wie kann so etwas passieren. Was hatte sie für Beweggründe? Und weil ich das rational nicht fassen konnte, dachte ich, das muß eine kranke Psyche sein … Ein Verständnis für das, was Maria gemacht hat, hat es bei mir eigentlich nie gegeben, auch später nicht, als ich mehr Abstand zur Sache hatte … In Gesprächen mit Kolleginnen habe ich erfahren, daß niemand dafür Verständnis hatte.«

Andererseits gibt es jedoch auch Stimmen von Schwestern und Pflegern, die einen Verständniszugang zu solchen Taten nahelegen:

> »Die(se) Überlastung wird zur täglichen Qual, die wir aber als solche nicht wahrnehmen dürfen. Ansonsten wäre ein Arbeiten mit diesen hilfsbedürftigen Menschen, die diese Qual durch ihre (berechtigten) Ansprüche ja verursachen, nicht möglich. Aggressionen, die ebenfalls unterdrückt werden müssen, sind die Folgen. Und wehe, wenn kein Ventil vorhanden ist, Verdrängungsmechanismen versagen und die Flucht aus dem Beruf aus irgendwelchen Gründen nicht möglich ist. Ich möchte nicht wissen, wie viele latente ›Todesengel‹ in den Heimen und Spitälern tätig sind. Wir brauchen dringend Hilfe, um Patienten vor uns zu schützen …«

> »Sie haben nur die Technik der Krankenpflege erlernt … und wenn der Streß zu groß wird, wird auch die Abneigung zu groß, zu gewaltig gegen das, was ›da‹ im Bett liegt. ›Es‹ soll aufhören … Die Nähe der Medikamente und der Möglichkeit, sie zu benutzen, sind der entscheidende Faktor, ›es‹ zu tun. Das ist kein Mord, auch kein Totschlag. Das ist nicht eiskalt. Das ist das völlige Versagen vor einer nicht mehr zu bewältigenden Aufgabe. Sie scheitern, weil sie selbst und ihre Umgebung nie vorher gemerkt oder begriffen haben, daß in dieser geistig-seelischen Struktur keine Möglichkeit vorhanden ist, in der Krankenpflege zu arbeiten, trotzdem es fast immer gute Schwestern und gute Pfleger sind.«[6]

Daß solche Reaktionen auch Hilferufe aus einer tief empfundenen Not der Pflegenden im Umgang mit schwerstkranken Patienten darstellen, ist unzweifelhaft. Sie sind jedoch zugleich Erklärungsversuche der Taten – Bemühungen, die einen Verständniszugang zur Tatsituation zu artikulieren suchen und nicht als Verkleinerung oder Entschuldigung solcher Taten mißverstanden werden sollten (auch wenn die zuletzt zitierte Äußerung diesen Anschein erwecken mag).

Eine ähnlich »verständnisvolle« Reaktion kam auch aus dem unmittelbaren Stationsumfeld von Schwester Maria: Eine Kollegin beklagte im Prozeß die nur schwer erträglichen ärztlichen Maßnahmen der Lebensverlängerung um jeden Preis bei Patienten mit infauster, hoffnungsloser Prognose im Endstadium einer Erkrankung:
Nach der Verhaftung ihrer Kollegin Maria habe »möglichst kein Patient mehr sterben dürfen«. Auch in »aussichtslosen Fällen« habe man reanimiert, »todkranke« Menschen seien »bis zum Schluß mit Medikamenten vollgepumpt« worden. Das habe ihr »Alpträume« gemacht, »manchmal auch eine solche Wut«, daß sie »die Entwicklung« von Maria »gut verstehen konnte«.

Auch bei manchen Ärzten haben die Patiententötungen Nachdenken und Bedenkenswertes in Gang gesetzt, bisweilen selbstkritische Eingeständnisse wie diese: Die »Ballung von bewußtlosen und schwerstbehinderten-pflegebedürftigen und verwirrten Menschen [stellt] für die meisten von uns eine Überforderung« dar, »die es uns äußerst schwer, wenn nicht unmöglich macht, in einem Patienten die Persönlichkeit zu sehen und zu erfahren. Vielmehr legt sich uns nahe, mit ihm wie mit einem Objekt umzugehen, das zu wenden und zu versorgen ist. Diese Situation birgt die Gefahr eines Teufelskreises von Widerstand, Projektion, Haß und Aggression in sich.« Und wie bei den Pflegenden wird auch hier der Ruf nach Hilfe, nach Lösungen laut, »auch auf der politischen« Ebene.[7] Dies ist nur eine von vielen, sehr unterschiedlichen ärztlichen Stimmen und Reaktionen auf die Katastrophen von Wuppertal, Wien, Gütersloh und andernorts. Es ist ein bemerkenswertes Eingeständnis, das auf die Gefahr hinweist, daß in unseren heutigen Kliniken auf Stationen mit einer Konzentration von älteren Schwerstkranken und Pflegebedürftigen der Mensch im Patienten kaum noch vorkommt.

Für manche Ärzte und Klinikmitarbeiter direkt oder indirekt betroffener Kliniken war nach Aufdeckung der Taten nichts mehr wie früher: »Durch die Krankentötungen ... sind uns viele Gewißheiten abhanden gekommen«, sagte ein Mitarbeiter einer direkt betroffenen

Klinik. Er verwies auf einen dadurch verursachten »extrem labilen Zustand« des gesamten Personals, einen Zustand, »in dem wir ständig hin und her schwanken zwischen der Notwendigkeit, alle Erfahrungen zu überprüfen«, und der Suche, dem Bedürfnis nach anderen, vielleicht neuen Lösungen, Wegen, die anstehenden – zum Teil strukturellen – Probleme zu bewältigen.[8] Auch dem Oberarzt einer Dialyse-Station eines nicht direkt betroffenen Krankenhauses in Wien fiel es nach den Patiententötungen im Lainzer Krankenhaus schwer, einfach zur Tagesordnung zurückzukehren: »Selbst als Unbeteiligter bei der Rückkehr auf die Krankenstation wird man das Gefühl der Mitverantwortung nicht los. Seit Lainz sieht man das eigene Krankenhaus mit anderen Augen.«[9] Und der Chefarzt eines anderen Wiener Krankenhauses bekannte sich zur Mitverantwortung und forderte zur Zivilcourage auf, »zur Verpflichtung« der Ärzte, »Fehlentwicklungen« im bestehenden Gesundheitssystem aufzuzeigen und »dagegen anzugehen«. Er empfinde sich als ein Teil dieses Systems und fühle sich insofern »mitbeteiligt an den grauenhaften Ereignissen« im Krankenhaus Wien-Lainz, in dem vier Schwestern während vieler Jahre mehr als vierzig Patienten getötet und zu töten versucht hatten: »Jeder Primar [Chefarzt], jede Oberin, jeder Verwalter ist mitverantwortlich.«[10]

Verantwortung, Mitverantwortung, Mitschuld der leitenden Ärzte, Ärztinnen von Stationen, Kliniken, wo ein solcher »Tatort« zu beklagen war? Widerfuhr es ihnen wie ein Naturereignis, ein Blitz aus heiterem Himmel? Beschädigt war ja nicht nur das Ansehen, der Ruf einer Station oder Abteilung, einer ganzen Klinik. Auf dem Spiel standen auch Karrieren leitender Ärzte und Ärztinnen.

In Wien wurde eine Woche nach Verhaftung der vier »Todesschwestern«, wie die Boulevard-Presse die Beschuldigten nannte, der Chefarzt dieser »Tatort-Station« vorläufig suspendiert. Zur gleichen Zeit forderte der damalige österreichische Bundeskanzler Franz Vranitzky »schärfste Maßnahmen, um die Schuldigen zu bestrafen«, wobei sich auch die »Ärzte viele Fragen« gefallen lassen müßten. Die wurden dann auch durch eine eiligst einberufene Magistratskommission gestellt, die den suspendierten Chefarzt der »Führungsschwäche« und anderer Versäumnisse beschuldigte. Ein Jahr später trat er von seinem Posten zurück. Böse Zungen sagten, sein »überraschender Abgang« stünde im Zusammenhang »mit dem Ermittlungsstand der Staatsanwaltschaft«. Und die stellte – laut Anklageschrift – zahlreiche Mißstände an seiner Abteilung fest. Einen solchen Zusammenhang mit seinem Rücktritt wies »der Ex-Primar als Gerüchte energisch zurück«, kommentierte die Wiener Zeitschrift *profil.*[11]

In der Bundesrepublik wurde gegen die Chefärztin einer »Tatort-Station« wegen fahrlässiger Tötung ermittelt. Zu einer (vorläufigen) Suspendierung, Entlassung oder Anklage kam es nicht. Auch der ärztliche Direktor einer anderen bundesdeutschen, direkt betroffenen Klinik wurde vor den Untersuchungsausschuß des betreffenden Krankenhausträgers zitiert. Entlassungsgerüchte kursierten zwar, er blieb jedoch im Amt.

Im Verfahren vor dem Geschworenengericht in Cincinnati, USA, gegen den wegen über dreißig Patiententötungen angeklagten Intensivpfleger Harvey sagte der Ankläger: »Die Grand Jury könnte sich entschieden haben, die Klinikleitung anzuklagen. Sie tat es aber nicht. Denn die Klinik-Oberen haben ja nichts Kriminelles getan. Sie bewiesen nur eine mangelhafte Urteilsfähigkeit.«[12]

Allerdings – so darf man vielleicht hinzufügen – eine tödliche Urteilsfähigkeit (sofern hier überhaupt noch von »Fähigkeit« die Rede sein kann).

Kritik am Verhalten der direkt betroffenen Leitenden Ärzte und daran, daß sie als Mitverantwortliche auf der Anklagebank fehlten, gab es seit dem ersten Schwurgerichtsprozeß 1976 gegen einen Krankenpfleger in den Niederlanden. Heftige Kritik kam jedoch auch aus Reihen der Ärzte: »Herr P., als Abteilungsvorstand unmißverständlich ... mitverantwortlich, verstand es, sich vor dem Gericht nicht als Mitangeklagter, sondern als Kronzeuge zu präsentieren ... Dem ärztlichen Selbstverständnis dieses Mannes haben auch zwei Jahre Bedenkzeit nichts anhaben können.«[13]

Und ein anderer Kollege wird in seiner Kritik fast noch deutlicher:

»Stehend und mit gewandter Rede distanziert sich der leitende Arzt von allem, wofür er geradezustehen hätte ... Der Primarius verläßt als Sieger die Gerichtsszene. Die vier weiblichen Opfer werden in die Zelle gebracht.«[14]
Ungerechte, unbegründete Kritik oder gar Denunziation? Das mag hier offen bleiben. Vielleicht kann sich der Leser am Ende dieses Buches selbst ein Urteil bilden. Freilich, wer so aus dem eigenen Lager und in der Öffentlichkeit angegriffen wird, findet auch seine Verteidiger, die zu sagen wissen, wo die eigentliche Schuld liegt, und wer, wo ein Rücktritt leitender Ärzte von ihrem Amt erfolgte, einen solchen in Wahrheit veranlaßte oder betrieb. In Wien trat in der Folge der Lainzer Katastrophe auch ein zweiter »Medizinprofessor und Gesundheitsstadtrat ... freiwillig zurück« – Anlaß für einen Wiener Rechtsmediziner, die Dinge ein wenig zurechtzurücken:

> »Es ist also lehrreich, daß zwei Ärzte in führender Position ihre Stelle aufgrund [von] Verbrechen verloren (›Respondeat superior‹), von denen sie nichts wußten. Diese zweifellos politisch motivierten Maßnahmen waren Resultat einer öffentlichen Meinung, die die Zeitschrift *Der Spiegel* (16/89) wie folgt ausdrückte: ›Aber kann es wirklich sein, daß eine komplette Abteilung mit immerhin 15 Ärzten und 60 Schwestern und Pflegerinnen jahrelang nichts Verdächtiges bemerkt hat?‹«[15]

War denn die Frage des *Spiegels* so unbegründet oder gar inquisitorisch? Ich werde darauf in Kapitel 4 eingehen.

Freilich gab es im Spektrum der unterschiedlichen Reaktionen von – direkt und potentiell betroffenen – Ärzten auch Schuldzuweisungen und Tatmotivationserklärungen, die ausschließlich auf die beschuldigten Pflegekräfte begrenzt blieben. Es waren mitunter sehr heftige emotionale Reaktionen, bei denen von »entmenschter Persönlichkeit« oder »wahnsinnigen Einzeltäterinnen« die Rede war. Friedrich Hacker, der – inzwischen verstorbene – österreichische Psychiater und Wahlamerikaner, hat damals vor solchen einseitigen »Sündenbockschuldzuweisungen« gewarnt. Es sei nichts anderes als eine »Alibi-Erklärung«, solche Taten »ausschließlich auf die individuelle Verfassung der Beschuldigten zurückzuführen, einfach zu sagen, das sind halt ein paar Luder ..., ein paar Mörderinnen, die das gemacht haben, ... aus und fertig«.[16] Und der – ebenfalls inzwischen verstorbene – Österreicher Erwin Ringel, Psychiater und international bekannter Suizidforscher, hat anläßlich der Verhaftung der vier Wiener Schwestern vor einer anderen Reaktion der Ärzte gewarnt:

> »Man wäre geneigt zu sagen, auf meiner Station, meiner Abteilung, in meinem Krankenhaus kann so etwas nicht passieren. Das sollte niemand sagen, sagt aber jeder. Man muß da ungeheuer vorsichtig sein und nicht den Stab über andere brechen.«[17]

Das war 1989 – in Wuppertal lief das Schwurgerichtsverfahren gegen Maria Morell, in Wien suchte die Presse ständig neues über die verhafteten »Mordschwestern« zu erfahren –, als die österreichischen Ärzte ihre »Warnungen« aussprachen. Genau zu diesem Zeitpunkt ermahnte Klaus Dörner, bekannter bundesdeutscher Sozialpsychiater und ärztlicher Direktor einer psychiatrischen Landesklinik, Staatsanwälte und Richter sehr nachdrücklich, »darüber nachzudenken, ob das [im Wuppertaler Schwurgerichtsverfahren gegen Maria Morell] vorgebrachte Motiv des Mitleids nicht in Wirklichkeit Selbstmitleid sei, wodurch die Tötungshandlung(en) der ›Heimtücke‹ und anderen ›niederen Beweggründen‹ zuzuschreiben und als Mord zu bewerten sei(en).«[18] Daß er nur ein Jahr später als ärztlicher Direktor selbst Betroffener von Patiententötungen durch einen Krankenpfleger seiner Klinik sein würde, ahnte er zu diesem Zeitpunkt nicht. Kurz nach der Verhaftung seines Untergebenen im Dezember 1990 forderte Dörner als Vorgesetzter eine Bestrafung wegen Mordes und warnte vor psychologisch-psychiatrischen Sachverständigen, die durch tränenrührselige Gutachten die Justiz milde stimmen könnten.[19] Sein Ruf nach der härtesten Bestrafung, die das Gesetz für Tötungen vorsieht, war noch nicht verhallt, da hat Dörner – wiederum öffentlich – bekannt, daß er erst jetzt nach der Lektüre eines Gutachtens über die Wuppertaler Intensivschwester[20] Ähnlichkeiten mit dem Fall im eigenen Hause erkannt habe. Er müsse nun bekennen, »jämmerlich versagt« zu haben. Er fühle sich »moralisch schuldig« und müsse »damit leben«. Am meisten belaste ihn »das Ausmaß der eigenen Verdrängung gegenüber den Möglichkeiten einer solchen Tat«. Vielleicht hätte er »bei richtiger Einschätzung einer bestimmten Situation in seiner Klinik fünf weitere Patiententötungen verhindern können«.

Was Klaus Dörner »widerfuhr«, war, wovor seine beiden österreichischen Kollegen Hacker und Ringel gewarnt hatten: einseitige Individualisierung der Taten und die Fehleinschätzung, daß solche Katastrophen an der eigenen Klinik nicht passieren könnten. Die emotionale Heftigkeit, mit der er zunächst reagierte, erklärt sich vielleicht aus dem großen Engagement, mit dem sich Klaus Dörner der verdienstvollen Aufklärung und Analyse ärztlicher Euthanasie-Verbrechen während der Nazi-Zeit widmete. Er hat sich jedenfalls korrigiert und sich wie kein anderer der direkt betroffenen Ärzte zu eigenen Fehlern, zu moralischer Schuld öffentlich bekannt – ungeachtet der Gefahr, sich beim Krankenhausträger und bei der ermittelnden Staatsanwaltschaft zu belasten. Dörner war bisher der einzige Klinikdirektor unter den Betroffenen, der mit seinen Mitarbeitern – Ärzten und Pflegepersonal – den Versuch machte, die Geschehnisse an seiner Klinik auf ihre Hintergründe in einem umfassenderen Kontext zu analysieren, daraus Schlußfolgerungen zu ziehen und einen Maßnahmenkatalog von Verbesserungs- und Lösungsvorschlägen zu diskutieren. Als einer, der »selbst erlebt« hat, »daß ein nichtbetroffenes Krankenhaus oder Heim sich freiwillig nie mit dem Thema der Patiententötungen beschäftigen wird«, hat er die für alle Kliniken und Pflegeheime relevante »GAU-Frage« gestellt:
»Man muß sich täglich die GAU-Frage stellen und kann die Möglichkeit der größtmöglichen Katastrophe in einem so störanfälligen Gebilde wie einem Krankenhaus nicht ausschließen.« Seit den Patiententötungen im Krankenhaus Gütersloh stellt sich die Frage nach den Hintergründen neu: als Frage nach dem »Kontext von Mit-

wisserschaft, Komplizenschaft, zumindest von Befangenheit, Leugnung und anderen Abwehrstrategien« von Station, Abteilung, Krankenhaus, Betriebsleitung bis hin zur Gesellschaft, durch die solche Tötungen »mitgetragen, mitermöglicht werden«.[21]

Ankläger: Eiskalte Morde?

Die beschuldigten Schwestern und Pfleger haben alle gestanden. Manche sogar mehr Tötungen als ihnen am Ende nachgewiesen werden konnten. Einige haben im Verlauf des Verfahrens ihre Aussagen wieder eingeschränkt oder – wie der norwegische Krankenpfleger – in der Hauptverhandlung ganz geschwiegen. Eine der Schwestern hatte schon im Polizeiauto geredet, geweint und vom Töten im Krankenhaus erzählt, bis die Kriminalbeamten abwinkten, weil sie es einfach nicht glauben konnten. Keiner der Ermittlungsbeamten zwischen Cincinnati und Wien hatte je eine derartige Erfahrung gemacht – außer vielleicht bei Serientaten von Sexualmördern. Das machte den Vernehmungsbeamten die Sache auch so schwer. Die Vielzahl der Tötungsgeständnisse erschien ihnen ungeheuerlich, fremd und kaum zu glauben. Auch dies war einer der Gründe, weshalb es bis zum Prozeß meist noch zwei Jahre gedauert hat – ausgenommen im Fall des Krankenpflegers Donald Harvey, der 1987 in den USA in zwei getrennten Verfahren wegen 33 Tötungen zu mehrfacher lebenslanger Haft verurteilt worden war. Bei ihm ging es nur schneller, weil man mit dem beschuldigten Intensivkrankenpfleger einen »deal« gemacht hatte, ein sogenanntes »bargaining«: Geständnis gegen den Verzicht auf Verhängung der Todesstrafe. Ansonsten wäre die Beweislage bei der Vielzahl der getöteten, meist längst verwesten Opfer extrem schwierig gewesen.
Und genau das war vielfach das große Problem der Ermittler: Der Nachweis des unmittelbaren Zusammenhangs zwischen den gestandenen tödlichen Handlungen und ihren Folgen, zwischen Tat und Tod. Wie im Fall von Maria Morell waren dazu Experten erforder-

lich. Rechtsmediziner, die die Exhumierung von Dutzenden mutmaßlicher Opfer veranlaßten, sie obduzierten, Organ- und Gewebeteile toxikologisch auf Gift- und andere Spuren der Tötungen untersuchten. In manchen Fällen mußten zusätzlich auch noch Fachärzte zugezogen werden, die aus der klinischen Praxis Genaueres über Wirkung und Dosierung bestimmter Medikamente, ihre tödlichen Wirkungen bei hoher Dosierung oder einer bestimmten Art der Verabreichung aussagen konnten. Die Befunde der Experten erwiesen sich bisweilen als nicht beweiskräftig genug, waren widersprüchlich oder gar nicht verwertbar. Und *eine* Tötungsmethode war bisher selbst den Rechtsmedizinern völlig unbekannt. Eine Fülle von wissenschaftlichen Daten, die es zu begreifen, nachzuvollziehen galt, machte den Anklägern die Arbeit nicht gerade leicht. Dazu addierten sich die Schwierigkeiten, die sich durch Aussageeinschränkungen und partielle Geständniswiderrufe oder auch durch Geständniserweiterungen der Beschuldigten ergaben. Und schließlich ging es um die Kardinalfragen: Was steckte letztlich hinter solchen Tötungen, was war das Motiv oder die Motive? Wie konnte es geschehen, daß das tödliche Treiben unter den Augen der Ärzte und der Pflegekräfte monatelang, überwiegend jahrelang unentdeckt blieb? Wozu muß man schwerstkranke, hochbetagte und ohnehin dem Tode nahe Patienten, wozu muß man Sterbende töten? Sind die Beschuldigten vielleicht doch psychisch gestört, hochgradig abnorm, wie die Psychiater es zu nennen pflegen? Waren die Schwestern und Pfleger gegebenenfalls gar nicht zurechnungs- bzw. schuldfähig?

Auf diesem Boden der Unsicherheiten, Unwägbarkeiten, der schwierig oder überhaupt nicht aufklärbaren Sachverhalte gediehen Mutmaßungen, Spekulationen und Phantasien, die bisweilen auch bei den Ermittlern ausuferten. In fast allen Fällen gab es eine erhebliche Diskrepanz zwischen dem Anfangsverdacht über die Anzahl der Tötungen und den später angeklagten Fällen. In Norwegen gingen Polizeichef und Staatsanwalt von zunächst 100 bis 500 Fällen aus, angeklagt wurden 25.[22] In den Niederlanden lag der Anfangsverdacht der Ermittler bei 79, angeklagt wurden neun Tötungen. In

Wien war anfangs von über 100 Tötungsfällen die Rede, die Staatsanwaltschaft klagte 42 an. Der Polizeichef der österreichischen Metropole sprach – mit Blick auf das Tatort-Krankenhaus Lainz – dann auch noch von »der größten Tötungsmaschinerie Europas«.[23]
Gewiß, die niedrigere Zahl der angeklagten Fälle war meist die Folge der bereits erwähnten Beweisnot, die durch die zum Teil erheblichen rechtsmedizinischen Nachweisschwierigkeiten von Gift- und anderen Spuren der Tötungsmittel entstanden war: Einzig in Wien und den USA hat dies die Ankläger nicht gehindert, in weit mehr Fällen anzuklagen als die Beweissicherung hergab – man stützte sich einfach auf die Anfangsgeständnisse der Beschuldigten. Was aber die enorm hohen Fallzahlen des Anfangsverdachts anbetrifft, entstand der Eindruck, daß den kriminalpolizeilichen Ermittlern und Staatsanwälten gelegentlich die Phantasie außer Kontrolle geriet. Freilich, das Phänomen und die Dimensionen der Patiententötungen waren ebenso neu wie unbegreiflich. Spielte bei diesen erhöhten Einschätzungen nicht aber auch die Tatsache eine Rolle, daß die Bearbeitung eines solchen »Falles« in der Karriere eines Ermittlers – sei er Kriminalbeamter oder Staatsanwalt – einzigartig war, ihn mit großer Wahrscheinlichkeit nie wieder so in den Blickpunkt des öffentlichen Interesses rücken würde?

Der Stoff, den die Ankläger zu bewältigen hatten, war also von der Beweisführung her kompliziert und schwierig genug. Noch schwieriger war für sie ganz offensichtlich die Aufklärung der Tatmotive, der Zugang zu den Tathintergründen. Das ging zwar – mehr oder weniger – den meisten Verfahrensbeteiligten ähnlich. Es ist jedoch von verschiedenen Seiten immer wieder kritisch vermerkt worden, daß die Staatsanwälte es sich – im jeweiligen Verfahren – zu leicht gemacht hätten bei der Motivfrage. Wenn man darunter eine quasi röhrenförmige Einengung versteht, bei der dann nur noch ein einziger Punkt sichtbar wird, der schon immer zur Mordanklage ausreicht, dann wird man dem zustimmen können. Die folgenden Beispiele scheinen geeignet, die Simplifizierungen der Motivationsfrage durch die Ankläger zu veranschaulichen:

Im August 1987 hielt der amerikanische Bezirksstaatsanwalt Arthur Ney vor einem Geschworenengericht in Cincinnati, USA, sein Schlußplädoyer im ersten Verfahren gegen den Intensivkrankenpfleger Donald Harvey, des 24fachen Patienten-Mordes angeklagt. Der Ankläger forderte dreimal lebenslänglich. Zur Motivlage des Pflegers sagte er drei knappe Sätze: »He's no mercy killer. He's not insane. He killed because he liked to kill.«[24] (»Er hat nicht aus Mitleid getötet. Er ist nicht verrückt. Er hat getötet, weil er gern getötet hat.«)

Was der Staatsanwalt für das Motiv hielt oder Donald Harvey zuschrieb, war eine Schlußfolgerung aus (den Wiederholungen) der Tat, aber keine Motivanalyse. Er folgte dem Denkmuster: Wer in diesem Ausmaß tötet, tötet eben gern – eine schlichte Form des Zirkelschlusses, ein logischer Fehlbeweis. Das sollte auch eher ein »Licht« auf die Persönlichkeit des Täters werfen, eines Täters, der – nach dem Urteil des Psychiaters – auch nicht psychisch »krank« war. Und da Staatsanwalt Ney das von Harvey angegebene Motiv – Erlösung der Patienten von ihren Leiden durch (aktive) Sterbehilfe – nicht gelten ließ, steckte im Täter eben eine »böse Seele«. Denn was sonst sollte ein Mensch, der »gerne tötet«, schon sein als böse!

Solche kurzschlüssigen und zirkelschlußartigen Motivzuschreibungen haben sich in fast allen Verfahren in mehr oder weniger stereotypen Wendungen wiederholt: Es war Mord »zur Demonstration von Macht« oder »zur Darstellung und Befriedigung des Selbstwertgefühls« oder er/sie hat sich als »Herrin«, »Herr über Leben und Tod aufgespielt«. Da hat selbst ein konservatives Blatt schon mal nachgefragt: »Aber liegt der Fall so einfach, wie der Staatsanwalt es sieht?« Ein Mensch, der andere Menschen tötet, nur um seine Macht usw. zu demonstrieren, kann entweder nicht ganz normal sein, oder er ist einfach böse. Und letzteres kann dann auch nahelegen, »eiskalt«, »brutal« getötet zu haben. Damit werden Phantasien des schlechthin »Bösen«, des »Monströsen, des Monsters« im Gewand der Krankenschwester, des Krankenpflegers freigesetzt – Mr. Hyde und Anverwandte bekommen Konkurrenz. Über die Motive und Hintergründe solcher Tötungen braucht man sich dann nicht mehr

den Kopf zu zerbrechen – das »Böse« oder »Irre« läßt und ließ sich schon immer am einfachsten eliminieren.
Die Gefahr, die durch solche klischeehaften Reduktionen entsteht, ist eine zweifache: Erstens verbauen sie den Blick auf die tatsächlichen Ursachen, die Motivzusammenhänge solcher Taten, verhindern somit auch die Suche nach Lösungen, wie sie künftig verhindert werden können; zweitens sind sie geeignet, der Gesellschaft ein Mörder(innen)-Klischee zu liefern, das rasch zur Tagesordnung überzugehen erlaubt, weil für solche »Wahnsinnstaten« oder »eiskalten Killernaturen« ohnehin die staatliche Gewalt zuständig ist. Die seriöse Presse in der Bundesrepublik und Österreich hat die Simplifizierungen und Stereotypisierungen der Motivfrage durch die Ankläger denn auch nicht akzeptiert, sondern sie kritisiert. Ganz unmißverständlich hat dies Gerhard Mauz getan:

> »Die Menschen werden nur schwer damit fertig, daß ein Mensch, dem ein Verbrechen vorgeworfen wird, nicht einfach ein durchweg schwarzes Ungeheuer ist; daß er auch zugängliche, einfühlbare Züge hat ..., daß er schwarz und weiß ist. Die Staatsanwaltschaft, die vereinfacht bis zur Blödheit, führt die Gesellschaft in die Irre, spielt ihr vor, es gäbe Rezepte, an die man sich halten müsse, um der Gewalt ein Ende zu machen.«[25]

Die Verbreitung von Klischees zu Motivlage und Täter(inne)n erfolgte bisweilen sehr rasch – in Einzelfällen Monate und Jahre vor Beginn der Hauptverhandlung. Einige Ermittler – Polizeibeamte oder Staatsanwälte – konnten der Versuchung nicht widerstehen, Einzelheiten der spektakulären Fälle den sie bedrängenden Journalisten preiszugeben, auch wenn die Erkenntnisse erst sehr dürftig und vorläufig waren. So erklärte ein Staatsanwalt bereits einen Tag nach Verhaftung einer beschuldigten Krankenschwester der Presse, man ermittle wegen mehrfachen Mordes, von Sterbehilfe könne keine Rede sein, »es ist vorsätzlicher Mord«. Ein halbes Jahr vor der Hauptverhandlung gab er der größten Boulevardzeitung der Bundesrepublik ein Interview, in dem er erklärte, Beweise für 17 Morde zu haben, den Umfang seiner Anklageschrift mit »über einhundert Seiten« bekanntgab und erneut über die Tatmotive der beschuldigten Krankenschwester spekulierte – daß sie sich »vielleicht zu Höherem berufen« gefühlt habe, »eine Auswahl« getroffen habe, »wer leben darf, wer nicht ...«, daß Patienten ihr auch »lästig gewesen« seien usw. Das Blatt mit einer Millionenleserschaft schloß dann auch seinen Interview-Artikel mit der nur noch rhetorisch gemeinten Frage: »Was gibt es da viel anderes als ›lebenslänglich‹ für den Todesengel?«[26] – Emotionalisierung der Öffentlichkeit durch die Anklagebehörde, vermittelt durch die Medien? Gerhard Mauz hat dazu kritisch angemerkt, daß die Staatsanwaltschaft – wie manche Strafverteidiger auch – durch diese Art und Weise, den Strafprozeß über die Medien zu führen, »in der Öffentlichkeit den Eindruck zu wecken« sucht, »die Verurteilung wegen Mordes und das Lebenslang sei eine Selbstverständlichkeit«.[27]

Das war keineswegs ein »Sonderweg« deutscher Ermittler in diesen spektakulären Verfahren. Knapp zehn Tage, nachdem die hauptverdächtige »Hilfsschwester« anhand eines Sterbebuches der Station den Vernehmungsbeamten neununddreißig Namen getöteter Patienten aufgeschrieben hatte, erschien in der *Zeit* eine 12 mal 24 cm große Ablichtung dieser »Strichliste potentieller Todeskandidaten«.[28] Die österreichischen Zeitungen wurden freilich noch schneller bedient, die »Empörung über die ›Hexen von Lainz‹ ... wurde durch den gezielten Transport von Polizeiprotokollen und handschriftlichen Mordlisten« an die Wiener Presse »gefördert und benützt«.[29] Noch Definitiveres vom Schreibtisch der Staatsanwaltschaft konnte man dann rund ein halbes Jahr vor Prozeßbeginn nachlesen – da zirkulierte die Anklageschrift bei den Journalisten, mit Details zu den Einlassungen der vier Schwestern: zu ihren Taten, Biographien und zu ihrer strafrechtlichen Verantwortlichkeit. Als im Februar 1991 das Hauptverfahren vor dem Wiener Geschworenengericht eröffnet wurde, war der Öffentlichkeit alles Wesentliche bereits bekannt, die Vorverurteilungen der Angeklagten durch einen Teil der Presse längst erfolgt. Gleichwohl, in Wien geschah etwas Erwähnenswertes: Obgleich der Ankläger auch dort, wie überall in solchen

Verfahren, auf ein »hartes Urteil« fixiert war, das – wie ein Klinikarzt und Prozeßbeobachter kommentierte – den »Blick auf jenen Alltag« versperre, »in dem sich derart außerordentliche Verbrechen wie Tötungsdelikte an Spitalpatienten entwickeln«,[30] verwies der Staatsanwalt Ernst Kloyber auf das gesellschaftliche Problem solcher Taten. Es bestünde darin, »daß wir verlernt haben, mit Alter und Tod umzugehen ..., daß alle gesellschaftlichen Institutionen versagen« und »keiner über Tod und Sterben nachdenken« will. »Bei uns« – so Kloyber – »lebt man damit, indem man verdrängt. Und wie man sieht, leben wir schlecht damit.«[31] Der Wiener Staatsanwalt war – meines Wissens – der einzige unter den Anklägern in Patiententötungsprozessen, der diesen Gedanken ansprach. In der Hauptverhandlung aufgegriffen hat ihn dann niemand mehr ... Wie sagte dazu der Wiener Arzt Thomas Meisl, der den Gang des Verfahrens beobachtete:

> »Die Einsamkeit des Patienten teilt nur das alleingelassene Pflegepersonal. Wir erhalten das Leben, die Schwestern baden ... die Patienten. Wo nichts besser werden kann, verliert die Medizin das Interesse: auch daran ist schon einer gestorben. Wo [der Arzt] sich von der Pflege verabschiedet, lauert die Katastrophe.«[32]

Mediale Hysterie – urteilsreif geschrieben

Sie haben sich gegenseitig übertroffen, über Jahre und Ländergrenzen hinweg: Von den »größten und unheimlichsten Kriminalfällen aller Zeiten« sprach man in Deutschland, in Norwegen stand der »größte Prozeß aller Zeiten« bevor, in Österreich verstieg man sich – trotz Auschwitz – zur Formulierung des »größten Verbrechens des Jahrhunderts«, in den Vereinigten Staaten von Amerika wurden Harveys Patiententötungen hoch in der »Serienkiller-Liste« von Sexualmorden des Landes geführt.[33] Als die Hauptverfahren einmal

eröffnet waren, hatte man es überall mit den »größten Mordprozessen« des Landes zu tun, in denen gelegentlich auch noch die »größte Mordserie der Welt« verhandelt wurde.
Die Rede ist von den Medien, von der Boulevardpresse, den illustrierten Wochenmagazinen. Aber nicht nur sie haben sich solcher Superlative bedient. Auch die sogenannte seriöse Presse hat diese Taten ihren Lesern gelegentlich mit dem unsäglichen, weil falschen Begriff »Massenmord« zur Lektüre angeboten. So manche verstiegene Wortwahl – nicht selten akzentuiert durch hypertrophe Zahlen über Polizeiverhöre (700), ermittelnde Polizeibeamte (140), Gewicht der Anklageakten (23 Kilogramm), mutmaßliche Opfer (100 bis 500)[34] – könnte man ja bei derartigen Tötungsdelikten noch verstehen. Auch der gnadenlose Konkurrenzkampf der Medien erklärt einiges. Bei kaum einem anderen Verbrechen wurden jedoch die ethischen Grenzen des Journalismus bisweilen in so entwürdigender Weise überschritten.
Friedhof, Gräber, von Totengräbern hochgewuchtete Särge, bereit zum Transport in ein rechtsmedizinisches Institut, in dem die Sachverständigen zur Obduktion der sterblichen Überreste von exhumierten mutmaßlichen Opfern bereitstehen. Bilder und Texte, eine Melange von makabren Voyeurismen und sexuellen Phantasien: »Das Grab ist offen, und [der] Staatsanwalt … sieht zu, wie die Arbeiter den lehmverschmierten Sarg hochwuchten und den Deckel öffnen. Dann blickt der Staatsanwalt dem Karl Müller ins tote Gesicht und sagt: ›Jetzt müssen die Reagenzgläser sprechen!‹ Noch 27 Särge hat [der] Staatsanwalt … öffnen lassen. Oft hat er sich zwingen müssen hinzusehen.«[35]
Weder der Text noch die Bilder dazu haben Informationswert. Sie erzeugen bei so manchem eine gewisse Erregung, die man Schauer zu nennen pflegt. Sie mögen die Angstlust jener befriedigen, die für Zustände der Langeweile und inneren Leere anfällig sind – mit der Problematik von Patiententötungen in Krankenhäusern haben sie nichts zu tun. Nichts gegen journalistische Aufreißer. Hier aber handelt es sich um die Stimulation flachster Bedürfnisse, die bedenkenlos dazu benutzt werden, zu erniedrigen, zu beschmutzen, zu denun-

zieren, wenn solche Bilder und Texte auch noch mit wilden Spekulationen über die Sexualität der Beschuldigten übertitelt werden: »Der Todesengel und die Chefärztin: Lesbische Liebe?«, heißt es da. Und ebenfalls dort zusammen mit den Friedhoffotos: Ermittlungen gegen die Chefärztin, »der ein nicht nur dienstlich inniges Verhältnis zu ihrer Lieblingsschwester nachgesagt wird ...«[36] In diesem massenmedialen Sog von Grauen, Angst und Sexualisierung gerät die Frage, weshalb und wie aus helfenden Händen tötende wurden, völlig in den Hintergrund. Das schien in Norwegen, in Trondheim, nicht viel anders als in der Bundesrepublik. Aber in der Stadt, in der Sigmund Freud das Unbewußte entdeckte, war es noch unerträglicher. Dort hat ein »gefräßiger Journalismus« mit seiner »monatelangen öffentlichen Mutmaßerei bis tief hinein in die Hurenviertel der Männerphantasien«[37] eine beschuldigte Schwester schon lange vor dem Prozeß urteilsreif geschrieben:

> »Der Lainzer Todespavillon von innen: Sex und Wein, Tod und Terror, wilde Feste ... Orgien zwischen Ärzten und Pflegepersonal. Mordschwester entpuppte sich als Geheimprostituierte. In diesem Nachtlokal (Bild) verdiente sie ihr schlüpfriges Zubrot, die ›geile Trude‹, wie sie auch genannt wurde. War Mordschwester auch ein Callgirl? Das Sexadreßbuch wird noch gesucht ... Die Inhaftierte muß sich in Kürze auch einem Aidstest unterziehen.«[38]

Nichts von alledem war wahr, auch die Bilder stimmten nicht. Gleichwie, über die »böse« Schwester kann man sich halt öffentlich empören, an den Projektionen ihres »entfesselten« Sexuallebens klammheimlich partizipieren, pornographisch phantasieren. Pornographie oder Pogromhetze, fragte Sigrid Löffler, die bekannte Literaturkritikerin, und reagierte zornmütig auf den schmutzigen Journalismus ihrer Kollegen. Beides, antwortete sie, denn »das ist dieser Tage keine Alternative mehr, wenn es darum geht, die Totschlagzeile des Tages zu formulieren«, und »wenn wochenlang alles getan wurde, um Menschen allein mittels Rufmord zu ruinieren«.[39] Ihre

Schelte war ehrenwert, weit mehr als berechtigt. Aber ein ebenso zorniges Wort von einer Institution, wie dem Presserat zum Beispiel, hätte man sich da wahrlich einmal gewünscht. Daß ein Mensch, der Menschen tötet, mit der ganzen Strenge des Gesetzes rechnen muß, ist eine Sache, eine selbstverständliche. Aber dieser Mensch ist noch lange kein Freiwild für alles und jedes, und schon gar nicht, ehe er den Gerichtssaal betreten hat und ein Urteil gefällt wurde.
Eine virulente Verwilderung journalistischer Sitten, an die man sich längst – und nicht nur in diesem Zusammenhang – gewöhnt hat? Naiv, zu glauben, die Schreiber wußten nicht, was sie tun. Vielleicht in einem Punkte nicht: Sie haben auch das Krankenhaus zu einem Ort gemacht, an dem sich alle archaischen Triebe ein mörderisches und zugleich sexuell-orgiastisches Stelldichein geben – ein höchst destruktives Klischee des Krankenhauses. Es fällt in eine Zeit, in der sich die Katastrophenmeldungen aus und über diese Institution häufen und tiefes Mißtrauen hervorrufen.

Meldungen über Serientötungen von Patienten durch Angehörige des Pflegepersonals lösen Extremreaktionen aus: in der emotionalen Intensität, in den Mutmaßungen und Spekulationen über das Ausmaß des Verbrechens, bei den Zuschreibungen von Merkmalen des »Charakters« der Ertappten, die – einzig aus der Tat abgeleitet – oft eine giftig-abstruse Verbindung eingehen mit Projektionen ausufernder Phantasien. Doch die vermeintliche Demaskierung der Beschuldigten gerät hier rasch an Grenzen. Bei der Suche nach den individualpsychologischen Beweggründen der Taten wird der Versuch, die »schwarzen«, die »bösen« Seelen auszuleuchten, zur großen Enttäuschung für eine sensationsgierige Presse. Kein Fund im vermutet Abgründigen dieser »Teuflischen« – der »Hexen«, »Todesengel«, »Mordschwestern«, des »teuflischen Messias« und wie sie sonst noch alle genannt wurden –, der das Infernalische, die Inkarnation des Bösen oder Monströsen wenigstens ein bißchen hätte abstützen können. Nicht mehr erbrachten die journalistischen Schürfungen als ein paar Banalitäten des Alltäglichen: ein »Todesengel« oder »Roboter des Todes«, die sich als »Katzennärrin« erwies, von ihrem Wellensittich »stets mit zipp, zipp, zipp« begrüßt wurde und ein »Gesicht hat, dem man nichts Böses zutraut«; einen kaltblütigen »teuflischen Messias«, der als »unermüdlicher, freundlicher und allseits beliebter Pfleger« galt, sogar Leiter des Kichenchors war; ein »Serienkiller« höchsten amerikanischen Ranges, den sie »kiss of death« nannten und der doch »stets so freundlich, aufmunternd und immer hilfsbereit« den Patienten begegnete. Ungereimtheiten? Mr. Hyde und Dr. Jekyll? Eine Person aufgespalten in das Böse (Mr. Hyde) und die gute Person (Dr. Jekyll)? – Eben nicht, alle diese Beschuldigten, Ertappten, und am Ende Angeklagten wurden zum Inbegriff des »Bösen« erst nach Aufdeckung ihrer Taten in und durch die Öffentlichkeit, in und durch die Medien und – nicht ohne die Mithilfe der Ermittlungs- und Verfolgungsorgane. So schrieb eine Zeitung zutreffend: »Wie so oft bei Täterinnen hatte nach der Aufdeckung die Verteufelung eingesetzt.«

Eine solche Aufspaltung in »schwarz« und »weiß«, in »gut« und »böse« verschleiert die dahinter stehende Problematik. Sie lenkt ab von den zentralen Fragen nach der Entwicklung zur Tatbereitschaft, ihren Bedingungen und Gründen, nach dem kritischen Grenzbereich, in dem Hilfsbereitschaft und Dienst am Kranken zum Griff nach der todbringenden Ampulle gerieten oder – so kann man auch fragen – umschlugen und zum Betreten einer abschüssigen Bahn wurden, auf der die Wiederholung sich als wahrscheinlicher erwies als die erste Tötung je war. Und sie lenkt ab von den Fragen nach den individuellen Beweggründen und deren Zusammenhängen mit Situationsfaktoren des Tatort-Umfeldes. Alle diese Schwestern und Pfleger haben – wie stellvertretend für alle über eine der Beschuldigten geschrieben wurde – in allen Fällen »völlig uneigennützig« gehandelt, niemand hat ihnen Geld in Aussicht gestellt, von keinem Patienten war ihnen Lohn für gute Pflege oder eine Erbschaft versprochen worden, »niemand versteht deshalb so recht, ... wie in Herz und Hirn dieser Frau Hilfsbereitschaft und Zuwendung sich umkehren konnten in Abkehr und Tötungstrieb«.[40]
Und so haben sie geschrieben, gerätselt, spekuliert – nicht nur die

Boulevardblätter, auch die seriösen Tages- und Wochenzeitungen. Und oft genug auch die Staatsanwälte, Verteidiger und Richter. »Mitleid«? »Anmaßung«? »Rache für den Verlust der Freundschaft ihrer Chefin«? »Macht über Leben und Tod anderer«? »Beseitigung von lästigen Patienten«? Kaum eine Mutmaßung und Spekulation wurde ausgelassen. Gewiß, es gab Journalisten, die sich an dieser Oberflächenschau der Motivlage nicht beteiligten oder doch erhebliche Zweifel hegten. Sie suchten sich die Psychologie der Taten durch Überforderung am Arbeitsplatz im Krankenhaus, auf der Station, am Tatort selbst zu erklären, sahen in der »jahrelang täglich sich wiederholenden Konfrontationen mit dem massierten Elend kranker und sterbender Menschen« einen zermürbenden Prozeß, der die Grenze des Erträglichen irgendwann erreicht hatte, wo sie statt »liebevoller« Zuwendung »zu hassen« begannen. Und einige wenige dachten auch an die in jüngster Zeit wachsenden negativen gesellschaftlichen Reaktionen auf die Schattenseiten der einst so stürmisch begrüßten Fortschritte der modernen Medizin, vor allem der Intensivmedizin: »Hat nicht«, so schrieb Max Conradt im *Hamburger Abendblatt*, »die Öffentlichkeit gerade in der Zeit, als Maria Morell den Tod bestimmter Patienten zu ihrer Sache machte, die Intensivmedizin angeklagt, sie sei herzlos, weil sie ›unnötig und zu lange‹ vom Tod gezeichnete Menschen am Leben erhalte ..., es war die Zeit, als gefordert wurde, in offenbar hoffnungslosen Fällen aktive Sterbehilfe zuzulassen, also die Apparate abzuschalten und die erlösende Spritze geben zu dürfen.«[41]

Fragmente von Spuren, unverbunden, und doch Hinweise auf Bruchstücke sozialer Realitäten – längst bekannt, seit Jahren erforscht und deponiert in esoterischen wissenschaftlichen Zeitschriften, in Bibliotheken, wo sie verstaubten.

Auch manches andere, was verantwortungsbewußte Journalisten zwischen 1987 und 1993 – in der Zeit der drei großen Patiententötungsprozesse in Deutschland und Österreich – schrieben, war bedenkenswert. Doch Hintergrundzusammenhänge und Tatmotivationen konnten sie damals kaum ergründen. Zu neuartig, zu unbekannt war das Phänomen, zu schwierig waren die Vergleiche der Erkenntnisse weniger Prozesse, die solche Taten erstmals einer breiteren Öffentlichkeit ins Bewußtsein rückten. Vielleicht war auch die Betrachtung aus der Nähe schwer erträglich. Daß es sich dabei um eine bedrückende Problematik von weitreichender Bedeutung und nicht einfach um die »aufregendsten Kriminalfälle« handelte, haben damals nur wenige geahnt. Ein Großteil der Massenblätter hat hysterisch agiert und zur Inszenierung der »Jahrhundertverbrechen« eingeladen. Und bisweilen hat sich dieses Agieren bis in den Gerichtssaal hinein fortgesetzt.

Als Anfang 1989 der Schwurgerichtsprozeß gegen die Intensivkrankenschwester Maria Morell wegen 17fachen Mordes an Patienten eröffnet wurde, drängte sich durch den schmalen Treppenaufgang des Landgerichts eine große Menschenmenge zum Saal 147, der – laut Vorberichten einer seriösen Tageszeitung[42] – 267,40 Quadratmeter mißt, fast 8 Meter hoch ist und 200 Personen fassen soll. Journalisten und Fotografen fast aller europäischen Länder waren vertreten, selbst von der Moskauer *Iswestija*, und auch für das ferne Honduras und Costa Rica soll berichtet worden sein. Was sich an jenem Januarmorgen im Schwurgerichtssaal eines bundesdeutschen Landgerichts abspielte, in dem ich selbst als Gutachter saß, war das, was eine Chronistin ein »unwürdiges Schauspiel« nannte[43] – das unwürdigste, das ich in den Jahrzehnten meiner Gutachtertätigkeit erlebt habe:

Eine »johlende, schubsende und drängende Reportermenge umringt die Anklagebank, Objektive unzähliger Kameras« – so einer der Chronisten – »sind auf eine junge Frau gerichtet, mit kurzen dunklen Haaren, in einem grauen Flanellhosenanzug. Die Fotografenmeute ruft immer wieder: »Hallo, schau doch mal, ja lächle, ja, so ist's gut – hierher schauen, wir hier haben die höchste Auflage, ja bleib stehen, das wird ein geiles Fotos – hallo, guck mal hier hoch, ja, du bist die Größte.«[44] Reporter und Fotografen steigen auf Stühle und Tische, stoßen sich gegenseitig runter – eine »gute Hundertschaft«, die sich um »den besten Blickwinkel drängt, einander auf die Füße« tritt »und auch schon mal die Mikrofone aus der Hand« schlägt. »Der

Reporter von RTL-plus gibt sich bester Laune. Die Kamera surrt, die Story ist so gut wie im Kasten. Gebannt starrt er auf das unwürdige Schauspiel vor der Anklagebank ... Einer jungen Kollegin, die wissen will, ob der ... Privatsender eine Zeichnerin im Gerichtssaal beschäftigt, antwortet er, ohne die Szenerie aus den Augen zu lassen: ›Ja, wir wollen das Thema heute abend breit und schmutzig bringen.‹[45] Zwei Gutachter schleichen sich angeekelt aus dem Gerichtssaal – einer davon war ich.

Ich habe diese Szene mit Bedacht und im Einklang mit den Wahrnehmungen zweier kritischer Journalistinnen skizziert, weil sie symptomatisch dafür ist, daß ein nicht ganz unerheblicher Teil der schreibenden und filmenden Zunft offensichtlich nichts verstanden hat – nichts von der Tragödie, die sich dahinter verbarg, nichts von der Problematik und den Folgen eines Krankenhaus-GAUs derartigen Ausmaßes, nichts davon, daß wir die Verantwortung über Leben und Tod in den vergangenen Jahrzehnten in großem Maße den Ärzten und Pflegenden überantwortet haben, Sterben und Tod immer mehr an Institutionen wie Kliniken und Heime delegierten. Daß man vieles zwischen 1989 und 1993 noch gar nicht wissen, aber über vieles ernsthaft nachdenken, manches vielleicht auch schon ahnen konnte, haben einige wenige Journalistinnen und Journalisten gezeigt. Ihre Gedanken verdienten hier eigentlich eine breitere, respektvolle Beachtung, als es mir in diesem Rahmen möglich ist. Sie haben über den vorherrschenden Empörungsjournalismus und »Betroffenheitskult« ebenso hinausgedacht wie über die einfachen Lösungen zu komplexen Fragen der Beweg- und Hintergründe solcher Taten.

Freilich, am Ende der meisten Prozesse waren alle Medien gleichermaßen mit der überwiegend offenen Frage nach der Tatmotivation konfrontiert. So schrieb zum Abschluß des Wiener Schwurgerichtsverfahrens die *Neue Zürcher Zeitung* im März 1991: »Im bisher größten Mordprozeß in Österreich blieb die Frage nach den Beweggründen für die begangenen Verbrechen der vier Angeklagten unbeantwortet. Der Staatsanwalt betonte in seinem Schlußwort, daß nur den Tätern das Motiv bekannt sei.«[46]

Zum Verfahrensausgang gegen den norwegischen Pfleger in Trondheim resümierte die *Süddeutsche Zeitung* im März 1983, daß das Motiv des 46jährigen Pflegers für die 22 Morde an alten Patienten und Heiminsassen »sowohl für die Verteidigung als auch für die Staatsanwaltschaft ein Rätsel« geblieben sei.[47] Und bereits im zweiten Patiententötungsprozeß der Bundesrepublik in Freiburg schrieb der *Spiegel*: »Ein schlüssiges Motiv, warum der Pfleger ... Menschen zu Tode gespritzt haben sollte, vermag auch die Staatsanwaltschaft nicht zu erkennen.«[48] Tiefes Unbehagen artikulierte der Klinikarzt und Prozeßbeobachter Werner Vogt am Ende des Wiener Prozesses: »Der angerichtete Schaden ist riesengroß. Keiner weiß, wie es zur Tragödie von Lainz kam. Statt Erkenntnis: Schuldspruch. Es besteht Wiederholungsgefahr.«[49] Mit seiner Prognose behielt Vogt auf erschreckende Weise recht (siehe Kapitel 4). Und Gerhard Mauz' 1989 erhobene Forderung nach Motiv-Aufklärung, nach Einsichten und Erkenntnissen in die Hintergründe solcher Tötungen wurde auch im – vorläufig – letzten bundesdeutschen Schwurgerichtsprozeß gegen einen Pfleger im Herbst 1993 noch nicht ganz eingelöst.

Fachleute – ratlos oder kurzschlüssig?

Im Strafprozeß geht es darum, Sachverhalte zu objektivieren, zu rekonstruieren, Tatbestände unter Rechtsnormen zu subsumieren, Schuld festzustellen und zu bewerten, gegebenenfalls zu verneinen, Strafen zu bemessen, bei Zweifeln an der Strafbarkeit des Tuns den Angeklagten freizusprechen. Ob es gelingt, die Täterseelen auszuleuchten, zu ergründen, was sie bewogen oder zur Tat getrieben hat, ist nicht zuletzt auch von jenen abhängig, die Karl Kraus einmal die »blinden Esel« genannt hat: von den Gerichtspsychiatern, wie man sie früher nannte, von den forensischen Psychiatern oder Psychologen, wie man sie heute zu nennen pflegt:

»Sie werden [in den Gerichtssaal] hereingeführt, sollen den Angeklagten durchschauen und sagen j-a, wie der Ankläger es will ... Es gibt nun in der Tat treue Psychiater, die mitunter sogar einen Hof beschützt und dem ›Herrl‹ die schwierigsten Knochen weggeputzt haben. Geht einer schnellen Schrittes, so meinen sie, er sei ein Dieb. Die Verläßlichkeit des Hundes besteht nicht darin, daß sein Gutachten verläßlich ist, sondern daß er es abgibt. Der Autorität frommt es auf alle Fälle, wenn gebellt wird ...«[50]

Tun sie dies dem Ankläger nicht zu Gefallen, so hängt alles weitere davon ab, was sie glauben, dem Gericht zumuten zu können. In Wien, so scheint es, haben die drei psychologischen und psychiatrischen Gutachter dem Gericht nicht viel zugemutet – zumindest nichts über die Motive und Tathintergründe der vier »tödlichen Schwestern«. Danach befragt, antworteten sie – so ein ärztlicher Prozeßbeobachter – mit »Befehlsnotstand«: Das sei ihre »Sache« nicht gewesen, danach seien sie im Gutachtenauftrag nicht gefragt worden, sie seien ausschließlich für die Zurechnungsfähigkeit zuständig, die Motivsuche obliege den Geschworenen ...[51] Somit weiß man seit dem Prozeß gegen die »Hexen von Lainz«, daß die Geschworenen bessere Erkenntnismöglichkeiten haben als psychologisch-psychiatrische Sachverständige.
Vor dem Schwurgericht in Wuppertal, im Prozeß gegen die Intensivschwester Maria Morell, haben zwei psychologisch-psychiatrische Gutachter das »Spiel der blinden Esel« nicht mitgespielt, sie haben dem sie beauftragenden Staatsanwalt das zustimmende »j-a«-Wiehern versagt, sie haben – wie bei Karl Kraus – den »Hof« eben nicht beschützt und dem Gericht viel zugemutet, sie haben versucht, die Tathintergründe zu erforschen. Das Ergebnis hat dem Staatsanwalt nicht gefallen, weshalb er versucht hat, sie »wegen Befangenheit« abzulehnen – vergeblich allerdings.

Die beiden Beispiele veranschaulichen, daß vieles von dem, was bei solchen Taten zu den Motiven und Hintergründen auszuleuchten und öffentlich darzulegen wäre, eher vom Zufall abhängt. Und dazu

gehören auch die zur Begutachtung bestellten »Esel«, seien sie nun blind oder auch nicht. Darüber hinaus muß man doch auch eingestehen, daß der Strafprozeß nur ein begrenzt taugliches Instrument der Wahrheitsforschung sein kann. Manche sagen auch, er diene überhaupt nur der »Schuldabwicklung«, das »Charakter-Erraten« durch die Sachverständigen sei ohnehin nur eine milde Zugabe.
Von Berufs wegen reagiert, weil mit Gutachtenauftrag dazu bestellt, haben aber nicht nur die professionellen forensischen Psychiater und Psychologen (von ihnen wird später noch öfter die Rede sein). Auf die Tötungsereignisse in den Krankenhäusern reagiert haben auch – teils namhafte – Vertreter der Fachwelt, vor allem aus der Psychiatrie. Sie gaben Interviews, haben geschrieben oder stellten sich den Kameras. Sie saßen – vermutlich bis auf einen – in keinem der Prozesse, haben keine(n) der Angeklagten gesprochen oder begutachtet. Aber sie kennen aus jahrzehntelanger klinischer Erfahrung das Krankenbett, das Elend so mancher Stationen und Kliniken, die Belastungen der Pflegenden. Deshalb ist es legitim, daß jene Ärzte sich zu den mutmaßlichen Hintergründen und Motiven der Tötungen auch ohne eigene Erkenntnisse über die Beschuldigten, die spezifischen Bedingungen der Tatort-Stationen, der Kliniken geäußert haben. Daran Kritik zu üben, daß erfahrene Ärzte Tatmotiv-Hypothesen aufstellten, »ohne in die Bearbeitung des Falles eingebunden zu sein«, erscheint mir unberechtigt.[52] Einige ihrer Gedanken und Thesen stehen hier lediglich als Beispiele einer – vielleicht sehr viel größeren – Vielfalt von Reaktionen nicht unmittelbar betroffener Fachleute.
Als Hintergrund der Patiententötungen wird häufig eine kollektive Altenfeindlichkeit in unserer Gesellschaft angenommen. Erwin Ringel und Friedrich Hacker, österreicher Psychiater von internationalem Ruf, sehen in der Altenfeindlichkeit ein Symptom des »Materialismus« (Ringel)[53] bzw. von »zunehmend industrialisierten und daher unbarmherziger gewordenen Gesellschaften, die sich dem Leistungsprinzip verschworen haben«, alte Menschen ausgrenzen und abschieben (Hacker). Für Ringel wie für Hacker ist die Abwertung, Ausgrenzung, Abschiebung des alten Menschen in unserer Gesell-

schaft geradezu eine conditio sine qua non von Patiententötungen durch die Pflegenden. So, wenn Hacker unmißverständlich sagt:

> »Meiner Ansicht nach konnte es zu Lainz nur kommen, weil es ein kollektives Versagen gibt, inklusive unser eigenes Versagen: unsere Duldung, daß Alte als Staatsbürger zweiter oder dritter Klasse beurteilt werden. Aber sicherlich ist es auch ein Zusammentreffen individueller Schandtaten, die allein durch das System nicht erklärt werden können ... Dabei muß objektiv gesagt werden, daß alte Leute häufig schwieriger werden, daß kranke alte Leute durch die Krankheit und ihr Alter unangenehm werden ... Ein großer Teil der konservativen Öffentlichkeit sagt, eigentlich geschieht's den alten Leuten recht, weil die haben diese armen Mädel fürchterlich sekkiert ... Aber wie gesagt, das kann keineswegs ein Grund dafür sein, daß man einen umbringt.«

Was Ringel und Hacker aus Anlaß der Wiener Patiententötungen im Krankenhaus Lainz zu den Anzeichen der Altenfeindlichkeit in der Gesellschaft sagten – unter anderem die Abwertung des nicht mehr leistungsfähigen alten Menschen als »unnützer Esser«, der den jungen Produktivkräften »zur Last« fällt, für den aber durch die verlängerte Lebenszeit eine »größere Sorgepflicht« besteht als in früheren Zeiten, was wiederum mit zum Ressentiment der Jungen beiträgt usw. –, ist häufig und längst diskutiert worden. Was jedoch bei Hacker anklingt, ist, daß ein Teil der Öffentlichkeit den Täterinnen auch noch ein gewisses Verständnis entgegenbringt, da doch die Alten so unleidlich sind, einem auf die Nerven fallen.
Viele mögen sich von solchen einfachen Thesen angesprochen fühlen, sie erscheinen ja auch klar und plausibel. Ob der Bogen, der hier gespannt wird, reicht, ob der Schluß von der Prämisse der Altenfeindlichkeit auf die Tötung schwerstkranker alter Menschen durch Pflegekräfte nicht ein bißchen zu kurz ist, soll einer späteren Diskussion vorbehalten bleiben. Doch Hacker kann die Simplifizierung der Tathintergründe durch seine eigene These kaum entgangen sein, denn er hat deutlich davor gewarnt, solche Taten ausschließlich auf

gesellschaftliche oder nur auf individuelle Aspekte zurückzuführen. Der Konflikt- und Aggressionsforscher Hacker hat die Untersuchung der »Komplexität der Sache«, der »verschiedenen Motive« gefordert, insbesondere auch, um naheliegenden »Sündenbockschuldzuweisungen« zu begegnen.

Einer hat den Aspekt der Altenfeindlichkeit noch konsequenter verfolgt und eine Tathintergrund-These formuliert: Der Österreicher Werner Vogt, Chirurg und Oberarzt an einem Wiener Unfallkrankenhaus, psychoanalytisch gebildet und ein Querdenker dazu. Er richtet seinen Blick ebenfalls über die individuelle Ursachen- und Motivforschung hinaus und fragt nach gesellschaftlichen Zusammenhängen der Patiententötungen. Er hat den Wiener Schwurgerichtsprozeß gegen die vier »Hexen von Lainz«, gegen die angeklagten Schwestern, kritisch beobachtet, den bundesdeutschen Prozeß 1989 in Wuppertal aus der Ferne kommentiert und über Mißstände im Gesundheitssystem (Österreichs), über das Krankenhaus im allgemeinen und »Gewalt im Krankenhaus« im besonderen geschrieben.[54] Vogts These, der einige Grundgedanken des (verstorbenen) Sozialpsychologen Peter Brückner über Zusammenhänge zwischen öffentlicher Gewalt und Verbrechen in der Privatsphäre aufgreift, ist zweiteilig: Es gibt in unserer Gesellschaft in verschiedenen Bereichen des sozialen Lebens eine leicht belegbare »Ausweitung des Gewaltprinzips«: In der Kleinfamilie, speziell in der Kindererziehung, im Umgang mit Frauen, am Arbeitsplatz, im Kraftfahrzeugverkehr usw. sind »unübersehbare Szenen einer fortschreitenden Gewalttätigkeit« zu beobachten. Sie entwickeln sich aus gesellschaftlich breit akzeptierten Gewohnheiten alltäglicher Mißachtung, Unterlassung, Mißhandlung in einem »abwärts führenden Kontinuum« der Gewalttätigkeit bis hin zum »empört aufgenommenen Verbrechen« – von der gelegentlichen Ohrfeige des Kindes über die gewohnheitsmäßige Züchtigung bis zur Kindesmißhandlung und eines Tages dann zur Kindestötung; vom versteckten Krieg im Fahrzeugverkehr, dem gelegentlichen »Schneiden« eines anderen Fahrzeuges bis zum offenen Krieg durch rücksichtsloses Überholen und Rasen mit jährlich Tausenden Verkehrstoten. Die Ausbreitung des Gewaltprinzips,

die »Verwilderung des Kontinents«, so Vogt, durchläuft also eine Skala verschiedener Intensitätsgrade von sozialen Normverstößen, die, irgendwann zur Gewohnheit geworden, breite gesellschaftliche Akzeptanz finden, bis sie in der Steigerung und im Extrem ihren Ausdruck im Delikt oder Tötungsdelikt finden. Das Verbrechen ist dann ein »außerordentliches Geschehen« auf der Basis von Bedingungen, die von der Mehrheit der Gesellschaft zumindest geduldet, »wenn nicht gar produziert« werden, das heißt, es ist ein entsprechendes öffentliches »Klima«, eine »schwelende Großwetterlage« entstanden, die das Delikt begünstigt.
Analog dazu geht auch Vogt von einem öffentlichen Klima der Altenfeindlichkeit aus, von einer »schwelenden Großwetterlage gegen Alte«. Sie ist ablesbar an der gewohnheitsmäßigen, geläufigen und abwertenden Rede von der »Überalterung«, der »Vergreisung«, gelegentlich sogar von der »Ver-Alzheimerung« der Gesellschaft, erstreckt sich über die allseits hingenommene Vereinsamung der Hochbetagten, von Wissenschaftlern als »sozialer Tod« bezeichnet, nicht selten mit Krankheits- oder Todesfällen verbunden, die wochenlang von niemandem bemerkt werden. Sie zeigt sich in der Abschiebung schwerstkranker alter Menschen in Kliniken und Pflegeheime zum einsamen Sterben, im letzten Winkel, wo das ärztliche Personal die Flucht angetreten hat. In einer »unsolidarischen Gesellschaft« – so Vogt – werden Krankenhäuser »niemals soziale Institutionen oder Ausnahmeparadiese sein«. Da gelte der Satz: »Was draußen an Charakter fehlt, ist auch in den Reservaten (des Krankenhauses) nicht einklagbar – Eiseskälte draußen, Eiseskälte drinnen.« Von der Abschiebung der alten Patienten ins Krankenhaus »bis zur unkontrollierten, letztlich tödlich gewordenen Ruhigstellung mittels faßweise herumstehender lebensgefährlicher Präparate«, ist nur ein »kleiner Schritt« – es ist der »kleine Schritt von der ›Verwilderung der Verhältnisse‹ bis hin zum Tötungsdelikt«. Aus alledem zieht Vogt den Schluß über Zusammenhänge zwischen der gesellschaftlichen Großwetterlage gegen Alte und den Patiententötungen in Wien, Wuppertal, Trondheim, Cincinnati oder sonstwo in westlichen Industrieländern:

Die tödlichen Helfer und Helferinnen tun ohne Gewissensbisse genau das, was alle sich längst erhofft haben, worauf sie gewartet haben. Sie vollziehen den vermuteten Auftrag der Gesellschaft, handeln stellvertretend auch für die Familien, die den baldigen Tod eines nur noch durch sinnlose Qualen verlängerten Lebens des unheilbar Kranken wünschen. Oder die Lebensverkürzung eines überflüssigen, höchst kostenträchtigen, weil pflegebedürftigen Alten erwarten. Insofern waren die Täter(innen) »in einem gewissen Sinne … für das, was in unserer Gesellschaft gedacht wird, vorbildlich«.

Folgt man Vogts These, so stellt sich die Frage, worin denn der »kleine Schritt« von der Abschiebung der unheilbaren alten Patienten zu deren Tötung besteht? Und was heißt klein? Ob die von der Gesellschaft geschaffenen – geduldeten oder produzierten – Tatbedingungen hinreichend sind, um den »kurzen« Schluß auf die Patiententötungen zu begründen und plausibel zu machen, erscheint fraglich. Gleichwohl halte ich wesentliche Aspekte der These des Wiener Querdenkers für wichtig: den beklagten Verlust gesellschaftlicher Solidarität mit biologisch und psychisch Schwachen, den Hinweis auf die zahlreichen, längst zur gedankenlosen Gewohnheit gewordenen sozialen Normverstöße, die breite gesellschaftliche Akzeptanz finden und auch ins Krankenhaus oder Heim hineinwirken.
Was bei diesen und anderen, später noch zu diskutierenden Erklärungsansätzen auffällt, ist ihre über die bloß indiviudalpsychologische Motivation hinausgehende Reichweite. Es fällt deshalb auf, weil bei der traditionellen Tötungskriminalität alle kriminologischen, insbesondere die psychologisch-psychiatrischen Erklärungsmuster von Tatmotivation und Hintergründen im wesentlichen auf die individuelle Motivlage, gegebenenfalls auf die Psychopathologie der Täter(innen) begrenzt bleiben. Sind die hier – lediglich beispielhaft – zu Wort gekommenen Fachleute ratlos? Sind ihre Thesen und Erklärungsversuche allzu kurzschlüssig? Wie viele andere Fragen in diesem Kapitel lassen sich auch diese erst am Ende des Buches diskutieren.

3
Patiententötungen – Ein neues kriminologisches Phänomen

Als in den siebziger und achtziger Jahren in der Bundesrepublik Deutschland (1976, 1978/81), in den Niederlanden (1976) und Norwegen (1983) die ersten Fälle mehrfacher Patiententötungen durch Pflegekräfte ermittelt und abgeurteilt wurden, da hatten alle, die professionell damit befaßt waren, große Not, überhaupt zu begreifen, daß und wie so etwas geschehen konnte. Ebenso unfaßbar und unverständlich war das »Warum« und »Weshalb«. Man muß sich vorstellen, daß alles, was man bisher an Erkenntnissen über Tötungsdelikte in Friedenszeiten und in demokratischen Rechtsstaaten gesammelt hatte, Daten, Erfahrungen und Bewertungen waren, die aus dem Umgang mit der herkömmlichen, der traditionellen Tötungskriminalität stammten – vom Raubmord, dem »gemeinen« Totschlag über die sexuell motivierten Tötungen und Morde bis zu den Partner- und familiären Beziehungstötungen. Die Einsichten, die daraus resultierten, waren keine Hilfe für den Umgang mit Patiententötungen. Die klassischen Erklärungsmuster der Tatmotive von traditionellen Tötungsdelikten ließen sich auf das Phänomen der Serientö-tungen schwerstkranker älterer Menschen durch Angehörige einer – unter normalen Bedingungen – als Täter bisher nicht in Erscheinung getretenen Berufsgruppe nicht anwenden.

Alle, die beruflich mit der traditionellen Tötungskriminalität konfrontiert wurden – ob mit der Aufklärung und Anklage, mit der strafrechtlichen Bewertung und Urteilsbildung, mit der psychologisch-psychiatrischen Begutachtung von Tätern oder mit deren Verteidigung –, sie alle waren es gewohnt, sich an mehr oder weniger gesicherten empirischen Daten, Erkenntnissen, Erklärungsmustern verschiedenster Bereiche sowie an bestimmten strafrechtlichen Bewertungen und Entscheidungen zu orientieren, wenn es um ein spezifisches Tötungsdelikt ging. So kennt man beispielsweise die »typische« Tatvorgeschichte von Partnertötungen, die Rahmenbedingungen und Erscheinungsweisen solcher Taten, die Variabilität bzw. Bandbreite der Täter(innen)-Persönlichkeiten, ihre Sozial- und Rückfallprognose, man weiß Bescheid über die strafrechtliche Bewertung der bei diesem Tötungsdelikt bekannten Tat-Konstellationen oder über das im »Durchschnitt« verhängte Strafmaß usw. So schwierig es dann im Einzelfall auch sein mag, in solchen Fällen alle Belange angemessen aufzuklären, zu bewerten, individuelle Tatmotivation und Hintergründe des Geschehens auszuleuchten, so ist in der Regel doch vieles eher Routine. Dies gilt für die meisten Formen der Tötungsdelikte herkömmlicher Art.

Die kriminalistische Aufklärungsquote bei den traditionellen Tötungsdelikten ist – im Vergleich zu anderen Arten der Kriminalität – besonders hoch. Bei nicht-fahrlässigen Tötungen, also Mord und Totschlag, liegt sie in allen westlichen Industrienationen bei 90 Prozent. Die polizeilichen Ermittlungen in einer Großstadt wie Hamburg sind innerhalb der ersten Woche nach der Tat abgeschlossen; erst nach Jahren aufgeklärte Fälle, wie bei der Mehrzahl der Patiententötungen, sind die Ausnahme und meist einer zufälligen Entdeckung zu verdanken.

Beim Phänomen der mehrfachen Patiententötungen war alles anders, man betrat in jeder Hinsicht Neuland bis hin zu bestimmten Tötungsmethoden. Es gab keine einschlägigen wissenschaftlichen Arbeiten, wie bei den traditionellen Tötungsdelikten, an denen man sich hätte orientieren können. Infolgedessen entfiel auch der internationale Erfahrungsaustausch, so daß man auch bei den späteren Fällen von Patiententötungen in den USA (1987), in der Bundesrepublik (1989, 1993) und Österreich (1993) praktisch bei »Null« beginnen mußte. Die überwiegend langen Tatzeiträume, in denen das tödliche Treiben der Pflegenden unentdeckt geblieben war, lösten schon bald Spekulationen über eine hohe Dunkelziffer aus. Man sprach von der »Spitze eines Eisbergs«. Vermutungen und Spekulationen gab es in vielerlei Hinsicht. Wo es um die Tatmotivationen ging, wurden Hypothesen aufgestellt, die im wesentlichen auf Individuelles der Ertappten begrenzt blieben, allenfalls noch die Arbeitsbedingungen mit einschlossen – Bedingungen, die allerdings zugleich die Rahmenbedingungen der Taten darstellen.

Die Spurensuche nach den »Ursachen«, den Entstehungsbedingungen und Motiven solcher Taten wird also dort beginnen müssen, wo empirische Wissenschaften zu beginnen pflegen, wenn sie einen Gegenstand, ein Phänomen zu untersuchen gedenken: sie versuchen – so genau oder so gut es geht – das Phänomen zu erfassen, zu beschreiben, das Gemeinsame in der Vielfalt herauszuarbeiten, zu ordnen und gegenüber ähnlichen Phänomenen abzugrenzen, bevor sie mit der Ursachenforschung beginnen. Dabei stellt sich die Frage, wodurch sich Serientötungen von Patienten von der Einzeltötung eines Patienten unterscheiden.

Schwester Jantje und andere Einzeltötungen

Im Frühjahr 1995 tritt eine 38jährige holländische Krankenschwester vor das Bezirksgericht Groningen.[1] Sie ist der »Tötung auf Verlangen« angeklagt, in den Niederlanden strafbar nach Art. 293 des nlStGB und mit einer Gefängnisstrafe bis zu zwölf Jahren (oder mit Geldstrafe) bedroht (in der Bundesrepublik nach § 216 StGB mit bis zu fünf Jahren). Schwester Jantje wird beschuldigt, ihrem aidskranken Freund und Berufskollegen auf dessen Wunsch und Bitte mit einer tödlichen Injektion aktive Sterbehilfe geleistet zu haben. Das ist gemäß niederländischem Strafgesetz auch nach der Gesetzesreform von 1993, die in solchen Fällen für Ärzte eine straffreie Ausnahmeregelung unter bestimmten Voraussetzungen vorsieht (siehe Kapitel 6), nach wie vor ein Tötungsdelikt. Schwester Jantje wußte das. Der Patient, selbst Krankenpfleger, war zwei Tage vor seinem Tod aus der Klinik entlassen worden, da eine weitere Behandlung seiner

Aidserkrankung – er war im letzten, im finalen Stadium dieser tödlich verlaufenden Immundefekterkrankung – den Ärzten nicht mehr hilfreich und sinnvoll erschien. Er hatte bereits vor einiger Zeit das Thema Sterbehilfe mit seinem Hausarzt eingehend erörtert. Über seinen Krankheitszustand und die aktuelle Prognose war er genauestens informiert. Für seinen Wunsch, aktive Sterbehilfe zu erhalten, hatte er eine schriftliche Willenserklärung abgegeben. Bis zuletzt im Vollbesitz seiner geistigen Kräfte, stand er auch nicht unter den Auswirkungen einer Depression. Sein Hausarzt hatte gemäß den Vorschriften der gesetzlichen Regelung von 1993 und des niederländischen Ärzteverbandes, der KNMG (Königlich-Niederländische Gesellschaft zur Förderung der Heilkunde), einen weiteren Kollegen hinzugezogen, Diagnose und Zustand seines Patienten durch diesen überprüfen lassen. Beide Ärzte schätzten die restliche Lebenserwartung des Patienten noch auf höchstens zwei Wochen ein.
Danach nahmen die Dinge ihren Lauf, so, wie es der Patient mit seinem Hausarzt, dem Arzt seines Vertrauens, und seiner Freundin und Kollegin, Schwester Jantje, besprochen hatte. In Anwesenheit des langjährigen Hausarztes des Patienten, der Schwester Jantje genaue Dosierungsanleitungen gab, ihr erklärte, in welcher Reihenfolge sie die Medikamente spritzen sollte, erfüllte die jetzt Angeklagte den Sterbehilfewunsch ihres Freundes. Vor Gericht in Groningen erklärte sie, von ihrem Freund mehrfach um die tödliche Handlung gebeten worden zu sein. Sie habe ihm diese Wohltat in Anbetracht seines schweren Leidens und der Hoffnungslosigkeit seiner Erkrankung nicht verweigern können. Sie habe den Wunsch des unheilbar Kranken in seiner letzten Lebensphase respektiert. Im übrigen sei es ihr nicht vorgekommen, als habe sie Sterbehilfe geleistet, sondern sie habe »nur den allerletzten Schritt unter der Verantwortung und Aufsicht eines Arztes getan«.
Man kann unter Umständen der Meinung sein, daß mit der zuletzt zitierten Äußerung Schwester Jantje den Versuch unternahm, die Groninger Strafkammer zu einer Stellungnahme darüber zu bewegen, ob und unter welchen Bedingungen Ärzte aktive Sterbehilfehandlungen an das Pflegepersonal delegieren dürfen – straffrei und

gegebenenfalls im Einklang mit den neuen Ausnahmeregelungen für Ärzte. Das Gericht gab darauf auch eine klare Antwort: Die neue Ausnahmeregelung erlaube es Pflegekräften in keinem Fall, unter der Aufsicht eines Arztes aktive Sterbehilfe zu leisten, wenn bei »unheilbar Kranken«, schwer leidenden Patienten ohne therapeutische Chancen ein sogenannter »Notstand« vorliege – ein Notstand, der nach ständiger niederländischer Rechtsprechung Tötung auf Verlangen durch einen Arzt unter bestimmten Bedingungen rechtfertigt.[2] Dem Pflegepersonal – so die mündliche Urteilsbegründung – stünde es im Unterschied zum Arzt nicht zu, sich auf einen solchen »Notstand« zu berufen. Aktive Sterbehilfe sei eine »medizinische Handlung«, die vom Arzt nicht an andere Personen delegiert werden dürfe, eben auch nicht an Krankenschwestern oder Pfleger. Gleichwohl, Schwester Jantje habe in »moralisch lauterer Absicht« gehandelt, als sie ihrem Freund die tödliche Injektion verabreichte. Dennoch – so das Urteil des Gerichts – habe sie sich der »Tötung auf Verlangen« schuldig gemacht. Schwester Jantje bekam eine Bewährungsstrafe von zwei Monaten.

Schwester Jantjes Fall ist in mehrfacher Hinsicht charakteristisch für einen Großteil von Einzeltötungen schwerstkranker Patienten:
Sie werden in der Regel bald nach der Tat entdeckt und rasch aufgeklärt. Die individuelle Tatmotivation erweist sich in den meisten Fällen als aktive Sterbehilfe mit besonderem Hintergrund: Solche Einzeltötungen schwerstkranker Patienten erfolgen – wie bei Schwester Jantje – auf dem Boden einer engen persönlichen oder auch tieferen emotionalen Beziehung zum Kranken und einem empathischen, das heißt einfühlenden Verstehen seines Leidens, seiner Persönlichkeit, seines Lebens. Entscheidend dafür, die Schwelle zur Tötung zu überschreiten, ist dann die innere Überzeugung, daß die Lebensverkürzung des Kranken, meist Moribunden, die einzige Möglichkeit ist, dessen Leiden zu beenden, wenn er es ernsthaft wünscht. Die innere Überzeugung, die auch die subjektiv ethische Rechtfertigung einschließt, daß es »richtig« ist, so zu handeln, erscheint als das Resultat einer Konfliktentwicklung, die bisweilen lan-

ge vor der aktuellen Sterbehilfehandlung stattgefunden haben kann (siehe Kapitel 5). Wie bei Schwester Jantjes Freund sind die therapeutischen Möglichkeiten des Kranken ausgeschöpft, die Prognose ist infaust, also aussichts- und hoffnungslos, und die Leidensfähigkeit oder die Leidensbereitschaft ist an der Erträglichkeitsgrenze des Patienten angelangt. Der Personenkreis der aktiv Sterbehilfeleistenden besteht nicht nur aus Krankenschwestern und Pflegern. Er umfaßt bekanntlich auch Ärzte, Angehörige und Freunde des Kranken. Das Lebensalter der Patienten ist in solchen Fällen auch nicht auf höhere Altersstufen begrenzt. Gerade die Aidserkrankung mit ihrer aussichtslosen Prognose, ihrem fatalen Finale, hat den Kreis jüngerer, aktive Sterbehilfe suchender Menschen erweitert. Beispiele und Dokumentationen von Einzelfällen aktiver Sterbehilfe sind zahlreich und insgesamt kaum noch zu überblicken[3] (siehe auch Kapitel 6). Danach zu urteilen, ist das Dunkelfeld von Einzeltötungen vor allem in Krankenhäusern nicht unerheblich.

Das Urteil von Groningen hat unmißverständlich deutlich gemacht, daß auch im liberalsten Land der Welt in Sachen aktiver Sterbehilfe die gezielte Lebensbeendigung auf Wunsch eines unheilbar Kranken für Angehörige des Pflegeberufs (und andere nicht-ärztliche Personen) ein Tötungsdelikt darstellt, wenn auch ein – wie in den meisten westlichen Ländern – vermindert strafwürdiges, ein milder zu beurteilender Fall der vorsätzlichen Tötung.[4] Die fast nur noch symbolische Strafe für Schwester Jantje ist nicht etwa symptomatisch für die Liberalität der niederländischen Justiz und der neueren gesetzlichen Regelung von 1993 im Umgang mit aktiver ärztlicher Sterbehilfe (siehe Kapitel 6). Derart milde Strafen, die man auch in anderen Ländern in solchen Fällen einmaliger aktiver Sterbehilfe beobachten kann, haben zumindest einen Grund in einem Evidenzerlebnis, dem man sich nur schwer entziehen kann: der Evidenz, daß Schwester Jantje – und Menschen wie sie – eine humane, altruistische Grundhaltung in der gegebenen Situation bewog, ihrem moribunden Freund in der Finalphase seiner absolut tödlichen Erkrankung den letzten Wunsch, sein Leben ruhig und friedlich zu beenden, nicht zu versagen. Dieses Evidenzerlebnis einer hinter der Tat stehenden humanen Haltung, die Einfühlbarkeit in die Gefühlslage, in das Mitgefühl des Sterbehilfeleistenden sowie die Nachvollziehbarkeit seiner Situation angesichts eines schon lange leidenden Menschen an den Grenzen der Erträglichkeit, dürfte insgesamt einer der zentralen Gründe für so manches im Strafmaß mildere richterliche Urteil sein – mag man das Groninger Urteil nun für gerechtfertigt halten oder nicht, mag man die Schwester Jantje richterlich attestierte moralische Lauterkeit akzeptieren oder verwerfen. Jeder Lebenserfahrene wird für sich nicht ausschließen können, als Kranker oder als Angehöriger eines unheilbar Kranken in eine solche Sterbehilfesituation zu kommen. Studiert man die kasuistischen Fallbeispiele aktiver Sterbehilfe, die – weil unentdeckt – nie vor Gericht kamen, so wird man das, was ich hier als Evidenzerlebnis kurz gekennzeichnet habe, nachvollziehen können (was nicht gleichbedeutend ist mit ethischer Rechtfertigung der tödlichen Handlungsweisen selbst).

Zur gleichen Überzeugung und zu einem ähnlich milden Urteil wie die Groninger Richter kam auch ein dänisches Gericht in einem Fall von Tötung auf Verlangen. Analog dem deutschen Strafrecht genügt auch dem dänischen in solchen Fällen die bloße Einwilligung des Kranken nicht. Gefordert wird auch hier ein ausdrückliches und »ernstliches« Begehren des Patienten:
In einer dänischen Klinik verabreichte eine Krankenschwester einem total gelähmten Polio-Patienten mit künstlicher Beatmung auf dessen nachdrückliches und ernsthaftes Verlangen eine Morphiuminjektion. Nachdem der Patient durch das Betäubungsmittel bewußtlos geworden war, schaltete sie die künstliche Beatmung ab. Die Schwester wurde 1974 vom Stadtgericht Kopenhagen wegen Tötung auf Verlangen nach § 239 dänStGB (Gefängnis bis zu drei Jahren oder Haft nicht unter 60 Tagen) zu einem Jahr Gefängnis auf Bewährung verurteilt.[5]
Mit ähnlich milden Urteilen ist in vergleichbaren Fällen zu rechnen, wenn der Patient ohnehin dem Tode nahe ist: 1987 verurteilte ein dänisches Gericht einen Krankenpfleger zu einer einjährigen Be-

währungsstrafe, der einem 91jährigen, im Sterben liegenden Heimbewohner eine tödliche Injektion verabreicht hatte.[6]

In einigen westlichen Ländern gibt es sogar gesetzliche Sondervorschriften für die Tötung »unheilbar« oder »hoffnungslos« Kranker aus »Mitleid« oder aus einem »starken menschlichen Mitgefühl«. Solche »Mitleidstötungen« werden als schuldgeminderte Taten im Sinne der jeweiligen Totschlagsvorschriften behandelt (unter anderem in Norwegen, Portugal, Schweden).[7] So heißt es beispielsweise in der entsprechenden gesetzlichen Spezialregelung Norwegens in § 235, 2 norwStGB: »... hat jemand aus Mitleid einen hoffnungslos Kranken des Lebens beraubt oder daran mitgewirkt, so kann die Strafe unter das sonst angedrohte Mindestmaß sowie auf eine mildere Strafart herabgesetzt werden« (wobei die Mindeststrafe normalerweise bei Totschlag nach § 233 norwStGB bei sechs Jahren liegt).[8]

Die Bundesrepublik Deutschland kennt bisweilen keine derartige gesetzliche Spezialregelung für aktive Sterbehilfe (sondern lediglich eine höchstrichterliche Rechtsprechung, die das Mitleidsmotiv als schuldgeminderte Tat – Totschlag statt Mord – berücksichtigt; siehe dazu Kapitel 6 und 8). Von Bedeutung ist hier, daß die Gesetzgeber der Länder mit solchen speziellen Vorschriften die Einzeltötung im Sinne der aktiven Sterbehilfe mit einer Mitleidsmotivation im Auge hatten – unter anderem Sterbehilfekonstellationen, wie ich sie am prototypischen Fall der Schwester Jantje zu verdeutlichen suchte.

Die meist kürzelhaft angewandten Begriffe des »Mitleids«, der »Mitleidstötung« geben nur unvollkommen, bisweilen mißverständlich wieder, welche zum Teil komplexen Sachverhalte und psychologischen Probleme sich im Einzelfall dahinter verbergen. Das Motiv bleibt abstrakt und blaß, wenn die Gesamtsituation (Sterbehilfekonstellation, Pflegebedingungen, Beziehung zum Patienten usw.) und die Persönlichkeit des Sterbehilfeleistenden nicht erfaßt und beschrieben werden. Da die erforderliche Abklärung dieser wesentlichen Aspekte meist nicht geschieht oder nicht gelingt, können im

Einzelfall erhebliche Schwierigkeiten bei der richterlichen Bewertung entstehen, sich in höchst unsicheren Urteilen niederschlagen, wobei dann auch die Tatmotivation unklar bleibt.

Anna Weis, 93 Jahre, lebt schon seit einigen Jahren im Altenpflegeheim. Bereits geraume Zeit kann sie sich nicht mehr selbst versorgen. Wie die meisten Menschen, die ein so hohes Lebensalter erreichen, leidet auch Frau Weis an mehreren Erkrankungen gleichzeitig: Arteriosklerose, Bluthochdruck, Diabetes und anderen Beschwerden, typischen Alterskrankheiten also. Es geht ihr jetzt immer schlechter, Anna Weis ist schwer pflegebedürftig. In wenigen Wochen verfällt sie buchstäblich, ist körperlich geschwächt, ausgezehrt, ihr Bauch aufgebläht, sie leidet Schmerzen, hat – wie die Heimärztin später sagt – »vermutlich einen Tumor, der zusehends wuchs«. Die alte Dame befindet sich im Sterbeprozeß. Nahrung und Medikamente werden auf ärztliche Anordnung abgesetzt, um das Sterben nicht unnötig zu verlängern, das Leiden eher abzukürzen. Lediglich Flüssigkeit wird der Patientin zugeführt. Es sind Maßnahmen der (erlaubten) passiven Sterbehilfe, keineswegs ungewöhnlich und bisweilen an Kliniken nach einem systematischen, gut kontrollierten Stufenplan praktiziert. Am Morgen des 25. Januar 1996 ist der Heimärztin bei der Visite offenbar klar, daß ihre Patientin die nächsten Stunden kaum überleben wird. Schon in der vergangenen Nacht versagte der Schluckreflex, die Mundhöhle der Sterbenden sollte deshalb nur noch mit feuchter Watte ausgetupft werden. Gegen zehn Uhr an diesem Vormittag stirbt die Hochbetagte. Die Ärztin, die den Totenschein ausstellt, wird später sagen: »Sie lag ganz friedlich da!« Welchen Anlaß sollte sie bei der betagten Verstorbenen und deren Krankengeschichte auch haben, »Unrechtes« zu vermuten. Doch zehn Monate nach dem Todestag der Anna Weis hat ein Berliner Schwurgericht Anfang November 1996 darüber zu befinden, ob die des Mordes angeklagte 37jährige Krankenschwester Dora T. die schwerstkranke, moribunde Patientin vorsätzlich getötet oder – wie die Verteidigung behauptete – nur irrtümlich oder fahrlässig gehandelt hat.

Was war geschehen an jenem 25. Januar? Wie so häufig bei dem Versuch, die tatsächlichen Geschehnisse zu ergründen, die Wahrheit zu erforschen, gibt es auch hier verschiedene Versionen und Sichtweisen der unmittelbar Beteiligten sowie derjenigen, die zur Beurteilung von Erinnerungen, Rekonstruktionen – kurz, von Beweismitteln verschiedenster Art aufgerufen sind. Folgt man einigen Chronisten dieses Strafverfahrens, die im Kern der Geschichte weitgehendst übereinstimmen, so darf man etwa folgendes resümieren:[9]

An jenem 25. Januar hatte Schwester Dora zusammen mit einer Umschülerin Frühdienst. Sie hatte sich an diesem Tag um 26 bettlägerige Heimbewohner zu kümmern, etwa die Hälfte davon schwerst pflegebedürftige alte Menschen, die gewaschen, gewindelt und gefüttert werden mußten. Schwester Dora wußte um den kritischen Zustand der alten Dame, sie kannte sie schon fast so lange wie sie in diesem Heim tätig ist. Und das waren Jahre. Sie habe der Sterbenden noch ein »wenig Flüssigkeit« zu geben versucht, ein bißchen kalten Milchkaffee in »winzigen Schlucken, ein paar Teelöffel vielleicht«. Als etwas Kaffee aus dem Mund lief, habe sie sofort aufgehört und die Patientin zur Seite gedreht. Da habe Frau Weis noch geatmet.
Ganz anders hat es die Praktikantin in Erinnerung, mit der zusammen Schwester Dora an diesem Morgen den Dienst versah: Schon beim Betreten des Zimmers habe sich Schwester Dora darüber mokiert, daß bei Frau Weis jemand das Rückenteil des Bettes hochgestellt habe. Das rege den »Kreislauf doch an, dann stirbt sie ja noch langsamer«, soll Dora gesagt haben. Bei der Grundpflege der Patientin habe die Schwester geäußert, es sei »besser, wenn sie heute stirbt«, jetzt sei »ein Arzt im Haus«, am »Wochenende bin ich allein«, und dann komme »womöglich die Kripo« (wenn die Todesursache durch einen Notarzt am Wochenende nicht festgestellt werden kann). Kurz danach habe Schwester Dora der Patientin mit einer Schnabeltasse Kaffee in den Mund gegossen. »Gurgelnde« oder »röchelnde« Geräusche habe sie noch gehört. Kurz danach habe sie

erfahren, daß die Patientin verstorben sei. Tagelang habe sie ihre Beobachtungen noch mit sich herumgetragen, dann habe sie sich jemandem anvertraut. So kamen die Ermittlungen in Gang.
Die Obduktion ergab in der Luftröhre und im Lungengewebe der Verstorbenen rund einhundert Milliliter einer graubraunen, koffeinhaltigen Flüssigkeit, eine halbe Tasse etwa. Damit war belegt: Die Patientin Anna Weis war zwar moribund, ihr Tod trat jedoch zweifelsfrei durch Ersticken infolge des aspirierten Kaffees ein, den sie nicht mehr schlucken konnte.
Schwester Dora ist seit zwanzig Jahren in ihrem Beruf tätig, fast die Hälfte davon war sie auf der gynäkologischen Station eines Krankenhauses, ehe sie, durch Lebensumstände bedingt, in der Nähe ihrer Wohnung in diesem Heim eine neue Arbeit fand. Ihrem Kollegenumfeld galt sie als fachlich kompetent, überaus einsatzbereit und zuverlässig. An ihrer »Arbeit gab es nie etwas auszusetzen, die hat alles gemacht und gerne«, sagte eine Kollegin. Andere wiederum ließen verlauten, sie sei »manchmal ruppig im Ton und nicht immer so behutsam« im Umgang mit den alten Patienten gewesen. Die psychiatrische Sachverständige soll Schwester Dora als »manchmal etwas burschikos und wenig einfühlsam« eingeschätzt haben. Eine Heimärztin hat die alleinerziehende Mutter eines behinderten Kindes »immer als sehr liebevoll und fürsorglich« erlebt. Nichts Hochabnormes oder gar Pathologisches in der Persönlichkeit dieser Schwester ließ sich jedoch finden, das man für ihre Handlungsweise am 25. Januar hätte verantwortlich machen können, offenbar auch nichts, was die psychiatrische Sachverständige zum Anlaß hätte nehmen können, ihr für den Tatzeitpunkt eine erheblich »verminderte Schuldfähigkeit« (nach der strafmildernden Kann-Vorschrift von § 21 StGB) zu attestieren.
Ein junger Staatsanwalt plädierte am Ende der Beweisaufnahme auf Mord, »heimtückisch« begangen und aus »niedrigen Beweggründen« (wie die mordqualifizierenden Merkmale von § 211 StGB u. a. benannt sind). Er forderte eine lebenslange Haftstrafe, die Verteidigung Freispruch wegen einer Handlung mit nur »irrtümlich« zu großen Mengen Kaffees. Die Schwurgerichtskammer verurteilte

Dora T. zu fünf Jahren Freiheitsstrafe wegen Totschlags nach § 212 StGB und hob den Haftbefehl – zur Überraschung vieler Beobachter – gegen die Schwester auf. In der mündlichen Urteilsbegründung wurde einerseits ein »irrtümliches« Handeln ausgeschlossen, die Tat andererseits aber auch nicht als heimtückisch und aus niedrigen Beweggründen begangen gewertet. Die Angeklagte habe aber vorsätzlich und bewußt gehandelt, als sie einer »spontanen Eingebung« folgend das Leben »eines ohnehin sterbenden Menschen geringfügig verkürzt« habe. Sie habe nicht aus »Bequemlichkeit« gehandelt, denn sie habe die todkranke Patientin »ja vorher noch gewaschen, gewindelt und umgezogen – also gepflegt«. Vielmehr sei »ihr Tun von der Vorstellung begleitet gewesen, verbotene Sterbehilfe zu geben«, so der Vorsitzende Richter. Und zwar »als Fortsetzung der passiven Sterbehilfe der Ärzte, bestärkt durch das Wissen um das Absetzen der Nahrung und der Medikamente«. Die Krankenschwester sei aber auch kein »Todesengel« – »der Tod stand schon im Raum«, er habe bei Anna Weis nicht nur »an die Tür geklopft«, sagte der Vorsitzende. »Deshalb«, so fuhr er fort, »war die Schwester nicht Herrin über Leben und Tod«, sie habe »nur über den Zeitpunkt« des Todes bestimmt – »sie nahm der Frau das Recht auf einen natürlichen Tod«. Dieser Tod sei auch »kein qualvoller« gewesen. Die Angeklagte habe das Leiden der Sterbenden verringern wollen. Staatsanwaltschaft und Verteidigung scheinen in Revision gehen zu wollen.

Wie angemessen oder unangemessen man diese richterliche Tatbestandsfeststellung (Totschlag) und das Strafmaß auch beurteilen mag (in vergleichbaren Fällen des nahen Todes fällt es milder aus), in der mündlichen Urteilsbegründung blieb die individuelle Tatmotivation von Schwester Dora nur schemenhaft. Weshalb hat sie eine bereits Sterbende getötet? Daß Schwester Dora im Augenblick ihres Tuns möglicherweise die Vorstellung von aktiver Sterbehilfe gehabt haben mag, ist keine Erklärung ihres individuellen Motivs, der Beweggründe ihres Handelns, sondern allenfalls das Aufblitzen der Verbotstafel solcher Handlungen. Offenbar war im ganzen Prozeß von

»Mitleid« nie die Rede, auch die Angeklagte hat dieses Motiv nicht geltend gemacht. Die richterliche Feststellung, sie habe die Leiden der Sterbenden verringern, vielleicht verkürzen wollen, kommt dem Motiv eines Mitgefühls als Beweggrund aktiver Sterbehilfe nahe. Aber war ihr das selbst zu irgendeinem Zeitpunkt bewußt? Oder hat sie vielleicht nach jahrelangem Umgang mit schwerstkranken Pflegebedürftigen, mit Sterben und Tod alter Menschen an einer Situation gelitten, an einer Sisyphus-Situation, die zum inneren Ausbrennen führen kann und es schwermacht, noch zwischen dem eigenen Leiden und dem des Patienten zu unterscheiden? Wie sah ihre emotionale Beziehung zu der Patientin aus, und welche Einstellung hatte sie zur Sterbehilfe und ihren verschiedenartigen Formen? Das scheinen im Fall von Schwester Dora offen gebliebene Fragen zu sein. Mag deren Beantwortung für die bloße strafrechtliche Schuldfeststellung nicht unbedingt erforderlich sein, für kommende Strafprozesse mit einer solchen Fallthematik und über den Strafprozeß hinaus vor Ort – in Kliniken und Heimen – ist die Klärung solcher Fragen von Bedeutung.
Im übrigen sei abschließend vermerkt: Nur eine kurze Zeitspanne hatte über das Schicksal von Schwester Dora entschieden. Der Leichnam von Anna Weis lag bereits im Krematorium zur Einäscherung, als die Polizei dies gerade noch verhindern konnte. Es spricht einiges dafür, daß die 37jährige noch heute ihren Dienst im Altenpflegeheim versehen würde, wären die sterblichen Überreste der alten Dame in eine Urne gekommen und nicht erst auf den Seziertisch eines Pathologen.

Die Einzeltötung im Sinne aktiver Sterbehilfe von schwerstkranken, meist moribunden Patienten ist kein neues kriminologisches Phänomen. Als Ausdruck eines (freiwillig erbetenen) humanitär verstandenen Akts, eines »Gnadenakts« oder »Gnadentodes«,[10] hat es die Einzeltötung schon immer gegeben. Sie galt zu allen Zeiten den einen als »Mord«, den andern als »Erbarmen«. Strafrechtlich war und blieb sie in allen hochentwickelten westlichen Ländern ein Tötungsdelikt, auch wenn die Tat auf ausdrücklichen Wunsch eines Patien-

ten mit klar erkennbarer Irreversibilität einer aussichtslosen Erkrankung zurückzuführen ist. Als Tötung auf Verlangen oder/und aus »Mitleid« im Rahmen von Sterbehilfe-Konstellationen ist die direkte lebensbeendigende Handlung, die aktive Sterbehilfe, in fast allen westlichen Ländern ein privilegiertes Tötungsdelikt, das heißt eine Tat von verminderter Strafwürdigkeit mit geringerer Strafandrohung und der Möglichkeit einer – zusätzlichen – Strafmilderung (durch allgemeine Vorschriften des jeweiligen Strafgesetzes)[11]. Für Außenstehende kennzeichnend ist das Evidenzerlebnis, daß die Tat aus einer humanen Grundhaltung und einem Mitgefühl mit dem Leidenden erwachsen ist, in einer einfühlbaren und nachvollziehbaren Sterbehilfesituation mit einer nahestehenden Person.
Freilich gibt es dazu auch das mißbräuchliche Gegenstück: die vorzeitige Lebensverkürzung alter kranker Menschen aus erbgierigen Motiven, die sich den Anschein »barmherziger Sterbehilfe« gibt. Möglicherweise ist sie in früheren Zeiten sehr viel häufiger gewesen als heutzutage (in der neueren Literatur finden sich kaum Fälle; siehe Kapitel 4). Das Spektrum ist also sicher breit und darf auch den »Mißbrauchsfall« nicht außer acht lassen (der in der Regel erkennbar ist und gerade bei Pflegekräften eher durch Serientötungen alleinstehender älterer Menschen gekennzeichnet zu sein scheint; siehe S. 108 ff. Zwischen den beiden Polen dieses Spektrums – der Identifizierung mit den Leidenden gegen Leidensverlängerung durch Sterbeverzögerung und der leichtfertigen oder mißbräuchlichen aktiven Sterbehilfe – liegen andere, oft schwer aufzuklärende Varianten mit unklarem Motivationshintergrund (wie zum Beispiel der Fall der Schwester Dora T.).
Was sich gegenüber früheren Zeiten grundlegend verändert hat, sind die längeren Sterbeprozesse der Menschen, somit auch die längeren Leidenszeiten (jüngerer wie älterer) Schwerstkranker und Unheilbarer. Ursächlich dafür sind die heutigen medizinischen Möglichkeiten der Lebenserhaltung (in Fällen und bei Erkrankungen, die früher zu einem raschen Tod geführt hätten). Vielleicht sind es diese veränderten Umstände, zu denen auch das zunehmende Sterben in Krankenhäusern und Heimen gehört, die eine größere, möglicherweise auch

nur eine andere Art der Versuchung mit sich bringen, den Inkurablen einen letzten, wenn auch verbotenen Liebesdienst zu erweisen. Jedermann weiß, daß die Täterschaft bei verbotener (aktiver) Sterbehilfe nicht auf eine bestimmte Personen- oder Berufsgruppe begrenzt ist, daß Angehörige und Freunde oder Ärzte (siehe Kapitel 6) und Pflegekräfte gleichermaßen beteiligt sein können. Die letzteren sind es heute wahrscheinlich häufiger, nicht zuletzt aufgrund der – hier nur angedeuteten – veränderten Umstände und Bedingungen (siehe Kapitel 6 und 9).
Eine Kriminalstatistik, die uns über das Ausmaß dieses ganz speziellen Tötungsdelikts sowie über Zusammensetzung und Größe des Täterkreises informieren könnte, scheint nicht zu existieren. Sicher ist nur, daß die jährlichen Aburteilungen der »Tötung auf Verlangen« gemäß § 216 StGB sich in der Bundesrepublik seit 1970 stets im einstelligen Bereich bewegt haben, wobei es in den meisten Fällen zu Verurteilungen und in der Hälfte davon zu Geldstrafen gekommen ist (von den verhängten Freiheitsstrafen wurden mehr als die Hälfte zur Bewährung ausgesetzt). Dabei muß offenbleiben, inwieweit diese Fälle sich überhaupt im Rahmen einer Sterbehilfesituation ereignet haben.[12] Unbekannt ist freilich auch, wie viele Fälle von aktiver Sterbehilfe nach anderen Tötungstatbeständen, wie Totschlag (§ 212 StGB) oder sogar Mord (§ 211 StGB), verurteilt wurden.

Vor dem Hintergrund dieser – eher skizzenhaften – Beschreibung von Erscheinungsweisen, Tatmotivation und strafrechtlicher Problematik von Einzeltötungen im Sinne aktiver Sterbehilfe bei Schwerstkranken werden sich in den folgenden Abschnitten und Kapiteln die zentralen Unterschiede zum Phänomen der Serientötung schwerstkranker Patienten durch Pflegekräfte abzeichnen.

Chronik der Serientötungen

Die Serientötung schwerstkranker betagter Patienten durch Krankenpflegekräfte ist ein *neues* und zugleich *internationales* Phänomen, das in verschiedenen westlichen Ländern in den siebziger, vermehrt in den achtziger Jahren bekannt wurde. Es gibt keine Anhaltspunkte dafür, daß Serientötungen von Patienten durch Pflegende unter demokratischen Gesellschaftsverhältnissen schon vor diesem Zeitpunkt abgeurteilt wurden, zumindest nicht in größerer Anzahl.[13] Der Zeitpunkt für das erstmalige Bekanntwerden solcher Fälle erscheint nicht zufällig. In der Patientenstruktur der Krankenhäuser, der demographischen Altersstruktur westlicher Industrienationen, in der Medizin und Gesellschaft zeichneten sich in dieser Phase mit hohem Tempo ablaufende Veränderungen ab, die auch die (Arbeits- und Berufs-)Situation von Pflegekräften wie Ärzten prägten und veränderten (siehe Kapitel 9).

Gegen die kriminalhistorische Neuheitsthese des Phänomens ließe sich einwenden, daß Pflegekräfte in Deutschland bereits in den vierziger Jahren an der Umsetzung der Euthanasie- und Massenmordprogramme von Nazi- und SS-Ärzten beteiligt waren, viele von ihnen nachweislich Serientötungen an kranken Patienten, alten Menschen, aber auch an anderen mißliebigen Personengruppen des NS-Regimes begangen haben.[14] Zwar handelte es sich hier um Taten in einer Diktatur, der Einwand ist jedoch so gewichtig, daß ich an geeigneter Stelle darauf zurückkomme (siehe Kapitel 9). Beläßt man es zunächst einmal bei meiner These, so darf hinzugefügt werden, daß solche Serientötungen nicht einfach nur kriminalhistorisch neu sind. Das Phänomen selbst unterscheidet sich in zentralen Merkmalen von den traditionellen Tötungsdelikten. Auch und gerade deshalb handelt es sich um ein neues kriminologisches Phänomen.

Einen ersten Eindruck davon erhält man durch die folgende Chronik der zwischen 1976 und 1993 verurteilten elf Krankenschwestern und Pfleger mit Tötungsdelikten zwischen jeweils zwei und 33 Fällen, begangen in Kliniken (9) und Altenheimen (2) europäischer Länder (Niederlande, Norwegen, Österreich, Bundesrepublik) und der USA. Ein weiterer hier aufgeführter Fall aus den USA endete mit Freispruch.

1 Er war Krankenpfleger, arbeitete neun Jahre als Gemeindehelfer und pädagogischer Leiter einer Lungenheilstätte, ehe er Leiter eines Altenheims wurde. Dort richtete er als erstes eine Pflegestation ein, ein Ambulanzzimmer dazu und verbesserte die Organisationsstruktur des Heims. Die dadurch entstandenen günstigen Arbeitszeiten machten ihn bei seinen Mitarbeitern rasch beliebt. Ein Jahr nach Übernahme der Heimleitung wurde der Krankenpfleger Albert Bluhm Mitte Januar 1971 entlassen – wegen Verdacht des Totschlags und der Körperverletzung an alten, pflegebedürftigen Heiminsassen. Ins Rollen gebracht hatte dies eine junge Pflegeschülerin, die ihre Beobachtungen und den Verdacht beim Heimvorstand des konfessionellen Trägers vortrug. Die zögerlichen Ermittlungen der benachrichtigten Staatsanwaltschaft ermöglichten Bluhm auf freiem Fuß zu bleiben und – noch über zwei Jahre bis zu seiner Verhaftung im August 1973 – an drei Krankenhäusern als Pfleger zu arbeiten. Auch dort kam der Pfleger in den Verdacht, bei sterbenskranken Patienten »nachgeholfen« zu haben. Nach komplizierten Ermittlungsarbeiten und rechtsmedizinischen Gutachten wurde Bluhm angeklagt und 1976 von einem bundesdeutschen Schwurgericht (Landgericht Wuppertal) wegen vollendeten Mordes in zwei Fällen, vier Mordversuchen und einer schweren Körperverletzung zu lebenslanger Haft verurteilt. Albert Bluhm hatte sechs pflegebedürftige kranke Heiminsassen zwischen 77 und 88 Jahren mit einem hochdosierten Betäubungsmittel in einen komatösen Zustand gespritzt, in dem sie verstarben oder zufällig überlebten (siehe S. 174 f.).

2 Im Dezember 1975 starben auf einer bundesdeutschen Intensivstation innerhalb von drei Tagen sechs Patienten zwischen 66 und 86 Jahren unter auffallend gleichartigen Begleitumständen: Ihr Tod kam aus ärztlicher Sicht unerwartet, und bei allen trat kurz vor ihrem Ableben eine ähnliche Symptomatik (Herzflimmern, Atembeschwerden) trotz unterschiedlicher Krankheitsbilder auf (siehe

S. 141 f., 181). Die überraschten Ärzte dachten – vor allem aufgrund der spezifischen, gleichartigen klinischen Symptomatik – an eine Fremdeinwirkung, das heißt an keinen natürlichen Tod, sondern einen Tod durch Fremdeinwirkung. Nachdem die Ärzte sofort den – frei zugänglichen – Medikamentenschrank der Station überprüft und einen Fehlbestand festgestellt hatten, fiel der Verdacht auf den 25jährigen Intensivkrankenpfleger Fred Klein. Er hatte erhebliche Mengen beider Herzmedikamente bestellt, obgleich der Bestand einen Tag zuvor durch eine Schwester mit 80 Ampullen nachgefüllt worden war. Klein hatte auch an allen drei Tagen Dienst, an denen die Patienten verstorben waren. Ob und in welcher Dosierung den sechs Patienten das ärztlich nicht verordnete Herzmittel, möglicherweise beide Präparate, durch Klein gespritzt worden war, konnte nur toxikologisch nach Exhumierung der Verstorbenen geprüft werden. Doch drei waren bereits eingeäschert.

Bei seiner Verhaftung kurz nach Entdeckung der Auffälligkeiten gestand der Pfleger, drei schwerstkranken Patienten eine Überdosis beider Medikamente injiziert zu haben. Später widerrief Klein seine Aussage mit der Begründung, er habe sie lediglich unter dem Druck der Vernehmung gemacht, die Kriminalbeamten hätten ihn in die »Enge getrieben«, mit den Todesfällen habe er nichts zu tun. Geständniswiderruf, Hinweis auf möglicherweise unerlaubte polizeiliche Vernehmungsmethoden und toxikologische Nachweisschwierigkeiten der Herzpräparate im Serum und Gewebe der Verstorbenen (zur damaligen Zeit existierte noch kein standardisierter Test zur Bestimmung der Wirksubstanzen)[15] führten zu langwierigen, komplizierten rechtsmedizinischen Untersuchungen einerseits und verfahrensrechtlichen Schwierigkeiten andererseits. Das gesamte Strafverfahren Klein zog sich über fast fünf Jahre und zwei Instanzen bis 1981 hin und wurde somit zum längsten Verfahren aller bisherigen Patiententötungsprozesse.

Ein gutes Jahr nachdem Klein in Untersuchungshaft gekommen war, legte die Staatsanwaltschaft eine Anklage wegen Mordes an vier Patienten vor. Das war Ende März 1977. Im Oktober desselben Jahres erweiterte der zuständige Ankläger die Mordvorwürfe um einen weiteren Fall. Die Hauptverhandlung war unter anderem durch prozeßrechtliche Probleme erschwert, die durch den Vorwurf der Verteidigung entstanden, die Kriminalpolizei habe Herrn Klein im Zustand der Übermüdung vernommen, ihn durch die Art der Vernehmung gequält und mit Versprechungen im Falle eines Geständnisses getäuscht, somit gegen nach § 136 a der Strafprozeßordnung (StPO) verfahrensrechtlich verbotene Vernehmungsmethoden verstoßen. Bei der Prüfung dieser Vorwürfe war das Schwurgericht an die Grundsätze des sogenannten Freibeweises gebunden, das heißt, es durfte die zunächst geständigen Aussagen des Angeklagten nicht verwerten bzw. in das Verfahren einführen und war gehalten, allen Möglichkeiten der Überprüfung durch Anhörung von Zeugen und anderen Beweismitteln nachzugehen, die die Verteidigung (oder andere Verfahrensbeteiligte) beantragten. Unter solchen Umständen kann es leicht geschehen, daß der eigentliche Gegenstand von Anklage und Hauptverhandlung zumindest streckenweise aus dem Blickpunkt gerät. Nun, das Schwurgericht (Landgericht Freiburg) sprach den Krankenpfleger Fred Klein Anfang August 1978 nach 31 Verhandlungstagen vom Vorwurf des Mordes an fünf Patienten frei, da nach Auffassung der Kammer die polizeilichen Vernehmungen und somit auch das anfängliche Geständnis des Angeklagten nicht verwertbar gewesen seien. Im September 1979 hob ein Senat des Bundesgerichtshofs – auf das Revisionsbegehren von Staatsanwaltschaft und Bundesanwaltschaft hin – dieses Urteil in vollem Umfang auf.[16] Damit lag der Fall Klein zur Neuverhandlung wieder bei demselben Landgericht, aber bei einer anderen Schwurgerichtskammer. Sie verurteilte den Pfleger 1981 wegen Körperverletzung mit Todesfolge in sechs Fällen gemäß § 226 StGB zu vier Jahren und acht Monaten Haft. Der Motivhintergrund blieb – wie in den meisten übrigen Fällen – ungeklärt.

Das Strafverfahren Klein ist unter allen bisher bekannten Strafverfahren wegen mehrfacher Patiententötung nicht nur das längste. Es weist auch eine ganze Reihe anderer Superlative auf: 20 Sachverständige waren in der ersten und auch in der zweiten Hauptverhandlung tätig, 130 Zeugen wurden 1980/81 zur Hauptverhandlung des

Revisionsverfahrens geladen, die Anzahl der angeklagten Fälle stieg von vier im März 1977 auf fünf im Oktober 1977 und schließlich auf sieben zur Revisionsverhandlung 1980/81 (was dazu führte, daß ich bei den »Irrungen und Wirrungen« dieses Verfahrens in einer kleinen Publikation 1996 statt nur sechs sieben verurteilte Fälle anführte)[17]. Kein Wunder, daß das Verfahren Fred Klein in Details umstritten und zum Teil auch skandalträchtig war: So gab es erhebliche Kontroversen unter den Sachverständigen hinsichtlich toxikologisch-pharmakologischer Bestimmungen der Grenzwerte zwischen tödlicher und »nur« schwerer toxischer Konzentrationen (von Digoxin) im Oberschenkelvenenblut sowie anderer Aspekte, die Verteidigung von Klein legte sich mit den Bundesrichtern an, und eine Kreisverwaltung der Gewerkschaft ÖTV stand dem Angeklagten mit einer öffentlichen Erklärung bei, in der eine These aus dem ersten Hauptverfahren aufgegriffen wurde: Die Patienten seien nicht ermordet worden, sondern wegen der chaotischen Zustände im Krankenhaus zu Tode gekommen; Personalmangel und Arbeitsüberlastung hätten mithin bewirkt, »daß irgend jemand fahrlässig zuviel Herzarzneien verabreicht habe«.

Die außerordentliche Gesamtdauer des Verfahrens, die vielen Widersprüchlichkeiten und Schwierigkeiten machen deutlich, daß alle Verfahrensbeteiligten mit äußerst komplexen Problemen konfrontiert waren, für deren angemessene Aufklärung bislang keine Erkenntnisse und Erfahrungen vorlagen. Das Phänomen einer – wie immer motivierten – mehrfachen Tötung von Patienten durch eine Pflegekraft war völlig neu. Ich habe diesen Fall und insbesondere den Verfahrensgang deshalb ausführlicher dargestellt als die nachfolgenden Fälle, weil sich darin wie auch im Urteil die enorme Unsicherheit widerspiegelt, die sich bei Betreten des »fremden Terrains« fast zwangsläufig einstellte. Der Fall Klein ist aber auch noch aus einem ganz anderen Grund herausragend und kriminologisch bedeutsam: Er ist der einzige unter den elf Fällen, der nur eine ganz kurze Tatzeit von wenigen Tagen aufweist und der durch die Wachsamkeit der Ärzte und ihr angemessenes Handeln rasch entdeckt, wenn auch nicht sofort aufgeklärt wurde. Er macht aber auch deutlich, daß eine noch so frühe Entdeckung solche Taten nicht völlig verhindern, allenfalls die Anzahl der Tötungen begrenzen kann.

3 Im August 1975 wurde der damals 40jährige Krankenpfleger Frans van der Meer in der niederländischen Klinik Kerkrade verhaftet. Als Leiter einer Abteilung für hochbetagte, schwerstkranke Patienten der Klinik – man sprach vom »Sterbepavillon« – geriet er in den Verdacht, zwischen 15 und 79 Patienten mit dem für Zuckerkranke (Diabetiker) lebensrettenden Medikament Insulin ins Koma (tiefe Bewußtlosigkeit) gespritzt zu haben, in dem sie dann verstarben. Die rechtsmedizinischen Schwierigkeiten, Spuren des in Verdacht geratenen Medikaments in den sterblichen Überresten der mutmaßlichen Opfer nachzuweisen, begrenzten die Möglichkeiten der Staatsanwaltschaft und erlaubten ihr lediglich eine Anklage wegen vollendeten Mordes in neun Fällen. In der Hauptverhandlung vor einer Maastrichter Strafkammer beantragte der Ankläger eine Haftstrafe von zweimal lebenslang. Nach einem ungewöhnlich langen, komplikationsreichen Schwurgerichtsverfahren wurde der Krankenpfleger van der Meer, der Mann, dem psychiatrische Sachverständige einen »Bravheitskomplex« zuschrieben, 1976 wegen fünffachen Mordes zu 13 Jahren Haft verurteilt.

4 In einem Altenpflegeheim in der Nähe des norwegischen Trondheim wurde im April 1981 der 36jährige Krankenpfleger und Direktor des Heimes Ole Lagerström verhaftet. Anfangsverdacht der Ermittler war die Tötung von etwa 60 sehr alten Heiminsassen zwischen 67 und 94 Jahren, die Mehrzahl über 70 Jahre alt. Der frühere Narkosehelfer und Oberpfleger eines chirurgischen Krankenhauses, der als unermüdlicher und freundlicher Pfleger besonders älterer Patienten galt, war vier Jahre zuvor Direktor des Pflegeheims geworden. Bereits bei seiner kriminalpolizeilichen Vernehmung hatte Lagerström 31 Tötungen gestanden, später aber widerrufen und in der Hauptverhandlung gänzlich geschwiegen. Auch in seinem Fall waren umfangreiche Ermittlungen, rechtsmedizinische Untersuchungen, psychiatrische Sachverständigengutachten erforderlich, ehe der Prozeß, der zum längsten Norwegens wurde, 1982 vor einem Schwurgericht in Trondheim stattfand. Aus rein prozeßökonomischen Gründen hatte die Staatsanwaltschaft nur noch 25 Fälle angeklagt, zumal auch rechtsmedizinische Nachweisschwierigkeiten von Giftspuren bestanden. Im Frühjahr 1983 wurde der Pfleger wegen 22 vollendeten Morden und einem Mordversuch zu 21 Jahren Haft und zehnjähriger Sicherungsverwahrung verurteilt. Und auch hier blieben – wie in allen bisher berichteten Fällen – die Motive dieser Taten für Staatsanwaltschaft, Verteidigung und Gericht »ein Rätsel«. Zwischen dem als freundlich und unermüdlich geltenden Krankenpfleger und Altenpflegeheimdirektor einerseits und dem »teuflischen Messias«, wie er später seiner grausamen Tötungsmethode wegen einmal genannt wurde, fanden sich die Verfahrensbeteiligten nicht zurecht.

5 Zur selben Zeit, als in Trondheim das Urteil gesprochen wurde, wurde in einem Krankenhaus des amerikanischen Bundesstaates Ohio der 35jährige Krankenpfleger einer Intensivstation, Donald Harvey, verdächtigt, einen Unfallpatienten im Koma getötet zu haben. Es war im März 1983, als Ärzte dieser Station entdeckten, daß der Tod dieses Patienten durch eine Fremdeinwirkung verursacht worden sein müsse. Der Verdacht einer möglichen Täterschaft mußte sich also zunächst gegen alle Teammitglieder der Station wenden, die mit dem verstorbenen Patienten zu tun hatten. Deshalb wurden sie aufgefordert, sich einer polygraphischen Untersuchung zu unterziehen, einem sogenannten »Lügendetektor-Test«. Der stets hilfsbereite, freundliche Harvey weigerte sich. Einige Tage danach wurde er unter dringendem Tatverdacht in diesem Fall vernommen und gestand, dreißig weitere ältere Patienten durch Gift getötet zu haben, auch durch Abschalten des Beatmungsgeräts. Einige der Fälle lagen sehr weit zurück und waren in einer Klinik eines anderen Bundesstaates geschehen. Auch hierbei handelte es sich um betagte Personen zwischen 69 und 95 Jahren. Wiederum gestalteten sich Beweissicherung von Spuren und gerichtsmedizinische Untersuchungen äußerst schwierig, da viele der Opfer inzwischen durch die natürlichen Prozesse im Erdreich verändert und Gifte kaum nachweisbar waren. In einem »bargaining«, einer Art Tauschhandel zwischen Richter und Angeklagtem vor dem Hamilton County Court, bekannte Harvey sich der Tötungen schuldig. Dies war der Preis dafür, daß das Gericht auf die Verhängung der Todesstrafe verzichtete und den Angeklagten im August 1987 wegen vollendeten Mordes in 24 Fällen »nur« zu dreimal lebenslang verurteilte. Die weiter zurückliegenden Patiententötungen Harveys wurden dann wenige Monate später, im November 1987, vor einem Geschworenengericht im Bundesstaat Kentucky verhandelt. Hier wurde er wegen vollendeten Mordes an acht Patienten und wegen Totschlags von einem Patienten erneut zu einer lebenslangen Strafe und zusätzlich 20 Jahren Gefängnis verurteilt. Die Gesamtbilanz: 33 Patiententötungen. Harvey soll gesagt haben, er hätte weiter getötet, wenn man ihn in Cincinnati (Bundesstaat Ohio) nicht gefaßt hätte.

6 1987 sprach ein Geschworenengericht in Upper Marlboro im US-Bundesstaat Maryland eine 30jährige Krankenschwester einer Intensivstation von der Anklage des dreifachen Mordes an alten Patienten frei. Das Gericht befand sich in objektiver Beweisnot, da die Spuren des in hohen Dosen injizierten Kaliumchlorids, das sie wahrscheinlich verwandt hatte, wissenschaftlich grundsätzlich nicht nachweisbar sind (da es sich um eine Substanz handelt, die im menschlichen Körper ohnehin vorhanden ist; siehe Kapitel 4). Es war exakt dieselbe Substanz, die fast zur selben Zeit von einer deutschen Intensivkrankenschwester in tödlicher Absicht schwerstkranken alten Patienten gespritzt wurde. Der Verdacht des amerikanischen Anklägers, daß die Krankenschwester auf der Intensivstation der Klinik in Upper Marlboro mehr als nur drei Patienten zu Tode gespritzt hatte, war groß – auf der Station waren 57 Patienten an »Herzanfällen« verstorben, ungewöhnlich viele für einen bestimmten Zeitraum, und der Herztod dieser Patienten war durchaus typisch für die vermutlich injizierte Wirksubstanz. Diese Auffälligkeiten und die Parallelität zu einem der deutschen Fälle sind der Grund, weshalb er hier aufgenommen wurde, nicht zuletzt aber auch als Beispiel dafür, daß verhandelte Fälle dieser Art, die mit Freispruch enden, oftmals gar nicht bekannt und somit auch nicht erfaßt werden.

7 Im März 1986 wurde die 29jährige Intensivkrankenschwester Maria Morell in Untersuchungshaft genommen. Dies war der Beginn eines der spektakulärsten Strafverfahren in der Bundesrepublik. Die Angehörige des Pflegepersonals stand zunächst im Verdacht, mindestens 20 Patienten durch die Injektion zweier verschiedenartiger Medikamente, unter anderem Kaliumchlorid, getötet zu haben. Auch hier gestalteten sich die Ermittlungen wieder äußerst schwierig und kompliziert, nahmen durch die Hinzuziehung zahlreicher rechtsmedizinischer, intensivmedizinischer, psychologischer und psychiatrischer Sachverständiger über zwei Jahre Zeit in Anspruch. Mitte 1988 legte die Staatsanwaltschaft Wuppertal ihre Anklageschrift vor. Darin wurde Maria Morell vorgeworfen, 17 Patienten zwischen 68 und 82 Jahren, meist über 70 Jahre alt, mit einer Kombination von zwei chemischen Wirksubstanzen getötet zu haben. Als das Schwurgerichtsverfahren im Januar 1989 eröffnet wurde, waren seit der Verhaftung der Angeklagten rund zweieinhalb Jahre vergangen – eine Zeit, in der allein 16 Gutachter verschiedenster wissenschaftlicher Disziplinen (Internisten, Anästhesisten, Rechtsmediziner, Chemiker, speziell Toxikologen, Physiker, Psychiater, Psychologen) ihre Gutachten erarbeitet hatten und die Staatsanwaltschaft eine umfangreiche Anklageschrift erstellt hatte. Nach Abschluß einer umfassenden und gründlichen Beweisaufnahme sprach das Schwurgericht im September 1989 die Angeklagte wegen vollendeter Tötung in sieben Fällen und wegen eines Versuchs schuldig. Sie erhielt elf Jahre Freiheitsentzug (siehe auch Kapitel 4, 7 und 8).

8 – 11 Im April 1989 kam – mitten hinein in den Schwurgerichtsprozeß gegen Maria Morell – die Meldung von der Verhaftung der vier sogenannten »Hilfsschwestern« eines Krankenhauses in Wien. Wie alle bisher verurteilten Pflegekräfte gestanden auch sie bei der kriminalpolizeilichen Vernehmung sehr rasch die Tötung zahlreicher Patienten auf einer großen Abteilung für Innere Medizin, wo überwiegend hochbetagte Patienten behandelt wurden. Und wie alle Pflegekräfte, die solche Serientötungen begingen, waren auch die Wiener nichtdiplomierten Schwestern keine Schwesternschülerinnen oder Lernschwestern mehr, sondern hatten bereits lange pflegerische Erfahrungen, drei waren um die 30 Jahre alt, die älteste 50 Jahre, und zum Teil waren sie seit über zehn Jahren im Krankenpflegedienst. Sie gaben zu, schwerstkranke, im Durchschnitt über 80 Jahre alte Patienten mit Hilfe von Schlaf- und Beruhigungsmitteln in hohen Dosen, außerdem mit einer bisher noch unbekannten Tötungsmethode, zuletzt mit Insulin zu Tode gebracht – oder es versucht – zu haben. Nach ihren Erstgeständnissen lag die Anzahl der Tötungen zwischen 45 und 50 Patienten. Der Chefarzt der Abteilung hielt 70 bis 80 Fälle für durchaus »plausibel«. In seinem Eröffnungsplädoyer betonte der Staatsanwalt, daß die Anzahl der vorgeworfenen Fälle durch die wissenschaftlichen Nachweisschwierigkeiten begrenzt worden sei. Das heißt soviel wie: Es waren wahrscheinlich mehr Tötungen als die 41 hier angeklagten. Im März 1991 nach einem »kurzen«, knapp zwei Monate dauernden Prozeß, wurden die Urteile gesprochen. Für die 32jährige Hauptangeklagte Rotraud Prager verhängten die Richter eine lebenslängliche Haftstrafe wegen vollendeten Mordes in 15 Fällen, 17 Mordversuchen und zwei vorsätzlichen schweren Körperverletzungen; ihre 29jährige Kollegin, bisweilen auch Mittäterin, erhielt wegen fünffachen vollendeten Mordes und zweifachen Mordversuchs ebenfalls lebenslange Haft; die älteste der vier Schwestern erhielt 20 Jahre wegen Mordversuchs in sieben Fällen und einer Beihilfe zum Mord; die jüngste, eine 28jährige Schwester, bekam wegen zweifachen Mordversuchs immerhin zwölf Jahre Freiheitsentzug und wurde nach sechs Jahren 1995 bedingt aus der Haft entlassen. Wie bei den anderen Serientötungen litten auch hier die Getöteten an meist mehreren chronischen Erkrankungen, einige waren komatös oder zum Tötungszeitpunkt nicht ansprechbar bzw. bewußtlos (in gegebenenfalls leichterem Grade).

12 Nur wenige Wochen vor Beginn des Wiener Prozesses wurde im Dezember 1990 der 36jährige Krankenpfleger Helmut Frey verhaftet, nachdem er gerade eine über 80 Jahre alte Patientin auf der Inneren Station eines psychiatrischen Landeskrankenhauses zu Tode gespritzt hatte – die letzte Tötung in einer langen Reihe. Tatort war auch hier wieder eine Station mit gehäuft alten bis hochbetagten Patienten mit mehrfachen chronischen Erkrankungen, zum Teil durch akute Erkrankungen kompliziert. Der Beschuldigte stand bei seiner Verhaftung im Verdacht, 14 Patienten getötet zu haben. Wie in allen übrigen Fällen, so lag auch hier der Anfangsverdacht weitaus höher. Da er zur Tötung – nämlich mittels Luft – eine Methode angewandt hatte, für die bisher – außer im Tierversuch – keine Erfahrungen vorlagen, und da der wissenschaftliche Nachweis von Spuren in den sterblichen Überresten der mutmaßlichen Opfer schon nach relativ kurzer Liegezeit nicht mehr zu führen war, klagte die Staatsanwaltschaft »nur« noch zehn Fälle an – Mord gemäß § 211 StGB an Patienten zwischen 70 und 92 Jahren, in der Mehrzahl über 80 Jahre alt. Auch hier waren die Ermittlungen, Sachverständigenuntersuchungen verschiedenster Art, höchst zeitaufwendig, so daß der Prozeß erst im Oktober 1992, die Hauptverhandlung im Januar 1993 eröffnet werden konnte. Im Herbst 1993 kam eine Schwurgerichtskammer des Landgerichts Bielefeld zum Urteilsspruch: Helmut Frey wurde nicht wegen Mordes, sondern wegen vollendeter Tötung in zehn Fällen zu 15 Jahren Freiheitsentzug verurteilt (siehe auch Kapitel 4, 7 und 8).

Dimensionen und das Neuartige des Phänomens

Vergegenwärtigt man sich die statistischen Dimensionen solcher Serientötungen, so wird niemand ernstlich sagen können, es handelte sich um »seltene« Ereignisse oder um ein bedeutungsloses kriminologisches Phänomen.

Zwischen 1976 und 1993 standen zwölf Krankenschwestern und Krankenpfleger vor Schwur- und Geschworenengerichten in Deutschland, Österreich, den Niederlanden, Norwegen und den Vereinigten Staaten. Sie waren jeweils des mehrfachen Mordes an schwerkranken, betagten Patienten (seltener Altenheimbewohnern) angeklagt, und zwar in 174 Fällen. Verurteilt wurden elf Schwestern und Pfleger in 140 Fällen, wobei in sieben Fällen zwei Pflegekräfte gemeinsam handelten. Die Gesamtzahl der an Patienten begangenen Tötungen reduziert sich deshalb auf 133. Davon wurden 106 als vollendete Tötungen bewertet, das heißt: als vollendeter Mord an 82 Patienten, als vollendeter Totschlag in 18 Fällen und als Körperverletzung mit Todesfolge an sechs Patienten. Die übrigen 27 Tötungsdelikte werteten die Gerichte als Mordversuche (26) und versuchten Totschlag (1), was nicht zwangsläufig das Überleben der Opfer bedeutet.

Es gibt verschiedene strafrechtliche Gründe, die es erlauben, eine Tötungshandlung auch dann nur als Versuch zu werten, wenn das Opfer nicht überlebt hat (aber zum Beispiel zum Zeitpunkt der tödlichen Handlung möglicherweise schon tot war).

Wie viele Patienten haben überlebt? Von den 27 als Versuch bewerteten Tötungsdelikten mit Sicherheit drei (der Wiener Fälle), während umgekehrt in einem der versuchten Tötungsdelikte der Patient zum Zeitpunkt der tödlichen Handlung (möglicherweise) bereits klinisch tot war (Chronik-Fall Nr. 7; S. 106). Letzteres trifft wahrscheinlich auch für einen Großteil der restlichen 23 Opfer zu, vor allem für die (verbleibenden 18) Patienten des Krankenhauses Wien-Lainz. Die trockene statistische Bilanz:

- Getötet wurden insgesamt 107 (sicher) bis (möglicherweise) 130 schwerstkranke alte Menschen durch die »tödliche Pflege« von elf Schwestern (5) und Pflegern (6) in sechs Kliniken und zwei Altenpflegeheimen. Von den versuchten Tötungen haben mit Sicherheit drei Patienten überlebt, von denen einer sechs Monate später eines natürlichen Todes starb.

Bei kursorischer Betrachtung der durch die Gerichte festgestellten Straftatbestände sind zwei Sachverhalte bemerkenswert: Unter allen Urteilssprüchen findet sich nur in einem einzigen Fall der Tatbestand der »Tötung auf Verlangen« (gemäß § 216 deutsches Strafgesetz, Strafrahmen 6 Monate bis 5 Jahre). Demnach waren die Gerichte davon überzeugt, daß die Angeklagten in fast allen Fällen ohne den ausdrücklichen Wunsch der Patienten nach Lebensbeendigung durchweg eigenmächtig gehandelt haben, und zwar jeweils in mehreren Fällen und in bis zu über 30 Tötungen. Bemerkenswert ist auch, daß in einem der allerersten Fälle, nämlich dem des Krankenpflegers Klein, lediglich wegen Körperverletzung mit Todesfolge (gemäß § 226 StGB) verurteilt wurde und die mildeste Strafe von allen Verurteilten erhielt (Chronik-Fall Nr. 2; S. 99 ff.). Die besonderen Hintergründe dieser geringen Bestrafung wurden bereits in der Chronik angedeutet. Bis auf diesen Fall verhängten die Gerichte hohe Strafen:
Lebenslangen Freiheitsentzug erhielten vier Pflegekräfte – zwei Schwestern und zwei Pfleger –, einer davon vier mal lebenslang plus 20 Jahre Haft (Chronik-Fall Nr. 5, USA 1987; S. 104 f.). Mit über zehn Jahren Haft bestraft wurden sechs Pflegekräfte, zwei davon mit über 20 Jahren (in einem Fall mit zusätzlich zehn Jahren Sicherungsverwahrung). Alle diese dürren Zahlen sollten nicht vergessen machen, daß damit Schicksale, bisweilen Tragödien verbunden sind – bei Opfern wie bei Tätern.
Die Rede von der »Spitze eines Eisbergs«, die nach den Verurteilungen in Wien, Wuppertal und Bielefeld anfangs der neunziger Jahre umging, bekam neue Nahrung durch Meldungen über weitere Fälle, die zwischen Dezember 1993 und April 1996 bekannt wurden. Die Befürchtung, Serientötungen von Patienten durch Angehörige des Pflegepersonals seien weit häufiger als entdeckt und aufgedeckt, schien sich zu bestätigen. Aber zunächst waren es nur entsprechende Meldungen. Danach wurden in diesem Zeitraum insgesamt neun Pflegekräfte, überwiegend Schwestern, in der Bundesrepublik, England, Italien, Norwegen, den Niederlanden und in den USA unter dem Verdacht mehrfacher Patiententötungen verhaftet. Der jeweili-

ge Anfangsverdacht der Ermittlungsbehörden lag zwischen vier, 16, 30 und bis zu 57 Fällen in fünf Kliniken und drei Altenpflegeheimen.[18] Doch erst Mitte der neunziger Jahre zeichnete sich tatsächlich jener Eisberg ab, über dessen Ausmaße unterhalb der Meeresoberfläche bislang nur spekuliert werden konnte: Aus Australien und den USA kamen die ersten Dunkelfeldstudien über aktive Sterbehilfe durch Pflegepersonal, über den Umfang von Sterben und Tod und die Probleme damit, die Schwestern auf Intensivstationen, Krebsstationen und anderen Stationen erfahren (siehe Kapitel 5). Die Ergebnisse, zu denen diese Studien gelangt sind, übertreffen die bislang nur spekulativen Schätzungen des Ausmaßes solcher Tötungen.

Doch was ist nun das Neue an den Serientötungen von Patienten? Was unterscheidet sie von der herkömmlichen, der traditionellen Tötungskriminalität? Es gibt eine ganze Reihe spezifischer Merkmale, durch die sie sich unterscheiden:

1 Es ist das einzige Tötungsdelikt, bei dem der Tatort auch zugleich der Ort des beruflichen Wirkens von Tätern und Täterinnen ist.

2 Der Ort des tödlichen Geschehens, das Krankenhaus und das Altenpflegeheim, gilt in allen westlichen Zivilisationen – neben der Kirche – als einer der letzten gewaltfreien, durch ein Tabu geschützten Räume, ein letzter menschlicher Zufluchtsort für Hilfsbedürftige, Schutzlose, Schwerstkranke und Moribunde. Es ist ein Ort, an dem am allerwenigsten ein Tötungsverbrechen erwartet wird. Dabei sei daran erinnert, daß dieser Ort seit der Genfer Konvention von 1864 selbst in Kriegszeiten für Verwundete und Kranke im Dienste der Kriegsparteien durch internationale Abkommen als geschützt gilt.

3 Die speziellen Tatorte sind sensible Bereiche medizinischer Versorgung und Pflege, Stationen und Abteilungen in Kliniken sowie (seltener) Altenpflegeheimen, in denen Sterben und Tod zum Alltag gehören: Intensivstationen, Krebsstationen, Innere Abteilungen, wo gehäuft sehr alte, meist schwerstkranke Patienten und gebrechliche Menschen untergebracht sind.

4 Patiententötungen ohne das ausdrückliche eigene Verlangen des Patienten verstoßen weltweit nicht nur gegen die Strafrechtsnormen des Fremdtötungsverbotes: sie verletzen auch zwei der ältesten, vielleicht noch intaktesten Tabus unserer westlichen Welt – das Tabu des geschützten Vertrauensverhältnisses zwischen Patient und Pflegendem sowie das Tabu der geschützten körperlichen und psychischen Integrität des Kranken.

5 Wie kein anderes Tötungsdelikt weisen Serientötungen von Patienten eine spezifische Opfer-Selektion ausschließlich Schwerstkranker höheren Lebensalters auf: Patienten zwischen 70 und 90 Jahren (siehe Kapitel 4).

6 Im Unterschied zu den traditionellen Tötungsdelikten sind Sterben und Tod bei Patiententötungen unauffällig, weil sie im Bereich des jederzeit Möglichen und der Erwartung liegen: Bei schwerstkranken älteren Patienten, die meist mit mehreren chronischen Erkrankungen belastet und deshalb auch anfälliger für akute Erkrankungen und postoperative Komplikationen sind, besteht täglich die Gefahr, auch spontan – und ohne äußere Einwirkungen – eines natürlichen Todes zu sterben. Ihr Sterben und Tod ist deshalb nichts Ungewöhnliches und wird von Angehörigen und Ärzten häufig bereits erwartet.

7 Unauffällig sind diese Serientötungen auch deshalb, weil die Tötungsmethoden – im Unterschied zu den meisten traditionellen Tötungsdelikten – keine äußerlich sichtbaren Verletzungen hinterlassen, aber auch keine äußerlich erkennbaren organischen Veränderungen am Patienten, die der Arzt im Rahmen der Leichenschau entdecken könnte (vgl. Kapitel 4 und 5).

8 Und auch die Tat selbst vollzieht sich unauffällig: Aufgrund der Zugehörigkeit von Schwestern und Pflegern zum Medizinbetrieb sind ihr Umgang mit Medikamenten und Spritzen, die auch als Tötungsmittel eingesetzt werden können, sowie das Hantieren am Patienten und die Beschäftigung mit ihm Alltagsroutine, die kaum besondere Aufmerksamkeit erregt.

9 Es ist das einzige Tötungsdelikt, das allein von Angehörigen einer spezifischen Berufsgruppe und während der Berufsausübung begangen wird (außer Ärzten; siehe Kapitel 6).

10 Die Täter(innen) sind Menschen, deren berufsethische Verpflichtung in diametralem Gegensatz zu ihrem tödlichen Handeln steht: wie die Ärzte sind sie aufgerufen, Leben zu retten, zu erhalten, Gesundheit wiederherzustellen, Leiden zu lindern, wann immer dies möglich ist. Sie sind zugleich Angehörige einer Berufsgruppe, von der in der Regel ein besonders rücksichtsvoller Umgang mit Kranken, Schwerstkranken und Sterbenden erwartet wird.

11 Serientötungen von schwerstkranken alten Patienten lassen sich durch die verschiedenartigen Erklärungsmuster der traditionellen Tötungsdelikte in ihren Motiven und Hintergründen nicht erhellen. Diese Tatsache hat unter anderem damit zu tun, daß individuelle, also individualpsychologische oder gar psychopathologische Erklärungsansätze zu kurz greifen.

12 Unauffälligkeit von Tötung und Tod sowie die – aus rechtsmedizinischer Sicht – »katastrophale« Beweissituation innerhalb von Kliniken und Heimen begründen die Wahrscheinlichkeit, daß Serientötungen von Patienten durch Pflegende unter den Tötungsdelikten das größte Dunkelfeld aufweisen (siehe Kapitel 4 und 5).

Zieht man das Fazit zu diesen zwölf Merkmalen oder Kennzeichen, so erscheint ein roter Faden, der das Neue des kriminologischen Phänomens sichtbar werden läßt:

Tatort, Täterkreis und deren Taten liegen absolut jenseits der gesellschaftlichen Erwartungen. Sie sind so unerwartet, wie Tathergang und Tod der Opfer unauffällig sind. Was nicht erwartet wird und was unauffällig ist, wird nicht beachtet, fällt nicht ins Scheinwerferlicht unserer Aufmerksamkeit, überrascht aber um so mehr, wenn es eintritt. Diese Tatsachen erklären zum Teil die Heftigkeit aller Reaktionen auf das Bekanntwerden solcher Taten, die freilich auch Reaktionen auf gleich mehrere schwerwiegende Tabuverstöße sind – Tabuverstöße, die das normale Vorstellungsvermögen übersteigen. Die Kennzeichen Unauffälligkeit und Unerwartetheit erklären aber auch ein wenig, weshalb solche Serientötungen jahrelang unter den Augen von Ärzten und Kolleg(inn)en der Täter(innen) scheinbar unbemerkt stattfinden konnten.

Die umschriebenen zwölf Merkmale beschreiben das neue kriminologische Phänomen dieser heimlich und unauffällig sich abspielenden Taten jedoch keineswegs vollständig. Sie bezeichnen lediglich Unterscheidungsmerkmale gegenüber den verschiedenen Arten der traditionellen Tötungskriminalität, die die Kriminalstatistik füllt. Das nächste Kapitel erst befaßt sich mit den Charakteristika jener Dimensionen, mit denen ich die Außenansichten von Serientötungen im Klinik- und Altenpflegeheimbereich zu kennzeichnen und zu veranschaulichen suche.

4
Zwischen Cincinnati und Wien – Außenansichten

Die bisher verurteilten Fälle sowie die jüngsten Verhaftungen von Pflegekräften in Europa und jenseits des Atlantik lassen vermuten, daß es sich bei solchen Patiententötungen um eine globale, internationale Problematik handelt. Einer solchen These könnte man näher treten, wenn sich tatsächlich Verbindendes, vielleicht Gemeinsames zwischen Fällen in Cincinnati, Maastricht, Trondheim, Wuppertal, Freiburg und Wien herauskristallisieren würde.
In diesem Kapitel soll der Frage nachgegangen werden, ob es bei diesen mehrfachen oder Serientötungen durch eine Schwester oder einen Pfleger gemeinsame Merkmale gibt. Nicht die Spurensuche nach den Motiven und Hintergründen ist hier das Thema, sondern die Suche nach gemeinsamen Beschreibungsmerkmalen des Phänomens, seiner Erscheinungsweise oder – wenn man so will – seiner Außenansicht. Freilich ist jeder Fall individuell durchgezeichnet: durch unterschiedliche Rahmen- oder Randbedingungen, in denen sich die tödlichen Ereignisse abspielten. Dazu gehören freilich auch die individuellen Persönlichkeiten der Täter und Täterinnen sowie ihr ganz unterschiedliches Umfeld.
Ist der Fall der Intensivschwester Maria Morell, deren Kriminalgeschichte in Kapitel 1 erzählt wurde, charakteristisch, prototypisch für solche Serientötungen durch Angehörige des Pflegepersonals? Dieser Frage kann man anhand von Beschreibungsmerkmalen des Phänomens, wie etwa Tatort, Täter(innen), Opfer usw. nachgehen. Dabei ist von Interesse, die Erscheinungsweise, die »Gestalt« dieses Tötungsdelikts zu erfassen und zu veranschaulichen. Erst dann wird

auch deutlich, worin es sich – über das Gesagte hinaus – von allen bekannten traditionellen Tötungsdelikten unterscheidet.
In den einzelnen Abschnitten dieses Kapitels werden meist mehrere Merkmale behandelt, beispielsweise im ersten Abschnitt gleich drei Merkmale.

Tatort, Tötungsspirale, Tatzeiträume

Die ersten zu behandelnden Merkmale sind kriminalistisch wie kriminologisch die »schlichtesten«. Sie fehlen in keiner Beschreibung spezifischer Straftaten. Und doch handelt es sich hier um ungewöhnliche Merkmale. Ungewöhnlich deshalb, weil die Tatorte als gewaltfreie Tabuzonen gelten, die Ausmaße dieses Tötungsdelikt sonst nur bei (statistisch) sehr seltenen sexuell-perversen Tötungsdelikten vorkommen, und schließlich, weil es einfach schwer vorstellbar ist, daß solche Taten oft jahrelang auf Krankenstationen geschehen konnten, ohne – wie es offiziell meist hieß – bemerkt zu werden.

1. Merkmal: Um mit dem *Tatort* zu beginnen: Es handelt sich hier nicht einfach nur um Intensivstationen (insgesamt drei), Stationen oder Abteilungen für Inneres (insgesamt drei) oder Altenpflegeheime (zwei). Das Charakteristische und allen Gemeinsame ist die Konzentration oder Häufung sehr alter, schwerstkranker und oftmals moribunder Patienten – Menschen, deren Lebensuhr abgelaufen war oder zu sein schien:

- Auf der in Österreich betroffenen Inneren Abteilung des Lainzer Krankenhauses in Wien lag der Anteil der über 75jährigen Patienten 1988 bei rund 45 Prozent. Im Tatzeitraum 1983–1988 stieg die Auslastung dieser Abteilung, das heißt die Bettenbelegung von 94 Prozent auf 103 Prozent, bedingt durch die Aufnahme zunehmend älterer Patienten. Die Station dieser Abteilung, auf der sich das tödliche Geschehen über Jahre hinweg abspielte, bot 29

Kranken Platz. Zum Teil aber lagen dort über 30 Schwerstkranke. Zeitweise hatten es die Schwestern sogar mit 36 bis 40 Patienten zu tun.[1]

- Auf der Inneren Abteilung einer deutschen Klinik (Chronik-Fall Nr. 12, siehe S. 107 f.) stieg der Nutzungsgrad im Tatzeitraum (und schon davor) von rund 77 Prozent (1989) auf 96 Prozent (1991). Der Anstieg war zu einem ganz erheblichen Teil durch Aufnahme und Verlegung älterer Patienten aus der gerontopsychiatrischen Abteilung der Klinik bedingt.

Es gab keine betroffene Station, auf der nicht ältere Patienten bewußtseinsgetrübt oder im Zustand tiefer Bewußtlosigkeit, also im Koma lagen und pflegebedürftig waren. Zustände nach Herzinfarkt, Schlaganfall und Krebskranke fanden sich unter diesen betagten Patienten recht häufig. Sterben und Tod gehörten hier (wie in den beiden Altenpflegeheimen) zum Alltag, das heißt hier kam der Tod der Patienten nicht ganz unerwartet. Die Mortalität war hoch. Die Schwestern mußten Sterben und Tod genauso in ihren Alltag integrieren, wie Waschen, Windeln, Füttern oder – auf der Intensivstation – die Bedienung hochkomplizierter Apparate.
Tatorte von Patiententötungen sind keine gewöhnlichen Tatorte, wie die traditionelle Tötungskriminalität sie kennt – das Milieu, die dunkle Straße, die Wohnung usw. Tatorte in Kliniken sind andere als nur geographische und funktionale Orte eines ungewöhnlichen Tötungsgeschehens. Ihre gemeinsamen Merkmale könnte man etwa so beschreiben:

- Es sind Orte mit einer Häufung sehr alter Menschen im präfinalen, häufig auch finalen Stadium von Erkrankungen, nicht selten in ihrer Kommunikation beeinträchtigt, Patienten, die zum Teil auch künstlich beatmet und/oder ernährt werden müssen.
- Es ist ein Ort, an dem der sogenannte natürliche Tod als Folge einer schweren, häufig chronischen Erkrankung einen oftmals langen Sterbeprozeß beendet – ein Tod, der meist nichts völlig Überraschendes oder Ungewöhnliches hat.

- Es ist ein Ort, der den Pflegekräften Höchstleistungen abverlangt, ihnen außerordentliche Belastungen physischer und psychischer Art auferlegt und ihnen – im Vergleich mit anderen medizinischen Versorgungsbereichen – eher geringere Erfolgserlebnisse bietet.
- Schließlich ist es ein Ort, an dem Pflegekräfte und Patienten mit Grenzsituationen zwischen Leben und Tod konfrontiert sind, wenn auch auf ganz unterschiedliche Weise.

Bei allem, was hierzu beschrieben werden mußte, sollte nicht vergessen oder übersehen werden, daß diese Tatorte immer auch zugleich Stationen oder Abteilungen sind, auf denen Leben gerettet oder bewahrt wird und wo auch ältere Patienten gebessert oder wiederhergestellt werden und in ihrem Leiden Linderung erfahren.

2. Merkmal: Dies ist wohl eines der auffälligsten Merkmale: die Vielzahl der Tötungen, buchstäblich eine *Spirale des tödlichen Treibens*, die unser Vorstellungsvermögen übersteigt und spontane Erklärungsversuche scheitern läßt. Die Zahlen:
Allein vier Pflegekräfte brachten zwischen 10 und 33 Patienten zu Tode, sechs weitere fünf bis acht, das heißt zehn der (insgesamt elf verurteilten) Schwestern und Pfleger töteten jeweils zwischen 5 bis 33 Patienten. Und in fast allen Strafverfahren gab es Anhaltspunkte, daß die wirkliche Anzahl der Tötungen höher lag als die der verurteilten Fälle. Es gibt eine ganze Reihe sehr einfacher Gründe für die geringere Anzahl der angeklagten und verurteilten Fälle: rechtsmedizinische Nachweisschwierigkeiten der Todesursachen, Einäscherung der Verstorbenen, Geständniswiderrufe in Einzelfällen – kurz: Beweisnöte und letztlich auch prozeßökonomische Verfahrensbegrenzungen. Was damals, zur Zeit der Prozesse, niemand wissen konnte und erst seit kurzem bekannt ist: Serientötungen von schwerstkranken älteren Patienten durch Pflegekräfte sind kein Spezifikum einiger bekannt gewordener, exotisch anmutender Kriminalfälle. Die erst seit kurzem existierenden Dunkelfeldstudien (in den USA und Australien) konfrontieren uns mit der Tatsache eines er-

heblichen Ausmaßes solcher (aktiven) »Sterbehilfe«, unter anderem mit einer größeren Zahl amerikanischer Intensivschwestern, die jeweils über zwanzig ihrer Patienten zu Tode gebracht haben (siehe Kapitel 5).

3. Merkmal: Die Vielzahl dieser Tötungen bekommt eine eminent kriminologische, soziale und medizin-soziologische Bedeutung erst durch die langen *Tatzeiträume*, in denen sich die – oft in aller Heimlichkeit dramatischen – Geschehnisse abgespielt haben und vordergründig unentdeckt blieben. In der Mehrzahl – bei zehn Pflegekräften – lagen die Tatzeiträume zwischen einem halben Jahr und sechs Jahren. In einem einzigen Fall wurde das sich an nur drei Tagen abspielende Geschehen von sechs Patiententötungen innerhalb weniger Tage entdeckt und aufgedeckt (Chronik-Fall Nr. 2, siehe S. 99 ff.). Geht man bei den Fällen von der ersten Tötung aus und rechnet den Zeitraum bis zur eigentlichen Entdeckung des letzten Falls, so verging sogar ein noch längerer Zeitraum: in der Mehrzahl zwei bis sechs Jahre (7 Fälle), in einem Fall sogar erst etwa sechzehn bis siebzehn Jahre nach der ersten von dreiunddreißig Patiententötungen, die sich mit Unterbrechungen von einigen Jahren an zwei verschiedenen Kliniken in den USA ereigneten (Chronik-Fall Nr. 5, siehe S. 104 f.). Man muß sich also vorstellen, daß in einigen Fällen die Entdeckung einer Tötungsserie, die sich über vier Jahre unbemerkt abspielte, erst nach der 24. Tat erfolgte, oder bei einem Tatzeitraum von sechs Jahren nach der 32. Tat. Zwei Beispiele mögen dies veranschaulichen:

- Als im August 1987 ein Geschworenengericht in Cincinnati, im amerikanischen Bundesstaat Ohio, den 35jährigen Intensivpfleger Donald Harvey wegen Mordes von 24 betagten, schwerstkranken Patienten zu dreimal lebenslanger Haft verurteilte, stand fest: Er hatte von 1983 bis 1987 über viereinhalb Jahre auf der Intensivstation einer Klinik Patienten mit verschiedenen Giften und durch Abschalten der künstlichen Beamtung zu Tode gebracht, ehe er im März 1987 durch einen skurrilen Zufall entdeckt wurde (der später noch zu schildern sein wird). Doch in Wirklichkeit war dies nur das Ende seiner zweiten Tötungsserie und die letzte seiner insgesamt 33 Tötungen. Denn Harvey wurde im November 1987, drei Monate nach der ersten lebenslangen Verurteilung, von einem anderen Geschworenengericht im Bundesstaat Kentucky wegen neun weiterer Patiententötungen in einem anderen Krankenhaus verurteilt – und diese Taten lagen damals 17 Jahre zurück (Chronik-Fall Nummer 5, siehe S. 104 f.).

- Nach nur 17 Verhandlungstagen ging im März 1991 der sogenannte Lainzer Mordprozeß in Wien zu Ende. Zumindest in einem Punkt schien es für die Geschworenen keinen Zweifel zu geben: Von den vier (nicht-diplomierten) Schwestern hatte eine in rund sechs Jahren 15 Patienten in den Tod »sediert« oder mit anderen Mitteln getötet und es in 17 Fällen versucht, während eine Kollegin in diesem Zeitraum fünf Patienten zu Tode brachte und es bei zwei weiteren Schwerstkranken versuchte. Eine dritte Schwester wurde fast drei Jahre nach Beginn einer Tötungsserie an acht Patienten verhaftet (Chronik-Fall Nummer 8–11, siehe S. 106 f.).

Doch in zwei Fällen gab es auch kürzere Tatzeiträume, allerdings mit nicht wenigen Tötungen: Die Tötungsserie der Intensivkrankenschwester Maria Morell – sieben vollendete Tötungen und eine vollendete Tötung, die als Versuch gewertet wurde – wurde bereits nach einem halben Jahr beendet (Chronik Fall Nummer 7, siehe S. 106). Ebenso kurz war die Zeit bis zur Aufdeckung von zehn vollendeten Tötungen des Krankenpflegers Helmut Frey (Chronik-Fall Nr. 12, siehe S. 108 f.).
Bei den Strafverfahren und danach bedurfte es angesichts dieser langen Tatzeiträume und der Vielzahl der Tötungen einer Antwort auf die Frage: Wie konnte dies unter den Augen von Ärzten und Kolleg(inn)en der Pflegekräfte überhaupt unbemerkt geschehen?

Opfer und Täter

Opfer und Täter, das sind nicht nur Patienten und Pflegekräfte. Patienten und Pflegekräfte, das bedeutet auch Pflege- und Betreuungsverhältnisse und deren Dauer, über die es in diesem Abschnitt zu berichten gilt. Denn mancher Leser mag in diesen Fällen, in denen Schwestern und Pfleger den Tod schwerstkranker alter Patienten beschleunigen oder ihm vorgreifen, vielleicht erwarten, daß der Tat jeweils ein längeres Pflegeverhältnis vorangegangen ist. Ist das so? Und wie krank waren diese Patienten überhaupt, und in welchem Lebensalter standen sie?

4. Merkmal: Sprechen wir zunächst einmal von den *Opfern* und vom Lebensalter der Patienten:
Es besteht kein Zweifel, nach Schweregrad von Krankheit und Lebensalter stellen die Opfer eine deutliche Auswahl dar. Die Majorität stand im Alter von 70 bis 80 Jahren bei einer Streubreite von 63 bis 95 Jahren. In den Wiener Fällen der vier Schwestern lag das durchschnittliche Lebensalter bei 84 Jahren, in Gütersloh bei 81, in Wuppertal (1989) bei 76, und in Freiburg erreichten die Opfer ein mittleres Lebensalter von 75 Jahren. Es wäre jedoch falsch, aus diesem Lebensalter der Patienten – in den USA, Norwegen und den Niederlanden sehen diese Daten ähnlich aus – den Schluß zu ziehen, die Auswahl orientiere sich am Lebensalter, habe also etwas mit »Altenfeindlichkeit« zu tun.
Es handelt sich bei der großen Majorität der Betagten und Hochbetagten um Schwerstkranke mit gleichzeitig mehreren, meist chronischen Erkrankungen und degenerativen Alterserkrankungen, also um sogenannte multimorbide Patienten. In einer – durch Krankenblätter, klinische Diagnosen, Obduktionen – gut gesicherten Stichprobe von 38 getöteten Patienten (an nur vier Kliniken) lag die durchschnittliche Belastung pro Patient (über 70 Jahre) bei vier überwiegend chronischen Erkrankungen. Zwölf Patienten litten sogar an fünf bis acht schwerwiegenden Erkrankungen. An erster Stelle standen Herz-Kreislauf-Erkrankungen (63 Prozent) von er-

heblichen Schweregraden (Zustände nach Herzinfarkt, Koronarerkrankungen, Myocardschäden, hochgradige Herzleistungsschwäche und -rhythmusstörungen usw.) und Hirnerkrankungen (47 Prozent) gravierender Art (Zustände nach Schlaganfällen, Alzheimer, organische Psychosyndrome, zum Teil mit Demenz) – beide Erkrankungsbereiche meist in engem Zusammenhang mit mittel- bis hochgradigen arteriosklerotischen Veränderungen lebenswichtiger (arterieller) Gefäße (des Körpers, Gehirns, Herzens) in Form von Verschlüssen und Verengungen (zum Teil mit Thrombenbildung). Allein 17 (der 38) Patienten waren komatös oder zeitweise leichtergradig bewußtseinsgetrübt, nur schwer ansprechbar. Ein Viertel litt an fortgeschrittenen, zum Teil erheblich metastasierenden Krebserkrankungen im Magen-, Darm-, Pankreasbereich oder des Kehlkopfes (26 Prozent). Hinzu kamen Patienten mit schon länger bestehendem Lungenemphysem, Lungenödemen oder einer akuten, lebensbedrohlichen Lungenentzündung bei hohem Alter (insgesamt 47 Prozent). Ein Großteil der Patienten befand sich in einem schlechten körperlichen Allgemeinzustand (einhergehend mit erheblichem Gewichtsverlust, Auszehrung, Schwächezuständen usw.), zum Teil postoperativ (31 Prozent), zum Teil durch Komplikationen, die infolge einer akuten Erkrankung (zum Beispiel Lungenentzündung) bei erheblicher Multimorbidität und hohem Lebensalter entstanden. Bei dreizehn Patienten (33 Prozent) mußten intensivmedizische Maßnahmen (unter anderem künstliche Beatmung) durchgeführt werden, die nicht als Folge tödlicher Eingriffe der Pflegekräfte erforderlich wurden.
Die Krankendaten und klinischen Diagnosen sind nüchtern, die stationären Liegezeiten bis zur Tötung oft auffallend kurz:

- Am Morgen des 23. Mai 1990 wird auf der Inneren Abteilung des Krankenhauses ein 76jähriger Patient wegen eines Kreislaufkollapses aufgenommen. Er ist bewußtseinsgetrübt, hat Anzeichen eines Herzinfarkts. Diagnostiziert wird eine chronische Herzerkrankung in Form einer fortgeschrittenen Herzkranzgefäßsklerose, eine Alzheimer-Erkrankung mit seniler Demenz, außerdem mehrfache organische Funktionsstörungen. Die spätere Obduktion ergab eine hochgradige Arteriosklerose, insbesondere der Körperschlagader, der Herzkranzgefäße, sowie Anzeichen eines alten Vorderwandinfarkts. In den Folgetagen nach der stationären Aufnahme wechselt der Bewußtseinszustand des Patienten zwischen klar und bewußtseinsgetrübt (ohne medikamentös verursacht zu sein). Am vierten Tag verschlechtert sich sein Allgemeinzustand, es zeigen sich Symptome einer Ateminsuffizienz. Sofort eingeleitete Beatmungsmaßnahmen (Sauerstoffgabe, Sedierung) bleiben erfolglos. Der 76jährige stirbt am Vormittag des 29. Mai – durch eine bislang weitgehend unbekannte Tötungsmethode.

- Am 11. Oktober 1990 wird auf der Intensivstation der Klinik ein Notfall aufgenommen: 87jähriger Patient mit Ateminsuffizienz (Atemnot, bedrohlicher Luftmangel), Zustand nach Vorderwandinfarkt; die Röntgenthoraxaufnahme ergibt eine Infiltration der Lunge linksseitig, es besteht Verdacht auf einen neuen Herzinfarkt. Der Patient wird intensivmedizinisch versorgt, das heißt, unter anderem maschinell beatmet. Laboruntersuchungen ergeben ferner: eine Niereninsuffizienz sowie eine Anämie. Da weitere intensivmedizinische Maßnahmen zu keiner Verbesserung der schlechten, aussichtslosen Prognose geführt hätten, wird der 87jährige auf die Innere Abteilung der Klinik verlegt. Zu diesem Zeitpunkt war er wahrscheinlich bewußtlos. Gegen 14 Uhr 45 erhält er von einem Pfleger eine letale Injektion – um 15 Uhr 50 kommt es zum Herzstillstand. Für den Stationsarzt kam der Tod des Patienten nicht überraschend: mit der Diagnose akutes Linksherzversagen bei hochgradiger koronarer Herzkrankheit, Zustand nach Vorderwandinfarkt bei respiratorischer Insuffizienz (Atmungsstörung) und Verdacht auf Pneumonie (Lungenentzündung) erschien der Tod plausibel erklärbar. Die Obduktionsbefunde erhärteten die infauste, hoffnungslose Prognose: hochgradige, allgemeine Arteriosklerose, insbesondere Sklerose der Aorta, stenosierende (verengende) Sklerose der Koronarien, in der rechten Herzkranzschlagader Reste eines Thrombus, fleckenförmig veränderte Herzmuskulatur, Sklerose der Hirnbasisgefäße, Leberzirrhose (Leberschrumpfung), schwere Gewebsschädigung des linken Lungenlappens, ältere Koronarthrombose, Narbenbildung wie nach überstandenem Herzinfarkt, frische Durchblutungsstörungen der Herzmuskulatur, Anzeichen für eine frische Lungenentzündung. Die Rechtsmediziner bestätigten im wesentlichen die klinische Diagnose der Ärzte und merkten an, daß es aufgrund der Vorerkrankungen des Patienten - auch ohne das tödliche Eingreifen des Pflegers - »jederzeit zu einem Herzversagen und damit zum plötzlichen Tod« hätte kommen können.

Ob man den Erkrankungszustand, in dem der Patient getötet wurde, nun als final oder präfinal bezeichnen will, erscheint unerheblich. Entscheidend ist wohl hier die infauste Prognose, die die Intensivmediziner zum Verzicht auf Weiterbehandlung veranlaßte, sowie die Multimorbidität, ihr erhebliches Ausmaß insbesondere im arteriellen Gefäßbereich des Herzens und hinsichtlich der gravierenden Funktionsstörungen anderer lebenswichtiger Organe (Niere, Leber) bei hohem Lebensalter des Patienten.

Die bedrückenden Kasuistiken veranschaulichen einen Sachverhalt, der für viele – gewiß nicht für alle – Tötungsfälle gilt. Staatsanwälte und Richter haben diesen Sachverhalt auf der Grundlage rechtsmedizinischer oder klinischer Sachverständigenbeurteilungen in etwas abstrakterer Form zum Ausdruck gebracht. So, wenn der Wiener Staatsanwalt Kloyber äußerte, es habe sich »beim überwiegenden Teil der angeklagten Mordfälle um Opfer gehandelt, die hochbetagt und schwerkrank waren, so daß der Todeseintritt an sich nicht überraschend kam«. Kloyber sagte aber auch – mit Blick auf drei der über vierzig angeklagten Fälle –, es habe sich jedoch »nicht ausschließlich um todgeweihte Patienten gehandelt«. Ähnlich urteilte auch die Bielefelder Schwurgerichtskammer, wenn sie erklärte, daß »die Lebenserwartung der getöteten Patienten mehr oder weniger gering war«. Die Sachverständigen selbst haben denselben Sachver-

halt gelegentlich unterschiedlich ausgedrückt: Es sei »wegen der Schwere der Erkrankung eine Reanimation des Patienten nicht versucht« worden, »bei dem schwer herzkranken Patienten [sei] aus morphologischer Sicht jederzeit der Todeseintritt als möglich zu bezeichnen«, die »Todesursache [sei] nicht mit der erforderlichen Sicherheit« festgestellt worden, bei der Vorerkrankung des Patienten könne auch »eine natürliche Todesursache vorgelegen« haben, zum Beispiel – wie von den behandelnden Ärzten angenommen – eine »zentrale Regulationsstörung«. In allen diesen Formulierungen steckt die Todesnähe dieser Patienten, auch wenn damit doch nicht das verlöschende Leben selbst, der Sterbevorgang an sich gemeint ist. Wie nah der Tod dieser Menschen im Einzelfall tatsächlich war, ist – nach allem, was ich in zwei großen Prozessen von Rechtsmedizinern und Klinikern darüber gehört habe – oft schwer zu beurteilen.
Gleichwie, aus der Sicht der tötenden Schwestern und Pfleger waren diese Patienten alle am Ende ihres Weges angelangt, waren – was noch zu veranschaulichen sein wird – Leidende mit einer aussichtslosen, hoffnungslosen Prognose und nicht einfach »Alte«. Das zumindest war ihre subjektive Überzeugung. Ob sie – jenseits von strafrechtlichen und ethischen Fragen – richtig war, mag hier offen bleiben. Sie war jedoch vielfach hinsichtlich der Schwere der Erkrankung nicht ohne eine gewisse objektive Grundlage.

5. Merkmal: Wer im Raster der gemeinsamen Merkmale ein längeres *Pflege- und Betreuungsverhältnis* erwartet hat, wird – zumindest in den Klinikfällen – mit dem gegenteiligen Befund konfrontiert: Nahezu zwei Drittel der Patienten (63 Prozent) wurden innerhalb der ersten drei Tage nach der stationären Aufnahme getötet, ein Viertel (24 Prozent) sogar noch am Aufnahmetag, und die Majorität (76 Prozent) innerhalb der ersten sieben Tage. Bei insgesamt 88 Prozent von 41 Patienten mit verläßlichen Pflegedaten dauerte das Pflegeverhältnis zu fünf (verurteilten) Pflegekräften höchstens vierzehn Tage bis zur Beendigung durch Tötung. Lediglich zu zwei Patienten (5 Prozent) bestand ein über dreißig Tage hinausgehender Kontakt bis zu einem Jahr, wenngleich keine kontinuierliche Pflegebeziehung.

Definiert man Pflegeverhältnisse von bis zu sieben Tagen als kurz, so trifft das für die Majorität bei Serientötungen zu. Die Entwicklung einer engeren emotionalen Beziehung des Pflegenden zu einem Patienten erscheint in einer so kurzen Zeitspanne eher unwahrscheinlich, wenn man zudem berücksichtigt, daß eine Schwester oder ein Pfleger mehrere Patienten zu versorgen hat. Freilich schließt das eine spontane Zuneigung oder Sympathie der einen oder anderen Seite nicht aus. In der Regel jedoch sind es wiederholt stationär aufgenommene Patienten und Langzeitpatienten, zu denen engere oder besonders fürsorgliche Beziehungen entwickelt werden (wie dies bei Schwester Maria Morell zu der 77jährigen, krebskranken Anna Markus der Fall war – siehe S. 40 ff.). Bei Serientötungen von Patienten scheint also ein Pflegeverhältnis von längerer Dauer (über vierzehn Tage hinaus) eher die Ausnahme zu sein.
Dieser Befund wirft zwei Fragen auf:
Können so kurze Begegnungen Gemütsbewegungen auslösen, Mitgefühle mit dem Leiden Schwerstkranker oder Moribunder, die nicht sterben können, und kann dadurch die Schwelle zum tödlichen Handeln herabgesetzt, die Selbstkontrolle unterspült werden? Oder ist der zeitlich kurze, eher flüchtige und oberflächliche Kontakt zum Patienten geradezu eine Voraussetzung solcher Tötungen in einer Umgebung, in der Mitgefühl mit verlöschendem Leben sich dauerhaft vielleicht gar nicht halten kann? Es ist zu früh, bereits an dieser Stelle darüber zu diskutieren – nicht zu früh jedoch, Fragen auszusprechen, die sich dem Leser wahrscheinlich ohnehin aufdrängen.

6. Merkmal: Spätestens hier stellt sich die Frage nach den *Tätern*, nach ihrer Professionalität, der Qualität und beruflichen Erfahrung dieser Schwestern und Pfleger. Was verbindet sie, was kennzeichnet diese Pflegekräfte, die bei Tatbeginn ein mittleres Lebensalter von 31 Jahren aufwiesen (acht zwischen 20 und 39 Jahren), bei Abschluß des Strafverfahrens im Durchschnitt 36 Jahre alt waren (elf zwischen 28 und 51 Jahren)?

- Sie waren jedenfalls keine Berufsneulinge, hatten bei Aufdekkung der Taten mehrheitlich (sieben) zehn bis zwanzig Jahre Krankenpflegeerfahrung (vier Pflegekräfte sieben bis neun Jahre) und können insofern alle als erfahrene Pflegekräfte auf chirurgischen, internistischen bzw. Inneren und Intensivstationen gelten (auch die beiden, die später in der Altenpflege tätig waren).
- In den Augen von Ärzten und Kollegen fachlich kompetent, waren sie zum Teil hochqualifiziert, vier waren in Leitungsfunktionen. Selbst die vier sogenannten Wiener Hilfsschwestern, die lediglich das Schwesternexamen im einen oder anderen Fach nicht bestanden hatten, wurden in den Dienstbeschreibungen mit »sehr gut« (zwei) oder »gut« (zwei) benotet, füllten die Funktionen einer Vollschwester aus und konnten so manchem jungen Arzt noch etwas beibringen.
- Ärzte und Kollegen attestierten diesen Pflegekräften großes Engagement, Einsatz- und Hilfsbereitschaft, jederzeit seien sie bereit gewesen, für erkrankte Kolleginnen und Kollegen einzuspringen.
- Fast alle Pflegekräfte wurden im Umgang mit Patienten von Ärzten und den (meisten) Kollegen positiv beurteilt, sieht man von gewissen Schwierigkeiten einmal ab, die es mehr oder weniger mit bestimmten Patienten im einen oder anderen Fall schon mal gibt (zum Beispiel mit Alkoholkranken, Depressiv-Suizidalen oder verwirrten, aggressiven Patienten). Bewertungen wie »aufopfernd gepflegt«, »unermüdlich, besonders freundlich mit älteren Patienten«, »liebevoll«, »fürsorglich«, »engagiert und teilnahmsvoll«, »sehr um Patienten bemüht« usw. waren fast durchgängig.

Wer – aufgrund mancher Berichte von Boulevardblättern – bei diesen Pflegekräften eine Melange aus Inkompetenz, Bequemlichkeit oder Faulheit, Gleichgültigkeit und Unkollegialität erwartet hat, muß sich mit einem ganz anderen, gegenteiligen Bild auseinandersetzen – einem Bild von Tätern und Täterinnen, das freilich sehr viel mehr Kopfzerbrechen bereitet als das negative Klischee. Es ist ein Bild von eher unauffälligen bis vorbildlichen Pflegekräften, die vielfach quasi-ärztliche und – ungesetzlich, aber mit ausdrücklicher Billigung der Ärzte – ärztliche Aufgaben erfüllten (wie im Wiener Fall).

Da ist die 34jährige Rotraud Prager (Chronik-Fall Nr. 8, siehe S. 106 f.) im Schwesternexamen im Fach Anatomie durchgefallen, deshalb nichtdiplomierte »Hilfsschwester«. In sechzehn Berufsjahren hat sie nicht nur gelernt, Betten zu machen, Kranke zu waschen, zu füttern, den Kot von Verwirrten zu beseitigen, sondern auch – ungesetzlich, aber mit dem Wohlwollen und manch ausdrücklicher Bitte der Ärzte – Venenkatheter zu legen und intravenöse Injektionen zu geben. Auf einer Station mit bis zu 38 Schwerstkranken, meist über 75jährigen, müssen zwei Schwestern genügen. Oft kam sie eine Stunde vor Dienstbeginn und verließ die Station später als vorgeschrieben. Für erkrankte Kolleginnen sprang sie stets ein. Sie ist gelaufen, wann immer die Klinik, wann immer die Station sie gerufen hat. Im Urteil der Ärzte gilt sie als eine »engagierte, tüchtige Krankenschwester«, die eben auch selbst Spritzen gab, ohne ihre Nachtruhe zu stören. Die Patienten hat sie – so die Oberärztin der Abteilung – »aufopfernd gepflegt«, hat mit Schlaganfall-Patienten Gehübungen gemacht und sich »gefreut, wenn sie dabei Erfolg gehabt hat«.[2] Die Hilfsschwester Rotraud Prager hat sich in über einem Jahrzehnt in die ihr zugemutete, von ihr erwartete »normale Schwesternarbeit« eingearbeitet, sie »ohne Murren, ohne Gegenforderungen verrichtet« – sie hat sich für die Arbeit einer diplomierten Schwester qualifiziert. Doch wie soll man all dies in Einklang bringen mit den Feststellungen des Wiener Schwurgerichts, daß sie, die »tüchtige« Krankenschwester, 15 vollendete Morde und 17 Mordversuche an schwerstkranken alten Patienten begangen hat?

Daß auch das Schwestern-Diplom vor solchen Taten nicht zu schützen vermag, belegt die Geschichte der gleich zweifach diplomierten Intensivkrankenschwester Maria Morell, die ebenfalls mit mehr als zehn Berufsjahren über eine »gestandene« Erfahrung im Umgang mit Schwerstkranken verfügte. Der Chefärztin dieser Intensivstation galt sie als »perfekte« Schwester, fachlich unzweifelhaft kompetent, erster Ansprechpartner noch vor der Oberärztin. Den Kollegen und Kolleginnen war sie – wenngleich beneidet und in ihrer »Machtposition« nicht unumstritten – Vorbild in Einsatz, Engagement und Arbeitsintensität, auch wenn es um Kollegenvertretungen trotz eigener Dienstbelastungen ging. Bei den Patienten war sie beliebt. Daß gerade sie mehrfach getötet hat, die das Vertrauen und die Anerkennung von Ärzten wie (fast) aller Kolleginnen und Kollegen hatte, war für das Umfeld unfaßbar (siehe Chronik-Fall Nr. 7, S. 106, und Kapitel 1, S. 26 ff.).

Nun könnte man einwenden, daß berufliche Kompetenz, lange Erfahrung und gute Beurteilung noch nicht zwangsläufig einen Rückschluß auf psychische Ungestörtheit zuließen. Das ist – so allgemein formuliert – auch richtig, mit der Einschränkung, daß dieser Einwand für schwere psychische Störungen im Sinne von Erkrankungen, wie etwa schizophrene Psychosen oder andere psychotische Syndrome, sicher nicht gilt. Eine schwere psychische Störung in diesem engeren Sinne (einer Erkrankung) ist durch die psychiatrischen Sachverständigen auch in keinem Fall festgestellt worden.

Von Tötungsmethoden und Todesarten

Eine Phänomenologie der Tötungen schwerstkranker und gebrechlicher alter Menschen kann nicht übergehen, wodurch und wie sie zu Tode kamen. Tötungsmethoden und Todesarten angemessen darzustellen ist ebenso schwierig wie heikel. Die moderne Form des Sterbens im Krankenhaus, abgeschottet von der Außenwelt, klinisch sauber, steril und aseptisch in Weiß verspricht ohnehin keinen »guten« Tod. Ihn hält Sherwin B. Nuland, amerikanischer Chirurg und Autor eines großen Buches über das Sterben, längst für einen Mythos, dessen wichtigster Bestandteil das Ideal eines »würdigen Todes« sei.[3] Aber was ist ein Tod, ein Sterben, das – aus welchen Motiven heraus auch immer – über einen Schwerstkranken verhängt, sich in noch größerer Einsamkeit und Anonymität vollzieht, als es Norbert Elias in seinem Essay über den institutionalisierten Tod beschrieben hat?[4]

Es gibt darauf weder eine knappe noch eine bündige Antwort. Ich will versuchen zu beschreiben, zu berichten, was die Medien während der Prozesse ohnehin schon in epischer Breite und bis zur exakten Benennung tödlicher Medikamente und Dosierungen dargestellt haben. Ich werde mich bei den Tötungsmethoden auf die allernotwendigsten Angaben beschränken, jedoch keine spezifischen Präparate oder Dosierungen nennen, außer jenen Substanzen, ohne deren explizite Nennung und Bezeichnung wesentliche Dinge unverständlich bleiben würden. Manche der zu Tötungszwecken verabreichten Medikamente oder Gifte im engeren Sinne, wie Zyankali oder Arsen, wird der Leser längst kennen – aus Kriminalromanen oder Kriminalfilmen, aus der Zeitungslektüre oder auch – aus der jüngeren Geschichte oder der des Altertums – im Zusammenhang mit Suiziden historisch bekannter Personen.

7. Merkmal: Die *Tötungsmethoden*, die Schwestern und Pfleger anwandten, bestehen nicht in gröberen gewaltsamen und Spuren hinterlassenden Einwirkungen, wie man sie bei den meisten herkömmlichen Tötungsdelikten kennt. Es handelt sich fast durchweg um eher leise und unauffällige Tötungen, die in der Verabreichung hochdosierter Medikamente oder (seltener) Gifte im engeren Sinne über einen häufig bereits liegenden venösen Zugang erfolgen, einen sogenannten venösen Dauerkatheder. In einigen Fällen oder bei einigen Substanzen wurde aus verschiedenen Gründen direkt eine intravenöse Injektion mit einer Spritze gegeben. Aber auch bei solchen Gelegenheiten erschienen die Tötungshandlungen dem Kollegen- und

Stationsumfeld als normale therapeutische Routinemaßnahmen. Es gab freilich auch Ausnahmen (wie bereits in Kapitel 1 geschildert wurde). Da die verabreichten Substanzen keine äußerlich sichtbaren Spuren hinterließen, postmortal keine wahrnehmbaren organischen Veränderungen auftraten, der Tod des Patienten häufiger ohnehin erwartet wurde, erschien das Sterben meist als ein natürliches, als »normales« Ableben infolge einer schweren, tödlich verlaufenden Erkrankung.

Worin bestanden die Tötungsmittel oder – wie Kriminalisten sagen – die Tötungswerkzeuge? Es waren in aller Regel Medikamente und Substanzen, die – in kleinen Mengen eingenommen – nützlich, bisweilen lebensnotwendig oder lebensrettend, gelegentlich leidenslindernd sein können, hochdosiert jedoch wie Gifte wirken, krank machen und tödlich sein können. Man spricht deshalb auch bei solchen hochdosiert verabreichten Medikamenten von Giften im weiteren Sinne (im Unterschied zu den Giften im engeren Sinne, wie etwa Zyankali). Zehn der elf verurteilten Pflegekräfte bedienten sich also verschiedenartiger Gifte im weiteren und (seltener) im engeren Sinne. Nur ein Pfleger griff zu einer bislang weitgehend unbekannten Methode, er injizierte Luft in die Venen. Das Bemerkenswerte ist, daß die meisten – neun von elf – Pflegenden sich mehrerer Substanzen bedienten, die sie entweder alternierend oder in Kombination anwandten. Lediglich zwei Pfleger blieben durchgehend bei ein und derselben Substanz, sie injizierten Insulin (Chronik-Fall Nr. 3, siehe S. 103) und Luft (Chronik-Fall Nr. 12, siehe S. 108). Die von Kriminalisten so hochgeschätzte These von der individuellen Handschrift des Täters, seinem Beharren, die Tat stets auf dieselbe Weise und mit denselben Mitteln zu begehen, hat sich zumindest hier in der Majorität vollendeter Tötungen (in 92 von 107 vollendeten Tötungen) nicht bestätigen lassen. Hinter dem Wechsel von Medikamenten standen eher Zufälle als rationale Erwägungen. Lediglich im Fall der Wiener Schwestern spielte eine rationale Überlegung gegen Ende einer fast sechsjährigen Tatzeit eine entscheidende Rolle: In dem Moment, als zwei der Schwestern merkten, daß die Ärzte ihnen durch eine allzu auffällige »Spurensuche« dicht auf den Fersen wa-

ren, stiegen sie von Beruhigungs- und Schlafmitteln auf Insulininjektionen um.
Bei den insgesamt 107 vollendeten Patiententötungen verabreichten die elf verurteilten Pflegekräfte folgende Substanzen, die sich in drei Gruppen einteilen lassen:

- Sieben Schwestern und Pfleger gaben 56 Patienten in vier deutschen, österreichischen und niederländischen Kliniken und zwei norwegischen und deutschen Altenheimen tödliche Injektionen mit Medikamenten, das sind rund die Hälfte der vollendeten Tötungsfälle (52 Prozent von 107). Bei den Medikamenten handelte es sich um Schlaf- und Beruhigungsmittel (Hypnotika, Sedativa), Schmerz- und Betäubungsmittel (Narkotika), spezifische Herzmedikamente (Digitalisglykoside), blutdrucksenkende Medikamente (Antihypertonika), Insulin (Humaninsulin) sowie um zwei Präparate, die im operativen und intensivmedizinischen Bereich Anwendung finden: Kaliumchlorid (KCl), das postoperativ etwa zum Ausgleich eines entstandenen Defizits im Salzhaushalt verwendet werden kann, sowie Curacit, ein zur muskulären Relaxation bei Operationen eingesetztes Medikament, das in minimalen Dosen (als Chlorid), das südamerikanische Pfeil- und Lähmungsgift Curare enthält.
- Nur ein Krankenpfleger griff zu den klassischen Giften Zyankali und Arsen. Da er auch noch auf andere Weise Patienten zu Tode brachte – unter anderem durch Abschalten der künstlichen Beamtung –, wird die tödliche Verabreichung dieser beiden Gifte nicht der Anzahl der verurteilten Fälle, in diesem Fall 33 Patienten, entsprechen. Hinzu kommt, daß die frühesten Tötungen dieses Intensivkrankenpflegers über ein Jahrzehnt zurücklagen und manches nicht mehr aufklärbar war (Chronik-Fall Nr. 5, siehe S. 104 f.).
- Drei Pflegekräfte (zwei Schwestern und ein Pfleger) bedienten sich ganz ungewöhnlicher Mittel, von denen eines bisher nicht einmal in rechtsmedizinischen Standardwerken verzeichnet war: Im einen Fall handelt es sich um einen Krankenpfleger, der zehn

Patienten in Deutschland größere Mengen Luft intravenös injizierte und dazu im Einzelfall einige Male jeweils erneut Luft ansaugen mußte. Erst Jahre nach der Verurteilung dieses Pflegers einer Inneren Abteilung fand ich in den Materialien des Max-Planck-Instituts den Fall eines amerikanischen Arztes, der – des Mordes an einer terminal krebskranken Patientin angeklagt – dieselbe Methode anwandte. Er wurde freigesprochen, weil die Kausalität zwischen seinen Injektionen und dem Todeseintritt nicht nachgewiesen werden konnte.[5]

Im anderen Fall geht es um zwei Schwestern, die tief bewußtlosen Patienten mit Herzschwäche und Lungenödem mit Hilfe eines Bechers normales Leitungswasser in die Luftwege eingeflößt hatten. Diese Tötungsmethode konnte, ohne Aufsehen bei den Mitpatienten oder Kolleginnen zu erregen, aus folgenden Gründen praktiziert werden: Besonders bei bewußtlosen Patienten wird üblicherweise eine Pflege des Mundraumes durchgeführt. Diese sogenannte Mundpflege führten die beiden Schwestern bei den meist stark verschleimten bewußtlosen Patienten, die durch den Mund atmen, so durch, daß sie ihnen das »tödliche Wasser« infiltrierten, während sich die Patienten in Rückenlage mit horizontal gelagertem Kopf befanden. Bei diesen auch gar nicht mehr ansprechbaren Patienten traten keine Abwehrbewegungen auf, also keine Gegenwehr gegenüber dem tödlichen Eingriff. Insgesamt wurden acht Patienten, möglicherweise auch mehr, auf diese Weise getötet.

Mit den beiden Tötungsmethoden Luft und Wasser hatten drei Pflegekräfte in zwei Krankenhäusern auf Inneren Stationen bzw. Abteilungen 18 Patienten getötet, das sind 17 Prozent der (107) vollendeten Tötungen.

Bei den – über die 107 vollendeten Tötungen hinaus – von den Gerichten als Versuch gewerteten Tötungsfällen kamen keine anderen als die aufgeführten Methoden zur Anwendung.

Für den eigentlichen Sterbeprozeß eines Patienten kann es nicht belanglos sein, ob er durch die verabreichten Substanzen »sanft« und

»rasch« abläuft oder ob seine bestehenden Leiden vor dem Tod dadurch noch vergrößert werden. Ein Vergleich der verabreichten Substanzen in den forensischen Fällen mit jenen aktiver Sterbehilfe durch amerikanische Intensivkrankenschwestern einer US-Dunkelfeldstudie (vgl. Kapitel 5) und der ärztlichen Euthanasie-Praxis in den Niederlanden (vgl. Kapitel 6) zeigt Aufschlußreiches:
Im Unterschied zu einem breiteren Spektrum eher willkürlich oder zufällig anmutender Tötungsmethoden der wenigen forensischen Fälle erweist sich das Spektrum aktiver Sterbehilfe- oder Tötungsmethoden amerikanischer Intensivschwestern und holländischer Ärzte als äußerst schmal und vornehmlich auf die Verabreichung von Opiaten abgestellt, vor allem von Morphinpräparaten allein (Intensivschwestern) oder auch in Kombination mit neuromuskulären Entspannungsmedikamenten, letztere gegebenenfalls auch in anderer medikamentöser Kombination. Nach der neuesten niederländischen Ärzte-Studie bestehen 85 Prozent der bei aktiver Sterbehilfe Anwendung findenden Medikamente aus Morphinen und neuromuskulären Relaxanzien mit oder ohne die Kombination beider Mittel. Morphine und morphinartige Präparate haben neben ihrem stark analgetischen, schmerzlindernden Effekt auch eine narkotische Wirkung, das heißt sie versetzen, insbesondere hochdosiert, den Patienten zugleich in einen der Narkose vergleichbaren, schlafähnlichen Zustand. Mit neuromuskulären Relaxanzien kombiniert, tritt – je nach Dosierung – relativ rasch ein muskulärer oder neurovegetativer Entspannungszustand ein. In der Gesamtwirkung kommt es dann im weiteren Verlauf bei hohen Dosierungen zum Tode (siehe 8. Merkmal, S. 138 ff.). Sowohl die medikamentösen Methoden der amerikanischen Intensivschwestern als auch und vor allem die der niederländischen Ärzte dürften wohl eher geeignet sein, einen »sanfteren« Tod herbeizuführen, den eigentlichen Sterbevorgang also zu erleichtern, als die meisten der Tötungsmethoden in den forensischen Fällen.
Tatsächlich war die Auswahl der Tötungsmethoden durch die verurteilten Pflegekräfte eine eher zufällige – mit Ausnahme des Insulins, das der niederländische Pfleger und – im letzten Tatabschnitt – auch

zwei (der vier) Wiener Schwestern aus Gründen mangelnder (toxikologischer) Nachweisbarkeit gezielt wählten. Die meisten der medikamentösen Tötungsmittel stammen aus dem beruflichen Erfahrungsrepertoire der Pflegenden im Umgang mit Ärzten: Es handelte sich weitgehend um Beobachtungen diagnostischer und therapeutischer Kunstfehler oder »Zwischenfälle« von Ärzten. Und die bestanden aus unerwünschten, tödlichen Nebenwirkungen dieser Medikamente, die ärztlich zu hoch dosiert oder unangemessen verabreicht worden waren, oder es kam dazu als Folge der »Ruhigstellung« eines Patienten, die unerwartet eintrat, oder auch als tödliche Folgen unsachgemäßer diagnostischer Eingriffe. Eine Schwester bezog ihr »Wissen« über unerwünschte Nebenwirkungen des betreffenden Medikaments aus einem Beipackzettel der Medikamentenschachtel, ein Pfleger hatte über »seine Methode überhaupt nur Kenntnis aus dem Krankenpflege-Unterricht«. Drei Schwestern wurden durch eine andere Schwester eingeweiht. Die Zufälligkeit, ja Beliebigkeit, mit der hier die oft hilfreichen oder – wie bei Insulin – lebenserhaltenden Medikamente als tödliche »Werkzeuge« ausgewählt und angewandt wurden, spiegelt sich oft auch in den anfänglichen Dosierungen wider: Sie erfolgten zunächst häufiger nach dem Prinzip von Versuch und Irrtum und nicht nach gesichertem, professionellem Wissen, wie man vielleicht erwartet haben könnte. Erst allmählich wurde das tödliche Handeln durch »Erfahrungswerte« bestimmt. Gemessen an den heutigen medizinischen Möglichkeiten, einem Schwerstkranken, Moribunden das Sterben zu erleichtern und seinen Tod herbeizuführen, sind die meisten Tötungsmethoden dieser Schwestern und Pfleger höchst unsystematisch, zufällig und »experimentell«. Die Tatsache, daß diese Pflegenden heimlich, verdeckt und im Schutze unauffälliger Handlungen vorgegangen sind, die als therapeutische Maßnahmen erscheinen konnten, sollte man nicht verwechseln mit der höchst »unprofessionellen« Wahl und Anwendung ihrer Tötungsmethoden.

Die Anwendung aller dieser Gifte im engeren und weiteren Sinne, also der Medikamente, setzt ihre unkontrollierte Beschaffung voraus. Und das bedeutet: Freier Zugang zu den Medikamentenschränken von Stationen, Abteilungen oder auch mangelhaft kontrollierte Anforderungen und Freigabe der Medikamente durch die Zentralapotheke der Klinik. Sieht man vom Krankenpfleger Helmut Frey einmal ab, der keiner Medikamente oder Gifte bedurfte, weil er Luft injizierte, so waren es acht, möglicherweise auch zehn Pflegekräfte, die weitgehend freien Zugang zu den Tötungsmitteln hatten und die Eintragungen in die Medikamenten-Kontrollbücher nach Belieben vornehmen konnten. Die »schweren Hämmer der pharmazeutischen Industrie« standen »griffbereit in beliebiger Menge zur Verfügung, schwere Munition war zur Selbstbedienung aufgelegt«, so der Kommentar eines Arztes und Prozeßbeobachters im Wiener Verfahren über die Usancen auf der Inneren Abteilung des Lainzer Krankenhauses.[6] Einige Schwestern und Pfleger horteten die tödlichen Medikamente regelrecht:

Im »Nachtigallenpavillon« der niederländischen Klinik war es der Krankenpfleger Frans van der Meer, der über einen längeren Zeitraum hinweg 1875 Fläschchen Insulin gestapelt hatte – jenes Medikament zur Behandlung von Diabetes mellitus, der Zuckerkrankheit, das er nicht-diabetischen Patienten in tödlicher Absicht injizierte.
Die Wiener Krankenschwester Rotraud Prager schaffte innerhalb von fünf Jahren, zwischen 1983 und 1987, 2495 Ampullen eines hochpotenten Schlaf- und Beruhigungsmittels beiseite, mit dem sie und einige Kolleginnen Patienten zu Tode brachten. Weder Oberschwester, Apotheker noch Stationsärzten war das aufgefallen. Erst die kriminalpolizeilichen Ermittlungen ergaben, daß dieses Medikament erstens in Ampullenform auf dieser Station schon längere Zeit gar nicht mehr verwendet wurde, und daß zweitens der Verbrauch desselben Medikaments auf einer Vergleichsstation im gleichen Zeitraum bei 285 Ampullen lag.[7] Thomas Meisl, Oberarzt an einer anderen Wiener Klinik, kommentierte diesen Sachverhalt so: »Ich wage zu behaupten, man hätte in Wien, hätte man nur gesucht, keine zweite interne Abteilung mit einem solchen Verbrauch [dieses Medikaments] gefunden.«[8]

Nicht anders waren die Verhältnisse an entsprechenden bundesdeutschen Kliniken:
Auf der Intensivstation eines Krankenhauses konnte der Pfleger Fred Klein im Dezember 1975 innerhalb von drei Tagen – nach Angaben der Ermittler – 120 Ampullen zweier Herzmedikamente ordern, von denen eines auf der Station gar nicht mehr verordnet worden war. Und im offenen Vorratsschrank für Medikamente fehlten insgesamt 75 Ampullen zweier Herzpräparate, obgleich kurz davor bereits 80 Ampullen dieser Medikamente von einer Schwester in den Schrank einsortiert worden waren. Die Klinikapotheke – so die Ermittlungen – hätte sehen können und müssen, daß in derselben Zeit bereits ausreichende Mengen dieser Medikamente bestellt und geliefert worden waren und der Verbrauch innerhalb eines Tages auf dieser Intensivstation nicht in solchen Größenordnungen liegen konnte. In den gleich nach den Taten überprüften Müllsäcken wurden 115 verschiedenartige leere Ampullen gefunden – darunter 93 der beiden Herzmittel, mit denen Klein sechs Patienten in den Tod gespritzt hatte.
Als 1976 der Krankenpfleger Albert Bluhm wegen zwei vollendeter Morde an alten, schwerkranken Patienten und vier Mordversuchen in einem bundesdeutschen Altenheim verurteilt wurde, stand fest, daß er in einem Sanitäts- und Behandlungsraum große Mengen Beruhigungs- und Betäubungsmittel deponiert hatte. Zwei Heimärzte überließen dem Pfleger Medikamentenmuster sowie Blankorezeptformulare mit ihrem Namensstempel – in einem nicht abgeschlossenen Schreibtischschubfach. Keinem der Heimärzte mußte Bluhm Rechenschaft über die verwendeten Medikamente abgeben. Obgleich er vom Träger des Heims wegen Tötungsverdachts entlassen wurde, blieb er noch zwei Jahre auf freiem Fuß. Die Ermittlungsbehörden gingen mit den Verdachtsmomenten äußerst zurückhaltend und zögerlich um. Und so konnte Bluhm noch rund drei Jahre in Krankenhäusern arbeiten. Auch dort kam der Verdacht auf, daß der Pfleger zur »Ruhigstellung von Sterbenden« große Mengen Medikamente verbraucht habe.
So läßt sich am Ende zu diesen Tötungsmitteln und -methoden ganz

einfach sagen: Die Schwestern und Pfleger konnten darauf vertrauen, daß ihr Zugriff zu den Werkzeugen der Tötung lange Zeit unbemerkt blieb, ja, daß sie selbst im Augenblick der Tötung in ihren Händen unauffällig, unverdächtig waren und – keine äußerlich sichtbaren Spuren hinterlassend – stets dieselbe ärztliche Diagnose sicherten: die eines »natürlichen Todes«.

8. Merkmal: Über die *Todesarten*, darüber zu informieren, wie diese (107) Patienten starben, ist der Versuch einer sehr globalen Annäherung an die bedrückende Realität einsamsten Ablebens. Dazu gehört auch, daß ein solcher Tod oft hastig, unter dem Druck der Verheimlichung und möglichen Beobachtung herbeigespritzt wurde. Die Schwester oder der Pfleger, der am Bett eines Sterbenden, dessen Hand haltend, das Ende abwartete, war eher die Ausnahme als die Regel.

Jedoch sind hier keine Bilder individuellen Sterbens und ihrer Bedingungen zu erwarten. Es handelt sich vielmehr um sehr vereinfachte Skizzen dreier Gruppen von Todesarten, deren Einteilung sich global an Todesmechanismen orientiert, deren Pathophysiologie im einzelnen nicht beschrieben werden soll noch kann. Zu vermitteln ist eine – wenn auch nur vage – Vorstellung von den Sterbevorgängen, zu denen es bei diesen Todesarten kommt, und zwar durch grobe Orientierungsraster, zu denen auch Daten der Sterbedauer gehören. Sie beruhen auf sehr unterschiedlichen Erkenntnisquellen, wie etwa durchschnittlichen Erfahrungswerten von Art und Dauer des Sterbens bei Überdosen spezifischer Medikamente oder Gifte, auf rechtsmedizinischen Rückrechnungen (die sich beispielsweise aus toxikologischen Parametern ergaben) oder auch auf direkten individuellen Beobachtungen Beteiligter.[9]

Drei Gruppen von Todesarten (genauer eigentlich: Arten von Todesmechanismen) könnte man unterscheiden:

1. Die Gruppe des Herztodes bzw. Herz-Kreislauf-Versagens;
2. die Gruppe des Zentralen Todes bzw. des Todes durch irreversiblen Funktionsverlust des Zentralnervensystems;

3. die Gruppe, in der der Tod durch Ersticken eintritt.

Der eigentliche Sterbevorgang hat auch innerhalb dieser drei Gruppen infolge der verschiedenartigen Tötungsmittel ganz unterschiedliche Gesichter. Am Ende ist es immer – wie Nuland einmal zu den verschiedenen Weisen des Sterbens bei Unfällen, Tötungsdelikten und Selbsttötungen sagte – der »Sauerstoffmangel, der sie vom Leben zum Tod bringt«.[10] Rein quantitativ lassen sich die drei Gruppen von Todesarten bzw. Todesmechanismen, die als Folge der Intoxikationen, also von Vergiftungen oder anderer schädigender Einwirkungen (durch Luft, Wasser) aufzufassen sind, folgendermaßen charakterisieren:

- Ein gutes Drittel der Patienten starb den Herztod bzw. an Herz-Kreislauf-Versagen (36 Prozent von 107 vollendeten Tötungen). Dieser Tod war die Folge medikamentöser Intoxikationen (14 Patienten), von Vergiftungen durch Arsen (möglicherweise 15 Patienten) oder als Folge einer Luftembolie durch Luftinjektionen (10 Patienten).
- Ein weiteres gutes Drittel fand den Zentralen Tod (35 Prozent von 107 Patienten) durch Schlaf- und Beruhigungsmedikamente, Betäubungsmittel, Insulin (20 Patienten) sowie durch Zyankali (möglicherweise 18 Patienten oder auch weniger).
- Den Tod durch Ersticken erlitt gut ein Viertel der Patienten (28 Prozent von 107) als Folge einer medikamentösen Intoxikation durch (das in Minimaldosen Curare enthaltene) Curacit (22 Patienten) sowie durch das in die Luftwege bzw. in die Lunge gelangende infiltrierte Wasser (8 Patienten, ggf. auch mehr).

Hauptsymptome und Dauer des Sterbevorganges innerhalb dieser drei Gruppen unterscheiden sich zum Teil erheblich je nach Art der Vergiftung bzw. der Noxen, also der schädigenden Einwirkungen auf den menschlichen Organismus.
Betrachtet man zunächst einmal die Gruppe des Herztodes bzw. des Herz-Kreislauf-Versagens, so bietet sich bereits hier ein sehr unter-

schiedliches Bild des Sterbens (freilich jenseits aller individuellen Ausgangsbedingungen von Krankheiten und prämortalen körperlichen Zuständen der Patienten):
Im Frühjahr 1986 hatte die Intensivschwester Maria Morell gestanden, etwa zehn Patienten mit einem blutdrucksenkenden Medikament in Verbindung mit Kaliumchlorid oder Kaliumsalz (KCl) intravenös injiziert zu haben. Keiner der Patienten litt an einer Hochdruckerkrankung noch bestand – etwa nach einer Operation – bei einem der Patienten ein erheblicher Kaliumverlust (der unter Umständen eine Verabreichung von KCl zum Ausgleich des Kaliumdefizits erforderlich gemacht haben könnte). Das blutdrucksenkende Medikament (Antihypertonikum) führt, wenn es in bestimmter Weise und Dosierungshöhe injiziert wird, zu einem allmählich einsetzenden und dann anhaltend gleichmäßigen Abfall von Blutdruck und Herzschlagfolge (Pulsabfall). Schon für sich verabreicht, kann das Mittel – hochdosiert, in ganz bestimmter Weise verabreicht und bei einem labilen Kreislauf – innerhalb von ein bis zwei Stunden zum plötzlichen Kreislaufzusammenbruch, unter Umständen zum Tod führen. Zusammen mit einer nachfolgend hochdosierten Kaliumchloridinjektion, wiederum in bestimmter Weise verabreicht, erfolgt ein alsbaldiger Herzstillstand, infolge unmittelbarer Auswirkungen des Kaliumchlorids auf den Herzmuskel. Die Kombination beider Mittel gilt – nach den Ausführungen des intensivmedizinischen Sachverständigen Prof. Dr. Kettler im Prozeß – als Methode, einen Patienten sicher und schnell zu töten und den jeweiligen Tod aus ärztlicher Sicht als akuten Herztod erscheinen zu lassen. Mit Ausnahme einer versehentlichen Verwechslung einer anderen Substanz mit Kaliumchlorid während einer Reanimation hat Maria Morell bei weiteren sechs bzw. sieben Patienten den Tod durch die genannte Kombination der Medikamente herbeigeführt (siehe Kapitel 8, S. 353 ff.). Der Herzstillstand, der durch Kaliumchlorid bewirkt wird – auch »elektrischer Herztod« genannt –, ist der wahrscheinlich schnellste und leidensärmste Tod unter allen hier zur Sprache kommenden Sterbevorgängen.

Kurz vor Weihnachten 1975 starben auf einer anderen Intensivstation eines deutschen Krankenhauses sechs ältere Patienten. Sie litten an ganz unterschiedlichen Erkrankungen, wiesen aber alle sehr plötzlich eine ganz ähnliche Symptomatik auf: Ausgeprägte Symptome von Herzrhythmusstörungen (therapie-unbeeinflußbares Kammerflimmern, Rhythmusstörungen, rezidivierende Asystolien bzw. Herzstillstand) und Atembeschwerden – eine Symptomatik, in deren Verlauf sie an Herz-Kreislauf-Stillstand verstarben. Auf eilends eingeleitete Wiederbelebungsversuche zeigten sie keine Reaktionen.
Die Gleichförmigkeit und Art der Symptomatik weckte bei den Intensivmedizinern der Station den Verdacht, es könnte sich um die Folgen einer Vergiftung durch spezifische Herzmedikamente handeln, um sogenannte Herzglykosid-Vergiftungen. Das war das Alarmsignal auf der Station und führte innerhalb von wenigen Tagen auf die Spur des noch jungen Intensivpflegers Fred Klein. Er hatte die sechs Patienten innerhalb von wenigen Tagen mit zwei dieser Herzmittel, von denen heute eines zur Basistherapie muskulärer Herzinsuffizienz gehört, in den Tod gespritzt.
Nach den wissenschaftlichen Ausführungen des Rechtsmediziners Friedrich starben vier der Patienten schon kurz nach den intravenösen Injektionen bzw. bald nach der kurz darauf einsetzenden Symptomatik, das heißt nach einer auf maximal wenige Minuten zu bemessenden Sterbedauer. Möglicherweise lagen die Sterbeumstände bei den beiden anderen Patienten anders, da die finale Symptomatik bei ihnen erst 15 Minuten bis zwei Stunden nach Applikation der letal dosierten Medikamente einsetzte. Was in dem unbestimmten Zeitraum vor Einsetzen der tödlich verlaufenden Herzrythmusstörungen geschah, muß offen bleiben. Es ist aber bei dieser Vergiftungsart bekannt, daß in 70 Prozent dieser Fälle Übelkeit, Erbrechen und Durchfälle auftreten – Symptome, von denen auch in einem früheren rechtsmedizinischen Gutachten die Rede war. Der tödliche Eingriff des Pflegers hat zweifellos – wie alle Gutachten darlegten – auch die erfolglos verlaufenden Reanimationsversuche provoziert (vielleicht bis auf einen). Dabei wird man wohl kaum Verläßliches

darüber sagen können, in welchem Maße dies zusätzliche Belastungen für die Sterbenden mit sich gebracht hat.
An Herz-Kreislauf-Versagen innerhalb weniger Minuten, in der Regel bis zu fünf Minuten, verstarben auch jene zehn Patienten, denen der Krankenpfleger Helmut Frey Luft intravenös injiziert hatte. Das geschah auf der Inneren Abteilung einer deutschen Landesklinik zwischen Frühjahr und Dezember 1990. Die älteren Patienten, von denen acht bewußtseinsgetrübt, einige sicher komatös waren, erlitten das Herz-Kreislauf-Versagen als Folge einer Luftembolie, durch die es letztlich zu einem Sauerstoffmangel aller Organe, einschließlich des Herzens kommt. Der alsbald nach der Luftinjektion einsetzende Sterbevorgang war dementsprechend durch eine erschwerte Herztätigkeit infolge der Gasblasen in den Herzhöhlen und durch Sauerstoffmangel infolge der Gasblasen in der Lungenschlagader gekennzeichnet, was zur Atemnot führte. Sie ging einher mit erschwerter Atemtätigkeit, sichtbar verstärkter Atemtätigkeit (Dyspnoe) sowie im Raume hörbarem Herzschlag als Ausdruck der erhöhten Herzleistung zur Überwindung eines Widerstandes (um noch genügend Blut zur Sauerstoffversorgung der Organe zu pumpen). Exakt dies waren auch die Beobachtungen Freys bei einem Sterbenden, dem er zuvor Luft injiziert hatte.
Man könnte hier – wie der Wiener Ankläger – sagen, die Bewußtlosigkeit der Patienten sei bei mindestens acht Sterbenden ein Regulativ des Körpers gegen das bewußte Erleben großer Schmerzen und Leiden gewesen, ein Regulativ, das ihnen möglicherweise auch jene Belastungen erspart haben könnte, die durch das Ansetzen zum Teil mehrerer Luftinjektionen entstanden sind. Ob dies wirklich so war, wird niemand sicher wissen, zumal über die Tiefe der Bewußtlosigkeit bei einigen Patienten Verläßliches nicht bekannt war. Bekannt ist lediglich, daß bei – nicht tödlich verlaufenden – Luftembolien Brustschmerzen (wohl infolge des erhöhten Rechtsherzdrucks) auftreten.

Den Herz-Kreislauf-Tod starben auch alle jene Patienten, die der zu dreimal lebenslänglich verurteilte Intensivpfleger Donald Harvey an zwei Kliniken in den Vereinigten Staaten mit Arsen vergiftet hatte. Wieviel der (33) getöteten Patienten auf diese Weise starben, dürfte niemand genau wissen. Nicht einmal Harvey selbst konnte sich an alle, zum Teil über ein Jahrzehnt zurückliegenden Tötungen erinnern. Das in seinem Fall unvollständige Material läßt auch keine sicheren Aussagen über die Art der Verabreichung dieses klassischen Gifts des Altertums zu. Arsenvergiftungen können durch Einatmen (etwa von Arsenwasserstoff) oder durch die Haut oder peroral, meist in Verbindung mit der Nahrungsaufnahme, entstehen. Nur ein schwaches Indiz legt nahe, daß der Pfleger sich der letzteren Methode bedient haben könnte. Da auch keine direkten Beobachtungen über Sterbevorgänge dieser Patienten bekannt sind, muß man sich mit den allgemeinen Erfahrungen bei akuten Intoxikationen durch das geruch- und geschmacklose Gift Arsenik – wie es auch genannt wird – begnügen:

Etwa zwei Stunden nach peroraler Aufnahme kommt es bei der akuten Arsenvergiftung zu einer Magen-Darm-Symptomatik mit heftigen Leibschmerzen, massiven, fast unstillbaren Durchfällen, Erbrechen und infolge des damit verbundenen Wasser-, Elektrolyt- und Eiweißverlusts zur Kreislaufschwäche, Bewußtseinstrübung und im weiteren Verlauf zum fortschreitenden Kreislaufversagen. Nuland weist darauf hin, daß das Gift mehrere Organe schädigt, unter anderem die Nieren, letztlich aber dadurch tödlich wirkt, daß es zu Herzrhythmusstörungen kommt, die mit Krämpfen und Koma einhergehen können.[11] Es erübrigt sich fast zu sagen, daß diesem Tod ein elendes, leidvolles Sterben vorausgeht.

Auch der Zentrale Tod, der Tod durch irreversible Funktionsverluste des Zentralnervensystems als Folge von Vergiftungen, kann mit einer sehr unterschiedlichen klinischen Symptomatik des Sterbens verbunden sein: in Abhängigkeit von den verschiedenartigen Noxen der Vergiftungen, die die Mechanismen des Zentralen Todes in Gang setzen. Und das sind hier die hochwirksamen Schlaf- und Beruhigungsmittel, Betäubungsmittel und Insulin.

Den Zentralen Tod als Folge von Schlaf- und Beruhigungsmittelvergiftungen erlitten dreizehn Patienten einer Inneren Abteilung des

Krankenhauses Wien-Lainz. Die von zwei Schwestern intravenös zugeführten Medikamente (aus der Gruppe der Tranquilizer und Neuroleptika) führten nicht zum Soforttodesfall, etwa durch Atemlähmung oder Herzstillstand (wie in den Fällen von Intensivschwester Maria Morell), sondern brachten erst nach geraumer Zeit den Tod. In der Regel – so der Wiener rechtsmedizinische Sachverständige Missliwetz – »trat der Tod bei den Opfern etwa eineinhalb Stunden nach intravenöser Zuführung« eines bestimmten dieser Medikamente ein.[12] Nach Auffassung der im Wiener Prozeß beauftragten klinischen Sachverständigen konnte man von einer größeren zeitlichen Bandbreite bis zum Todeseintritt ausgehen: danach konnte es schon innerhalb weniger Minuten nach Applikation der Medikamente zum Atemstillstand als Folge einer zentralen Atemlähmung und somit zum Tode gekommen sein – aufgrund einer verzögerten Wirkung war jedoch auch ein »Zusammenbruch der Körperfunktionen« erst nach Stunden möglich.«[13]
Ab einer gewissen Dosis – so führten die klinischen Sachverständigen aus – hätten die Medikamente einen atemdepressorischen Effekt, das heißt die Atmung wird flacher (Abnahme der Atemzugtiefe) und gleichzeitig schneller (Steigerung der Atemfrequenz), die hypnotische Wirkung solcher Medikamente trübt das Bewußtsein bis zu einem narkoseähnlichen Zustand tiefer Bewußtlosigkeit (Koma). Je höher die Dosis, desto schneller tritt Bewußtseinsverlust ein. Bei der erheblichen zeitlichen Streuung der toxischen Wirkung der Medikamente bis zum Koma und Zentralen Tod läßt sich über das Leiden dieser Patienten kaum etwas gesichert aussagen. Sicher scheint lediglich zu sein, daß mindestens drei der Patienten zum Zeitpunkt der letalen Injektionen bereits komatös waren und vielleicht im Schutze dieses Zustands relativ leidensfrei starben.

Als zwischen 1973 und 1975 in der niederländischen Klinik Kerkrade 79 hochbetagte Patienten verstarben, deren Tod zum Teil ein komatöser Zustand vorangegangen war, dachte wohl keiner der Ärzte, daß das Koma der nicht-diabetischen Patienten durch eine hochgradige Unterzuckerung, eine Hypoglykämie verursacht sein könnte.

Erst 1975 war dann entdeckt worden, daß Frans van der Meer, Oberpfleger des »Nachtigallen-Pavillons«, neun alte schwerkranke Patienten mit Insulin in den Zentralen Tod gespritzt hatte (so die Anklage). Sie waren alle nicht zuckerkrank. Der Anklagevertreter wußte, daß Insulin toxikologisch schwer nachweisbar war. Und so verurteilte eine Schwurgerichtskammer van der Meer auch »nur« in fünf Fällen, die er gestanden hatte.

Das hochdosiert verabreichte Insulin führt beim Nichtdiabetiker zu einem dramatischen Abfall des Blutzuckerspiegels. Es kommt zu einem hochgradigen Unterzuckerungszustand des Organismus, der mit einer äußerlich sichtbaren Symptomatik einhergeht, die der Hamburger Diabetologe Manfred Dreyer, Chefarzt einer diabetischen Krankenhausabteilung, so beschreibt:[14] Etwa zehn bis fünfzehn Minuten nach einer hochdosierten Insulingabe kommt es zu einem steilen Abfall des Blutzuckers, verbunden mit kalten Schweißausbrüchen, Hautblässe, Zittern, Herzjagen (Tachykardie), gefolgt von massiven, generalisierten Krampfanfällen, ggf. einer Halbseitenlähmung (das Gehirn reagiert zuerst und besonders empfindlich auf den Blutzuckerabfall). Der Patient fällt in ein Koma und stirbt ungefähr zwei Stunden nach der letalen Verabreichung von Insulin den Zentralen Tod, den Tod durch irreversiblen Funktionsverlust des Zentralnervensystems.

Während in Maastricht sich Staatsanwaltschaft und Gericht in Beweisnot befanden (weil Insulin postmortal schwer nachweisbar ist), wurde im Krankenhaus Wien-Lainz drei Patienten mit plötzlichem Unterzuckerungszustand das Leben gerettet. Auch sie waren keine Diabetiker. Zwei der vier Wiener Schwestern hatten sich auf die neue Tötungsmethode mit Insulin umgestellt. Dabei hatten sie zwei Dinge übersehen: Zum einen, daß die Blutzuckerwerte routinemäßig bei der Aufnahme von Patienten gemessen werden, und zweitens, daß eine Unterzuckerungssymptomatik von Patienten ohne Diabetes zumindest Verdacht wecken und Anlaß für eine Blutzuckerkontrolle sein kann. Tatsächlich entdeckten die Ärzte zufällig den Zustand der Patienten, führten ihnen umgehend Glukose zu und retteten ihr Leben.

Den Zentralen Tod starben auch jene amerikanischen Patienten, denen der Intensivpfleger Harvey auf einer Intensivstation des Daniel Drake Memorial Hospitals in Cincinnati, Bundesstaat Ohio, zwischen 1983 und 1987 Blausäureinjektionen verabreicht hatte. Es ist eines der legendärsten und geschichtsträchtigsten Gifte, besser bekannt unter der Bezeichnung Zyankali. Seinem Entdecker, dem schwedischen Chemiker Carl Wilhelm Scheele, wurde es selbst zum tödlichen Verhängnis, als er 1786 etwas unvorsichtig mit einem Kolben dieser hochgiftigen Substanz experimentierte – er atmete die Dämpfe der freigewordenen Blausäure ein. Adolf Hitler und die ihm zuletzt angetraute Eva Braun schluckten 1945 in den letzten Tagen des Dritten Reiches Zyankalikapseln. Hermann Göring hat sich am Ende der Nürnberger Kriegsverbrecherprozesse damit suizidiert. Die Reihe historischer Personen, die sich damit töteten oder getötet wurden, ist ebenso groß wie die Legenden, die um ihren Zyankalitod gewoben wurden.
Wie vielen Patienten der Intensivpfleger Harvey durch das Gift mit dem bittermandelartigen Geruch, den nicht jeder Mensch wahrnehmen kann, den Tod gebracht hat, ist unbekannt. Die Zahl von 17 oder 15 ist eher fiktiv. Auch deshalb und aufgrund meiner Materiallücken in diesem Fall muß Allgemeines genügen:
Durch das Gift wird die Einschleusung des Sauerstoffs in den Zellstoffwechsel auf komplizierte Weise blockiert (durch Blockade der Bindungsstelle am Eisen), die (intrazelluläre) Atmungskette unterbrochen und das Zentralnervensystem geschädigt, mit der Folge einer zentralen Atemlähmung mit nachfolgendem Kreislaufzusammenbruch (Kreislaufstillstand). Alles, was Rechtsmediziner über den Tod durch Zyankali sagen, spricht kaum für ein »sanftes« Sterben. Nach Aufnahme der letalen Giftdosis stürzt der Betreffende innerhalb von »wenigen Sekunden … blitzartig zusammen, bekommt Krämpfe«, einen Atemstillstand »und Minuten später einen Kreislaufstillstand«. Es gibt jedoch auch verzögerte Verlaufsformen: Blutandrang zum Kopf, Kopfschmerzen, Beklemmungsgefühle in der Brust bis zu quälender Atemnot mit Erschwerung der Atemtätigkeit (Dyspnoe), Schwindel bis zur Bewußtlosigkeit und generalisierte

Krampfanfälle sind Beschwerden und gravierende klinische Symptome eines eher leidvollen Sterbens.[15]
Harveys dreiunddreißigste Tötung insgesamt – seine vierundzwanzigste im Drake Memorial Hospital – war eine Tötung mit Zyankali. Sie wurde ihm endgültig zum Verhängnis (siehe S. 177 f.).

Die dritte und letzte Gruppe der Todesarten bzw. Todesmechanismen ist das Ersticken. Der Tod tritt hier ganz unmittelbar durch Sauerstoffmangel infolge eines »Verschlusses« der Atemwege ein oder durch »Erlöschen« der Atemtätigkeit aufgrund einer toxisch bedingten Lähmung der Atemmuskeln. Was wir in der Regel aus der traditionellen Tötungskriminalität an Einwirkungen kennen, die zum Erstickungstod führen, sind die sehr viel gewaltsameren Handlungen, wie etwa Erwürgen, Erdrosseln, Erhängen, Ersticken mit Gegenständen oder Vergiftungen mit Kohlenmonoxid. Bei den beiden in Wien und Norwegen an Patienten herbeigeführten Arten des Erstickungstodes handelt es sich zumindest um »lautlosere« Einwirkungen und in den norwegischen Fällen um einen anderen pathophysiologischen Todesmechanismus:

Zwei der vier Schwestern im Wien-Lainzer Krankenhaus bedienten sich spätestens seit 1987 – neben der Injektion verschiedener Medikamente – auch der Infiltration von normalem Leitungswasser in die Luft- und Atemwege von bewußtlosen Patienten mit Lungenödem. Da diese Patienten keine ausreichenden (laryngealen) Abwehrreflexe mehr besaßen, kam es zur Aspiration, zum Einatmen des Wassers, das auf diese Weise in die Lunge gelangte. Dort verschloß das Wasser die – bei den Patienten mit Lungenödem – letzten noch intakten Lungenbläschen. Infolgedessen reichte das Atemvolumen nicht mehr aus. Es kam zur respiratorischen Insuffizienz, das heißt, der Atem verflachte merkbar. Nach Beobachtungen Beteiligter war in der Regel nur ein kurzer Hustenreiz zu hören, in den ersten Minuten nach Verabreichung ein kurzfristiges Gurgeln oder Röcheln. Nach etwa 45 bis 60 Minuten trat dann der Tod durch Ersticken ein.[16] Es waren mindestens acht der Wiener Patienten, möglicherweise auch mehr (das ließ sich im Prozeß nicht mehr sicher feststellen), die auf diese Weise zu Tode gebracht wurden. Der Ankläger im Wiener Verfahren sprach von »roher Brutalität und Gefühlskälte«, die in diesen Tötungsmethoden der Schwestern zum Ausdruck gekommen seien.

Einen qualvollen Erstickungstod starben zweiundzwanzig hochbetagte pflegebedürftige Patienten in einem Altenpflegeheim nahe dem norwegischen Trondheim. Dort hatte der Oberpfleger und Altenheimdirektor Ole Lagerström von 1977 bis 1980 ein in der Anästhesie und Chirurgie zur Anwendung kommendes Medikament zur (peripheren) Muskelrelaxation zu Tötungszwecken angewandt. Es enthält in Minimaldosen das südamerikanische Pfeilgift Curare bzw. Curare-Alkaloide (kompliziert gebaute stickstoffhaltige Substanzen). Von diesen curareartigen Muskelrelaxanzien ist den Fachärzten bekannt, daß es schon bei geringfügiger Überdosierung zur peripheren Lähmung der Muskulatur kommen kann. Hochdosiert führen sie zu entsprechenden Lähmungen der Motorik von Beinen und Armen. Der Vergiftete kann sich nicht mehr bewegen, seine Hirntätigkeit bleibt jedoch voll erhalten. Er kann noch alles sehen, hören und riechen, bis die Paralysierung allmählich auch die Atemmuskeln ergreift und eine periphere Atemlähmung den Erstickungstod bereitet. Der Sterbevorgang – so sagten norwegische Rechtsmediziner und Narkoseärzte – dauere zwar nur wenige Minuten, in der Regel fünf, doch sei dieser Tod »schlimmer als Erhängen«. Das Bewußtsein bleibt bis zuletzt voll erhalten. Von Lagerströms letzter Patientin, einer 88jährigen pflegebedürftigen Frau, wird gesagt, sie habe um Atem ringend noch den Namen des Oberpflegers geflüstert, als eine Schwester kurz nach dessen Injektion das Zimmer betrat.

»Euthanasie«, das war in der römischen Antike seit Kaiser Augustus – im Unterschied zu diesem bei uns negativen, durch die Verbrechen des Hitler-Regimes belasteten Begriff – das Ideal des sanften und raschen Todes. Auch die französischen Enzyklopädisten des 18. Jahrhunderts verstanden darunter ähnliches: Die »mort heureuse«, der »glückliche Tod«, war für sie ein »sanfter und ruhiger Übergang, ohne Schmerzen und von einem Augenblick auf den anderen«. Der Wunsch des Menschen nach einem leidensfreien, vor allem auch raschen oder »schnellen Tod« ist also keineswegs ein neues Phänomen unserer Zeit oder gar besonders ausgeprägt bei den Deutschen, wie einige ganz aufgeklärte Journalisten hierzulande meinen. Ein literaturhistorischer Rückblick ins 19. Jahrhundert hätte zu wissen gegeben, daß – um nur eines der zahlreichen Beispiele zu nennen – ein Pfarrerssohn und Dichter schwäbischer Herkunft, der auch Shakespeare übersetzte, Christoph Martin Wieland, in seinem Bühnenstück »Euthanasia« unter diesem Begriff einen Tod »mit Ruhe und frohem Muthe« verstand.[17] Und die Recherchen zu demographischen Umfrageergebnissen in allen westlichen Ländern lassen den uralten Menschheitswunsch nach einem leidensarmen und raschen Tod – heute aus ganz anderen Gründen als früher – vielleicht nur akzentuierter hervortreten (siehe Kapitel 9).

Auch wenn Nuland mit seinem großen Buch *Wie wir sterben* diesen uralten Menschenwunsch entzaubert, geradezu desillusioniert haben dürfte, so bleibt er angesichts der Möglichkeiten einer janusköpfigen Medizin ein banger Wunsch. Der Tod, das kürzere oder längere Sterben jener 107 alten Patienten hinter Klinik- und Altenheimmauern zwischen Cincinnati und Wien, zeigte ein anderes Antlitz – eines, das weit von jenem menschenwürdigen Antlitz unserer uralten Bitte um eine gnädige Erlösung entfernt ist. Mancher kurz erscheinende Tod im langen Sterben dieser Menschen erschien mir nicht schon als ein sanfter, manches Sterben war elend und leidvoll, manches Ende war grausam. Sie starben einen hastig und heimlich herbeigespritzten Tod, einen, der einsamer kaum vorstellbar ist.

Mißstände im Stationsbetrieb

9. Merkmal: In den Prozessen kam zur Sprache, was bereits am Beispiel äußerst mangelhafter Kontrolle des Medikamentenverbrauchs sichtbar wurde. Von »Verwilderung der Verhältnisse« war die Rede, von *Mißständen auf Stationen und in Kliniken.* In Wien sprach der Ankläger von einem »Mangel an Aufsicht und Kontrolle« durch Ärzte, Oberschwestern und andere. Doch ob Mißstände dieser oder anderer noch zu beschreibender Art tatsächlich spezifisch sind für die betroffenen Stationen, läßt sich ohne vergleichende Untersuchungen anderer Stationen und Altenpflegeheime nicht beurteilen. Solche Mißstände mit den Ursachen zu verwechseln, wäre allerdings höchst fatal. Das könnte dazu führen, den Verdacht künftig allein aufgrund vermeintlicher Indizien zu erheben. Und es könnte auch dazu führen, von der eigentlichen Problematik und der Suche nach den wirklichen Motiven und Hintergründen abzulenken. Andererseits sind bestimmte Mißstände auf solchen Stationen nicht ohne Bedeutung – als begünstigende, vielleicht auch als verstärkende Bedingungen und Faktoren der tödlichen Geschehnisse.

Im Schwurgerichtsprozeß gegen Maria Morell sagte der angesehene Intensivmediziner Professor Kettler als Sachverständiger, die medizinische Versorgung auf der operativen Intensivstation sei so schlecht gewesen, daß die hohe Anzahl der Todesfälle »kein Zufall« gewesen sei. Der Ankläger in Wien sprach von einer Begünstigung der Taten durch die herrschenden Mißstände auf der Inneren Abteilung des Krankenhauses. Das Bielefelder Schwurgericht listete in seinem Urteil sechs Seiten Fehler, Mängel, Brüchigkeiten und gravierende Konfliktstoffe auf der Inneren Abteilung des Gütersloher Krankenhauses auf, die die Arbeitsbedingungen und das Arbeitsklima auf der Station beeinträchtigt hätten. Schon 1990 war die interne Kommission eines betroffenen Krankenhausträgers zu dem Schluß gekommen, das gemeinsame Merkmal der Krankenstationen in Wuppertal, Wien und Gütersloh seien »Mißstände« verschiedener Art.[18] In vergleichender Sicht erweist sich dies heute für alle hier behandelten »Tatorte« als gültig. Die Rede wird jetzt also sein von den Rahmenbedingungen, das heißt von den Umständen und Strukturen, auch von den ärztlichen Leitungsstrukturen, unter denen sich die tödlichen Ereignisse lautlos und auf geheime Weise vollzogen:

- Da ist die mangelhafte Anwesenheit der Ärzte auf Intensivstationen und Inneren Abteilungen, ganz zu schweigen von Altenpflegeheimen. Vor allem nachts, wenn schwerstkranke Patienten in einen kritischen Zustand gerieten, während die Ärzte – ja: selbst auf einer Intensivstation – nur Bereitschaftsdienst machten und herbeitelefoniert werden mußten. Was war, wenn sie oft erst nach zwanzig Minuten oder noch später von zu Hause kommend eintrafen? Die Patienten waren tot, oder die Schwestern oder Pfleger hatten selbst mit Intubation (Einführung eines Beatmungsschlauchs durch Mund oder Nase) und Reanimationsmaßnahmen begonnen. In Wien reagierten Ärzte auf solche nächtlichen Anrufe der Schwestern mit der Bitte, sie möchten doch selbst »spritzen«. Im »Nachtigallen-Pavillon« der Kerkrader Klinik soll das Pflegepersonal einmal in eine »richtige Panik« geraten sein, als ein Arzt sich nachts weigerte, zu zwei sterbenden Patienten zu kommen. In Wien sagte die Hauptangeklagte Rotraud Prager: »Die Ärzte haben uns im Regen stehen lassen, sind stundenlang nicht gekommen, wenn ein Patient geschrien hat. Dann hat der Arzt nachher halt behauptet, sein Piepserl hat nicht funktioniert!«[19] Da haben die Schwestern und Pfleger halt »gespritzt«, obgleich einige das nicht durften, Venenkatheter gelegt, obgleich sie das ebensowenig durften wie Intubieren (sofern sie nicht Intensivschwestern waren). Denn gelegentlich sagten die Ärzte auch schon vor dem Nachtdienst zu den Schwestern: »Wenn der oder der heut' nacht stirbt, brauchst mich ned zu wecken. Dann mach' ma das morgen früh.«[20] Was – so sagte eine Angeklagte – sollte sie denn »mit einem vor Schmerzen schreienden alten Mann tun«, es sei ja »nicht mehr auszuhalten«.

Ein Arzt hat als Prozeßbeobachter in Wien solche Mißstände kommentiert. Und die waren in Wien nicht sehr viel anders als in Wuppertal oder andernorts auf solchen Stationen:
»Der in Betten verbrachte Lebensrest wurde tatsächlich über weite Strecken des Tages und über die ganze Nacht dem Pflegepersonal überantwortet ..., die Medikamentengabe und die Frage der Dosierung waren stets in die Verantwortung des letztlich alleingelassenen niederen Pflegepersonals hinübergewandert.«[21]

- Da wurde erwartet, bisweilen sogar verlangt, daß diese Schwestern und Pfleger mehr tun, als sie dürfen, und in mancher Hinsicht auch mehr, als sie können. Die Grenzen zu Eigenmächtigkeiten jenseits ärztlicher Erwartungen und gegen ärztliche Anordnungen waren längst fließend geworden. Die pflegerischen Kompetenzübertretungen waren und sind in den klinischen Alltagsbetrieb integriert, weil – wie eine Schwesternvertreterin erklärte – »der Betrieb sonst bald zusammenbrechen würde«. Im Widerspruch zwischen ärztlichen Erwartungen, ja Verlangen und pflegerischen Kompetenzgrenzen hat das eigenmächtige Handeln der Schwestern oder Pfleger eine Eigendynamik, die in den Klinikalltag integriert ist:
  Da sind die medikamentösen Verordnungen junger, häufig noch unerfahrener Stationsärzte, die von erfahreneren Pflegekräften nicht akzeptiert wurden und die viele durch Medikamente ersetzten, die andere Wirkstoffe enthielten. Da wurden bei der Behandlung von Liegegeschwüren und wunden Stellen der Patienten einfach andere Salben als die ärztlich angeordneten angewandt. Junge Ärzte mußten häufig erfahren, daß ihr Handeln von manchen Pflegekräften in Frage gestellt wurde. In einem Fall zog es ein junger Stationsarzt vor, seine Anordnungen in der Dienstzeit einer Schicht zu geben, bei der er auf mehr Gegenliebe stieß als bei einer anderen, um sie nicht erst erläutern zu müssen. Bei Kompetenzstreitigkeiten zwischen Ärzten verschiedener Fächer, wie etwa Chirurgie und Anästhesie, und widersprüchlichen Anordnungen handelten manche Pflegekräfte einfach so, wie sie es

für richtig hielten. Daß Pflegende mehr oder weniger so verfuhren, belegten ihre Aussagen als Zeugen in den Prozessen. Eine ehemalige Schwesternschülerin, die in einem der Verfahren als Zeugin zur Frage von persönlich begangenen Eigenmächtigkeiten gehört wurde, machte von ihrem Aussageverweigerungsrecht Gebrauch, um sich wegen gegebenenfalls strafbarer Handlungen nicht selbst zu belasten.

Das alles ist keineswegs neu. Durch eine empirische Untersuchung auf Intensivstationen ist seit geraumer Zeit bekannt, daß Pflegekräfte in dem Spannungsverhältnis zwischen Sollen, Wollen, Können und Nichtdürfen und der Uneinigkeit von Ärzten das machen, was sie für richtig halten. Neu hingegen ist, daß solche »Alleingänge« offenbar auch zum Verhaltensstil von Schwestern gehören, die – nach den ersten Dunkelfeldstudien zur verbotenen Sterbehilfe – selbst aktive Sterbehilfe geleistet haben (siehe Kapitel 5). Nicht zuletzt auch deshalb schildere ich einige Beispiele der verurteilten Pflegekräfte, deren eigenmächtige, ohne oder entgegen ärztlicher Anordnungen vollzogene Handlungen oft allzu vorschnell als symptomatisch oder spezifisch betrachtet wurden:

- Im Wiener Schwurgerichtsverfahren ergab die Beweisaufnahme, daß die Hauptangeklagte Rotraud Prager auch ärztlich verordnete Infusionen oder Injektionen durch entsprechende Korrekturen auf dem Krankenblatt einfach abgesetzt hatte. Auf der Inneren Abteilung im Gütersloher Krankenhaus hatte der Pfleger Helmut Frey einem hochgradig unruhigen Patienten ohne ärztliche Anordnung ein starkes Beruhigungsmittel verabreicht. Die Folge war eine lebensbedrohliche Ateminsuffizienz. Das Leben des Patienten konnte nur durch sofortige Beatmungsmaßnahmen auf der Intensivstation gerettet werden. Auf einer anderen Intensivstation ertappte eine Schwester ihren Kollegen Fred Klein dabei, »wie er eine absolut tödliche Überdosis Insulin für die Patientin aufgezogen und bereitgestellt« hatte. Von zwei anderen Kolleginnen wurde er dabei überrascht, »als er anstelle von ärztlich verordneten 5 mg Valium dieselbe Menge eines anderen Medikaments auf die Spritze aufgezogen hatte«. Nach mehreren Zeugenbeobachtungen verabreichte die Intensivschwester Maria Morell »vom Arzt nicht verordnete Mittel zur Verbesserung der Ausscheidung, ohne diese in Krankenunterlagen zu dokumentieren«. Bei anderen Patienten hatte sie »statt des von ihr verabreichten Präparats ›Darül‹ das ärztlich verordnete Mittel ›Furosemid‹« eingetragen.

Daß auf solchen Stationen ein Patient trotz ohnehin niedriger Blutdruckwerte auch noch blutdrucksenkende Medikamente bekam oder einem Patienten hochdosiert Insulin gegeben wurde, ohne eine Blutzuckerkontrolle durchzuführen, hatten – wie gesagt – auch andere Schwestern und Pfleger als die Verurteilten zu verantworten. Bei solchen Mißständen ist jedoch im nachhinein nur noch schwer zwischen ärztlichen Behandlungsfehlern in der Grauzone von »Kunstfehlern« und Eigenmächtigkeiten von Pflegekräften zu unterscheiden. Das Wesentlichste aber ist: Die Folgen unangemessener oder falscher therapeutischer Maßnahmen können im Einzelfall für den Patienten verheerend sein. Dabei ist gar nicht zu verkennen, daß unter so mancher dieser »Eigenmächtigkeiten« auch Fehlhandlungen zu subsumieren sind, die durch Überlastung der Pflegenden infolge Personalmangels entstanden sind. Sind die Schwestern oder Pfleger dafür verantwortlich, wenn sie zu zweit für bis zu 38 schwerstkranke, pflegebedürftige Patienten zu sorgen haben, die meisten davon über 75 Jahre alt, oder wenn eine Schwester für 36 Patienten in der Nachtschicht genügen muß? Das ist nur ein Beispiel aus der betroffenen Abteilung des Wiener Krankenhauses.
Daß eine angemessene Behandlung von Patienten, die Wahrnehmung ihrer vitalen Interessen und psychischen Bedürfnisse nicht nur von der Kunst der Ärzte, sondern auch und in ganz entscheidendem Maße von der Beziehung und Kommunikation zwischen Ärzten und Pflegepersonal abhängig ist, scheint eine triviale Feststellung zu sein. Doch die Realität auf manchen Stationen unserer Krankenhäuser verweist auf zum Teil erhebliche Beziehungs- und Kommunikations-

schwierigkeiten zwischen beiden Seiten, die doch so eng zusammenarbeiten sollen und aufeinander angewiesen sind. Oft stört oder verhindert die hierarchische Organisations- und Führungsstruktur eine optimale Kommunikation, bisweilen sind es persönliche Differenzen oder auch fachspezifische Auffassungsdifferenzen, die mit Schuld daran tragen. Das Pflegepersonal hat im vergangenen Jahrzehnt in starkem Maße das Bedürfnis entwickelt, über Sinn und Zweck der Therapiemaßnahmen von den Ärzten informiert zu werden und nicht einfach nur ärztliche Anordnungen auszuführen. Schwestern und Pfleger sind sich ihrer »Gefühlsarbeit«, die sie mangels ärztlicher Präsenz an und mit den Patienten zu leisten haben, immer mehr bewußt geworden. Zu ihrem Kommunikations- und Informationsbedürfnis gehört auch, mit den Ärzten über Auffassungsunterschiede der Behandlung, eigene Probleme im Umgang mit Patienten und vor allem auch über Sterben und Tod auf der eigenen Station oder Abteilung zu sprechen. Die Realisierungschancen dieser Anliegen waren in den Fällen der Verurteilten kaum größer als Null. Die Folge waren schwerste Frustrationen mit einer Mischung aus Enttäuschung, Ohnmacht und bisweilen auch Wut:

- Da waren Sterbende, deren Schmerzen von den Ärzten gelindert wurden, und andere, die unfaßbar gelitten hätten. Auf die Frage der Wiener Schwestern, weshalb die anderen nicht auch »was kriegen«, hätte man von den Ärzten immer nur gehört: »Das ist Chefsache.« Aber an den Chef sei man nicht »rangekommen«. Der Chef mag wohl medizinische Gründe gehabt haben, aber darüber gesprochen wurde nicht. Denn es galt »als Regelverstoß, wenn Schwestern mit den Ärzten über medizinische Anordnungen sprechen wollten«, so ein Turnusarzt (Assistenzarzt in der Ausbildung). Sterben und Tod, das war offensichtlich auf der Station des »Chefs« ein Tabu. Und ganz und gar ein Tabuthema war Sterbehilfe: »... das ist für mich kein Thema. Wo wir Tod abwenden können, werden wir alles tun!« Und da das Credo dieses Arztes lautete: »Unsere primäre Aufgabe ist es, das Leben zu verlängern!«, bedeutete dies: Wiederbelebungsversuche, Intensivbehandlung auch dort, wo die Schwestern Fragen nach dem »Warum noch« gehabt hätten, oder, wie es eine der Schwestern einmal formulierte: »Wieso kriegt der noch Antibiotika und muß weiter leiden?« Solche Fragen hat keiner der Ärzte beantwortet. Mit den Leiden allein konfrontiert blieben die Schwestern. »Die Patienten haben geschrien, den Ärzten war es egal, die haben kein Ohrwaschel gerührt. Ständig wurde man im Stich gelassen.«[22]

Was hier beispielhaft skizziert wurde, ist keine Wiener Spezialität. Die Sprach- und Kommunikationsarmut der Ärzte, wenn es um Sterben und Tod ging, um Fragen, wie Leiden und Todesängste der Patienten zu lindern seien, oder darum, wie die Pflegenden mit dem Elend der Patienten zurechtkommen, war ubiquitär auf allen diesen Stationen (und, wie den Dunkelfeldstudien zu entnehmen ist, auch in australischen und amerikanischen Kliniken). Nein, »es hat sich keiner gekümmert, wie wir es machen und wie wir fertig werden ..., es hat nur immer alles geschehen müssen ..., keiner fragte, wie wir's schaffen«, sagte Rotraud Prager im Wiener Prozeß einmal. Die Frage der seelischen Bewältigung solcher Belastungen ist freilich immer auch eine individuelle. Doch das ändert nichts daran, daß die Pflegenden in aller Regel damit allein gelassen werden.
Ich habe in zwei dieser Schwurgerichtsverfahren viele Pflegekräfte als Zeugen in der Hauptverhandlung befragt. Auf die Frage, die ich oft gestellt habe, wie die Pflegenden mit dem Sterben, dem Tod von Patienten umgegangen seien, sagte mir eine erfahrene Intensivschwester einmal: »Bei Patienten, die ich mochte, habe ich mir gesagt, ach, die oder der ist ja nur verlegt worden. Das war eine Art von Verdrängung, um es nicht verarbeiten zu müssen.« Verdrängt habe sie es »aus dem Gefühl heraus, daß die Medizin manchmal doch so ohnmächtig war. Vom Verstand her mußte man das natürlich hinnehmen.«
Steckt in dieser Erkenntnis einer Intensivschwester über eine angesichts der Unabänderlichkeit des Todes ohnmächtige Medizin nicht auch die eigene Hilflosigkeit – die Hilflosigkeit auf einer Station, de-

ren oberste Maxime immer noch der »Kampf gegen den Tod« ist? Was hier als Ausdruck der eigenen Hilflosigkeit gegenüber dem Tod erscheint, hat Thomas Meisl, Oberarzt einer Wiener Dialysestation, in einem anderen Problem gesehen, mit dem die Pflegenden konfrontiert waren und sind: »Was im Prozeß als ›Schreien‹ abgehandelt wurde, war nicht nur der Ausdruck der Qual des Leidenden, sondern auch der nervtötende, zersetzende und lähmende Beweis für die Ohnmacht, Hilflosigkeit und Unfähigkeit der Pflegenden.«[23] Was sich hier an Gefühlen des Ausgeliefertseins, das Im-Stich-Gelassenseins, der Enttäuschung und der Ohnmacht bei den Pflegenden als Bodensatz niederschlägt, erscheint mir ungleich gravierender, verheerender als manch äußerer Mangel, der als besonders angeprangerter Mißstand der Öffentlichkeit preisgegeben wurde, wie etwa eine unzureichende Körperpflege oder eine harmlosere Form der Eigenmächtigkeit, zum Beispiel eine andere als die verordnete Salbe für Dekubitus (Druckgeschwüre, Wundliegen) zu verabreichen.

Mit der Auslösung und dem Niederschlag negativer Gefühle bei Pflegekräften haben auch die beiden letzten hier zu erwähnenden Mängel oder Mißstände zu tun. Es handelt sich um Verlegungs- und Abschiebepraktiken von Patienten anderer Stationen auf die betroffene Station. Sie haben bei den Mitgliedern der Pflegeteams betroffener Stationen nicht nur Unmut, Unzufriedenheit, Hilflosigkeit und bisweilen auch Wut ausgelöst, sondern auch zu einem negativen Selbstbild der Stationen beigetragen. Sie fühlten sich als Stationen für »aussichtslose Fälle«, als »Endstationen für hoffnungslose Patienten«, ja als »Abfalleimer« oder »Mülleimer« für »austherapierte Patienten« anderer Stationen, die man rasch zum Sterben »zu uns abgeschoben« hat, weshalb auch zum Teil von »Abschiebestation« die Rede war. Der erschreckende »Unwert«, der in solchen Selbstbezeichnungen zum Ausdruck kommt, sollte jedoch nicht zu der Annahme verleiten, dies kennzeichne auch zugleich eine negative Einstellung oder Haltung gegenüber den Patienten, gegenüber den abgeschobenen allemal. Daß fast alle Stationen, ob in Kerkrade, Wien, Wuppertal, Gütersloh oder in Altenpflegeheimen wie etwa

Trondheim, als »Sterbestationen« oder als »Wartesaal auf den Tod« bezeichnet wurden, sollte nicht zu dem falschen Schluß führen, daß solche Bezeichnungen durch die Todesserien entstanden seien. Ein angesehenes österreichisches Magazin hat zumindest für die Station des Krankenhauses Wien-Lainz schon früh darauf aufmerksam gemacht, daß man diesen Fehlschluß nicht ziehen dürfe.[24]

Die äußeren Fakten, die – unter der Rubrik »Mißstände« – auch von den meisten Gerichten oder auch Staatsanwaltschaften registriert wurden, sind organisatorische Mängel, allenthalben Führungs- und Leitungsprobleme mit allerdings erheblichen Folgen für das Pflegepersonal:

- Da wurden unmittelbar vor einem Wochenende, meist freitags, oder an Feiertagen unverhältnismäßig häufig Patienten von anderen Stationen verlegt. In vielen Fällen bestand dafür – nach Auffassung der Pflegenden oder auch der Ärzte – keine medizinische Notwendigkeit. Nach dem Eindruck der Pflegekräfte wurden diese Patienten von anderen Stationen einfach abgeschoben, um sich selbst Arbeit zu ersparen. Nachzuweisen war das meist nicht. »Morbus Freitag« nannte man diese »Abschiebungen«. Für das am Wochenende reduzierte Pflegeteam bedeutet dies eine größere Arbeitsbelastung.

- Einen anderen Hintergrund hatten Abschiebungen von Patienten anderer Stationen oder aus anderen Kliniken, für die man dort endgültig keine Behandlungsmöglichkeiten mehr sah: Moribunde, die »austherapiert« waren. Aus empirischen Forschungsstudien kennt man dieses »Abschiebungsphänomen« auf Intensivstationen, wodurch gegebenenfalls ein Zwang zur Intensivbehandlung entstehen kann.[25] Dabei geht es auch meist um ältere Patienten, deren Anzahl in den Jahren vor Entdeckung der Patiententötungen stark angestiegen war:
  So war auf einer betroffenen Inneren Abteilung einer deutschen Klinik die Anzahl der von einer gerontopsychiatrischen Abteilung verlegten älteren Patienten 1990 – im Tatjahr – dreimal so

hoch wie 1988. Die betroffene Innere Abteilung in Wien-Lainz war nicht nur die größte Station mit den meisten Notbetten der Ersten Medizinischen Abteilung. Sie wies auch die meisten Neuzugänge auf, nahm fast alle Akutfälle auf und – verzeichnete die höchste Sterbequote der Klinik. Weshalb, ließ sich leicht an der Tatsache ablesen, daß auf dieser Abteilung größtenteils sehr alte, chronisch kranke und moribunde Patienten lagen. Rund die Hälfte war 1988 – noch im Tatjahr – über 75 Jahre alt, und die Betten waren zeitweise zu über 100 Prozent ausgelastet. Und dies bei einem Fehlbestand von 65 Prozent diplomierter Schwestern gegenüber einer hinsichtlich der Bettenzahl vergleichbaren Klinik. Eine Schwester, die ich in einem der Prozesse als Zeugin nach den Gründen solcher Verlegungen fragte, brachte unumwunden zum Ausdruck, daß manche dieser Verlegungen von anderen Stationen zur Bereinigung von Sterbestatistiken der betreffenden Stationen diene: »Auf der gerontopsychiatrischen Abteilung stirbt man nicht!« so ihre lapidare Antwort.

Diese Beispiele mögen genügen. Die Probleme, die durch solche Verlegungen oder Abschiebungen entstanden, waren vielfältig: So fehlten bei Verlegungen von psychiatrischen Stationen häufig die Krankenunterlagen des Patienten. So wußte niemand auf der betroffenen Station, was der Patient pflegerisch benötigte. Der Patient selbst wiederum konnte oft aufgrund seines psychisch beeinträchtigten, etwa seines desorientierten Zustandes keine Auskunft darüber geben. Oder es vertrugen sich die Medikamente, die der Patient bisher von einer anderen Station oder Klinik bekam, nicht mit der internistisch verordneten Medikation, so etwa, wenn Patienten aus der Gerontopsychiatrie bisher auf Neuroleptika oder andere antipsychotisch wirksame Medikamente eingestellt waren, die sie aber eigentlich weiterhin benötigten. Oder solche oft älteren Patienten waren trotz der antipsychotischen medikamentösen Behandlung unruhig oder aggressiv. Die Schwestern und Pfleger der internistischen Station wußten nicht, wie sie mit diesen Patienten umgehen sollten. Die Folgen: geistig verwirrte, desorientierte Patienten liefen ohne die

Sicherheitsmöglichkeiten einer psychiatrischen Abteilung und ohne fachkundige Pflegekräfte durchs Klinikgelände, mußten wieder und wieder zurückgeholt werden. Frustrationen, Ärger, Wut bei den Pflegekräften der betroffenen Station waren die Folge. Denn es konnte oft lange dauern, bis die zuständigen Fachärzte der Psychiatrie erreichbar oder verfügbar waren. So entstand auch auf Inneren Stationen jenes »Hängenlassen« der Pflegekräfte und »Hinterhertelefonieren« nach den Ärzten, das der Medizinsoziologe Jürgen Wilhelm und die Ärztin Elke Balzer in ihrer Forschungsstudie über ähnliche Verhältnisse auf der Intensivstation beschrieben haben.[26]

Obgleich ich die bisher angeführten Probleme im Hinblick darauf, was auf diesen Stationen passiert ist, für bedeutsamer halte, so gibt es doch auch eine Mängelliste im engeren medizinischen Sinne. Einige Auszüge davon mögen wenigstens einen gewissen Eindruck vermitteln:
Im intensivmedizinischen Bereich waren es eine ganze Reihe von diagnostischen Kontroll- und therapeutischen Versorgungsmängeln, wie etwa unzureichende Beatmung von Patienten, mangelhafte Elektrolytkontrollen und fehlende oder mangelhafte Blutgasanalysen, unregelmäßige Druckmessungen und Bilanzierungen verschiedener Art, kontraindizierte Behandlungen mit blutdrucksenkenden Mitteln oder zu hoch dosierte Medikamentengabe ohne Kontrolle. Auf anderen Stationen waren es wiederum ärztliche Kunstfehler, etwa durch lebensbedrohliche Verabreichungen von unangemessenen Medikamenten und ähnliches mehr. Auf allen Stationen mangelte es an einer standardisierten, sinnvollen Pflegedokumentation, die für alle Arten therapeutischer Entscheidungsfindungen bedeutsam ist. Pflegerisch fanden sich Mängel im Bereich der körperlichen Pflege (bis zu gelegentlichen Mißhandlungen im Heim), Hochhängen oder Abschalten des Patientenrufes usw.
Zwei Expertenkommissionen, die die tödliche Katastrophe im Lainzer Krankenhaus untersuchten, stellten folgende Mängel zusammen, die auch für alle anderen davon betroffenen Stationen gelten:

- Massierung alter Patienten in Akutversorgungseinrichtungen;
- ungenügende Möglichkeiten der Pflegekräfte, sich aussprechen zu können oder angstfrei angehört zu werden;
- ungenügendes Angebot von Hilfen zur Sterbebegleitung für Schwestern und Pfleger;
- zu geringe Motivation des ärztlichen und pflegenden Personals wegen physischer und psychischer Überforderung.[27]

Manche Ankläger haben in diesen Mängeln und Mißständen Umstände gesehen, die die Taten der Schwestern oder Pfleger begünstigt hätten. Manche Gerichte dachten ebenso. Zunächst einmal handelt es sich zweifellos um Teile von Rahmenbedingungen, unter denen sich die tödlichen Ereignisse abgespielt haben. Nicht mehr, aber auch nicht weniger. Daß sie zugleich auch gewisse Rückschlüsse auf die Leitung, die Führung oder die Aufsicht durch diejenigen zulassen könnten, die nicht auf der Anklagebank saßen, ist ein anderes Problem.

Warnzeichen, Verleugnungsrituale, Aufdeckungsbarrieren

Das erste Kapitel erzählte die Geschichte einer Folge von Patiententötungen auf der Intensivstation eines deutschen Krankenhauses durch Schwester Maria Morell. Es ist eine Kriminalgeschichte, die sich auf äußere Ereignisse und Handlungen beschränkte und bewußt darauf verzichtete, etwas über die inneren Vorgänge dieser Schwester zu schildern (was erst in Kapitel 8 geschehen wird). Es sei daran erinnert, daß am Ende dieser Nacherzählung, die mit der Verhaftung der Schwester und einer skizzenhaften Bilanz des Zustandes der Krankenstation abschloß, die Frage gestellt wurde, ob der Fall Maria Morell exemplarisch für solche mehrfachen Patiententötungen ist. Die tödlichen Handlungen dieser Schwester waren ja nicht völlig unbemerkt abgelaufen. Es ist daran zu erinnern, daß ihr zwei Kollegen eher zufällig auf die »Spur« kamen und gegen alle Anfechtungen nicht mehr locker ließen bis zur Aufdeckung. Wie war es denn in den anderen Fällen? Es waren ja meist längere Tatzeiträume, oft Jahre. Lief denn alles so unbemerkt ab, wie es nach außen hin der Fall zu sein schien? Und wie lief es ab, gibt es so etwas wie eine regelhafte Dynamik, die allen oder fast allen Verläufen dieser tödlichen Ereignisse gemeinsam ist? Mit der Beschreibung der Warnzeichen und Verleugnungsrituale sowie der Aufdeckungsbarrieren versuche ich Antworten auf diese Fragen zu geben.

10. Merkmal: Um es gleich zu sagen: Patiententötungen dieser Art spielen sich keineswegs so unauffällig und vom Umfeld unbemerkt ab, wie es die meist langen Tatzeiträume nahelegen könnten. Und um auch die zweite Frage gleich zu beantworten: Es gibt einen schon bemerkenswert gleichartigen, fast regelhaften Verlauf der Geschehnisse, die sich ja unter den Augen von Kollegen, Kolleginnen und Ärzten abspielen. Die Merkwürdigkeiten, Auffälligkeiten und »Signale«, die sich in den Verläufen der Geschehnisse abzeichnen, sind – das ist nachdrücklich zu betonen – Merkmale, die sich erst retrospektiv und in vergleichender Sicht herauskristallisieren ließen. Deshalb sind sie zum Teil auch erst aus heutiger Sicht als *Warn- oder Frühwarnsignale* zu interpretieren. Die dynamische Entwicklung der tödlichen Ereignisse, die Reaktionen des Kollegenumfelds auf hohe Sterbefrequenzen in den Dienstzeiten der Täter(innen), die sich einspielenden, ironisierenden *Verleugnungsrituale* im Täterumfeld, bevor es zur Verdichtung von Verdachtsmomenten kommt, sind oft beklemmend und voller Dramatik, weil die Aufdeckung bisweilen schon ganz nahe lag. Doch immer wieder war es in allen Fällen das »Kopfschütteln« der Verantwortlichen, die Zurückweisung jeglichen Verdachts durch leitende Ärzte, Krankenhausverwaltungen oder Heimträger, die eine frühzeitige Aufdeckung der tödlichen Serien verhinderten (siehe dazu das 11. Merkmal: Aufdeckungsbarrieren; S. 168 ff.).

Betrachtet man die zentralen Auffälligkeiten der Ereignisse, so zeichnet sich ein roter Faden ab, der von den merkwürdigen Verleugnungsritualen bis zum immer konkreter werdenden Verdacht führt, der in den Chefetagen zunächst keinen Glauben findet oder höchst zwiespältig aufgenommen wird:

1. Irgendwann, oft Jahre vor Aufdeckung der Katastrophe, entsteht im Kollegenumfeld der Eindruck ungewöhnlich vieler Sterbefälle in den Dienstzeiten der betreffenden Schwester oder des Pflegers. Man »munkelt« und »witzelt«, aber ernst nimmt es niemand. Zu absurd, zu ungeheuerlich erscheinen solche Gedanken. Dennoch, Anzeichen innerer Beschäftigung bleiben. Sie werden auch immer wieder genährt durch »neue« Sterbefälle in den Schichten des Betreffenden. Doch niemand versucht, sich anhand des Sterbebuches Klarheit über genauere Zahlen in den Dienstzeiten des Kollegen oder der Kollegin zu verschaffen. Rückblickend erscheint es so, als sei man einer solchen Überprüfung ausgewichen, habe es ernsthaft gar nicht erst wissen wollen.

- Auf der Inneren Station des Krankenhauses Wien-Lainz starben 1987 in der Dienstzeit von Rotraud Prager 73 Patienten, wie erst bei den Ermittlungen (1989) festgestellt wurde. Das waren vier- bis siebenmal so viele Sterbefälle wie in den Dienstzeiten zweier vergleichbarer Schwestern derselben Station. 1988 stieg die Mortalität in der Dienstzeit von Schwester Prager auf 123 Patienten. Das waren sogar fünf- bis achtmal so viele Sterbefälle wie bei den beiden anderen Schwestern der Station. Tatsächlich aufgefallen war die hohe Sterbequote bei dieser Schwester jedoch schon vor 1988, spätestens aber seit Ostern 1988. Doch bereits vor diesem letzten Zeitpunkt gab es die ersten Gerüchte im Kolleginnenumfeld. Eine ihrer Kolleginnen machte sogar einen befreundeten Arzt der Klinik auf den erhöhten Verbrauch bestimmter Schlaf- und Beruhigungsmedikamente aufmerksam.
- Auf der Inneren Abteilung eines deutschen Krankenhauses ereigneten sich 1990 dreiviertel aller Todesfälle in den Dienstzeiten

des Krankenpflegers Helmut Frey. Seinen Kolleginnen auf der Station war das zwar aufgefallen, aber erst die Schwestern der angrenzenden Intensivstation hielten diese Häufung nicht mehr ganz für den puren Zufall. Das war im September 1990. Die Sterbehäufigkeit beim Kollegen Frey hat jedoch niemand zum Eingreifen veranlaßt. Ab September 1990 bis zur Aufdeckung der Tötungsserie brachte der Pfleger noch fünf Patienten zu Tode.

- Auf der Intensivstation von Schwester Maria Morell starben im Tatjahr 1985 bis zur Entdeckung im Februar 1986 fast dreiviertel aller Patienten während der Dienstzeiten dieser Schwester. Auch hier war die Häufung der Sterbefälle im Kollegenumfeld schon früh aufgefallen. Doch es blieb beim »Eindruck«. Nach den ersten, nachdenklich stimmenden Beobachtungen des jüngeren Kollegen im September 1985 starben bis zur Aufdeckung im Februar 1986 noch sechs weitere Patienten durch die tödlichen Injektionen von Maria Morell.

2. Allmählich fingen sie dann alle an, den »Pechvogel« oder die »Pechmarie« zu bemitleiden. Und sie gaben ihnen eine Art Spitznamen: »Todesengel« in Deutschland, »kiss of death« in den USA, »Hexe« in Österreich usw. Später in den Prozessen versicherten sie alle, solche Namen nur »scherzhaft« oder »humorvoll« gemeint zu haben, nie ernsthaft oder gar im Sinne eines Verdachts. Freilich, einige wußten bereits mehr oder glaubten, mehr zu wissen. Ob in Cincinnati, Wuppertal, Wien oder andernorts, auf solchen Stationen entwickelte sich ein bemerkenswert gleichartiges Beschwichtigungsritual im Umgang mit dem betreffenden Kollegen oder der Kollegin. Es vollzog sich in Form eines sich wiederholenden kurzen Dialogs meist beim Schichtwechsel bzw. bei der sogenannten Übergabe. Dieser Dialog hatte ganz offensichtlich die Funktion, den im Spitznamen impliziten Verdacht auf humorvolle oder ironische Weise zu entkräften. Die Art und Weise, wie die so Angesprochenen darauf reagierten, glitt bisweilen ins Zynische oder Makabre ab, wenn man den Hintergrund bedenkt. Für das Kollegenumfeld lag darin aber gerade eine Bestätigung dafür, daß selbst die Spur eines Verdachts völlig unbegründet wäre:

- Der amerikanische Intensivpfleger, mit seinem »nickname« »Todeskuß« angesprochen, erwiderte seinen Kollegen: »Ja, heute schnapp ich mir den nächsten!« Und alle lachten.
- Schwester Maria Morell, von ihren Kolleginnen als »Todesengel« angesprochen und auf das bevorstehende, mögliche Ableben einer Patientin bei Schichtwechsel hingewiesen, sagte: »Das Häppchen schaff ich bis zum Fußballspiel!« (das bald darauf am Abend gesendet wurde).
- Schwester Prager, in Wien mit »Hexe« angesprochen, scherzte ganz religiös mit dem lieben Gott. Wenn jemand sie bei einem Schichtwechsel auf einen todgeweihten Patienten ansprach und sagte: »Traudl, den haben wir für dich aufgehoben«, erwiderte sie: »Ja, ja, ich hab beim Pepi schon ein Zimmer b'stellt!« Und alle haben sie dann gelacht, denn der »Pepi«, das war der »Herrgott« von Lainz. Mit ihrem Spitznamen »Hexe« hat Schwester Traudl auch so ihre Scherze getrieben, wenn sie immer wieder mal sagte: »Ja, ich muß mich halt mal auspendeln lassen. Ich brauch ja nur daneben zu stehn und einen anschaun, schon stirbt er. Ich fürcht mich allmählich ja schon, in Dienst zu gehn.«
- Was in Cincinnati, Wuppertal, Trondheim und Wien im Ritual ironisch verkleideter Verleugnungsrituale zur Erheiterung aller Kollegen und Kolleginnen beitrug, das war auf der Gütersloher Abteilung schon mal ein Stück direkter. Von einer Kollegin direkt darauf angesprochen, daß es bei ihm ja schon wieder Sterbefälle gegeben habe, antwortete der Pfleger Helmut Frey: »Das sind die besten Abgänge, die kommen nie wieder.« Auf dem Hintergrund der Tötungen von Patienten ist das makaber oder zynisch. Die Kollegin aber dachte: Wer so direkt und locker antwortet, hat ein reines Gewissen. Und der Ton? Den ist man längst gewöhnt. Er ist nur »roh« oder »zynisch« für Außenstehende (siehe Kapitel 8).

Solche Rituale, oft wiederholt, haben auch und gerade deshalb einen jeden Verdacht entkräftenden Charakter, weil die »Todesengel« nie empört, nicht sichtlich verletzt reagierten oder sich zu rechtfertigen, zu verteidigen suchten. Wer so gelassen reagiert, wird zu Unrecht verdächtigt. So konnte man im Kollegenkreis makaber anmutende Witzeleien auch ruhig kolportieren, wie etwa in Wien: »Der kann net sterben, weil die Traudl net da ist!« Oder: »Den einen Dienst bei ihr hat er noch überstanden, jetzt stirbt er im nächsten!« Im gemeinsamen Ritual der Realitätsverleugnung konnten Täter(in) und Kollegen – trotz der vielen Sterbefälle – weiterhin beruhigt zusammenarbeiten.

3. Doch es gab auch jene, die mehr als nur einen vagen Verdacht hatten (wie Kapitel 1 deutlich machte). Sie sahen oder beobachteten zufällig, später dann heimlich und systematisch Dinge und Ereignisse, die einen Verdacht auch konkreter zu begründen schienen. Anfangs, da beschlich so manchen dieser Kollegen und Kolleginnen ein »unheimliches Gefühl«. Andere, wie der Pfleger Uli Müller von der Intensivstation Wuppertal, trauten ihren eigenen Wahrnehmungen nicht. Alle, die etwas Auffälliges beobachteten, hatten jedoch Angst, ihre Beobachtungen anderen zu erzählen oder gar vorgesetzten Stellen zu melden. Sie fürchteten, daß man ihnen nicht glauben würde und sie ganz dumm dastehen könnten. Es war die Zeit der Gerüchte. Sie erreichten *auch* die Ärzte. Die aber winkten ab. Sie ordneten sie der »üblichen Gerüchteküche« eines Stationsbetriebes zu.

- Eine junge angehende Schwester auf der Inneren im Lainzer Krankenhaus war es, die sich »schon über manche Todesfälle gewundert hatte«. Sie kannte die Gerüchte, die um Schwester Traudl kursierten. Als die ihr einmal statt einer Kochsalzlösung zum Durchspülen eines Venenkatheters eine andere, eine Injektionsampulle mit gelblicher Flüssigkeit hinhielt, da hat sie sich geweigert, die aufzuziehen. Sie hat lange überlegt, ob sie den Ärzten etwas sagen soll, aber sie hat sich »nicht getraut«. Sie hat sich auch dann nicht getraut, jemandem etwas zu sagen, als sie merkte, daß »eben erst angebrochene Packungen mit Schlaf- und Beruhigungsmedikamenten ungewöhnlich schnell verbraucht waren«. Sie hatte nicht den »Mut dazu, ich war doch die letzte auf der Station, das war zu gefährlich«. Das war rund ein Jahr vor Aufdeckung der Tötungsserie.[28]

Eine junge Assistenzärztin im Lainzer Krankenhaus erinnerte sich an die Gerüchte und an die Redensarten. Aber »solchen Bemerkungen wurde keine Bedeutung beigemessen«. Im »zynischen Spitalalltag« hatte man sich an »makabere Witze« längst gewöhnt. Eine zunächst ungläubige Oberärztin dieser Station überprüfte aber dann schließlich doch einmal die Sterbefälle in den Dienstzeiten der Hauptverdächtigen. Sie mußte feststellen, daß die Mortalität bei dieser Schwester um ein Vielfaches höher lag als bei anderen. Entschiedene Konsequenzen zog sie daraus nicht – ein Vierteljahr vor dem Ende einer rund sechsjährigen Tötungsserie.

- Wie die beiden Pfleger auf der Wuppertaler Intensivstation von Maria Morell, so suchten auch auf der Inneren in Gütersloh zwei Schwestern in geradezu detektivischer Kleinstarbeit nach Spuren – heimlich und ohne irgend jemanden sonst zu informieren. Das war ein Vierteljahr vor dem Ende der Luftinjektionen des Pflegers Helmut Frey. Als im Sommer 1990 während der Dienstzeiten von Frey innerhalb weniger Wochen drei Patienten mit lebensbedrohlichen Ateminsuffizienzen auf die Intensivstation verbracht werden mußten, wurden die Schwestern dieser angrenzenden Station aufmerksam. Sie suchten und fanden die leere Ampulle eines hochpotenten Psychopharmakons. Bei der Suche im Abfallcontainer der Inneren Station stießen sie noch auf drei weitere leere Ampullen. Dabei galt als sicher, daß dieses Medikament auf der Station zur Zeit nicht verordnet worden war. Die Schwestern nahmen dem gerade verlegten dritten Patienten mit einer Atemstörung sofort Blut ab. jetzt informierten sie die Ärzte und sandten die Blutprobe an zwei verschiedene chemisch-toxikologische Institute. Aber nur eines der beauftragten Institute fand im Blut Spuren, Abbauprodukte des in Verdacht geratenen

Neuroleptikums. Während der Wochen bis zu diesem Befund im Oktober 1990 befragte die Klinikleitung Ärzte und Schwestern der Station. In dieser Zeit – so die leitende Stationsschwester später im Verfahren – ging unter den Schwestern und Pflegern die Angst um. Sie fühlten sich gegenüber ihrem nun massiver in Verdacht geratenen Kollegen Frey »blockiert«. Sie hatten das Gefühl, er könnte es gewesen sein. Einerseits fingen sie an, alles um ihn herum zu »kontrollieren«, andererseits gingen sie ihm aus dem Weg. Auch unter den Ärzten der Station herrschte »Unsicherheit und Ratlosigkeit«. Man wußte nicht, wie man sich dem Pfleger gegenüber verhalten sollte. Der »Kern« der Verdacht schöpfenden Schwestern war inzwischen so ängstlich und verunsichert, daß sie um anwaltlichen Rat nachsuchten. Bei der Anhörung durch die Klinikleitung vermieden sie es dann, den Verdacht gegen ihren Kollegen auszusprechen. Und alles verlief zunächst einmal – aus noch anderen Gründen – im Sande.

Wie auf allen diesen Stationen die Aufdeckungsbemühungen – meist von Kolleginnen und Kollegen der Täter(innen) – verhindert wurden, davon ist im nächsten Abschnitt zu berichten.

11. Merkmal: *Aufdeckungsbarrieren* nannte ich dieses Merkmal in meiner ersten Arbeit zum Thema.[29] Obgleich es in den dynamischen Verlauf der ganzen Geschehnisse gehört, ist es doch so markant, daß es gesondert beschrieben und hervorgehoben werden soll. Aufdeckungsbarrieren sind nichts anderes als schier unüberwindliche Hindernisse, die sich denjenigen entgegenstellen, die Verdacht geschöpft haben und das tödliche Treiben von Kollegen oder Kolleginnen aufzudecken suchen. Die Hindernisse bestehen ganz einfach aus leitenden und verantwortlichen Personen – Ärzten, Angehörigen der Klinikverwaltung, bei Heimen auch leitenden Gremien des Heimträgers –, die dem Verdacht entweder keinen Glauben schenken oder (überwiegend) ihn in schroffer, teils beleidigender Form zurückweisen. Die Überbringer der »Hiobsbotschaften« wurden dadurch von Klinik- oder Heim-Oberen tief enttäuscht oder – wie im

Fall von Maria Morell (siehe Kapitel 1) – auch persönlich schwer gekränkt. Sie mußten hinnehmen, daß sie als unglaubwürdig abgefertigt, ihr Verdacht als absurd, denunziatorisch, verrückt oder einfach als unbegründet bezeichnet wurde. Bemerkenswert ist, daß auch zum Teil gesammeltes Spurenmaterial – leere Ampullen, Blutproben Verstorbener, ungewöhnliche Formate von Injektionsspritzen – keine Überzeugungsarbeit zu leisten vermochte. Die Gründe für die »Abwiegelung« waren wohl vielschichtig:

- Gerade die Beschuldigten galten als besonders tüchtig, einsatz- und aufopferungsbereit, genossen das Vertrauen der Ärzte, hatten sich als Pflegekräfte bewährt und waren zum Teil sogar hochqualifiziert, hatten Leitungsfunktionen inne.
- Das Verbrechen erschien den Verantwortlichen unvorstellbar, war eine Schreckensvorstellung, die jede Phantasie überstieg.
- Es war vor allem aber auch die Angst vor einem Skandal in der Öffentlichkeit, vor dem Schaden, den er der Klinik, dem Heim zufügen würde.
- Und es war schließlich auch die Angst vor dem Ruin der eigenen beruflichen Karriere, auch vor möglichen strafrechtlichen Konsequenzen.

In den meisten Fällen dürften wohl alle diese Faktoren zusammengewirkt und eine noch einigermaßen frühzeitige Aufdeckung verhindert haben. Nicht gerade wenige Patienten waren deshalb noch getötet worden – in einem Fall sogar neun. Daß eine ganz frühzeitige Aufdeckung solche Taten nicht gänzlich verhindern kann, belegt der erste Fall, der 1975 schon innerhalb der ersten Tage nach der Tat entdeckt wurde, was nicht verhindern konnte, daß sechs Patienten zu Tode kamen (Chronik Nr. 2, siehe S. 99 ff.).
Einige Beispiele veranschaulichen, wie diese Aufdeckungsbarrieren in Einzelfällen ausgesehen haben:

- Weshalb verlief der Verdacht gegen den Pfleger Helmut Frey bei der Klinikleitung im Sande? Er war ja – wie gerade dargestellt –

von Schwestern der angrenzenden Intensivstation verdächtigt worden, durch Verabreichung eines ärztlich nicht verordneten Beruhigungsmittels einen oder sogar drei Patienten in lebensbedrohliche Zustände von Ateminsuffizienz gebracht zu haben. Gut drei Wochen nach Einleitung der Untersuchung und Anhörung von Schwestern, Pflegern und Ärzten dieser Abteilung und der Intensivstation wurde von der Klinikleitung das Ende und die Ergebnislosigkeit der klinikinternen Ermittlungen auf einer Versammlung verkündet: Die Herkunft der leeren Ampullen (des Medikaments, das tatsächlich auf der Station nicht im Gebrauch war) könne ebensowenig erklärt werden, wie die Ursache der Ateminsuffizienz des Patienten Kalman. Die Laboruntersuchungen (des Blutes) hätten jedenfalls keinerlei Hinweise auf eine entsprechende Arzneimittelintoxikation ergeben. Es gäbe auch und gerade deshalb keinen Verdacht einer möglichen Täterschaft gegen den Pfleger Helmut Frey. Der wußte sich »artig« zu bedanken für die »faire Untersuchung«. Das war im Oktober, wenige Tage nachdem Frey gerade zwei weitere Patienten zu Tode gebracht hatte (wie sich freilich erst im Verfahren herausstellte). Zwischen den toxikologischen Laboruntersuchungen in Sachen Ateminsuffizienz des Patienten Kalman Ende September 1990 und der Aufdeckung der Tötungsserie im Dezember 1990 waren es noch insgesamt vier Patienten, die durch die Luftinjektionen des Pflegers starben. Nach Verkündigung des sogenannten »Null-Ergebnisses« im Verdachtsfall Frey fühlten sich die Pflegekräfte auf beiden Stationen – der Inneren wie der Intensivstation – von der Klinikleitung, dem ärztlichen Direktor also, aber auch von der Pflegedienstleitung »allein gelassen«. Die Leitende Stationsschwester erklärte später im Verfahren: »Es war furchtbar, die Untersuchung war abgeschlossen und nichts passierte.« In einer solchen Situation brauche man Hilfe, »die es aber nicht gab«. Eine Schwester der Station sagte in der Hauptverhandlung als Zeugin: »Wir waren empört, daß uns nicht geglaubt wurde. Wir sind dem Kollegen aus dem Weg gegangen.« Die Kluft zwischen dem Pflegeteam und dem Pfleger Frey war größer als je zuvor.

Daß die interne Kommission des Trägers dieser Klinik später feststellte, daß es doch einen »positiven« Laborbefund gegeben hatte, und daß die Einstellung der Ermittlungen durch die Klinikleitung nachträglich als »auch aus damaliger Sicht sachlich und fachlich« für »nicht gerechtfertigt« beurteilt wurde, ist eine Sache (wobei offen bleiben mag, welche Sichtweise richtig, welche falsch gewesen ist). Sehr viel wesentlicher erscheint mir, daß der ärztliche Direktor schon bald nach der Verhaftung seines Pflegers erkannt hat, »daß auch wir ein wenig von dem Mechanismus erfaßt wurden, das buchstäblich Unglaubliche zu verleugnen und zu verdrängen«. Daß die widersprüchlichen Laborbefunde und die Zurückhaltung der Schwestern bei der Anhörung durch die Klinikleitung »auf der rationalen Ebene« leicht dazu »verführen« konnten, erscheint nachvollziehbar.

- Als Ende 1986 die Kollegen des amerikanischen Intensivpflegers Donald Harvey über die auffallend hohe Sterberate in dessen Dienstzeiten beunruhigt waren und dies den vorgesetzten Ärzten meldeten, wurde ihr Verdacht bagatellisierend abgewiesen. Im ersten Verfahren vor einem Geschworenengericht in Cincinnati kommentierte der Justitiar der Vierhundert-Betten-Klinik die Verdachtsmeldung mit der kurzen Bemerkung, daß der Klinikleitung »die Todesrate in Mr. Harveys Dienstzeiten keineswegs ungewöhnlich hoch erschienen« sei.[30]

- Erinnert sei an die junge österreichische Schwesternschülerin, die sich nicht traute, ihre Beobachtungen jemandem mitzuteilen. Eines Tages tat sie es dann doch. Sie erzählte es ihrem Freund, einem Arzt, der früher auf dieser Station tätig war. »Spinnereien« seien das, erwiderte er, das sei »doch Mord, unvorstellbar« sei das. Doch die Schwester blieb dabei, diskutierte mit ihrem Freund. Schließlich fand er sich bereit, die Beobachtungen einer Oberärztin der Station mitzuteilen. Einen »Bären« habe man ihm da aufgebunden, erklärte die Oberärztin. Nur »lächerlich« mache er sich da. Verunsichert nahm der junge Arzt seiner Kollegin das

Versprechen ab, wenn sie es doch noch weitergäbe, möge sie doch bitte seinen Namen verschweigen. Die Oberärztin, ihrerseits nun doch nachdenklich gestimmt, informierte genau ein Jahr vor Verhaftung der vier Schwestern des Krankenhauses Wien-Lainz den Chefarzt der Abteilung. Der wiederum hielt zunächst alles für Gerüchte. Er soll erklärt haben, da müsse man »besonders vorsichtig sein, ehe man Schuldlose in etwas hineinzieht«.[31] Aber schließlich versammelte er doch den engeren Kreis seiner Oberärzte und informierte sie über das »ungeheure Gerücht«, das »von außen« an ihn herangetragen worden sei. Ein Oberarzt erinnerte sich später: »Wir waren alle sehr bestürzt, ich konnte mir das nicht vorstellen.« Gegenüber den Schwestern sollte strengstes Stillschweigen bewahrt werden. In Verdachtsfällen sollten Harnproben und Blutuntersuchungen auf die indizierten Beruhigungs- und Schlafmittel durchgeführt werden. Die Blut- und Harnkontrollen in Zweifelsfällen liefen auch weiter, nachdem ein falscher Verdachtsfall die Abteilung erst einmal hochgeschreckt und zur Einschaltung der Polizei geführt hatte. Doch die toxikologischen Kontrolluntersuchungen von Serum und Harn verliefen stets negativ.

Das Bemerkenswerte an diesen ganzen Maßnahmen des Chefarztes war – und deshalb erzähle ich die Geschichte –, daß sie so »geheim« gehalten wurden und deshalb auch wirklich allen auffallen mußten. Informiert über die Vorgänge und deren Hintergründe waren offenbar nicht einmal alle Ärzte, ja selbst die Leitende Oberschwester blieb uneingeweiht. So bestand für sie auch gar kein Anlaß, dem »Lauf der Dinge« im Stationsbetrieb ein besonderes Augenmerk zu schenken, auch nicht dem möglicherweise erhöhten Verbrauch der indizierten Medikamente, von dem sie im übrigen noch nicht einmal etwas gewußt haben soll. Die Ärzte waren angewiesen, die Blutröhrchen nicht mehr beschriftet wie bisher den Schwestern zu geben, sondern aus Geheimhaltungsgründen selbst mitzunehmen. Die toxikologischen Befunde des Labors mußten von den Ärzten persönlich per Rohrpost in Empfang genommen werden. Doch, wie so oft bei »strengster

Geheimhaltung«, kam auch hier einmal ein Brief nicht per Rohrpost. Irrtümlich gelangte ein Befund aus der Rechtsmedizin offen auf die Station und – wurde auch prompt von einer Schwester gelesen: »Da hab' ich gesehen, daß nach … gesucht wurde!« Und da haben es auch bald alle gewußt, auch die, die es betraf. Aber die vier Schwestern hatten die »kleinen, geheimen« Veränderungen des ärztlichen Routinebetriebs ohnehin schon bemerkt. Zudem war die Legende der Ärzte, man überprüfe, ob manche Patienten »heimlich Alkohol« tränken, doch ein wenig zu durchsichtig. Immerhin wurden in dieser Zeit 80 Fälle auf mögliche Vergiftungen durch die vermuteten Medikamente untersucht.[32] Aber von der ersten Konferenz mit den Oberärzten im April 1988 bis zum Entschluß des Chefarztes im März 1989, doch einmal den Arzneimittelverbrauch auf der Station überprüfen zu lassen, war fast ein Jahr vergangen. Zu spät – die todbringenden Schwestern hatten sich zu diesem Zeitpunkt bereits auf eine neue Tötungsmethode umgestellt: auf Insulin, das – wie ich bereits aufgezeigt habe – ihnen im April zum Verhängnis wurde. »Tragikomisch« hat der Prozeßbeobachter und Arzt Thomas Meisl die Aktivitäten seines Kollegen, des Chefarztes dieser großen Abteilung für Inneres genannt.[33] Diesem Eindruck kann man sich in der Tat nur schwer entziehen.

Die Aufdeckungsbarriere ist kein Spezifikum der Kliniken. Sie ist – wie bei allen übrigen Merkmalen – ein charakteristisches Beschreibungsmerkmal im dynamischen Ablauf solcher Tötungsserien. Und insofern gilt es auch für den Tatort Altenpflegeheim. Neben manchen anderen Unterschieden zur Klinik ist einer besonders bedeutsam: die minimale Präsenz von Ärzten.

- Im Altenpflegeheim Orkla, nahe dem norwegischen Trondheim, hatte die zuständige Kreisärztin den Heimvorstand wegen auffallend vieler Todesfälle alarmiert. Seit der Übernahme der Leitung durch den ehemaligen Oberpfleger der Chirurgie Ole Lagerström hatte sich dort manches verändert. Der neue Heimdirektor ginge »recht leichtfertig« mit Spritzen um, so die Mahnung der Ärztin. Doch nichts geschah. Als die Heimärztin Lagerström einmal überraschte, als er gerade einer Patientin eine Injektion geben wollte und die Spritze rasch zu verstecken suchte, schlug sie erneut beim Vorstand des kirchlichen Heimträgers Alarm. Doch dort stellten sich die Verantwortlichen nachdrücklich hinter den »tüchtigen und beliebten Direktor« und wiegelten jeglichen Verdacht ab. Ole Lagerström, Heimdirektor, Leiter des örtlichen Kirchenchors, Familienvater und angesehener Bürger, konnte insgesamt über vier Jahre mit einem Gift hantieren, das 22 hochbetagten, pflegebedürftigen Menschen einen grausamen Tod bescherte.

- Auch in einem deutschen Altenpflegeheim waren seit Übernahme der Leitung durch den ehemaligen Krankenpfleger Albert Bluhm die Sterbefälle um das Doppelte des bisherigen Durchschnitts im Halbjahr gestiegen. Bluhm, der sich wie ein Arzt kleidete, Stethoskop, OP-Zangen und andere medizinische Geräte bei sich trug, gab bettlägerigen, älteren und kranken Patienten ganz offen irgendwelche Injektionen. Wegen des beobachteten Zusammenhangs zwischen weißer Arztkleidung und Todesfällen wurde Bluhm auch der »Todesanzug« genannt. Später galt er dann den einen als »Engel der Hilflosen«, den anderen als »Ungeheuer in Menschengestalt«.[34]

  Es waren zwei Pflegeschülerinnen, die auf die Mißstände im Heim durch den neuen Leiter aufmerksam machten. Sie erzählten der Leiterin des Altenpflegeseminars von den umlaufenden Gerüchten über den »Mann, der an den Tod erinnert«. Eine schilderte, wie Bluhm einer bettlägerigen Patientin ein hochdosiertes Betäubungsmittel spritzte, worauf die Hochbetagte (88 Jahre alt) verstarb. Sogar die beiden leeren Ampullen, die sie danach aufgesammelt hatte, zeigte sie der Seminarleiterin. Als die Schülerin erklärte, sie wolle nun zur Polizei gehen und die Vorfälle melden, gab die Vorgesetzte ihr zu bedenken, daß ihr dieses Recht zwar zustehe, sie wünsche jedoch »keinen Skandal«. Im übrigen hätte sich die Schülerin nicht an ihre »Schweigepflicht«

gehalten, weil sie mit ihren Kolleginnen ohne Erlaubnis über die Vorfälle gesprochen habe (eine Falschinformation, denn eine derartige »Schweigepflicht« existiert überhaupt nicht – dies war eine Erfindung von Bluhm). Als Zeugin sagte die Pflegeschülerin später: »Ich habe dann auch nichts mehr unternommen, weil mir zuvor von einer Mitschülerin berichtet worden war, daß auch ihr gesagt worden war, wenn sie nicht schweige, setze sie ihr Examen aufs Spiel. Gleiche Befürchtungen hatte ich nach diesem Gespräch auch. Für mich war damals klar, daß es bei Todesfällen, die sich meistens an Wochenenden ereigneten, nicht mit rechten Dingen zuging. Da ich aber bei meiner ersten Vorsprache gleich eine Abfuhr erlitten hatte und mir auch gesagt worden war, ich könnte mir kein Urteil erlauben, habe ich nichts weiter unternommen.«[35]

Im Januar 1971 meldete dann doch eine der beiden Pflegeschülerinnen ihren Verdacht beim Vorstand des konfessionellen Heimträgers. Der kündigte Bluhm zwar unverzüglich, verzichtete jedoch merkwürdigerweise auf seine Anhörung wegen des Tötungsvorwurfs. Die darüber informierte Staatsanwaltschaft nahm die Aussage des jungen Mädchens nicht ganz ernst. Erst eine Reihe von rechtsmedizinischen Gutachten brachte das Strafverfahren in Gang – zwei Jahre nach dem Rauswurf des Pflegers, der auch erst dann verhaftet wurde. In dem 1976 ergangenen Urteil einer deutschen Schwurgerichtskammer – lebenslang wegen zwei vollendeten und vier versuchten Morden – wurden alle Gründe aufgezählt, die eine frühzeitige Aufdeckung der Tötungsserie verhindert hatten, unter anderem auch das Verhalten der Staatsanwaltschaft, die »nicht bereit« gewesen sei, »den ersten Verdachtsmomenten entschlossen nachzugehen«.[36]

Alle diese Geschichten über gravierende Hindernisse, die einer Aufdeckung im Wege standen, lehren, daß selbst die Beachtung von Warn- und Frühwarnsignalen nichts nützt, wenn sie von den Verantwortlichen nicht ernstgenommen wird. Und exakt hier liegt auch eines der größten Probleme: Nehmen die Verantwortlichen den Verdacht ernst, gehen sie zugleich auch das Risiko ein, in einen Skandal mit möglichen Folgen für die eigene berufliche Karriere involviert zu werden. Aufdeckungsbarrieren, das ist auch und gerade ein Problem menschlicher Ängste und Befürchtungen.

Zufallsentdeckungen

Im Jahre 1957 hatte das damals noch junge Bundeskriminalamt eine bemerkenswerte Pionierarbeit publiziert. Ihrem Autor kommt das Verdienst zu, dem »Phänomen des Zufalls« bei der Entdeckung von Kapitalverbrechen, insbesondere von Tötungsdelikten in der Dunkelfeldforschung zu einer gewissen Bedeutung verholfen zu haben. Er hat nämlich an zahlreichen Beispielen dargestellt, in welcher vielfältigen Form der Zufall zur Entdeckung von Kapitalverbrechen führen kann.[37] »Dunkelfeld« meint die unentdeckte Kriminalität und als »Dunkelfeldforschung« wird deren Aufhellung durch systematische, meist anonyme Untersuchungen bezeichnet; (siehe Kapitel 5).

Um die Frage, wie es denn zu den Entdeckungen der Patiententötungen gekommen ist, geht es beim 12. Merkmal, das eigentlich am Ende des gesamten dynamischen Verlaufs solcher Tötungsdelikte steht. Ich habe diesem Beschreibungsmerkmal einen hervorgehobenen Abschnitt eingeräumt, weil diese durchgängigen Zufallsentdeckungen von besonderer Bedeutung für ein zu vermutendes größeres Dunkelfeld solcher Tötungsdelikte zu sein scheinen.

12. Merkmal: Bis auf Chronik-Fall Nr. 2 (siehe S. 99 ff.), der 1975 ganz frühzeitig ans Licht kam, war es stets der *Zufall*, der die Entdeckung der Serientötungen von Patienten zwischen Cincinnati und Wien miteinander verband. Dabei handelte es sich um vielfältige, bisweilen kuriose oder auch bizarre Zufälle, die auf die Spur der Täter(innen) führten und dem tödlichen Treiben ein Ende bereiteten. Diese Zufälle spielten selbst dort eine Rolle, wo Ärzte oder Pflegekräfte durch Auffälligkeiten im Verlauf der ganzen Geschehnisse schon in gewisser Weise sensibilisiert waren.

- Ort des Geschehens: das inzwischen schon bekannte Daniel Drake Memorial Hospital in Cincinnati, USA. Dort wurde an einem Märztag 1987 auf der Intensivstation ein Mann nach einem Motorradunfall eingeliefert. Er verstarb nach relativ kurzer Zeit auf dieser Station. Die Ärzte führten eine – möglicherweise routinemäßige oder auch wegen ungeklärter Todesursache angeregte – Obduktion der Leiche durch. Dabei nahm einer der Obduzenten einen bittermandelartigen Geruch wahr, der aus dem geöffneten Körper kam. Es war für Dr. Brown unverkennbar der Geruch von Blausäure (Zyankali). Die Spuren von Zyanid, die dann tatsächlich toxikologisch identifiziert wurden, begründeten den Verdacht auf eine Intoxikation des Verstorbenen durch das bekannte Gift, also auf einen Tod durch ein Verbrechen. Die Mediziner verständigten die Kriminalpolizei. Die ordnete eine sogenannte polygraphische Untersuchung an, einen Test für alle Teammitglieder der Station wie auch für andere Ärzte und Pflegepersonal, die mit dem Patienten zuvor in Kontakt gekommen waren. Dem Test, besser bekannt unter der irreführenden Bezeichnung »Lügendetektor«, verweigerte sich einer aus dem Pflegeteam der Intensivstation, der 35jährige Donald Harvey, ein Pfleger mit sehr langer Klinikerfahrung. Die Polizeibeamten vernahmen ihn. Und einige Tage später gestand er, diesen Unfallpatienten als – möglicherweise – »hoffnungslosen« Fall mit Zyanid vergiftet zu haben. Die Beamten dachten zunächst an eine Einzeltötung. Erst ein lokaler Fernsehsender, der zufällig davon erfuhr, hakte nach und vermutete weit mehr Opfer. Unter dem öffentlichen Druck intensivierte die Polizei ihre Ermittlungen. Schließlich gestand Harvey, den seine Kollegen seit Jahresfrist »the kiss of death« nannten, zunächst dreißig weitere Tötungen, einige schon zu Zeiten, als er noch in einer anderen Klinik tätig war. Der Unfallpatient war seine vierundzwanzigste am Drake Memorial.

Die Entdeckung der Tötungsserie Harveys war gleich von mehreren Zufällen abhängig, man kann auch sagen, mehreren Zufällen zu verdanken: Erstens bedarf es zur Wahrnehmung des bittermandelartigen Geruchs von Zyankali bzw. Zyanid einer ganz besonderen Nase, das heißt nicht jeder Mensch kann diesen Geruch wahrnehmen. Ich kenne Rechtsmediziner, die mir versicherten, daß sie das »Zeug nicht einmal röchen, wenn sie die Nase reinhielten«. Es war also ein Zufall, daß unter den Ärzten, die die Autopsie vornahmen, einer war, der Zyanid roch und identifizieren konnte. Zweitens war es wahrscheinlich ein Zufall, daß der jüngere Unfallpatient aus der Reihe der sonst von Harvey getöteten, sehr alten Patienten fiel und daß vielleicht auf Grund seines Alters eine Obduktion indiziert erschien, was bei älteren Patienten, deren Tod erwartet wird, eher seltener der Fall sein würde. Drittens war dem Zufall zu verdanken, daß die Medienleute überhaupt davon erfuhren und daß der lokale Fernsehsender auf nachdrücklicheren Vernehmungen insistierte und so einen gewissen Öffentlichkeitsdruck ausübte. Und viertens schließlich ist der polizeiliche Einsatz oder die Androhung eines Lügendetektortests auch nicht gerade übliche Praxis in solchen Verdachtsfällen an einer Klinik. Erst die seltsame Verkettung von Zufällen führte zur Aufdeckung einer der größten Serientötung von Klinikpatienten durch eine Pflegekraft.

- Wie ist es weitergegangen in Wien-Lainz? Die Station D der I. Medizinischen Abteilung dieses Krankenhauses ist nicht nur die größte, sie hat auch den größten Flur, auf dem man weitere Notbetten aufstellen kann. Drei oder vier Aufnahmen in einer Nacht sind da keine Seltenheit. So war es auch am Abend des 1. April 1989 nichts Außergewöhnliches, daß zunächst auf dem Flur, dann im Behandlungszimmer der Station ein Bett mit einem Patienten abgestellt worden war. Der 79jährige Patient war am Nachmittag wegen eines unklaren Schwindelanfalls eingeliefert worden. Er sei »sehr unruhig«, sagten die beiden Schwestern, als sie ihren beiden Kolleginnen von der Nachtschicht die Station übergaben. Man schiebe ihn am besten auf den Gang oder ins Behandlungszimmer, wenn er weiterhin so unruhig bleibe und Mitpatienten in der Nachtruhe störe. Das taten dann auch die beiden Schwestern von der Nachtschicht. Eine davon war Rotraud Prager, genannt die »Hexe«. Es war gegen 19 Uhr, als Dr. Kaliner, Oberärztin der Station, ohne ein spezielles Ziel zufällig über die Station ging. Als sie am Behandlungszimmer vorbeikam, sah sie den dort liegenden Patienten, für dessen Verlegung sie keine Anordnung gegeben hatte. Am Bett stellte sie beim Patienten einen ihr zunächst unerklärlich veränderten Zustand fest: Er war nicht bei Bewußtsein, reagierte auch auf starke Schmerzreize kaum noch, lag also offensichtlich im Koma. Dr. Kaliner ließ den Patienten sofort auf die Überwachungsstation verlegen und einen Blutzuckerwert bestimmen. Der lag bei dem nicht-diabetischen Patienten um 20 Uhr bei nur 28 mg Prozent. Sofortige Glukoseinfusionen retteten ihm das Leben. Für die Ärzte stand die Diagnose fest: Der Patient war durch eine hohe, ärztlich nicht verordnete Insulinzufuhr in einen lebensbedrohlichen Unterzuckerungszustand, eine Hypoglykämie und in der Folge in ein Koma geraten. Es war die letzte der tödlichen Handlungen von Schwester Prager und ihrer Kollegin.

- Der »Nachtigallen-Pavillon« der niederländischen Klinik Kerkrade galt als eine Art Wartestation alter, gebrechlicher Menschen auf den Tod. »Sterbeklinik« wurde sie deshalb genannt. Vielleicht war dies auch der Grund, weshalb den Ärzten die gehäuften Todesfälle in den Dienstzeiten von Oberpfleger van der Meer gar nicht aufgefallen waren. Allein 49 Patienten an 231 Diensttagen des Pflegers sollen es 1974 gewesen sein – gegenüber nur acht in den übrigen Zeiten. Doch das war – wie in all diesen Fällen – erst das Ergebnis der Ermittlungen. Es bedurfte des Zufalls einer neuen Ärztin, der zunächst aufgefallen war, daß auf dieser Abteilung so viele Patienten, die keinen Zucker hatten, im Koma gestorben waren. Nicht weniger als 79 sollen es insgesamt gewesen sein. Der Stein kam ins Rollen, als sich dann noch ein Kollege der Ärztin weigerte, bei einem Todesfall mit unklarer Todesursache einen Totenschein auszustellen. Die Recherchen ergaben, daß zwischen 1970 und 1975 bei 259 Sterbefällen Zweifel an der Todesursache bestanden, ohne daß die Ärzte weitere Nachforschungen angestellt hätten. Das gab der Staatsanwalt 1976 im Schwurgerichtsprozeß gegen den Oberpfleger van der Meer bekannt, der im August 1975 verhaftet worden war. Wiederum war es die Kombination mehrerer Zufälle – hier eines Arztwechsels und eines Arztes, der die Ausstellung eines Totenscheins verweigerte –, die dann in der Folge zur Aufdeckung einer Serientötung mit Insulin führten (Chronik-Fall Nr. 3, siehe S. 103).

- Obgleich eine Heimärztin den Vorstand des Altenheimträgers im norwegischen Trondheim schon mehrfach gedrängt hatte, dem sorglosen Umgang ihres neuen Altenheim-Direktors Ole Lagerström mit Injektionen ein Ende zu machen, war das Ableben der alten, gebrechlichen Menschen im Altenpflegeheim bis zum 11. November 1980 offiziell als »natürlich« erschienen. An diesem Novembertag jedoch betrat die Krankenpflegerin Bengte Ördal gegen Mittag das Zimmer einer 88jährigen Heimbewohnerin genau in dem Moment, als der Erstickungsprozeß der mit Curacit Vergifteten einsetzte und sie – schon an Armen und Beinen gelähmt – noch den Namen von Lagerström flüstern konnte. Am Arm der Sterbenden war die frische Einstichstelle einer Injektionsnadel zu sehen. Es dauerte noch bis April 1981, ehe Lagerström vernommen wurde. Denn niemand konnte glauben, daß der allseits beliebte ehemalige Narkosehelfer und Oberpfleger der Chirurgie alte, gebrechliche Heiminsassen getötet haben sollte. Hier setzte das zufällige, auf Sekunden begrenzte Zusammentreffen einer Pflegerin mit dem Sterben, dem Ersticken einer Vergifteten einer Tötungsserie, die zweiundzwanzig Patienten das Leben gekostet hatte, ein Ende.

Man kann sich in den Fällen längerer, bisweilen mehrere Jahre dauernder Tatzeiträume schon wundern, daß bei der Vielzahl der Tötungen – die Verdachtsfälle lagen ja meist höher als die am Ende

verurteilten – keine der Pflegekräfte »auf frischer Tat ertappt« wurde. Zwar gab es ja durchaus in einigen Fällen mehr oder weniger zufällige Beobachtungen tatverdächtiger Handlungen – in den Fällen von Maria Morell, von Albert Bluhm und Rotraud Prager etwa. Doch die Einschätzung und Wertung solcher Beobachtungen durch Kollegen und Kolleginnen der Tatverdächtigen blieb immer eine Frage der Glaubwürdigkeit. Und die wurde – wie aufgezeigt – von Vorgesetzten und Verantwortlichen, einmal auch von Ermittlern, in aller Regel als zweifelhaft oder gänzlich negativ beurteilt.
Tatsächlich gab es nur einen Fall, in dem schon die ersten – allerdings gleich sechs – Tötungen innerhalb weniger Tage zum entschlossenen Handeln der Ärzte führten. Auf der – in anderen Zusammenhängen bereits mehrfach erwähnten – Intensivstation führten im Dezember 1973 an drei aufeinanderfolgenden Tagen folgende Beobachtungen der Ärzte zur Entdeckung der Geschehnisse:

- Die sechs alten Patienten waren unter ungewöhnlichen Umständen und einer auffallend gleichartigen Symptomatik gestorben. Dominierend waren ein therapierefraktäres Herzkammerflimmern, Herzrhythmusstörungen, rezidivierende Asystolien, Atembeschwerden und keine Reaktion auf Wiederbelebungsversuche. Diese ausgeprägte, spezifische Herzsymptomatik deuteten die Intensivärzte sehr rasch als Zeichen einer Intoxikation durch bestimmte Herzpräparate (Digitalisglykoside). Beobachtungen und Verdachtsdiagnose führten zur unverzüglichen Überprüfung des Medikamentenbestands spezifischer Präparate auf der Station sowie zur Kontrolle von Medikamentenanforderungen in der Zentralapotheke der Klinik. Die Mediziner wurden auf diese Weise sehr schnell »fündig«. Der Intensivpfleger Fred Klein war nur einen Tag nach der letzten Patiententötung festgenommen worden.

Mit der Festnahme der Tatverdächtigen begann dann eine meist sehr lange, in der Regel zwei Jahre dauernde Aufdeckungs- bzw. Aufklärungsarbeit durch die Ermittlungs- und Strafverfolgungsbehörden, an der vor allem Rechtsmediziner und andere Sachverständige beteiligt waren. Die Zufallsentdeckung kann, muß aber noch keineswegs am Anfang der Aufdeckung einer Folge von Patiententötungen stehen. Der Fall der amerikanischen Intensivkrankenschwester, die 1987 von einem Geschworenengericht in Upper Marlboro aus Beweisnot freigesprochen wurde, macht deutlich, daß die Aufdeckung solcher Tötungsdelikte auch an der Unmöglichkeit scheitern kann, bestimmte chemische Substanzen postmortal nachzuweisen (Chronik-Fall Nr. 6, siehe S. 105 f.).

Erlösung von Leiden – ein Motiv?

Die Prozesse diesseits und jenseits des Atlantiks waren zwischen 1976 und 1993 zu Ende gegangen, ohne die Kardinalfrage nach Motiven und Hintergründen der tödlichen Katastrophen geklärt zu haben. Es gibt vielleicht zwei Ausnahmen, über die in späteren Kapiteln (Kapitel 7 und 8) noch zu berichten sein wird. Motivlose Tötungen in diesem Ausmaß und an schwerstkranken, betagten Patienten und gebrechlichen Alten, sind allerdings kaum vorstellbar. Bei den traditionellen Tötungsdelikten – Partner- und Beziehungstötungen, sexuell motivierte Tötungen, ja selbst beim Raubmord – ist das Einzelmotiv in den forensischen Verhaltenswissenschaften der Psychiatrie und Psychologie längst fragwürdig geworden und einer umfassenderen Tatmotivationsbetrachtung gewichen. Sieht man von eindeutigen rationalen Einzelmotiven wie etwa Raubmord einmal ab, so geht es dabei um das Erfassen eines individuellen Tatmotivationsgefüges, das – sehr verkürzt ausgedrückt – in dynamischen Zusammenhängen zwischen den folgenden markanten Punkten liegt: Täterpersönlichkeit – individuelle (Tat-)Vorgeschichte mit oder ohne Konfliktpartner – innere Entwicklung zur Tatbereitschaft – Tatsituation und Tat. Dieser Ansatz zur Analyse des individuellen Mosaiks von Beweggründen hat sich als der Realität ungleich besser angenähert erwiesen als die in früheren Zeiten mehr oder weniger willkürlichen abstrakten Einzelmotivbenennungen. Gleichwohl, in

der Öffentlichkeit und seitens der Justiz bestimmte die angestrengte Suche nach dem Einzelmotiv die Diskussion über die individuellen Beweg- und Hintergründe solcher Patiententötungen:
Das erste Einzelmotiv, an das der Laie oft denkt, wenn er von solchen Delikten hört, ist die materielle Bereicherung, sei es in Form testamentarischer Erbschleicherei oder in Form von Bargeld, Schmuck, Bankkonten usw. In den hier behandelten forensischen Fällen ließ sich dieses Einzelmotiv rasch ausschließen. Bei vielen der getöteten Patienten gab es auch gar nicht viel zu erben oder zu »erschleichen«. Freilich, es gibt solche Fälle, sowohl als Einzeltötung eines hochbetagten Patienten wie als Serientötung. Die Kölner Rechtsmediziner Käferstein, Madea und Sticht haben den jüngsten dieser, sehr selten bekanntgewordenen Fälle kürzlich publiziert:[38]

- Täterin war eine über 50jährige, ungelernte Krankenpflegerin, die seit Jahren in der ambulanten Altenpflege tätig war, ohne daß ihr von irgendeiner Stelle ein Qualifikationsnachweis abverlangt worden wäre. Von niedergelassenen Ärzten wurde sie sogar weiterempfohlen. Seit ihrer Jugendzeit war sie mehrfach wegen Eigentumsdelikten und Betrugs zu Freiheitsstrafen von mehreren Jahren verurteilt worden. Als sie Anfang der neunziger Jahre verhaftet wurde, stand sie im Verdacht, 34 versuchte und vollendete Tötungen hochbetagter kranker Menschen im Rahmen der ambulanten Altenpflege in deren Wohnungen begangen zu haben. Die Staatsanwaltschaft erhob in sieben Fällen Anklage. Nach einem langwierigen Schwurgerichtsprozeß erhielt sie zweimal lebenslangen Freiheitsentzug: wegen Mordes in sechs Fällen, begangen an Patienten im Alter von 80 bis 88 Jahren mittels antidepressiver Medikamente in hochtoxischer Dosierung und in einem Zeitraum von rund fünf Jahren. Nach den Feststellungen des Gerichts war das Motiv ihrer Taten klar umrissen: Sie tat es, um sich in den Besitz des Vermögens dieser Patienten zu bringen.

Ich habe diesen Fall ganz bewußt nicht in die Reihe der Serientötungen durch Pflegepersonal aufgenommen, da es sich um keine professionelle Pflegekraft handelte. Sie ist selbst mit den sogenannten Wiener Hilfsschwestern nicht vergleichbar, die jahrelang die Tätigkeiten von Vollschwestern ausübten. Dennoch mußte er hier wenigstens erwähnt werden, da die ambulante Altenpflege in den kommenden Jahren zunehmend Bedeutung erlangen wird. Deshalb wird man sich ernsthafte Gedanken darüber machen müssen, wie die Schutz- und Sicherungsprobleme alter, auf Pflege angewiesener Menschen sinn- und wirkungsvoll gelöst werden können.

Als Einzelmotiv erörtert wurde auch immer wieder die »Beseitigung lästiger Patienten«. Doch auch dieses Motiv erwies sich in allen Fällen als nicht haltbar. Und dies aus mehreren Gründen: »Die meisten Patienten waren nur wenige Stunden bis zu drei Tagen da. Es waren kaum welche dabei, wo man sagt, die sind lästig … Das würde man ja noch verstehen«, sagte die Oberärztin der betroffenen Station des Krankenhauses Wien-Lainz.[39] Unter den Opfern in Wien waren kaum sogenannte Langzeitpatienten. Und das galt – bis auf zwei Altenpflegeheime – im wesentlichen für alle getöteten Klinikpatienten. Außerdem schafften sich die Schwestern und Pfleger durch die Tötungen selbst zusätzliche Arbeit: Sie mußten die Verstorbenen vielfach selbst säubern und in die Leichenhalle bringen. Und eine kurz- oder mittelfristige Entlastung entstand durch den Tod der Patienten auch nicht, da die Betten in aller Regel durch neue Patienten rasch wieder belegt waren (vgl. Kapitel 8, S. 382 f.).

Das fraglos »beliebteste« Einzelmotiv, das die Ankläger in die Diskussion brachten, war das Motiv der »Macht«. Ausübung von Macht – wofür und zu welchem Zweck? Einfach zur »Demonstration von Macht«, haben einige Staatsanwälte gesagt. Aber vor wem wollten die Schwestern und Pfleger denn Macht demonstrieren, wenn sie es vor den anderen geheim hielten, wer sollte oder konnte sie etwa bewundern? Jeder Diktator braucht Gefolgsleute, die seine Demonstrationen der Macht bewundern und (meist) zugleich fürchten. Aber selbst bei Diktatoren bliebe es bei einer dürftigen, klischeehaften Analyse von Machtausübung, wollte man ihr tyrannisches Tun auf Aspekte von Bewunderung und Furcht durch das Volk oder die Gefolgsleute reduzieren. Und Töten als Ausdruck der

Befriedigung eines persönlichen, individuellen Bedürfnisses oder – wie immer man auch will – eines tief in der Persönlichkeit verankerten »Triebes« nach Macht zu deuten verwiese in den Bereich der Psychopathologie oder in die religiöse Dimension des »Bösen«. Aber es war – nach allem, was die psychiatrisch-psychologischen Sachverständigen in den Prozessen gesagt haben – keine umschriebene Psychopathologie bei diesen Schwestern und Pflegern feststellbar, die in diese Richtung hätte deuten können.

13. Merkmal: Doch wie haben sich die Schwestern und Pfleger selbst dazu geäußert, welche Beweggründe haben sie angegeben, falls sie ihnen zugänglich und bewußt waren? Obgleich die Prozesse und die Medienberichterstattungen zeitlich und geographisch – bis auf die letzten drei in Europa – weit auseinanderlagen, stimmt das, was diese Pflegekräfte dazu geäußert haben, in bemerkenswertem Maße überein. Aber selbst bei den letzten drei Verfahren konnte beispielsweise die verhaftete Maria Morell nicht wissen, was die Schwestern in Wien oder ihr im Dezember 1990 verhafteter Kollege Helmut Frey einmal sagen würden. Lediglich Helmut Frey konnte, wenn er es denn wollte, sich einen Überblick verschafft haben – aber das wäre mangels Publikationen zu diesem Zeitpunkt (Anfang 1991) recht mühsam gewesen. Alle Verurteilten haben – meist schon bei ihren Vernehmungen durch die Kriminalpolizei – erklärt, daß sie die Patienten *von ihrem »Leiden« hätten erlösen* wollen. Fünf Aussagebeispiele der bei allen Verurteilten gleichartigen Motivangaben mögen die Varianten veranschaulichen:

- »Ich habe diese Menschen von ihrem Leiden erlöst. Ich hatte das Gefühl, daß es richtig war, was ich tat. Und ich hoffe, daß jemand kommt und meine Leiden beendet, wenn ich schwerkrank und voller Schläuche nur noch am Beatmungsgerät hänge.« Das sagte der Intensivpfleger Donald Harvey 1987 vor einem Geschworenengericht in Cincinnati.
- »Ich wollte das Leben der Patienten verkürzen«, erklärte 1976 der niederländische Pfleger van der Meer vor einer Maastrichter

Kammer. »Ich wollte sie von ihrem Leiden erlösen, ich wollte, daß sie ins Koma fallen und dann allmählich einschlafen.«

- »Ich habe nichts Böses im Sinn gehabt, ich wollte einfach nur Schmerzen lindern, Patienten von ihrem Leiden erlösen. Ich war überzeugt, menschlich zu handeln«, so eine der vier Wiener Schwestern vor einem Geschworenengericht 1991.
- »Ich war felsenfest davon überzeugt, daß es richtig war, die kranken Menschen zu erlösen. Ich habe nur da eingegriffen, wo deren Tod unabwendbar war, wo es für den Patienten am besten war, ihm seine Schmerzen zu nehmen, sein Leiden zu beenden«, sagte Maria Morell 1988 bei der Begutachtung zu mir.
- Der Pfleger und Heimleiter Albert Bluhm hielt es »für berechtigt, ein Medikament zu spritzen, das den Todeskampf erleichterte, auch wenn das Mittel tödlich war«.

Die Motivangaben verweisen auf drei Sachverhalte: erstens auf ein in allen Aussagen implizites Motiv verbotener aktiver Sterbehilfe; zweitens darauf, daß diese Schwestern und Pfleger ihr tödliches Handeln subjektiv ethisch für gerechtfertigt hielten, und drittens ist die Nennung des Einzelmotivs eher darauf zurückzuführen, daß Kriminalpolizei, Staatsanwälte und auch Richter bei ihren Vernehmungen immer noch so fragen, als müßte solchen Taten ein einzelnes Motiv zugrunde liegen. Daß auch dies einmal ein zentraler Übereinstimmungspunkt mit Angaben von Pflegekräften der Dunkelfeldforschung sein würde (siehe Kapitel 5), zeichnete sich noch nicht einmal ab, als ich mit den Vorarbeiten zu diesem Buch begann.
Aus solchen und ähnlichen Bekundungen der Täter(innen) ist von Staatsanwälten und Richtern häufig vorschnell der Schluß gezogen worden, die Beschuldigten oder Verdächtigten beriefen sich mit solchen Motivangaben auf Tötung aus Mitleid. Tatsächlich war in ihren Angaben aber von Mitleid explizit gar nicht die Rede oder erst relativ spät – möglicherweise aufgrund von Verteidigergesprächen. Implizit könnte das Motiv des Mitleids zwar enthalten sein. Letztlich können jedoch nur umfassendere Explorationen, Untersuchungen der Persönlichkeit des Betreffenden und Zeugenaussagen darüber

Aufschluß geben. Dabei käme auch die kritische Frage mit ins Spiel, ob in Anbetracht der ja meist kurzen Pflegebeziehungen, wenn überhaupt von Beziehungen die Rede sein kann, so etwas wie Mitleid überhaupt eine Rolle gespielt hat oder haben könnte. Darüber hinaus erscheint eine Reduktion auf die (Einzel-)Motivlage des Mitleids in Anbetracht der Spirale von Tötungswiederholungen und des Existenzrisikos höchst zweifelhaft.

Die Beschreibung eines Phänomens, eines – wie es scheint – neuen dazu, endet in der Regel auch dort, wo der Untersucher glaubt, genügend Beobachtungen und Sachverhalte gesammelt zu haben, um seinen Gegenstand annähernd schildern zu können. Ich denke am Ende dieses Kapitels, das Phänomen der mehrfachen Patiententötung durch Angehörige des Pflegepersonal zumindest vorläufig so beschrieben zu haben, daß man sich eine Vorstellung davon machen kann. Diese Vorstellung wird wahrscheinlich, da sie zunächst eine rein äußerliche, eine der äußeren »Gestalt« ist, höchst zwiespältige Gefühle beim Leser auslösen. Ob sich dies im weiteren Verlauf des Buches ändern wird, muß offen bleiben. Ich werde aber in den nächsten Kapiteln versuchen, Stück für Stück einige Mosaiksteinchen zusammenzutragen, die vielleicht geeignet sind, die Motivationsgefüge solcher Taten zu erhellen.

5
Ein Eisberg wird sichtbar – Problematik Dunkelfeld

Die Rede von der »Spitze des Eisbergs« war lediglich Ausdruck einer vagen Vermutung über das Ausmaß solcher Tötungen. Die anschauliche Metapher ließ viel Raum für jedermanns Spekulationen. Und doch handelt es sich dabei um mehr als nur um ein flüchtiges Bild. Die Spitze eines Eisbergs, die aus dem Meer aufragt, betrage – so sagen Meeresforscher – ein Siebtel des Eisbergs, die große Masse liege unter der Meeresoberfläche verborgen. Die Eisberg-Metapher versinnbildlicht also eine Größenrelation zwischen Sichtbarem und Unsichtbarem, zwischen einem kleineren Teil, den man sieht, und einem weitaus größeren, der im Dunkeln liegt, sich unseren Blicken entzieht. »Dunkelfeld« – so nennen Kriminologen jenen Teil der Kriminalität oder spezifischer Delikte, der unentdeckt und deshalb auch den Strafverfolgungsbehörden unbekannt ist. Dieser Teil läßt sich mit Hilfe der sogenannten Dunkelfeldforschung für spezifische Delikte in seinem Ausmaß abschätzen bzw. aufgrund der Datengrundlagen solcher Untersuchungen errechnen.
Die Kriminalität, die heutzutage jedermann aus der polizeilichen Kriminalstatistik kennt – Spezialisten auch aus der Verurteiltenstatistik –, ist ja nur Teil der Gesamtkriminalität oder spezifischer Delikte. Eine realistische Kriminalpolitik – darüber herrscht unter Experten weitgehend Konsens – läßt sich ohne Kenntnis von Dunkelfeld und Dunkelziffer kaum betreiben. Weshalb die Aufklärung des Dunkelfeldes so wichtig ist, läßt sich leicht erklären: Sie ist für Maßnahmen der inneren Sicherheit eines Landes, somit für die Sicherheit eines jeden Bürgers ebenso von Bedeutung wie für spezielle Präventivmaßnahmen in den verschiedenen Deliktbereichen. Orien-

tierte man sich bei den Patiententötungen lediglich an der niedrigen Verurteiltenstatistik von Pflegekräften, so könnte man die Auffassung vertreten, dieses spezifische Tötungsdelikt spiele kriminalpolitisch keine Rolle. Das ist bisher auch der Fall. Damit würden jedoch auch jegliche Überlegungen zu Präventivmaßnahmen als überflüssig erscheinen. Patiententötungen durch Schwestern und Pfleger wären dann eben ein in Krankenhäusern, Altenpflegeheimen, möglicherweise auch in der ambulanten Krankenpflege in Kauf zu nehmendes Risiko – ein Risiko, dessen Größe ebenso unbekannt bliebe wie seine Ursachen, wenn man auf eine Dunkelfeldforschung verzichtete.

Während seit etwa gut einem Jahrzehnt Dunkelfeldstudien über verbotene ärztliche Sterbehilfe existieren (siehe Kapitel 6), kennt man erst seit 1993/94 solche Studien an Pflegekräften, und zwar australischen und amerikanischen. In den europäischen Ländern liegt bislang keine derartige Studie vor. Wird nun durch die ersten derartigen Studien ein Stück des Eisbergs sichtbar? Bevor ich im übernächsten Abschnitt auf diese Frage eingehe, sei zunächst noch einiges zu jenen Faktoren gesagt, die an der Bildung des Dunkelfeldes von Patiententötungen wesentlich beteiligt sind. Im vorangegangenen Kapitel wurden bereits einige dieser Faktoren beschrieben: so die Unauffälligkeit von Tötungshandlungen im Rahmen therapeutischer Maßnahmen; der nicht ungewöhnliche, weil häufig erwartete Tod der betagten Patienten; die Täter(innen), denen keine tödlichen Handlungen zugetraut werden; und schließlich die Aufdeckungsbarrieren, jene internen sozialen und psychologischen Hindernisse in Krankenhäusern und Heimen, die eine rechtzeitige rationale Aufklärung bestehender Verdachtsmomente verhindern können. Zu diesen vier potentiellen Hauptfaktoren der Dunkelfeldbildung kommen zwei weitere hinzu, auf die im nächsten Abschnitt einzugehen ist: Erstens die diagnostischen Grenzen, die dem Arzt im Rahmen der Leichenschau gesetzt sind, derartige Vergiftungsfälle zu erkennen. Und zweitens die erheblichen Schwierigkeiten, die dem Rechtsmediziner erwachsen, wenn er in solchen Fällen einen gerichtlich verwertbaren, wissenschaftlichen Nachweis führen soll.

Ärztliche Aufklärungsgrenzen

Jeder weiß, Tötungsverbrechen hinterlassen in der Regel Spuren, meist äußerlich sichtbare, wie etwa Schuß-, Stich- und Schlagverletzungen, Verletzungen durch Würgen, Drosseln usw. Der Laie erwartet irgendwelche äußerlich wahrnehmbaren Spuren auch bei Intoxikationen durch Medikamente oder Gifte im engeren Sinne. Doch das ist nicht der Fall. Alle hier angeführten, als Tötungsmittel verwandten Medikamente und Substanzen führen – hochtoxisch verabreicht – nicht zu äußerlich sichtbaren organischen Veränderungen am Körper des Opfers. Und die klinischen Symptome, sofern vorhanden, sind »unspezifisch und können auch bei Erkrankungen unterschiedlicher Art auftreten«, so der Lübecker Rechtsmediziner Manfred Oehmichen. Zu den Patiententötungen konstatiert er, »daß diese Art von Vergiftungen und Einwirkungen sich der [ärztlichen] Diagnostik anläßlich der Leichenschau entzieht«. Das bedeutet nichts anderes, als daß die ärztliche »Fehldiagnose eines ›natürlichen Todes‹ unvermeidbar geworden ist«. Anders formuliert: »Die ärztliche Leichenschau als diagnostische Methode für die Verdachtsdiagnose ›Intoxikation‹ ist in diesen Fällen an die Grenzen ihrer Möglichkeiten geraten.«[1]

Der Vorwurf mancher Journalisten während der Prozesse, die Ärzte hätten bei der Leichenschau schlampig gearbeitet, erweist sich also als ungerechtfertigt und ungerecht. Wo sich nichts zeigt, läßt sich auch nichts erkennen. Und überdies war der Tod in den meisten Fällen aufgrund oft mehrerer gravierender Erkrankungen der Patienten nicht ungewöhnlich. Diese Grenze der Erkenntnismöglichkeiten hat jedoch noch einen zweiten negativen Aspekt: Sie hatte – wie sich zeigte – Rückwirkungen auf das Verhalten der tödlich handelnden Schwestern und Pfleger sowie auf ihr Kollegenumfeld. Die ersteren konnten darauf bauen, von den Ärzten nicht entdeckt zu werden. Und ihren Kollegen wurde mit der Autorität der ärztlichen Diagnose »natürlicher Tod« quasi versichert, daß jeglicher Verdacht unbegründet ist. Wo gelegentlich noch Zweifel aufkeimten, ließen sie sich mit der »Unschuldsdiagnose« verdrängen und verleugnen. Der po-

tentielle Beitrag solcher – in der Natur der Sache liegenden – Fehldiagnosen zur Bildung des Dunkelfeldes ist also ein mehrfacher.
Ein anderer Vorwurf an die Ärzte lautet: Sie hätten bei ungeklärten Todesursachen weder einen Klinikpathologen noch einen Rechtsmediziner hinzugezogen. Was durch Autopsie allein hätte festgestellt werden können, faßte Johann Missliwetz, rechtsmedizinischer Gutachter im Wiener Prozeß, in dem eher resignativ anmutenden Satz zusammen: »Selbst eine Untersuchung durch einen Krankenhauspathologen muß nicht zur Aufdeckung der Tat führen, da die meisten Gifte bzw. Medikamente keine charakteristischen Veränderungen an den inneren Organen erzeugen und die Möglichkeiten einer toxikologischen Untersuchung häufig beschränkt sind.«[2]
Kommt also auch die rechtsmedizinische Diagnostik in solchen Fällen an ihre Grenzen? Manfred Oehmichen gab kürzlich eine knappe, unmißverständliche Antwort darauf: »Schließlich muß … festgestellt werden, daß sich die jeweilige Beweissituation katastrophal darstellt.« Aufgrund verschiedenster Umstände ergab sich »in nahezu allen Fällen« pathologisch-anatomischer, wie auch chemisch-toxikologischer Untersuchungen »allenfalls eine Bestätigung des Verdachts«, das heißt »am Ende … für die Ermittlungsbehörden nur Indizien«.[3]
Ich will hier gleich zwei Fälle schildern, von denen der erste die Problematik und Grenzen ärztlicher Leichenschau veranschaulicht, der zweite die Grenzen von Autopsie und toxikologischen Analysen bei Anwendung bestimmter Tötungsmittel, wie sie für solche Tötungen nicht uncharakteristisch sind.

Im Dezember 1987 betrat ein junger Mann die Polizeiwache einer deutschen Kleinstadt. Zur Verblüffung der Polizeibeamten erzählte er, vor fast fünf Jahren, im Februar 1983, eine 79jährige pflegebedürftige Frau in einem Altenheim dieser Stadt getötet zu haben. So unglaublich es ihnen auch erschien, die Beamten hörten sich dennoch die Schilderung ihres ungewöhnlichen Besuchers an: Er habe die Gebrechliche mit der Injektion eines Desinfektionsmittels mitten ins Herz getötet. Die Beamten kamen zwar im Augenblick überhaupt nicht damit zurecht, warum sich jemand ohne die Not eines Fahndungsdrucks oder einer gezielten polizeilichen Verfolgung einfach mal zur Polizei begibt und ein Tötungsdelikt gesteht, das sich zudem noch vor vielen Jahren ereignet haben soll. Doch die schließlich eingeleiteten Ermittlungen bestätigten die Angaben des jungen Mannes in allen Punkten: Die 79jährige Altenheimbewohnerin hatte existiert, war zur angegebenen Zeit laut ärztlichem Totenschein eines »natürlichen Todes« gestorben, und bei der Obduktion der exhumierten sterblichen Überreste fanden die Rechtsmediziner zwei Injektionsstellen im Herzbeutel, ein Befund, der wiederum mit den Angaben des merkwürdigen Besuchers auf der Polizeiwache übereinstimmte. Bis zu diesem Zeitpunkt im Dezember 1987 waren Heim und Behörden davon ausgegangen, daß die alte Dame ganz normal gestorben war. Rechtsmedizinisch aber bestand jetzt kein Zweifel mehr: Der Befund der Einstichstellen war durch keine anderen Einwirkungen zu erklären als durch die, die der 27jährige Pfleger angegeben hatte. Der hatte zwar von »Sterbehilfe« geredet, aber dem scheint man vor Gericht nicht weiter nachgegangen zu sein. Da die Neigung des Mannes zum Alkohol bekannt wurde, er auch entsprechende Angaben machte, ging man davon aus – zu seinen Gunsten –, daß er die Tat unter Alkoholeinfluß begangen hatte. Der Motivationshintergrund blieb im Dunkeln. Und so verurteilte ein deutsches Schwurgericht diesen Mann 1988 wegen Mordes zu zehn Jahren Freiheitsstrafe. Das Gericht billigte ihm eine verminderte Schuldfähigkeit nach § 21 StGB wegen eines – im einzelnen nicht mehr nachprüfbaren – alkoholisierten Zustandes zur Tatzeit zu. Nur so konnte das Strafmaß, das bei Mord nach § 211 StGB lebenslang vorsieht, auf eine Freiheitsstrafe gemildert werden.[4]

Was hier bemerkenswert erscheint, ist nicht, daß der Täter sich nach Jahren gestellt hat, ohne daß nach ihm gefahndet worden wäre. Sicher ist auch dies ganz ungewöhnlich. Weshalb ich die Geschichte erzählt habe, hat aber einen ganz anderen Grund: Hier wurde einer hochbetagten, sicher kranken und gebrechlichen Frau, die in Wirklichkeit mit einer hochgiftigen Substanz getötet wurde, ärztlicherseits ein »natürlicher Tod« bescheinigt – eine »Fehldiagnose« durch einen Arzt, die auf nahezu jeden der 107 Patienten (bis auf jene, deren Untersuchung zur Aufdeckung führte) zutraf. Hohes Lebensalter, Multimorbidität, in bälde erwarteter Tod (mittleres Sterbealter) lassen die Möglichkeit oder Gefahr, auch spontan und ohne äußere Einwirkungen zu sterben, so normal erscheinen, daß ein Verdacht in den allermeisten Fällen erst gar nicht entsteht. Der Chefarzt der betroffenen Station im Krankenhaus Wien-Lainz drückte diesen Sachverhalt einmal so aus:

> »Es waren Patienten, um deren Leben wir Ärzte gekämpft haben. Der Ausgang des Kampfes war in jeder Stunde in jeder Richtung offen. Wir haben dann halt gesagt, das ist schade, der hat's nicht mehr gepackt!«[5]

Einen Beispielfall für die Grenzen chemisch-toxikologischer Untersuchungen habe ich in der Chronik unter Nr. 6 (siehe S. 105 f.) skizziert. Zu erinnern ist, daß es sich dabei um eine Intensivschwester handelte, die 1987 im amerikanischen Bundesstaat Maryland von einem Geschworenengericht aus Beweisnot vom Vorwurf des dreifachen Mordes an Patienten freigesprochen werden mußte. Warum? Sie stand im dringenden Verdacht, jene chemische Substanz, nämlich das tödliche Kaliumchlorid gespritzt zu haben, das auch Maria Morell unter anderem benutzt hat. Und exakt dies ist eine der Substanzen, die wissenschaftlich nicht nachweisbar ist, weil nach dem Tode des Menschen ein dramatischer Anstieg der Konzentration von Kalium im Körper stattfindet, der Gesamtbestand ohnehin hoch ist und die demgegenüber kleinere, von außen zugeführte Menge davon nicht unterschieden werden kann.
Ich denke, der Fall von Upper Marlboro ist exemplarisch für jene Verdachts- und Anklagefälle, deren Aufklärung an den wissenschaftlichen Nachweisgrenzen post mortem scheitert. Sie tragen zur Bildung des Dunkelfeldes (im erweiterten Sinne des Begriffs) bei.
Unter den elf Verurteilten befinden sich allein vier, deren Tötungsmittel post mortem nicht nachweisbar waren oder nur schwachen Indiziencharakter besaßen: Kaliumchlorid, Insulin, Wasser und Luft.

In 31 Fällen (29 Prozent von 107) wurden diese Substanzen von vier Pflegekräften angewandt. Ohne deren Geständnisse wäre es möglicherweise nicht oder gegebenenfalls nur zum Teil zu einer Verurteilung gekommen. Hier wäre wohl auch der omnipotente Dr. Quincy, Protagonist der gleichnamigen US-Fernsehserie, gescheitert – auch wenn er geahnt hätte, wonach er überhaupt suchen soll.

Die zweite Kategorie von Nachweisschwierigkeiten ist dadurch gekennzeichnet, daß die gesuchten oder in Frage stehenden chemischen Substanzen nach gewissen Liegezeiten der sterblichen Überreste im Erdreich nicht mehr oder nicht beweiskräfig genug auffindbar sind. Das hängt von vielen Faktoren ab und ist hier nicht zu erörtern. Zu diesen chemischen Substanzen zählt ein ganzes Spektrum, das von den Schlaf- und Beruhigungsmitteln bis zu den Morphinen reicht. Von den am verläßlichsten – durch rechtsmedizinische Obduktionen und toxikologische Untersuchungen – dokumentierten 50 Tötungsfällen (von 107) durch sieben Angeklagte konnte nur in etwa 19 Fällen forensisch verwertbares Beweismaterial erbracht werden, das heißt in nur knapp 40 Prozent (von 50 vollendeten Tötungen) in dieser zweiten Kategorie wissenschaftlicher Nachweisschwierigkeiten. Und das bedeutet wiederum, daß allein in dieser Gruppe in rund 60 Prozent der (50) Fälle eine Verurteilung ohne Geständnis nur schwer möglich gewesen wäre.

Die Bilanz derjenigen Faktoren, die wesentlich zur Bildung des Dunkelfeldes solcher Patiententötungen beitragen, zeigt eine vielfältige Palette von sozialen und psychologischen Komponenten, zu denen sich post mortem diagnostische Beurteilungsgrenzen und rechtsmedizinische sowie chemisch-toxikologische Nachweisschwierigkeiten addieren:
Den wesentlichsten Beitrag zur Dunkelfeldbildung leisten wohl die oft schier unüberwindlich erscheinenden sozialen, insbesondere gruppendynamischen und psychologischen Aufdeckungsbarrieren, von denen niemand sagen kann, in wie vielen Fällen sie »wasserdicht« bleiben (siehe dazu die nächsten Abschnitte). Der zweite we-

sentliche Faktor ist durch die diagnostischen Grenzen der ärztlichen Leichenschau gekennzeichnet. Der dritte Faktor besteht in den »absoluten« wissenschaftlichen Nachweisgrenzen, das heißt in der Unmöglichkeit, spezifische Tötungsmittel chemisch-toxikologisch in gerichtsverwertbarer Weise nachzuweisen. Eine sehr viel geringere Bedeutung für die Bildung des Dunkelfeldes dürften hingegen die »relativen« wissenschaftlichen Nachweisgrenzen haben, die durch Liegezeiten der sterblichen Überreste im Erdreich und Art der Tötungssubstanzen bestimmt werden. Die Annahme eines nicht unerheblichen Dunkelfeldes erweist sich danach, insbesondere durch das Zusammenwirken dieser Faktoren, als gut begründbar. Auf diesem Hintergrund wird auch deutlich, weshalb der Zufallsentdeckung gerade bei den Patiententötungen durch Pflegekräfte ein so hervorgehobener Stellenwert zukommt.
Über den quantitativen Beitrag dieser Faktoren zum Dunkelfeld solcher Patiententötungen bestehen zur Zeit keine Vorstellungen (mit Ausnahme bestimmter Daten zu ärztlichen Fehldiagnosen im Rahmen der Beurteilung von Todesursachen). Auch ist die hier erstmals zusammengestellte Palette von Faktoren der Dunkelfeldbildung wahrscheinlich gar nicht vollständig. Die ersten Dunkelfeldstudien in Australien und den USA belegen eine ganz neue Art eines solchen Faktors, der bei den verurteilten Pflegekräften bisher gar nicht in Erscheinung trat: Es handelt sich um die enge Kooperation von Ärzten mit Pflegekräften bei aktiver Sterbehilfe. Dabei darf man wohl annehmen, daß ein solches, strafrechtlich riskantes Zusammenwirken nur dann »funktioniert«, wenn es auf absoluter Verschwiegenheit beider Seiten beruht.
Die einzige, wenn auch nur vage quantitative Vorstellung vom möglichen Beitrag eines dieser Faktoren zum Dunkelfeld eröffnet eine Studie in der ehemaligen DDR. Bei einem Vergleich rechtsmedizinischer Obduktionsbefunde von 461 verstorbenen Patienten im Alter von 80 bis 89 Jahren mit ärztlichen Leichenschaudiagnosen erwiesen sich knapp fünfzig Prozent der letzteren als falsch. Am häufigsten hatten Altenheimärzte (in 60 Prozent der Fälle) geirrt. Pathologen und Rechtsmediziner halten die Ergebnisse dieser Stu-

die für übertragbar auf die (alte) Bundesrepublik.[6] Das Ergebnis der Studie korreliert mit den Befunden ärztlicher Fehldiagnosen eines natürlichen Todes in den forensischen Fällen der Patiententötungen. Das bedeutet, daß die Wahrscheinlichkeit solcher Irrtümer (im Rahmen der rein äußeren diagnostischen Beurteilung von Toten) bei älteren Patienten besonders hoch ist. Bei den forensischen Fällen hängt dies damit zusammen, daß bei diesen älteren, »überwiegend multimorbiden Patienten jeder pathologisch-anatomisch gut ausgebildete Arzt ohne Schwierigkeiten eine – oftmals sogar mehrere – Todesursachen hätte feststellen können«.[7] Insofern wird man damit rechnen müssen, daß die Möglichkeit des Arztes begrenzt ist, (im Rahmen der Leichenschau) die Verdachtsdiagnose einer »Intoxikation« zu stellen, und daß statt dessen gerade bei betagten, multimorbiden Patienten eher ein »natürlicher« Tod diagnostiziert wird – eine Schwachstelle, die möglicherweise einen erheblichen quantitativen Beitrag zum Dunkelfeld solcher Tötungen leistet. Dieser Beitrag sollte immer auch im Zusammenhang mit der Wirkung gesehen werden, die – bei Verdachtsfällen – die Autorität der ärztlichen Diagnose eines »natürlichen« Todes aufs Pflegepersonal ausübt (daß dies irrtümlich attestiert worden sein könnte, wird kaum jemand vermuten). In einem der Prozesse sagte eine Schwester als Zeugin dazu: »Ich hab' mich schon über manche Todesfälle gewundert. Da aber medizinisch begründete Todesursachen genannt wurden, erschien mir nichts verdächtig.«

Bekenntnisse im Schutz der Anonymität

Keine der bereits mehrfach erwähnten Dunkelfeldstudien zur verbotenen Sterbehilfe durch Pflegekräfte – an australischen Pflegekräften (1992/93 und 1994) und Intensivschwestern in ganz USA (1996) – stand in irgendeinem Zusammenhang mit forensischen Fällen. Letztere wurden erstaunlicherweise nicht einmal am Rande erwähnt, obgleich nach den Ergebnissen der australischen und amerikanischen

Studien eine erhebliche Anzahl der Pflegekräfte unzweifelhaft Tötungsdelikte begangen hat. Das mag damit zusammenhängen, daß es sich hier primär um medizinsoziologische Untersuchungen handelt, nicht um Studien, die durch ein primär kriminologisches Erkenntnisinteresse geleitet waren. Doch dürften beide Aspekte – medizinsoziologische und kriminologische – kaum voneinander zu trennen sein. Und dies schon deshalb nicht, weil hier ein Bereich des Verhaltens und Handelns erforscht wurde, der mit Höchststrafen in allen Ländern der westlichen Welt bedroht ist. Doch die Studien wollten mehr als nur strafbares Verhalten in Sachen aktiver Sterbehilfe und Beihilfe zur Selbsttötung erforschen (die in Australien und den USA ebenfalls als Tötungsdelikt strafbar ist). Das Forschungsinteresse der anonymen (postalischen) Fragebogenuntersuchungen galt auch den Einstellungen und Haltungen der Pflegenden im Umgang mit unheilbar Kranken (mit infauster Prognose) und Sterbenden. Die Wissenschaftler – Mediziner, Psychologen, Soziologen – wollten wissen, was in den Kliniken ihrer Länder vorgeht, wenn Pflegende von schwerstkranken Patienten mit der Bitte konfrontiert werden, Maßnahmen der Lebensverlängerung einzustellen (passive Sterbehilfe), ihnen Medikamente zur Selbsttötung zu geben (Beihilfe zur Selbsttötung) oder ihr Leben direkt und gezielt zu beenden (aktive Sterbehilfe). Sie wollten auch wissen, ob sie von anderen Personen – von Ärzten, nahen Angehörigen, anderen Pflegekräften, Freunden – gebeten oder aufgefordert wurden, Patienten Sterbehilfe zu leisten oder dabei mitzuwirken. Wie gingen die Pflegekräfte in Südaustralien, im australischen Bundesstaat Victoria oder in allen amerikanischen Bundesstaaten auf Intensivstationen und Kliniken mit diesen verschiedenartigen Grenz- und Entscheidungssituationen zum strafbaren Tun um, wie sind sie bisher damit umgegangen? Diese – psychologischen, ethischen, moralischen, gesetzlichen – Kernfragen standen in allen drei Studien im Mittelpunkt einer abgesicherten anonymen Fragebogenuntersuchung. Der Nachteil solcher Studien ist: Sie lassen keine Rückfragen oder Interviews zu, stellen wohl aber freie Schilderungen und Kommentare ins Ermessen der Befragten.[8]

Wer sind die Befragten, wer die Kranken und wie viele der befragten Schwestern und Pfleger wurden mit einem Sterbehilfeverlangen konfrontiert?
Die Kooperationsbereitschaft war mit fünfzig bis siebzig Prozent (verwertbarer Rückmeldungen) in allen drei Studien bei einem so heiklen Themenbereich ausreichend bis hoch. Bei den Befragten der Studien handelte es sich ganz überwiegend um Schwestern (über 90 Prozent). Sie standen in der Majorität im mittleren Lebensalter (zwischen 20 und 40 Jahren).
Von den Befragten wurden – je nach Studie – zwischen gut einem Zehntel (13 Prozent) der amerikanischen Intensivschwestern und gut einem Viertel bis ein Drittel der Schwestern in den beiden australischen Studien mit dem Patientenverlangen nach aktiver Sterbehilfe konfrontiert. Die amerikanischen Intensivschwestern wurden darüber hinaus auch mit dem Wunsch nach Beihilfe zur Selbsttötung konfrontiert (die in dieser Studie leider nicht von aktiver Sterbehilfe unterschieden wurde). Das vergleichsweise weniger häufige Sterbehilfebegehren von Patienten gegenüber Intensivschwestern könnte auf den meist kritischen, oft kommunikationsbeeinträchtigten Zustand von Intensivpatienten zurückzuführen sein.
Bei den in australischen Kliniken betreuten Patienten (der Befragten) handelt es sich überwiegend um terminal Kranke (71 Prozent der australischen Studie von 1993), gut die Hälfte mit Krebserkrankungen, teils einhergehend mit palliativ nicht zu lindernden oder ungenügend behandelten Schmerzen; ferner wurden neurologische Erkrankungen genannt, wie etwa Zustände nach schweren Schädelhirntraumen mit komatösen Zuständen, Alzheimer- und Parkinson-Erkrankungen in fortgeschrittenen Stadien, sowie chronische Atemwegserkrankungen mit Atemdepressionen verschiedenster Genese. Bei der Intensivschwestern-Studie waren es ausschließlich kardiologische, chirurgische und internistische Patienten in kritischen Erkrankungszuständen (ohne spezifischere Angaben der US-Studie von 1996). Von der zweiten, der südaustralischen Studie (1994) erfahren wir über die Erkrankungen selbst nichts, sondern lediglich etwas über die von den Schwestern eingeschätzten Hintergründe des

Sterbeverlangens eines Teils der Patienten: Unbehandelbare Schmerzen (36 Prozent), ferner »Todesnähe« der Patienten, also Moribunde (24 Prozent), »extrem schlechte Lebensqualität« (27 Prozent, ohne nähere Angaben) und »individuelle Selbstbestimmung eigenen Sterbens« (39 Prozent) sind die häufigsten der von den Pflegenden eingeschätzten Hintergründe.
Auf diesem Datenhintergrund der drei Dunkelfeldstudien beeindrucken die Ergebnisse in folgenden Aspekten durch hohe Übereinstimmungen hinsichtlich:

- eines erheblichen, gleich hohen Anteils von Pflegekräften mit aktiver Sterbehilfeerfahrung in der beruflichen Laufbahn;
- eines nicht unerheblichen, wenngleich unterschiedlich großen Anteils von Schwestern, die mehrfach Patienten aktive Sterbehilfe (oder Beihilfe zur Selbsttötung) geleistet haben;
- und schließlich eines in zwei Studien hohen Prozentsatzes von Schwestern, die auf Bitten von Ärzten in erheblichem Ausmaße in verbotene Sterbehilfe involviert waren.

Die in zentrale Details gehende Betrachtung konfrontiert mit dem Befund, daß jede fünfte oder rund zwanzig Prozent der befragten Pflegekräfte wenigstens einmal in ihrer beruflichen Laufbahn aktive Sterbehilfe geleistet haben. Bei den relativ großen Stichproben (von jeweils fast tausend in zwei Studien) betraf dies 160 bis rund 200 Schwestern, die zumindest einmal mit verbotener Sterbehilfe tätig waren – bei der kleineren der beiden australischen Studien mit fast dreihundert Befragten waren dies immer noch rund fünfzig Schwestern und Pfleger. Diese Statistiken sagen allerdings noch nichts aus über die Häufigkeit, mit der dieses eine Fünftel die Grenzen zum Töten überschritten hatte.
Ein Blick auf die Befunde zur Häufigkeit, mit der die Schwestern zur tödlichen Spritze griffen, zerstört jede selbstberuhigende Vorstellung vom Ausmaß, in dem sie allein, eigenmächtig oder zusammen mit Ärzten tätig waren:

- In der ersten australischen Studie (1992/93) waren es 20 Prozent der (943) befragten Schwestern, die zusammen mit Ärzten an aktiver Sterbehilfe beteiligt waren. Darunter befanden sich allein 148, die in zwei oder mehr als zwei Fällen involviert waren, das heißt bei mindestens 296 Patienten (wenn man von nur zwei Patienten pro Schwester ausgeht). Nur 2 Prozent der (943) Befragten waren allein und eigenmächtig, ohne Wissen der Ärzte als aktive Sterbehelferinnen tätig (16 Schwestern oder 5 Prozent derjenigen, die um Sterbehilfe von Patienten gebeten wurden). Danach haben insgesamt 201 Schwestern allein oder zusammen mit Ärzten 349 Patienten zu Tode gebracht – mit oder ohne deren Verlangen. Berücksichtigt man, daß 4 Prozent der (943) Befragten ohne ärztliches Wissen eigenmächtig auf Verlangen der Patienten lebensverlängernde Maßnahmen eingestellt haben, indem sie keine Antibiotika mehr verabreichten, den Respirator zur künstlichen Atmung abschalteten usw., so haben 38 weitere Pflegekräfte – bei meist mehr als zwei Patienten – in insgesamt rund 80 Fällen passive Sterbehilfe geleistet. Das heißt, sie haben sich als Schwestern strafbar gemacht.
- Auch die amerikanische Studie (1996) an Intensivschwestern aller 50 Bundesstaaten registrierte 20 Prozent der (827) Befragten, die in verbotene Sterbehilfehandlungen involviert waren: das sind insgesamt 164 (überwiegend) Schwestern. Die Studie bediente sich eines differenzierteren Befragungs- und Erfassungsrasters und konnte deshalb unterscheiden zwischen Schwestern, die in ihrer Berufslaufbahn mindestens einmal in solche Aktivitäten involviert waren, und anderen quantitativen Aspekten: so etwa, daß von den 164 Schwestern 62 pro Jahr bei 124 Patienten aktive Sterbehilfe oder Beihilfe zur Selbsttötung geleistet hatten, also im Jahr durchschnittlich zwei Patienten zu Tode brachten; oder daß 64 Schwestern (8 Prozent der Befragten) im Jahr davor Patienten zu Tode gebracht hatten, daß 84 der aktiven Sterbehelferinnen insgesamt ein- bis dreimal in solche Aktivitäten involviert waren und sieben Schwestern jeweils mehr als zwanzigmal. Daraus ergibt sich, daß allein rund 10 Prozent aller Befragten minde-

stens zwischen einer und drei Tötungen begangen haben, 1 Prozent jeweils über zwanzig.

Eine andere Daten-Dimension gibt Aufschlüsse darüber, ob diese Schwestern allein oder in Kooperation mit anderen Personen gehandelt haben. Danach haben allein 108 Schwestern zusammen mit Ärzten verbotene Sterbehilfe geleistet (13 Prozent der Befragten), im letzten Jahr vor der Befragung in 100 Fällen und insgesamt in ihrer beruflichen Laufbahn 517mal, das sind rein rechnerisch pro Schwester durchschnittlich fünf Fälle verbotener Sterbehilfe in Kooperation mit Ärzten. Bemerkenswert ist hier wieder die Vielzahl solcher – strafrechtlich betrachtet – Tötungshandlungen:
Allein sieben Schwestern haben bei mindestens 140 Patienten, 84 Schwestern bei bis zu 252 Patienten verbotene Sterbehilfe geleistet und zehn Schwestern handelten 68mal zusammen mit Kolleginnen – letzteres ein Befund, der an Wien erinnert. Insgesamt handelten 62 Schwestern (rund 8 Prozent) im Alleingang, das heißt eigenmächtig und ohne Wissen eines Arztes. Ohne Kenntnis der Ausmaße von Serientötungen verurteilter Schwestern und Pfleger könnte man versucht sein, an solchen Zahlen zu zweifeln.

- Auch in der zweiten australischen Studie (mit einer sehr viel kleineren Stichprobe von 275 Befragten) hatten 12 Prozent der Schwestern eigenmächtig und 5 Prozent zusammen mit Ärzten das Leben von Patienten direkt verkürzt. Nur 1 Prozent handelte auf der Grundlage eines Teambeschlusses. Weshalb der Prozentsatz der mit Ärzten kooperierenden Schwestern in dieser Studie sehr viel kleiner ist als in den beiden anderen, muß offen bleiben. Über die Häufigkeit in Einzelfällen machte diese Studie keine Angaben.

Von großem Interesse in diesen Studien ist freilich, wie man sich die von den Schwestern angegebene Sterbehilfekooperation mit den Ärzten vorstellen darf. Zwei der Studien – die erste australische (von 1992/93) und die amerikanische (von 1996) – erlauben einen gewissen Einblick, zumindest aus der Perspektive der Schwestern. Wie aus den Berichten und Kommentaren der Befragten hervorgeht, scheint es verschiedenartige Kooperationsweisen zu geben:

- Die eine besteht in einem mehr oder weniger deutlichen stillschweigenden Einverständnis eines Arztes mit der Art und Weise, wie eine Schwester seine angeordneten medikamentösen Behandlungsmaßnahmen durchführt. Die Schwestern berichten aus ihrer Sicht einige Varianten dieser Form der Kooperation:
  1. Eine Intensivschwester (der amerikanischen Studie) schilderte, daß Patienten, die um Sterbehilfe durch eine direkte Lebensbeendigung bitten, dies normalerweise schriftlich oder mündlich tun: »Es ist dann so, als ob man es nie geplant hätte, aber mit der Zeit entwickelt sich eine Beziehung zum Patienten, und wir beide wissen dann, wenn der Zeitpunkt gekommen ist. Manchmal war der Patient bewußtlos, stand unter Opiaten, die ich dann höher dosierte, wenn die vitalen Zeichen des Organismus nachließen. Der einzige Arzt, mit dem ich je eine Übereinkunft hatte, war ein Onkologe – aber es war meist eine unabgesprochene, eine stillschweigende Übereinkunft.«[9]
  2. Eine australische Schwester berichtete, obgleich sie den Doktor »gar nicht danach« gefragt hätte, »wußte ich einfach, daß er sich des Zustandes seiner Patientin bewußt war. Die Tatsache, daß er wiederholt Morphium verordnete, sprach dafür, daß er an die Konsequenzen seiner Medikation bei dieser Patientin durchaus dachte. Er sagte dann immer nur, ›halten Sie sie beschwerdefrei ...‹ Ich saß bei der Patientin und hielt bis zuletzt ihre Hand. Sie war dankbar dafür, die Behandlung zu bekommen, die sie sich gewünscht hatte.«[10]
  3. Eine andere Schwester aus der australischen Studie schrieb: »Patienten, die Schmerzmittel infundiert bekommen, brauchen eine solche Linderung. Sie befinden sich meist im terminalen Stadium. Ich denke, sie haben ein Recht darauf, soviel schmerzlindernde Medikamente zu bekommen, um von ihren Schmerzen befreit zu werden und einen leichten Tod zu haben. Gewöhnlich

gibt ein Arzt keine direkten Anweisungen, aber er hinterläßt Anordnungen, die es der Schwester ermöglichen, die Dosis zu erhöhen und oft auch eine letale Dosis zu verabreichen.«[11]

Daß es gelegentlich einen solchen stillschweigenden Konsens, ein Gewährenlassen ärztlicherseits gibt, ist sicher nicht jenseits der Realität des klinischen Alltags. Doch eine klar umrissene Kooperationsstruktur ist – zumindest nach diesen Beispielen – nicht erkennbar. Es ist nicht einmal auszuschließen, daß eine solche »Kooperation« eher auf Deutungen der Schwestern beruht und der Selbstrechtfertigung des eigenen Tuns dient. Trifft dies für einen Teil der Schwestern zu, so reduzierte sich die Gruppe der mit Ärzten kooperierenden Pflegekräfte entsprechend.

- Eine zweite Art der Kooperation mit Ärzten scheint darin zu bestehen, daß die Schwestern hohe Dosen ärztlich verordneter Narkotika verabreichen, und zwar in einer Weise, die offen läßt, ob dadurch der Tod beschleunigt wird. Der Grund: die Dosierung der Medikamente dient in erster Linie der Schmerz- und Leidenslinderung. Die entstandene Zweideutigkeit sieht dann so aus: Der Tod wird offiziell als (unerwünschte) Nebenwirkung der medikamentösen Schmerzlinderung dargestellt, inoffiziell als Beschleunigung des Todes. Hierbei handelt es sich ganz offensichtlich um eine Schwestern-Ärzte-Kooperation bei der sogenannten indirekten Sterbehilfe, die zwar für den Arzt nicht strafbar ist, aber doch eine Grauzone der Sterbehilfe darstellt (siehe Kapitel 6).
  Eine australische Schwester sagte dazu: »Viele Schwestern, die in solche ärztlich angeordneten Behandlungsmaßnahmen involviert sind, würden vehement bestreiten, etwas mit ›Euthanasie‹ zu tun zu haben, wenn dieses Thema diskutiert würde.«[12]

Daß es darüber hinaus noch ganz andere Formen des Zusammenwirkens von Schwestern und Ärzten gibt, ist wohl zu vermuten. Von Interesse ist aber insbesondere auch eine Gruppe von Schwestern, die

Anordnungen der Ärzte unterlaufen, nach außen aber so tun, als würden sie die ärztlichen Weisungen befolgen:

- Unter 59 Intensivschwestern der amerikanischen Studie (7 Prozent von 827), die angaben, ärztliche Anordnungen zur Beschleunigung des Todes ausgeführt zu haben, befanden sich 35 Schwestern (4 Prozent der Befragten), die auch ärztlich angeordnete Maßnahmen nur auszuführen vortäuschten: Statt einer verordneten Kochsalzlösung bei Patienten mit zu niedrigem Blutdruck injizierten sie ein blutdrucksenkendes Medikament, mit dem sie den Tod herbeiführten. Im Krankenblatt trugen sie aber die verordnete Salinelösung ein. Wieder andere interpretierten die Dosierungsrichtlinien bestimmter Medikamente einfach nach Belieben. Eine Intensivschwester schrieb dazu in ihrem Kommentar: »Ich habe die Dosierung von Morphinen viel höher als vorgeschrieben verabreicht und anschließend den ganzen ›narkotischen Müll‹ gefälscht, um die Sache zu vertuschen.«[13]

Die Entstehungssituationen, aus denen derart eigenmächtige Handlungen hervorgehen, werden als (unausgetragene) Kontroversen der Schwestern mit den Behandlungsauffassungen der Ärzte beschrieben. Dabei geht es vor allem um Patienten im terminalen Zustand:

- Eine australische Schwester beschrieb das so: »Ich habe einem terminal kranken Patienten, der jede weitere Behandlung ablehnte und sterben wollte, die Morphiumdosis erhöht. Warum? Ich hatte den Arzt bereits um eine höhere Dosierung wegen der Schmerzen dieses Patienten gebeten. Er hat sie dem Kranken verweigert. Da gab ich dem Patienten auf eigene Faust einfach mehr Morphium. Ich war der Meinung, daß hier die Ärzte einfach falsch gehandelt haben.«[14]
- Auch eine nach Auffassung der Schwestern überstrapazierte Anwendung der Hochtechnologien zur Lebensverlängerung bei Patienten mit infauster Prognose kann eine Entstehungssituation eigenmächtigen Handelns sein.

Im Unterschied zu den Schwestern, die in einem tatsächlichen oder nur vermeintlichen Kooperationsverhältnis mit den Ärzten tödlich handeln, greifen Schwestern, die die ärztlichen Anordnungen unterlaufen, zu tödlichen Mitteln, wenn sie Behandlungsmaßnahmen der Ärzte für unangemessen oder gänzlich falsch halten. Aus allen diesen Beschreibungen und Kommentaren geht hervor, daß es sich dabei um Situationen handelt, in denen sie sich durch das Verhalten eines Arztes in die Rolle von Anwältinnen der Patienten gedrängt fühlen. Darin schon die Motivation ihres Handelns zu sehen, wäre aber kurzschlüssig. Im Einzelfall kann es sich aber, wenn anhaltende Kontroversen mit ärztlichen Therapiekonzepten existieren, durchaus um ein Mosaiksteinchen im Motivationsgefüge handeln, das sich allmählich entwickelt hat. Was sich hier jedoch sehr klar abzeichnet, sind erhebliche Konfliktsituationen zwischen Schwestern und Ärzten, die um Behandlungsmaßnahmen zentriert sind und – aus Schwesternsicht – um die Linderung oder Beendigung von Leiden der Patienten. Daß sich die Schwestern dabei in der Rolle von Patienten-Anwältinnen fühlen, ist unverkennbar. Die Parallelität dieser Gruppe eigenmächtig handelnder, ärztliche Anordnungen unterlaufender Schwestern mit jenen der forensischen Fälle ist offenkundig. Das gilt auch für Konfliktsituationen von Behandlungs- und Versorgungsmaßnahmen, wie bestimmte Situationen ärztlicher Reanimationsversuche im Fall von Maria Morell (siehe Kapitel 1), Äußerungen der Wiener Schwestern und die durchgängig gleichartigen Motivangaben der anderen verurteilten Pflegekräfte zeigen.
Nach den drei Studien waren es 16 bzw. 33 australische Schwestern sowie 62 amerikanische Intensivschwestern, die – ähnlich ihren verurteilten Kollegen und Kolleginnen – eigenmächtig und ohne Wissen der Ärzte aktive Sterbehilfe leisteten bzw. Tötungsdelikte begingen. Das sind – bezogen auf jeweils alle Befragten – 5 bzw. 12 Prozent (Australien 1993 und 1994) bzw. 8 Prozent (der befragten amerikanischen Intensivschwestern) – wobei diese Statistik insofern nicht ganz realistisch ist, als – wie eingangs gezeigt – nicht alle Befragten auch mit dem Sterbehilfeverlangen von Patienten konfrontiert waren (siehe Kapitel 6, S. 263 ff.).

Im Unterschied zu den Gerichtsfällen finden sich in den Dunkelfeldstudien auch Pflegekräfte, die auf Verlangen der Patienten handeln (wobei diese Frage nicht durchgängig in den Studien geklärt ist und bei der Gruppe von Schwestern-Ärzte-Kooperationen überhaupt nicht). Soweit die Daten reichen, liefern sie zumindest eine ungefähre Vorstellung vom Ausmaß, in dem Pflegekräfte des Dunkelfeldes auf Verlangen von Patienten aktive Sterbehilfe zu leisten bereit sind:

- Gemessen an der Anzahl jener Pflegenden, die mit einem Patientenverlangen nach verbotener Sterbehilfe konfrontiert waren, ist die Zahl der diesem folgenden Pflegekräfte relativ niedrig: Nur 5 bzw. 10 Prozent waren es bei den befragten australischen Schwestern. Lediglich bei den amerikanischen Intensivschwestern liegt dieser Anteil um ein Vielfaches höher. Hier sind es 37 Prozent (40 von 108). Jede dieser Intensivschwestern war in durchschnittlich 8 Prozent der Fälle den Patientenwünschen gefolgt (und in 12 Prozent dem Wunsche der Angehörigen, wobei die Differenz zum Patientenverlangen statistisch nicht signifikant ist).

Die eindeutig größere Tendenz von Schwestern auf Intensivstationen, dem Patientenverlangen nach Sterbehilfe nachzukommen, könnte unter Umständen damit zusammenhängen, daß dort häufiger moribunde Patienten liegen. Ob diese schlichte monokausale Hypothese Erklärungswert besitzt, können nur Vergleichsuntersuchungen klären. Eine solche Untersuchung – etwa auch an onkologischen Versorgungseinheiten – wäre im Rahmen der Frage bedeutsam, wo die sensiblen Klinikbereiche bzw. Stationen auszumachen sind, die in besonderem Maße Pflegekräfte mit dem Problem des Sterbehilfeverlangens von Patienten belasten.
Auf die Frage, welchen Einfluß Lebensalter und Konfession der Pflegekräfte auf den Umgang mit Sterbehilfeverhalten haben, geben nur die beiden australischen Studien eine vorläufige Antwort:

- Danach sind vor allem jüngere Schwestern (und Pfleger), insbesondere zwischen 20 und 29 Jahren, an aktiven Sterbehilfehandlungen beteiligt. Sie sind es auch, die am häufigsten (bis zu 41 Prozent in der australischen Studie von 1994) mit dem entsprechenden Patientenwunsch konfrontiert wurden. Demgegenüber sind Pflegende über 50 Jahre weitaus zurückhaltender.

- Im Unterschied zum starken Einfluß des Lebensalters scheint die religiöse Bindung keine bedeutsame Rolle für aktive Sterbehilfe zu spielen. Wenn es sich um terminal kranke Patienten handelt, sind die australischen Schwestern – ungeachtet ihrer Konfession – gleichermaßen in verbotene Sterbehilfe involviert. Dies schließt keineswegs aus, daß der religiöse Glaube einer Schwester oder eines Pflegers im Einzelfall einer entsprechenden Entscheidung doch von großer Bedeutung ist. Insgesamt betrachtet ist jedoch bemerkenswert, daß australische Schwestern und Pfleger, die in aktive Sterbehilfehandlungen involviert waren, ihren persönlichen religiösen Glauben zurückstellten und sich offenbar in erster Linie als Anwälte der Patienten fühlten.

Die Ergebnisse der australischen Studie zur Rolle des Glaubens bei verbotener Sterbehilfe können – da lediglich aus einem Land – nur höchst vorläufige sein. Die Rolle der Konfession leitet hier über zu Ergebnissen der drei Studien, denen ein eigener Abschnitt einzuräumen ist. Er steht im Zeichen der Frage, was die Studien darüber aussagen, wie die in verbotene Sterbehilfe, also Tötungshandlungen involvierten Pflegekräfte es mit ihrem Gewissen halten.

Vom Gewissen und von Beweggründen

Die verurteilten Schwestern und Pfleger haben geäußert – man erinnere sich an Kapitel 4 –, sie hätten das »Gefühl« gehabt oder seien davon »überzeugt« gewesen, »richtig« gehandelt zu haben, wenn sie den Tod eines Patienten herbeiführten. Die Patienten von ihrem »Leiden zu erlösen« oder ihnen den »Todeskampf« zu erleichtern, das gaben sie an gewollt zu haben. Sie haben damit ihr »richtiges«

Handeln begründet und somit zu verstehen gegeben, mit ihrem Gewissen in Einklang zu stehen und gestanden zu haben. »Ich-syntone Verarbeitung« nennt diesen psychischen Sachverhalt die Psychoanalyse. Sie meint damit das vom Ich akzeptierte, ins Selbstbild integrierte und positiv bewertete Handeln. Es ist somit ein Handeln, das sich auch im Spiegel des eigenen Gewissens »sehen« lassen kann und nicht vom Ich abgespalten als quasi »fremd« erlebt wird. Das schließt nicht aus, daß im Tatvorfeld eine Konfliktentwicklung bis zur Tatbereitschaft oder sogar bis zur Ersttat vorangeht und daß es im Einzelfall am Anfang der Taten zu Abspaltungsprozessen kommt (Fall Helmut Frey). Manche der Angeklagten haben aber erst unter dem Druck des Verfahrens ein bißchen »nachgebessert« und erklärt, nun würden sie manches »anders« sehen, doch damals seien sie von der »Richtigkeit« ihres Tuns überzeugt gewesen. Sie verstanden das freilich nicht im gesetzlichen Sinne. Denn sie wußten alle, was sie taten. Sie wußten, daß sie gegen das Gesetz verstießen, wenn sie einem Patienten die tödliche Injektion gaben. »Richtig«, das war ihr moralischer »point of view«.

Nichts anderes haben die Schwestern aller drei Dunkelfeldstudien gesagt, die verbotene Sterbehilfe geleistet hatten. Die Übereinstimmungen reichen bis in exakt dieselben Formulierungen hinein: Auch sie sprechen von einem »Gefühl, richtig gehandelt« zu haben. Unabdingbare Voraussetzung war für sie alle: der terminal kranke Patient, der inkurabel Kranke, ohne Aussicht auf Gesundung oder Besserung – Patienten mit »infauster« Prognose, wie die Medizin die Aussichtslosigkeit zu nennen pflegt. Von dieser »Richtigkeit« des eigenen Handelns bei verbotener Sterbehilfe überzeugt war die große Majorität (von 86 Prozent) der südaustralischen Schwestern und auch derjenigen im Bundesstaat Victoria. Dabei spielte das Patientenverlangen für die südaustralischen Schwestern offenbar keine entscheidende Rolle: mit Verlangen des Patienten hielten sie es ebenso für gerechtfertigt (44 Prozent) wie ohne (42 Prozent). Die amerikanische Studie hatte diesen Gesichtspunkt etwas anders erforscht: Danach ließ sich die Mehrheit (91 Prozent) der »aktiv« tätigen Sterbehelferinnen »nur zeitweise« vom tödlichen Handeln abhalten – aus Angst vor Strafe, auch weil sie bisweilen daran zweifelten, den Patienten in seinem Verlangen nach Sterbehilfe auch wirklich richtig verstanden zu haben (80 Prozent).

Insgesamt und unabhängig davon, ob sie in aktive Sterbehilfe involviert waren oder nicht, vertrat rund ein Drittel aller südaustralischen und ein Viertel der victorianischen Befragten die moralisch-ethische Position gerechtfertigten Handelns. Ein Fünftel aller südaustralischen Pflegekräfte hielt es sogar für moralisch gerechtfertigt, unter bestimmten Voraussetzungen auch ohne ausdrückliches Patientenverlangen aktive Sterbehilfe zu leisten.

Vergleicht man die verurteilten Fälle unter strafrechtlichen Gesichtspunkten mit denen von anonymen australischen wie amerikanischen Pflegekräften, so würden sich beide Gruppen mit aktiver Sterbehilfe (bei den amerikanischen Intensivschwestern auch mit Suizidbeihilfe) nicht grundsätzlich voneinander unterscheiden. Genau wie die Verurteilten, so hätten auch ihre Kollegen des Dunkelfeldes hohe Strafen wegen begangener Tötungsdelikte zu erwarten. In den australischen Bundesstaaten könnte sich die Tötung auf Verlangen des Patienten noch nicht einmal strafmildernd auswirken, wie etwa in der Bundesrepublik nach 216 StGB, da die Einwilligung des Opfers in ganz Australien für die Strafbarkeit des Täters irrelevant ist.[15]

Auf der ethisch-moralischen Bewertungsebene aber bleibt, wenigstens zum Teil, der Unterschied zwischen beiden: Die Verurteilten haben ohne das Verlangen der Patienten den Tod herbeigeführt – für einen Teil der anonymen australischen und amerikanischen Pflegekräfte war der Wunsch des terminal kranken Patienten eine unabdingbare ethische Maxime.

Hier an diesem Punkt stellt sich eine sehr zentrale Frage: Da gibt es Pflegekräfte – Verurteilte und zum Teil anonyme –, die nach allen Strafrechtsordnungen der Welt eine der schwerwiegendsten Straftaten, eine Tötung, begehen und zugleich mit ihrem Gewissen in Einklang stehen. Womit begründen die australischen und amerikanischen »schwesterlichen« Sterbehelferinnen eine solche Tat? Ist es das Leiden der Patienten allein? Wie sieht ihre ethisch-moralische Rechtfertigung aus, sofern sie den Studien zu entnehmen ist? Gibt

es einen einheitlichen, das heißt einen allen gemeinsamen ethisch-moralischen Standort oder so etwas wie eine einzige handlungsleitende moralische Maxime?
Die Situationsschilderungen und Kommentare der Befragten in den Studien erlauben zumindest eine grobe Kategorisierung der Argumente, mit denen diese Schwestern ihr Handeln ethisch-moralisch begründen oder rechtfertigen:

1 Da ist zunächst einmal das Argument von Menschlichkeit und Würde des Sterbens, das durch einige Kommentare deutlich wird:

- »Wenn ein Patient zum wiederholten Male um Schmerzmittel gebeten hat, ihm aber klar gemacht werden mußte, daß eine schmerzlindernde Medikation möglicherweise seinen Tod zur Folge haben könnte, und dieser Patient dann immer noch um Linderung seiner Leiden bat, dann war ich immer auf seiner Seite. Ich hatte das Gefühl, ihm geholfen zu haben, friedlich zu sterben.«
- »Wenn ein Patient im Bett aufgesetzt werden muß, damit er nicht ›in seinem eigenen Saft ertrinkt‹, dann, so denke ich, ist es menschlicher, ihn flach hinzulegen, um den Sterbeprozeß zu beschleunigen. Vielleicht hätte ein solcher Patient noch weitere vier Stunden gelebt. Aber unter welchen Leiden. Das ist nur ein Beispiel für eine ganz ›simple Form der Euthanasie‹. Aber es ist exakt dasselbe wie die Verabreichung letal wirkender Medikamente, um es zu einem Ende zu bringen.«[16]

Freilich hat die Schwester diese letztere Äußerung moralisch und nicht unter dem Aspekt der Wirkungen verschiedenartiger Tötungsmittel gemeint. Denn jede erfahrene Schwester weiß, daß ein Erstickungstod ungleich leidvoller ist als das Sterben mit Hilfe hochdosierter Morphingaben.

2 Dann gibt es das moralische Argument der Achtung des Patientenwunsches – ein Argument, das sich, zumindest bei passiver Sterbehilfe, auch die höchstrichterliche deutsche Rechtsprechung zu eigen gemacht hat,[17] doch das bei aktiver Sterbehilfe weder von Berufsverbänden der Ärzte noch in der katholischen Soziallehre in westlichen Ländern bislang akzeptiert worden ist:

- »Ich halte es für unmoralisch, gegen den Wunsch eines Patienten zu handeln. Die Schwestern sind doch oft die einzigen Menschen für die Patienten, die ihre Gefühle respektieren.«[18]

Hier wird zugleich deutlich, daß die moralische Argumentation der Achtung des Patientenwunsches auch das Recht des Patienten auf Selbstbestimmung mit einschließt. Und das bedeutet auch einen selbstbestimmten Tod, ein Thema, das in unseren westlichen Gesellschaften heftig und kontrovers diskutiert und – nach allen Meinungsumfragen – von der Majorität der Bevölkerung aller westlicher Industrienationen auch eingefordert wird (siehe Kapitel 9).

3 Die dritte Kategorie besteht aus einem Spektrum heterogener moralischer Argumente. Sie können – wie bereits im vorigen Abschnitt anhand verschiedener Schwestern-Kommentare veranschaulicht – aus ethisch-moralischen Positionen bestehen, mit denen sie pointiert für sich in Anspruch nehmen, in der Rolle eines Anwalts, einer Anwältin für den Patienten das »Beste« zu wollen und zu tun:

- Der Arzt handelt unangemessen oder therapeutisch sogar falsch.
- Die Anwendung therapeutischer Möglichkeiten der modernen Medizin – unter anderem von Hochtechnologien der Intensivmedizin – verlängert oder vergrößert das Leiden von Patienten um den Gewinn einer nur kurzen Lebensspanne.

4 Kategorie vier ist durch eine Delegation der moralischen Verantwortung an den Arzt gekennzeichnet. Als Inhaber der beruflichen Kompetenz und als Entscheidungsträger wird ihm die ethische Verantwortung für das verbotswidrige Handeln zugeschoben, das eigene Gewissen entlastet, die Mitverantwortung verleugnet. Hier handelt es sich um jene Schwestern, die sich auf ein Zusammenwirken mit Ärzten beriefen, das auch von diesen ausgegangen sei. Das scheint gleichermaßen für jene Fälle zu gelten, in denen so gut wie keine Kooperationsstruktur erkennbar ist, etwa im Sinne einer klaren hierarchischen Anordnung durch den Arzt.

5 Das ethisch-moralische Argument Nummer fünf ist von besonderer Bedeutung. Es ist wie kein anderes ein implizites der Situation, und es hat Evidenzcharakter, ist also spontan nachvollziehbar. Die Situationsschilderungen haben einen meist starken Ausdrucksgehalt und können unter die Haut gehen. Inhaltlich ist das von den Schwestern vorgetragene Rechtfertigungsargument durch Dauer und Intensität unbehandelbarer Schmerzen und Leiden der Kranken gekennzeichnet. Man kann es deshalb Eindruck der »Leidensintensität« des Patienten nennen. Es sind Situationen, in denen das Gefühl, insbesondere das Mitgefühl unmittelbar angesprochen wird. Vor allem Pflegekräfte von Stationen bzw. medizinischen Versorgungsbereichen, die mit der Betreuung Schwerstkranker in besonderem Maße befaßt sind, etwa mit Intensiv- und Krebspatienten, haben besondere Belastungen auszuhalten. Hierzu einige Schilderungen von Schwestern der Dunkelfeldstudien, die gerade durch ihre Kargheit beeindrucken:

- »Dies wäre jetzt ihre 15. Reanimation gewesen. Die Patientin hatte genug, ihr Ehemann auch!«
- »Sie bat mich flehentlich, die Behandlung einzustellen. Ich fühlte, daß es ihr wirklich ernst war. Ich wollte ihr nicht meinen Willen aufdrängen, aber auch nicht den des Doktors!«
- »Die Patientin hatte darum gebeten, jede Behandlung abzubrechen. Der Körper der chronisch kranken Frau, die unter anderem an einem Nierenversagen und einer Herzerkrankung litt, war durch die verschiedenen Leiden zunehmend geschwächt. Aber der Arzt weigerte sich, ihrer Bitte überhaupt zuzuhören, und erklärte ihr, mit sechzig Jahren sei sie ›noch zu jung‹, um nicht am Leben erhalten zu werden.«

- »Obgleich der Patient darum gebeten hatte, seinen Zustand nicht durch die Fortsetzung der Behandlung zu verschlimmern, konnte es der Arzt einfach nicht akzeptieren, daß der Patient sich im terminalen Erkrankungsstadium befand. Er hatte dem Pflegeteam bereits angeordnet, alles für eine Intubation und künstliche Beatmung des Patienten vorzubereiten. Und er tat es, obgleich er genau wissen mußte, das Leben des Patienten dadurch gegen dessen Willen nur um wenige Tage zu verlängern.«[19]

Ich habe hier bewußt Beispiele für Behandlungsabbrüche zitiert, also für passive Sterbehilfe, die diese Schwestern dann auch ohne bzw. gegen ärztliche Anordnung vollzogen haben. Das moralische Argument der »Leidensintensität« gilt freilich für passive wie für aktive Sterbehilfe durch Pflegende gleichermaßen.

Die Skizzierung der ethisch-moralischen Argumente, mit denen die Pflegekräfte verbotene Sterbehilfe rechtfertigen, weist ein Spektrum verschiedener Kategorien auf (das mit Sicherheit nicht vollständig ist).
Alle diese Argumente sind in der jeweiligen Sterbehilfesituation oder Sterbehilfekonstellation verankert. Präziser formuliert: Die moralischen Argumente werden den Situationen »entnommen«, schließen somit Spielräume subjektiver Interpretation mit ein und Fehlwahrnehmungen bzw. Fehldeutungen im Einzelfall nicht aus. In der klinischen Alltagsrealität – das verdeutlichen auch einige der Beispiele – »steckt« in den Situationen oft nicht nur ein einziges Argument, sondern mehrere zugleich. Und meistens haben solche Situationen ihre eigene Vorgeschichte, zu der ja auch das Verhalten von Ärzten gehört. Stellt man die Frage, wie diese Rechtfertigungsargumente selbst und nicht die Tötungshandlungen zu bewerten sind, so muß man – auch wenn es schwerfallen mag – zunächst einmal folgendes einräumen:

- Keines der Argumente erscheint in engem Zusammenhang mit der jeweils geschilderten Situation ethisch-moralisch verwerflich – es sei denn, man würde sie allein aus religiösen Gründen in keinem Fall akzeptieren können.

- Die Anteilnahme am Leiden und Schicksal der Patienten, die in Situationsschilderungen und Argumenten zum Ausdruck kommt, ist ja ein durchaus wünschenswertes Merkmal der Professionalität von Pflegekräften.
- Die Rolle der Anwaltschaft gegenüber dem Patienten ist zwar moralisch grundsätzlich akzeptabel, birgt jedoch andererseits Gefahren, die nicht zu übersehen sind: die nämlich, in eine hochemotionale Gegnerschaft zum Arzt zu geraten oder mit ihm zu rivalisieren und im Extremfall, emotional eingeengt, dann auch nicht mehr zum Wohle des Patienten zu handeln.

Betrachtet man das ganze Spektrum ethisch-moralischer Argumente, die Delegation moralischer Verantwortung oder Mitverantwortung an den Arzt eingeschlossen, so wird man nicht unbedingt eine einzige, allen gemeinsame handlungsleitende Maxime finden. Es fällt auch schwer, in diesem ganzen Spektrum der Merkmale eine – wie immer geartete – Sterbehilfe-Ideologie zu identifizieren. Freilich könnte man gegen alle Einzelargumente moralischer Rechtfertigung der tödlichen Handlungen einwenden, es handle sich um Rationalisierungen, das heißt um die Angabe von logisch und plausibel erscheinenden Gründen, statt der wirklichen, der wahren und »echten«, die verleugnet würden oder einfach »unbewußt« seien. Einen solchen Einwand könnte man im Einzelfall nur durch eine eingehende Untersuchung der Persönlichkeit des Betreffenden prüfen.

Was ich über diese Analyse hinaus verständlich zu machen suchte, ist zweierlei:
Erstens, daß diese Schwestern (und Pfleger) ganz offensichtlich eher auf der Grundlage eigener verinnerlichter ethischer und moralischer Werte handeln als in Abhängigkeit von (straf-)gesetzlichen Sanktionen. Das ist die Erkenntnis der Autoren aller drei Studien. Daß die in den Situationen »steckenden« Argumente nur auf der Grundlage dieser verinnerlichten eigenen Werteskala »identifiziert« werden

können, also begrenzt verläßlich sind, versteht sich von selbst. Zweitens sind ethisch-moralische Ebene und Handlungsebene voneinander zu unterscheiden. Gerade im Blick auf die letztere sind – vor der strafrechtlichen und generellen ethischen Bewertung von Tötungshandlungen – auch noch ganz andere moralische Bewertungen möglich: die der höchst unterschiedlichen Aktivitäten im Rahmen der Tötungs- bzw. Sterbehilfehandlungen selbst. Obgleich mit allen diesen Aktivitäten und Handlungen unzweifelhaft der Tod von Patienten beschleunigt bzw. überhaupt herbeigeführt werden sollte, so offenbaren sie nichtsdestoweniger ein Kontinuum unterschiedlicher, beruflich und moralisch zu bewertender Grenzüberschreitungen:
Am einen Pol dieses Kontinuums sind jene Handlungen der Pflegenden angesiedelt, die in einer Grauzone der beruflichen Kompetenzüberschreitungen liegen. So etwa, wenn eine Schwester im Rahmen ärztlich verordneter Medikation ohne weitere Anordnung die Dosis erhöht, um schwer behandelbare Schmerzen zu lindern, gleichzeitig dadurch aber auch den Tod beschleunigt. Hierbei handelt es sich um jenen möglichen Doppeleffekt, den Ärzte unter bestimmten Voraussetzungen auch als unbeabsichtigten Nebeneffekt der Medikation in Kauf nehmen – eine Form ärztlicher Sterbehilfe, die indirekte Sterbehilfe genannt wird, dem Pflegepersonal aber (gesetzlich) untersagt ist (siehe Kapitel 6). An diesem Ende des Kontinuums tödlicher Handlungen könnte man auch jene einordnen, die in einer Erhöhung der Opiatdosierung bestehen, ehe die Schwester einen Patienten auf dessen Bitte vom Respirator nimmt, also die künstliche Beatmung abschaltet – eine Handlungsweise, die bei passiver Sterbehilfe unter bestimmten Voraussetzungen zum (straflosen) Standard ärztlichen Tuns gehört, jedoch eine berufliche Kompetenzüberschreitung der Schwester darstellt, wenn sie eigenmächtig handelt. Und schließlich mögen dort auch jene Sterbehilfehandlungen anzusiedeln sein, die im Konsens mit einem Arzt indiziert erscheinen. Daß es in dieser speziellen Gruppe ganz unterschiedliche Grade von Konsens und unterschiedliche Arten von »Kooperation« geben kann, wurde bereits im vorigen Abschnitt aufgezeigt.
Am anderen, diametral entgegengesetzten Pol dieses Kontinuums

lassen sich jene tödlichen Handlungen plazieren, die in einer den Arzt grob täuschenden, seine Anordnungen unterlaufenden Weise durchgeführt werden. Es sind gerade jene Fälle, in denen Pflegekräfte außerdem noch die tatsächlich angeordneten Maßnahmen ins Krankenblatt eingetragen haben (und nicht die in eigenmächtiger Entscheidung vorgenommenen), so daß eine Überprüfung und korrekte Beurteilung der Todesursache oft gar nicht möglich wird.

Man kann über diese – von David A. Asch erstmals präsentierte – Einteilung unterschiedlicher moralischer und professioneller Implikationen auf der Verhaltens- und Handlungsebene verbotener tödlicher Sterbehilfe bzw. von Tötungen verschiedener Meinung sein. Wenn es jedoch darum geht, ein völlig neues Phänomen der Tötungsdelikte zu untersuchen, ist jeder Ansatz, es zu beleuchten, bedenkenswert. Das gilt auch für meinen eigenen Ansatz einer Kategorisierung der ethisch-moralischen Rechtfertigung ein und derselben Handlung, nämlich der Tötung von Patienten. Was beide Aspekte – den der ethisch-moralischen Rechtfertigungsargumentation und den der professionellen und moralischen Bewertung auf der Handlungsebene – miteinander verbindet ist, daß sie jeweils keinen einheitlichen oder einzigen ethisch-moralischen Bewertungsstandort aufweisen. Und dennoch stehen diese Pflegekräfte offensichtlich subjektiv im Einklang mit ihrem Gewissen, wenn es darum geht, ihre tödlichen Handlungen zu rechtfertigen. Ist das ein Widerspruch zu den Ergebnissen der Analysen von Asch und meiner eigenen? – Die Frage mag vorläufig offen bleiben und den Leser anregen, selbst darüber nachzudenken.

Obgleich die Pflegekräfte ihre Entscheidungen also nach Maßgabe ihrer eigenen inneren ethisch-moralischen Werte in Abhängigkeit von entsprechenden situativen Faktoren trafen, waren sie nicht ohne Angst vor Entdeckung und Strafe. Zwei Drittel der (164) Intensivschwestern wurden dadurch »zeitweilig« von tödlichen Grenzüberschreitungen abgehalten. Von den Intensivschwestern ohne bisherige »Euthanasie«-Praxis gaben zwei Fünftel an, gelegentlich in eine entsprechende Versuchssituation gekommen zu sein. Unter den Hauptgründen, die sie vom letzten Schritt abgehalten hätten, führten sie die Angst an, »erwischt« und bestraft zu werden, die »Illegalität« der Handlungen sowie Zweifel daran, das Patientenverlangen richtig verstanden zu haben. Worin sich diese Schwestern von jenen mit verbotener Sterbehilfepraxis unterscheiden, konnte die Studie freilich (bei ihren primären Zielen) nicht aufklären.

Welche Anhaltspunkte für die Beweggründe, das Motivationsgefüge verbotener Sterbehilfe durch Pflegekräfte boten die Dunkelfeldstudien über das bereits Gesagte hinaus? Nun, es war nicht das primäre Ziel dieser Untersuchungen – und konnte es auch gar nicht sein –, Handlungsmotivationen und Hintergründe zu erfassen, sondern zu erforschen, was sich in den Kliniken im Umgang mit Fragen verbotener Sterbehilfe bei den Pflegekräften abspielt, wie sie sich verhalten. Dennoch, aufgrund von Berichten und Kommentaren der Befragten, die sie den Fragebogen beigaben, zeichnen sich – insbesondere in Aschs Studie – einige Punkte ab, die wesentlich erscheinen (die bisherigen Aspekte teilweise einschließend).
Im Mittelpunkt stehen verschiedene Aspekte eines zum Teil sehr spannungsreichen Konfliktfeldes zwischen Pflegenden und Ärzten:

- So richtet sich massive Kritik von Intensivschwestern auf eine bisweilen überstrapazierte Anwendung lebensverlängernder Hochtechnologie bei terminal kranken Patienten durch »uneinsichtige« Ärzte. Dabei wird durchaus eingeräumt, daß es zunehmend Ärzte gäbe, die den Wunsch des Patienten akzeptieren könnten, auf weitere, lebensverlängernde Therapiemaßnahmen zu verzichten. Doch es seien immer noch genügend, die sich nicht danach richteten und Lebensverlängerung um jeden Preis (»at any cost«) betrieben.
- Manche Ärzte, so wird beklagt, seien einfach nicht empfänglich oder sensibel genug, sich um die Schmerzen und Leiden der Patienten zu kümmern. Die Schmerzbehandlung sei oft unzureichend. Hinweise auf alternative Möglichkeiten für den Patienten, ruhig und friedlich zu sterben, würden die Ärzte den Patienten nicht geben – wie etwa Hospizeinrichtungen. Die Klagen gerie-

ten oft zu Anklagen, wie beispielsweise die folgende in der Studie an Intensivschwestern:
»Ich habe oft gedacht, daß über einer Intensivstation die Aufschrift stehen sollte: Hier drinnen gibt es oft Beispiele von Inhumanität gegenüber unseren Nächsten!«

Oder:

»Ärzte, so denke ich, brauchen mehr Training direkt am Krankenbett ... Sie sollten alle mal für einen Monat in unsere Schuhe steigen, dann könnten sie vielleicht eine bessere Vorstellung davon erwerben, wieviel Leiden ihren Patienten und deren Familien zugemutet werden kann.«

- Bei kontroversen Behandlungsauffassungen zwischen Schwestern und Ärzten, die oft der Sprachlosigkeit beider Seiten zum Opfer fallen oder in der hierarchischen Anordnungsstruktur der Ärzte im Schweigen untergehen, fühlen sich Schwestern allein und im Stich gelassen. Sie stehen in dem Konflikt, einerseits die ärztlichen Anordnungen durchführen zu müssen, andererseits jedoch nicht überzeugt davon zu sein, sie sogar für falsch oder unvernünftig und nicht zum Wohl des Patienten zu halten. Eine Intensivschwester schildert das Dilemma:
  »Ich habe mit Ärzten schon viel Ärger und erhebliche Frustrationen erlebt, wenn sie beispielsweise die Möglichkeit einer günstigen Prognose überbetont, falsche Hoffnungen bei Patienten geweckt oder ihnen ihr Glaubenssystem übergestülpt haben. Ein Arzt verbringt täglich fünf bis zehn Minuten mit dem Patienten. Dann hinterläßt er seine Anordnungen. Ich kümmere mich um den Patienten und seine Familie die nächsten acht bis zehn Stunden und befinde mich dann in einem Dilemma: nämlich ärztliche Anordnungen ausführen zu müssen, von denen ich glaube, und manchesmal auch weiß, daß sie nicht zum Besten des Patienten sind, nicht seinen noch den Wünschen seiner Angehörigen entsprechen.«[20]

In allen diesen Äußerungen amerikanischer und australischer Schwestern kommen Gefühle von Ohnmacht, von Im-Stich-Gelassensein, Enttäuschung und auch eine gehörige Portion Wut zum Ausdruck. Sie sprechen nicht nur für rein äußere Konflikte mit den Ärzten, sondern auch für innere. Gerade letztere – so hat es den Anschein – sind zentriert um die Frage: Wie sollen wir Leben erhalten und zugleich bemüht sein, Leiden zu lindern, wenn es um die »richtige« oder angemessene pflegerisch-medizinische Versorgung terminal kranker Patienten geht. Die bisweilen zur Anklage geratende Kritik an lebenserhaltenden ärztlichen Maßnahmen »um jeden Preis«, ist vielleicht nur der stärkste Ausdruck dieser inneren Konfliktlage. Es spricht einiges dafür, daß solche Äußerungen auch als Notruf in einem Dilemma aufzufassen sind: in einem Dilemma, das den Pflegenden paradoxerweise die fraglos so erfolg- und segensreiche moderne Medizin am Krankenbett todkranker und sterbender Patienten beschert hat. Denn die Kehrseite mancher therapeutischer Erfolge sind eben auch Leiden, die bisweilen durch die besten Intentionen ärztlichen Tuns nur schwer oder gar nicht aufzuwiegen sind. Und niemand weiß dies besser als die Schwester und der Pfleger, die schwerstkranke betagte Patienten zu versorgen haben.
David A. Asch, Arzt und Verfasser der Dunkelfeldstudie an amerikanischen Intensivschwestern, kommentierte solche Konflikte zwischen den Pflegekräften und Ärzten mit dem Satz: »Es wäre eine Tragödie, wenn derartige Konflikte dazu führen würden, daß Pflegende oder Patienten aktive Sterbehilfe oder Beihilfe zur Selbsttötung für die beste Option hielten, weil potentiell vorzuziehende Lösungen anscheinend nicht bekannt sind oder außer Reichweite liegen.«[21]
Damit hat Asch zumindest die Möglichkeit angesprochen, daß verbotene Sterbehilfe durch Pflegekräfte das fatale Resultat einer unerwünschten Lösung von Konflikten mit Ärzten sein könnte: von nicht offen ausgesprochenen, somit ungelösten Konflikten und Meinungsdifferenzen über angemessene, »vernünftige« oder »richtige« Behandlungsmaßnahmen terminal kranker Patienten.

Weitere Erkenntnisse und Einsichten

Es mag schwerfallen zur Kenntnis nehmen zu müssen, daß irgendwo in Australien und in den Vereinigten Staaten Schwestern und Pfleger still, heimlich und unkalkulierbar den Tod schwerstkranker Patienten herbeiführen, Sterben verkürzen oder beschleunigen, vielleicht aber auch dem Tod von Menschen vorgreifen. Daß dies in nicht unerheblichem Umfang geschieht, macht besorgt und drängt noch stärker als bisher nach einer Antwort auf die Frage nach den Motiven, den Hintergründen. Daß die anonymen Bekenntnisse der Pflegekräfte von jenseits des Atlantik kommen, weit weg von Europa und Deutschland, kann nicht beruhigen. Nach einer neuen Studie vermuten 17 Prozent der Krankenhausärzte in Deutschland und 40 Prozent der Niedergelassenen, daß Pflegende in unseren Krankenhäusern und Heimen »gelegentlich« beim Sterben »nachhelfen«.[22] Es kann auch nicht besänftigen oder trösten, daß viele der Patienten in der Endphase ihrer Erkrankung und dem Tode nahe auf eigenen Wunsch ihr Leiden beenden ließen. Gewiß, manche waren von Ärzten bereits mit dem – bekanntermaßen heimlichen – Vermerk versehen, in kritischem Zustand nicht wiederbelebt zu werden. In wieder anderen Fällen mag es auch schwerfallen, von Tötung zu sprechen, wenn eine Schwester zwar eigenmächtig, aber doch nach den ärztlichen Standards bei einem Sterbenden die künstliche Beatmung abschaltete, das heißt nach vorheriger Verabreichung von Morphinen. Solche Fälle evozieren ambivalente Gefühle, können Zweifel wecken an einer eindeutigen ethisch-moralischen Bewertung mancher tödlicher Handlung. Andererseits ist nicht zu verkennen, daß viele Patienten oder auch nur manche – das muß offen bleiben – ohne ihr eigenes Verlangen zu Tode gebracht wurden. Doch all dieses Für und Wider, das man bewertend, und aus welcher ethischen Perspektive auch immer, an diese Handlungen der Pflegenden herantragen kann, ändert an dem einen Sachverhalt nichts: daß es sich durchweg – auch bei der in den meisten Ländern der westlichen Welt immer noch strafbaren Selbsttötungsbeihilfe – um Tötungstatbestände handelt. Und soweit es aktive Sterbehilfe war, verbindet dies die Fälle der unentdeckten mehrfachen Patiententötungen (des Dunkelfeldes) mit den verurteilten Fällen in Europa und den USA.

Die erste wesentliche Erkenntnis, die sich aus vergleichender Sicht ergibt, ist also: Serientötungen schwerstkranker Patienten in Kliniken durch Angehörige des Pflegepersonals sind kein auf wenige forensische Fälle begrenztes Phänomen. Es handelt sich vielmehr um ein internationales, globales Phänomen – zumindest der westlichen Welt. Damit wird ein Stück des Eisbergs sichtbar, von dem in Zeiten der »großen« Patiententötungsprozesse (1989–1993) in Deutschland und Österreich so viel die Rede war. Doch vermessen läßt sich dieser Eisberg noch nicht. Wir sind weit davon entfernt, eine Dunkelziffer benennen zu können. Niemand kann sagen, ob und unter welchen Aspekten diese Dunkelfeldstudien für Australiens Pflegepersonal oder für amerikanische Intensivschwestern repräsentativ sind. Und kaum jemand dürfte eine verbindliche Auskunft darüber erteilen können, wie weit die »Verhältnisse« in den Kliniken Australiens und in den Intensiveinheiten von Krankenhäusern der USA von europäischen, speziell deutschen oder österreichischen, entfernt sind. Ohne eigene Dunkelfeldstudien sollte man hierzulande zurückhaltend sein mit etwaigen Behauptungen, in den USA und Australien sei ohnehin »alles anders« und weit von unseren, womöglich noch »weniger schlimmen« Verhältnissen entfernt.
Über diese erste Erkenntnis hinaus vermitteln die Dunkelfeldstudien in vergleichender Sicht mit den verurteilten Fällen Einsichten über Unterschiede und Gemeinsamkeiten:

- Während die verurteilten Schwestern und Pfleger ausschließlich eigenmächtig und ohne Wissen der Ärzte handelten, gibt es bei den unentdeckten Fällen (des Dunkelfelds) Kooperationen verbotener Sterbehilfe zwischen Schwestern und Ärzten. Die zum Teil sehr vagen und als »stillschweigendes« Einverständnis mit den Ärzten interpretierten Kooperationsstrukturen wecken Zweifel am hohen Prozentsatz eines solchen Zusammenwirkens in zwei der Studien (der australischen von 1992/93 und der amerikanischen von 1996). Unter der Voraussetzung, daß solche Angaben der Pflegekräfte auch als Rationalisierung und Delegation der eigenen Mitverantwortung an Ärzte aufzufassen wären, erhöhte sich der Anteil eigenmächtig handelnder Schwestern (in beiden Studien) um einiges.

- Es ist nicht zu übersehen, daß die verurteilten Pflegekräfte – bis auf einen Fall – ohne Verlangen der Patienten gehandelt haben, die nicht entdeckten anonymen Schwestern und Pfleger möglicherweise überwiegend auf Verlangen von Patienten.
- Eigenmächtig und im Alleingang handelnde Pflegekräfte sind kein Spezifikum der Verurteilten. Auch die anonymen australischen und amerikanischen Schwestern und Pfleger erhöhten kompetenzüberschreitend und ohne Wissen der Ärzte die Dosierung von Medikamenten in tödlicher Absicht, unterliefen ärztliche Anordnungen oder täuschten sogar die Ausführungen vor, um in dieser Art von Tarnung den Tod von Patienten herbeizuführen. Dabei läßt sich auf der Ebene individueller Verhaltensweisen ein Spektrum unterschiedlicher ethisch-moralischer Bewertungen an die tödlichen Aktivitäten herantragen. Ein solches Spektrum unterschiedlicher moralischer Bewertungsmaßstäbe läßt sich auf der individuellen Verhaltensebene auch für die tödlichen Aktivitäten der verurteilten Pflegekräfte anwenden.
- Im Einklang mit ihrem Gewissen standen nicht nur die verurteilten, sondern auch die anonymen, unentdeckten Pflegekräfte: Beide waren von der »Richtigkeit« ihres tödlichen Handelns emotional überzeugt. Dabei handelt es sich um gefühlsmäßig gewonnene Überzeugungen und nicht um rationale, etwa sterbehilfeideologische oder irgendwelche Nützlichkeits- oder Zweckmäßigkeitserwägungen. Weshalb sollten solche bei den anonymen Pflegekräften auch ins Spiel kommen? Gerade sie konnten ihr Credo ja ohne persönliche Rücksichten auf Öffentlichkeit und Gerichtspersonen abgeben, im Schutze der Anonymität und allein im Spiegel des eigenen Gewissens. Dafür, daß sie mit ihren tödlichen Handlungen mehrheitlich keine Gewissensprobleme hatten, ich-synton handelten, spricht auch, daß sie ihr verbotenes

Tun nicht als etwas vom Ich Abgespaltenes erlebten, das nicht in ihr Selbstbild paßte. Doch hat diese Aussage nur begrenzte Gültigkeit, da sie sich nicht auf alle verbotswidrig handelnden Pflegekräfte der Dunkelfeldstudien stützen kann.

Über die – insoweit – übereinstimmenden Befunde der Gewissensproblematik hinaus erlauben die Dunkelfeldstudien auch begrenzte Einsichten in die situativen Entstehungsbedingungen und Sterbehilfekonstellationen, aus denen zumindest ein Teil der australischen und amerikanischen Schwestern und Pfleger ihre Rechtfertigungsargumente für ihr Handeln abgeleitet haben. Es sind Situationen, die unmittelbar Gefühle ansprechen: Eindrücke der Leidensintensität und der Todesnähe von Patienten, von nicht oder nur schwer zu lindernden Schmerzen, Erfahrungen mit und Wissen um die Aussichtslosigkeit von Prognose und Behandlungsmaßnahmen, Konfrontationen mit drängenden Bitten von Patienten um Therapieabbruch, um Erlösung von Leiden, aber auch Situationen ärztlicher Verweigerung von Bitten der Patienten um Dosiserhöhung zur Schmerz- und Leidenslinderung oder um Behandlungseinstellung, Erleben der Fortsetzung ärztlicher Maßnahmen zur Lebenserhaltung »um jeden Preis« und gegen den Willen von Patienten. Solche emotionalen Situationen sind in ihrem Appellcharakter unmittelbar evident und nachvollziehbar. Ganz sicher haben viele der anonymen Schwestern und Pfleger ohne eigene Erfahrung mit verbotener Sterbehilfe solche und ähnliche Situationen erlebt, ohne die Grenzen ihrer professionellen Kompetenzen und zum tödlichen Handeln zu überschreiten. Worin sich diese Pflegekräfte von jenen unterscheiden, die aus solchen emotionalen Situationen heraus dem Leiden der Patienten ein tödliches Ende setzten, muß offen bleiben. Folgt man jedoch den – in allen drei Studien – weitgehend übereinstimmenden Angaben, so haben solche situativen Faktoren einzeln oder in ihrem Zusammenwirken die tödlichen Intentionen und Handlungen der Pflegenden mitbestimmt.

Es wäre unangemessen, in diesen situativen Faktoren mehr als nur Bedingungsfaktoren, Determinanten des Handelns zu sehen und sie

bereits als die »eigentlichen« Motive aktiver Sterbehilfe bzw. tödlich intendierter Handlungen zu betrachten. Die Studien geben keinen Aufschluß über die Häufigkeit, die Kumulation, das gegebenenfalls Chronische solcher Situationen, sie enthalten nichts darüber, ob und in welchen Zusammenhängen die Pflegenden regelhaft in Konflikten verschiedenster Art standen – wenngleich sich einige charakteristische Konflikte mit Ärzten abzeichnen –, es informiert nichts darüber, welche Bedeutung die Persönlichkeiten dieser (meist) Schwestern hatten, und sie geben auch keine Auskunft über die stationären Rahmenbedingungen. Das heißt, der Stellenwert, den diese emotionalen Situationsfaktoren und Sterbehilfekonstellationen für das tödliche Handeln tatsächlich besitzen, läßt sich nicht einfach abstrakt bestimmen, sondern erst im Kontext mit anderen Faktoren bewerten. Daß sie das Handlungsgeschehen zumindest mit determinierten, legen die Schilderungen und Kommentare der Studien nahe.
Aus den situativen Bedingungen haben die australischen und amerikanischen Pflegekräfte auch die moralische Rechtfertigung, ihre emotionale Überzeugung von der »Richtigkeit« ihres Handelns abgeleitet. Insoweit bieten die Studien auch einen Einblick in die Dynamik der Erlebnis- und Gewissensverarbeitung des tödlichen Handelns. Man wird in diesen, aus den verschiedenartigen Situationen resultierenden Aspekten der Anteilnahme am Leiden der Patienten, der Parteinahme und Anwaltschaft für terminal Kranke oder auch sterbewillige Patienten, in denen ein Stück Menschlichkeit aufscheint, kaum moralisch Verwerfliches entdecken können. Um so schwerer fällt es dann, einen einheitlichen ethisch-moralischen Bewertungsmaßstab zu finden, wenn auf der Ebene des individuellen Verhaltens im Einzelfall Aktivitäten in Erscheinung treten, die eine negative moralische Bewertung nahelegen. Aber einen einzigen Bewertungsstandort zu finden ist auch bei jenen Fällen schwierig, in denen die tödlichen Aktivitäten auf der individuellen Verhaltensebene vielleicht in einem moralisch »milderen« Lichte erscheinen könnten, wie etwa bei eigenmächtiger tödlicher Dosiserhöhung im Rahmen einer unbestimmten ärztlichen Anordnung. Gerade bei solchen Fällen der Kompetenzüberschreitung kann man sich bisweilen der am-

bivalenten Gefühle schwer entziehen, ist man geneigt, den Begriff der Tötung zu vermeiden. Ganz offensichtlich ging es auch den Autoren der Studien bisweilen so. Das aber wiederum birgt auch Gefahren der Parteinahme.
Die Dunkelfeldstudien haben nicht nur Anhaltspunkte für umschriebene situative Bedingungsfaktoren bzw. Determinanten tödlicher Aktivitäten vermittelt. Sie haben auch deutliche Konturen der psychologischen und professionellen Hintergründe zutage gefördert. Es sind Konfliktfelder zwischen den Pflegekräften und den Ärzten, die sich da abzeichnen – Konflikte mit erkennbaren Schwerpunkten, die sich wie Figuren vom Grund abheben:

- Es sind massive Vorwürfe mangelnder Sensibilität der Ärzte gegenüber den Leiden ihrer Patienten, die von den Pflegenden erhoben werden, heftige Kritik daran, daß diese für die Bedürfnisse und Wünsche gerade der »Sterbenskranken« und Leidenden wenig offene Ohren hätten, sich nur mangelhaft um sie kümmerten und ihnen auch keine Alternativen aufzeigten, friedlich zu sterben.
- Mangelhafte Schmerzbehandlung durch Ärzte ist offensichtlich nicht nur in Deutschland ein Kritik- und Konfliktpunkt. Auch die anonymen australischen und amerikanischen Schwestern und Pfleger erheben Klage, werfen den Ärzten vor, sie hätten zu wenig »Training« am Krankenbett, um das Leiden vieler Patienten zu verstehen.

Ein ganz zentraler Konfliktpunkt ist das Gefühl und die Erfahrung dieser Pflegekräfte, weder genügend über die Motive ärztlicher Anordnungen, die Gründe für Medikationen und Dosierungen noch über die Motivation für lebensverlängernde oder andere sterbehilferelevante Entscheidungen der Ärzte informiert, geschweige denn, darin einbezogen zu werden.

- In engem Zusammenhang mit der mangelnden oder gänzlich fehlenden Einbeziehung in therapeutische Maßnahmen der Ärzte, sehen sich die Pflegekräfte im Stich gelassen, allein dem Leiden, den Klagen, Bitten und Wünschen der schwerstkranken und sterbenden Patienten ausgesetzt – oft in dem Gefühl, daß die ärztlichen Anordnungen unangemessen, unvernünftig oder sogar falsch und nicht zum Wohle des Patienten sind. Erfahrungen und Eindrücke, daß Patientenwünsche mißachtet, Zumutungen an die Erträglichkeit der Leiden für Patient wie Angehörige überzogen werden, gehören zu diesem schweren Gepäck, das – so wird es gesehen – die Pflegenden alleine zu schleppen haben.

- Zum Teil massiv und bis zum Vorwurf der Inhumanität spitzt sich Kritik dort zu, wo es um – »immer noch viele« – Ärzte geht, die in unverhältnismäßiger Weise lebensverlängernde Maßnahmen bei terminal kranken Patienten, bei Moribunden und Reanimationen bei solchen Patienten praktizieren. Die Maximaltherapie, etwa in Form der intensivmedizinischen Hochtechnologie, ist in diesem Zusammenhang freilich nur eine der kritisierten lebenserhaltenden Maßnahmen der modernen Medizin – es kann genauso auch um die im Einzelfall als nicht mehr angemessen erscheinende Verabreichung von lebenserhaltenden Antibiotika gehen.

Alle diese Konflikte sind durchweg um ärztliches Verhalten und um Behandlungsmaßnahmen für Patienten zentriert, deren Lebensuhr abgelaufen ist. Diesen Schwestern und Pflegern, die eigenmächtig ihre beruflichen Grenzen überschritten haben, geht es offensichtlich darum, wie diesen Kranken am Ende ihres Lebens unnötige und sinnlose Schmerzen und Leiden erspart werden können. Kontroverse Einstellungen und Auffassungen über Grundhaltungen, Behandlungsmaßnahmen und Sterbehilfe der Ärzte bilden den Kern der äußeren wie inneren Konflikte dieser Pflegekräfte. Und es ist offensichtlich, daß sie darüber mit den Ärzten – aus welchen Gründen auch immer – nicht gesprochen, geschweige denn diskutiert haben, weder grundsätzlich noch im Fall einzelner Patienten. Das erinnert an die mangelhafte, vielfach gestörte Kommunikation zwischen Pflegekräften und Ärzten in den forensischen Fällen, für die die Kommunikationsverweigerung der Ärzte in Wien-Lainz zur Behandlungs- wie auch zur Sterbethematik exemplarisch ist. Aber auch die übrigen Konfliktpunkte sind bei den forensischen Fällen kaum zu übersehen (und werden in späteren Kapiteln noch deutlicher und transparenter werden).

Erst auf dem Hintergrund dieser Konfliktfelder läßt sich der generelle Stellenwert von situativen Bedingungsfaktoren eigenmächtig handelnder Schwestern und Pfleger erkennen – freilich nicht in ihrem jeweiligen Gewicht, aber doch im (individuellen) Einzelfall tödlichen Handelns. In fast allen Äußerungen dieser Pflegekräfte des australischen und amerikanischen Dunkelfeldes kommen Gefühle von Enttäuschung und Im-Stich-Gelassensein durch Ärzte zum Ausdruck, von Ausgeliefertsein an eine Situation, bisweilen verbunden mit einer gehörigen Portion Wut, in der sie sich letztlich in die Rolle von Anwälten der Patienten versetzt, »gedrängt« fühlen oder einfach unversehens in diese Rolle hineingeraten. Wo solche Gefühle virulent werden, gegebenenfalls aus einem Gefühl von Hilflosigkeit und Ohnmacht zu dominieren drohen, steht der Realitätsbezug in Gefahr, brüchig zu werden oder partiell verloren zu gehen. Das ist keineswegs schon im psychopathologischen oder forensischen Sinne gemeint, sondern im Sinne einer noch davor liegenden Beeinträchtigung rational abwägenden Handelns, wodurch auch die eigenen Risiken und ferner liegenden Konsequenzen nur mangelhaft reflektiert werden. Gefühle des Allein- und Im-Stich-Gelassenseins von den Ärzten kommen in paradigmatischer Weise auch in der Äußerung von Schwester Prager zum Ausdruck, wenn sie sagt, die hätten sie »im Regen stehen« lassen. Und man wird auch erinnert an den Kommentar zum Wiener Prozeß, den der Klinikarzt Thomas Meisl 1989 schrieb: »Wo er [der Arzt] sich von der Pflege verabschiedet, lauert die Katastrophe.«[23]

Man begegnet in allen drei Dunkelfeldstudien jedoch auch Schwestern und Pflegern, die mit Ärzten zusammen aktive Sterbehilfe leisteten oder doch mit deren Einverständnis gehandelt zu haben scheinen. Sind sie in irgendeiner Weise von solchen, eben skizzierten Konflikten überhaupt betroffen? Doch eher nicht. Diese Gruppe wirft zahlreiche Fragen auf, sowohl die Pflegekräfte als auch die Ärzte betreffend. Es gibt keine Antworten darauf, die Untersuchungen bieten keinerlei interpretierbare Hinweise für spezielle und möglicherweise ganz anders geartete Konfliktfelder – Vermutungen ausgenommen.

Bei allem, was diese ersten Dunkelfeldstudien bislang an Erkenntnissen und Einsichten vermittelt haben, an Beunruhigendem und bisweilen auch Erschreckendem, sollte eines nicht übersehen werden: Die Majorität dieser australischen und amerikanischen Schwestern und Pfleger – und das sind immerhin rund vier Fünftel (aller Befragten) –, hat die Grenzen, die durch berufsethische Maximen der Lebenserhaltung und Strafgesetze gezogen sind, nicht überschritten. Stehen sie deshalb schon außerhalb der skizzierten Konfliktfelder, außerhalb auch jenes konflikthaften Spannungsfeldes, das der problematischen Doppelrolle von Lebenserhaltung und Leidenslinderung immanent ist oder potentiell sein kann? Wie kommen diese Pflegekräfte mit Sterbehilfesituationen zurecht, über die zwischen Ärzten, zwischen den Pflegenden und zwischen den letzteren und Ärzten unterschiedliche Meinungen bestehen können? Und wie handeln Pflegekräfte in einer Rolle, von der traditionell (und immer noch) die Ausführung ärztlicher Anordnungen verlangt wird, andererseits aber zugleich in kritischen Situationen rasches und autonomes Handeln erforderlich ist – eine Rolle, die eo ipso konfliktbesetzt ist? Die Dunkelfeldstudien und eine Untersuchung über Einstellungen zur aktiven ärztlichen Sterbehilfe an onkologisch tätigen Schwestern in den USA,[24] erlauben wenigstens einige dieser Fragen zu beantworten.

Im australischen Bundesstaat Victoria sowie in Südaustralien votierte eine Majorität aller befragten Pflegekräfte (78 bzw. 60 Prozent) für eine Legalisierung der aktiven ärztlichen Sterbehilfe. In den Vereinigten Staaten war es fast die Hälfte aller befragten (1210) onkologisch tätigen Schwestern mit durchschnittlich 18 Berufsjahren (davon 11 auf onkologischen Stationen bzw. Abteilungen), die für eine solche Legalisierung des »physician assisted death« (PAD) auf Verlangen von terminal kranken Patienten stimmten (zum PAD nach

dem niederländischen Modell siehe Kapitel 6). Was bedeutet eine solche Befürwortung? Man darf wohl annehmen, daß ein derart starkes Votum mehrfache Bedeutung hat:
Es zeugt vom Verständnis der Pflegekräfte für den Wunsch und das Verlangen moribunder Patienten nach Beendigung ihres Leidens durch ärztliche Hilfe. Es signalisiert aber auch, daß ein Großteil der Pflegenden zur Klärung und Präzisierung von Richtlinien und Kriterien für aktive ärztliche Sterbehilfe gesetzlichen Handlungsbedarf sieht (was von einer großen Majorität der befragten südaustralischen Pflegekräfte auch für Behandlungsverzicht und Behandlungsabbruch eingefordert wird). Ein gesetzlicher Handlungsbedarf wird aber doch wohl nur dann angemeldet, wenn die gegenwärtige ärztliche Praxis verbotener Sterbehilfe als mit dem Gesetz im Konflikt stehend betrachtet wird (was nach allem, was in Australien und den USA, einschließlich einiger europäischer Länder bekannt wurde, auch der Fall ist; siehe dazu Kapitel 6). Es wäre durchaus denkbar, daß sich die Befürworter(innen) durch klarere gesetzliche Regelungen und Richtlinien auch eine Lösung gegenwärtiger Konflikte mit den Ärzten sowie Einflußmöglichkeiten auf Sterbehilfeentscheidungen erhoffen, von denen sie bis heute meist ausgeschlossen sind.
Eines jedenfalls bedeutet das starke Votum für eine solche Legalisierung nicht, nämlich daß diese Pflegekräfte überwiegend auch selbst bereit wären – auf Verlangen von Patienten und unter ärztlicher Supervision –, eine tödliche Injektion zu verabreichen. Während rund die Hälfte der (befragten) amerikanischen Onkologie-Schwestern für eine Legalisierung der ärztlichen »Euthanasie« (nach niederländischem Modell) stimmten, erklärte sich nur eine Minderheit (von 17 Prozent) selbst zu den tödlichen Handlungen unter ärztlicher Aufsicht bereit. Für die Majorität der australischen und amerikanischen Pflegekräfte besteht auch immer noch ein Unterschied zwischen diesen, von gesetzlichen Normen dann gedeckten eigenen tödlichen Handlungen und einer Zusammenarbeit mit Ärzten nach einer Legalisierung. Einen sterbenden Patienten während der letalen Injektionen des Arztes zu begleiten, dazu war sowohl eine Mehrheit der australischen Schwestern (60 Prozent) als auch der amerika-

nischen Onkologie-Schwestern bereit – letztere insbesondere bei großer Leidensintensität des Patienten (64 Prozent) und bei längerer Pflegebeziehung zum Krebskranken (73 Prozent). Vor allem die Befunde der Onkologie-Studie haben verdeutlicht, daß die Pflegekräfte in hohem Maße bereit sind, ihre ganz persönlichen Einstellungen zu einem ethisch so problematischen Bereich wie der aktiven ärztlichen Sterbehilfe angesichts von Leiden und Not krebskranker Patienten im Erkrankungsendstadium zurückzustellen und Sterbebegleitung auch unter Bedingungen zu leisten, die sie persönlich ablehnen.[25] Nach dieser Studie ist die aktive ärztliche Sterbehilfe im Endstadium einer Krebserkrankung bei großer Leidensintensität des Patienten für die Onkologie-Schwestern noch am ehesten eine Alternative – eine Sterbehilfekonstellation, bei der manche auch trotz ihrer ablehnenden Einstellung Sterbebegleitung leisten würden. Deutlich ist aber auch, daß die Anwaltschaft für den leidenden Patienten bei der Majorität dieser (Onkologie-)Schwestern dort endet, wo der Arzt den medikalisierten Tod der Patienten von ihnen verlangen oder an sie delegieren würde.

Die Onkologie-Studie – eine Einstellungs-Untersuchung zum Sterbehilfeverhalten – hat die große emotionale Bedeutung des Eindrucks von Leidensintensität sterbenskranker Patienten als Appell an die Pflegenden unterstrichen – ein oft stummer Appell der Kranken, den die verurteilten und die anonymen Pflegekräfte mit ihrem tödlichen Handeln zur Beendigung von Leidenszuständen beantwortet haben. Die Leidensintensität als komplexer körperlich- seelischer Zustand eines terminal Kranken – so das Forscherinnen-Team der Onkologie-Studie um Anne Young – hat oft wenig mit einem aktuellen körperlichen Zustand zu tun. Die Leidensintensität eines schwerstkranken Patienten spiegelt vielmehr den individuellen Stellenwert eines Zustandes wider, zu dem etwa Schmerzen gehören, aber nicht notwendig gehören müssen. Leiden, das ist ein ganzes Syndrom, eine Ansammlung von Symptomen, die von körperlichen Symptomen bis zu psychischen reichen, wie etwa die Verzweiflung über die für den Kranken wahrnehmbaren irreversiblen körperlichen Veränderungen. In Anbetracht der Einzigartigkeit des Indivi-

duums – so die Autorinnen – verbietet sich ein Werturteil über das Leiden des einzelnen.
Die ersten Dunkelfeldstudien zur aktiven Sterbehilfe bzw. zur Tötung von Patienten durch Pflegekräfte sowie die zuletzt zitierte Einstellungs-Studie an onkologischen Schwestern durch die Forscherinnen des Anderson-Krebs-Zentrums der Universität von Texas in Houston haben unmißverständlich aufgezeigt, daß der Umgang mit schwerstkranken Patienten, deren Leben sich dem Ende zuneigt, ein konfliktbesetztes Problem darstellt, das nicht auf eine Minorität von Schwestern und Pfleger begrenzt ist. Und diese Problematik wird mit den demographischen Veränderungen, dem weiteren Anstieg von mittlerem Lebensalter und der Anzahl von Menschen jenseits des siebzigsten Lebensjahres größer werden.

6
Grauzone im Grenzbereich zwischen Leben und Tod

Ärzte kamen in den vorangehenden Kapiteln eher am Rande vor. Und doch waren sie von zentraler Bedeutung: als Verantwortliche, die den Pflegenden Anordnungen erteilten, Behandlungsentscheidungen tragen und – wie Dunkelfeldstudien belegten – in nicht unerheblichem Umfang Schwestern und Pfleger um Assistenz bei verbotener Sterbehilfe baten. Anzunehmen, es handle sich bei allen diesen Ärzten um »unsensible« und in die Tragödie zutiefst verstrickte Entscheidungsträger, die ganz sachlich, kühl und technisch handelten, wären jedoch eine Verzerrung der Realität. Gerade im ärztlichen Umgang mit Patienten im Grenzbereich zwischen Leben und Tod gibt es vielfältige Fakten, die in der Öffentlichkeit noch zu wenig bekannt sind. Einige davon werden in diesem Kapitel angesprochen werden. Von den Ärzten zu sprechen ist aber auch deshalb wichtig, weil es kaum angemessen und sinnvoll erscheint, sich mit der Problematik tödlich handelnder Schwestern und Pfleger zu befassen, ohne etwas über diejenigen zu sagen, mit denen sie täglich eng zusammenarbeiten. Kurz, die oft spannungsreichen Konflikt- und Entscheidungsfelder der Ärzte sind das Thema dieses Kapitels.

Sterbebegehren und ärztliche Haltungen

Fast eine Million Menschen sterben jährlich in der Bundesrepublik Deutschland, die meisten an Herz-Kreislauf-Erkrankungen und Krebs. Etwa 70 Prozent davon im Krankenhaus, manche nennen auch 80 Prozent. Mehr als Dreiviertel davon sind älter als 60 Jahre. Bei rund der Hälfte der 630 000 Menschen, die jedes Jahr in einem Krankenhaus oder Heim sterben, stehen ärztliche Entscheidungen im Grenzbereich zwischen Leben und Tod an.[1] Ärzte stehen dabei häufig im Konflikt zwischen dem Einsatz maximaler Interventionen der Spitzenmedizin zur Lebenserhaltung oder -verlängerung – und dem Verzicht darauf, um Leiden nicht um jeden Preis zu verlängern. Letzteres kann bis zu der Entscheidung gehen, die Behandlung eines Schwerkranken mit infauster Prognose abzubrechen, das heißt, passive Sterbehilfe zu leisten. Aber die Konflikte setzen auch an anderer Stelle ein: Soll einem Patienten mit optimaler Schmerz- und Leidenslinderung geholfen werden, wissend, daß das Risiko eines tödlichen Nebeneffekts dieser Behandlung noch immer kalkulierbar ist? Oder sollen Opiate nur äußerst zurückhaltend dosiert werden, wissend, daß die Schmerz- und Leidenslinderung dann nicht ausreichend ist? Soll bei einem Herzstillstand eines 85jährigen zum wiederholten Male eine Wiederbelebung durchgeführt werden, oder soll darauf verzichtet werden? Ob ein krebskranker Patient im Endstadium bei einer akuten Lungenentzündung noch Antibiotika bekommen soll, wenn seine Lebensspanne äußerst gering ist, seine Leidenszeit aber durch die Antibiotikabehandlung noch verlängert wird, hängt sicher von vielen Faktoren ab – nicht zuletzt vom Wunsch und Willen des Patienten, wenn er noch ansprechbar und voll orientiert ist. Immer aber geht es um ärztliche Entscheidungen, die häufig zu einer professionellen und ethischen Gratwanderung werden können. Und oft genug sind dem Arzt Entscheidungsfragen, die für die betroffenen Patienten von zutiefst existentieller Bedeutung sind, ganz alleine aufgebürdet. Das kann bis zu Entscheidungen gehen, die das Strafrecht tangieren, zum Beispiel wenn der Arzt mit dem Wunsch, dem drängenden Verlangen eines sterbenskranken Patienten nach direkter Lebensbeendigung, also nach aktiver Sterbehilfe konfrontiert wird. Wie verbreitet ein solches Ansinnen tatsächlich ist, ist der Öffentlichkeit bisher kaum bekannt. Das liegt nicht zuletzt daran, daß Studien dazu und zu anderen Fragen der für Ärzte wesentlichen Sterbehilfeprobleme äußerst selten sind.

Nach neuesten Erkenntnissen einer Ärzte-Studie (1996) werden in der Bundesrepublik zwei Drittel aller Klinikärzte, die häufiger mit der Versorgung von »Todkranken« befaßt sind, mit dem Verlangen nach direkter Lebensbeendigung konfrontiert. Immerhin die Hälfte aller deutschen Krankenhausärzte (54 Prozent) und fast die Hälfte der niedergelassenen Ärzte (48 Prozent) müssen sich ebenfalls damit auseinandersetzen.[2] Noch zehn Jahre zuvor, 1985, hatte nur rund ein Drittel derer, die damals häufig »todkranke« Patienten behandelten, damit gerechnet, sich einem entsprechenden Wunsch von Patienten stellen zu müssen.[3] Vorausgesetzt, die Ergebnisse dieser – methodisch eher bescheidenen – Studie von 1985 treffen zu, dann ist von einer Zunahme des Sterbehilfebegehrens von Patienten in Krankenhäusern und bei niedergelassenen Ärzten auszugehen. Vergleichbare Daten in anderen westlichen Ländern, die diese Vermutung bestätigen oder widerlegen könnten, sind mir nicht bekannt.
Die spärlich vorliegenden Dunkelfeld- oder auch nur Einstellungsstudien an Ärzten zu unterschiedlichen Formen der Sterbehilfe zeigen, wie sehr die Erfahrungen in der westlichen Welt divergieren können. Danach haben im Schnitt zwischen 33 und knapp 60 Prozent aller (befragten) Ärzte schon mit Sterbehilfebegehren von Patienten zu tun gehabt.[4] Aus dem Rahmen fällt eine Studie aus den USA: Dort wurden nur 7 Prozent der Ärzte mit aktivem Sterbehilfeverlangen konfrontiert, fast ein Fünftel hingegen mit der Bitte um Suizidbeihilfe, die – in den USA verboten – offenbar eine sehr große Rolle unter den verschiedenen Formen der Sterbehilfe spielt.[5] Die Ergebnisse aller dieser Studien sind meist nur schwer vergleichbar, da sie an unterschiedlichen Ärztegruppen (Klinikärzte, niedergelassene Ärzte, mit und ohne häufigere Versorgung »Todkranker« usw.) gewonnen wurden und da zudem in bestimmten Ländern eine Ärztegruppe in der Betreuung terminal kranker Patienten eine größere Rolle spielen kann als eine andere, wie beispielsweise der Hausarzt in den Niederlanden.[6]
Wie auch immer, die vorliegenden Daten zum (aktiven) Sterbehilfebegehren von Patienten in einem therapeutisch meist nicht mehr zu beeinflussenden Erkrankungsstadium machen eines deutlich: Vor

allem Klinikärzte, die einen hohen Anteil Schwerst- und terminal Kranker zu versorgen haben (Onkologen, Intensivmediziner, Internisten, gegebenenfalls Chirurgen), sehen sich heute – in zunehmendem Maße – vor höchst kritische ethische und das Strafgesetz unmittelbar betreffende Entscheidungsfragen gestellt. Die Gründe, daß dies so ist, werden gewiß vielfältig sein, und ich will hier nur zwei herausgreifen:

1 Eine unter der Bevölkerung aller westlichen Industrienationen rapide angestiegene Befürwortung, dem »Sterbenskranken« die Möglichkeit eines selbstbestimmten Todes mit ärztlicher Hilfe zu geben. Allein in der Bundesrepublik waren die entsprechenden Voten für eine »todbringende Spritze« des Arztes von 55 Prozent im Jahr 1977 (29 Prozent dagegen) auf 72 Prozent im Jahr 1990 (27 Prozent dagegen) angewachsen[7] und schließlich 1994 auf 83 Prozent für »unheilbar Kranke« gestiegen.[8]

2 Eine andere mögliche Ursache könnte in der Ablehnung lebensverlängernder Maßnahmen durch die – in Kliniken gehäuft versorgten – betagten Patienten im Endstadium ihrer Erkrankung liegen, die eine direkte Lebensbeendigung einer Leidensverlängerung vorziehen. Doch es gibt, wie meist, wenn es um Thesen geht, vereinzelt auch Befunde, die gegen die letztere Annahme sprechen könnten: Von 200 terminal erkrankten kanadischen Patienten hatten nur rund 8 Prozent den ernsthaften Wunsch zu sterben, und dieser Wunsch korrelierte zumindest statistisch mit depressiven Symptomen.[9] Und von 100 älteren Patienten eines Akutkrankenhauses in den USA sprachen sich nach Aufklärung über eine (kardiopulmonare) Reanimation zur Lebensverlängerung fast zwei Drittel dafür, und nur 17 Prozent dagegen aus.[10] Solche Befunde geben zu denken.

Was weiß man über die Einstellung der Ärzte zu diesem Begehren um ärztliche Hilfe, wie sehen ihre Einstellungen zu den verschiedenen Formen der Sterbehilfe aus?

1. Passive Sterbehilfe:

In allen westlichen Ländern stimmen die Ärzte passiven Sterbehilfemaßnahmen generell zu, wenn

- der Behandlungsabbruch einvernehmlich mit dem Patienten vereinbart werden kann,
- die Patienten selbst entscheidungsfähig sind oder der »mutmaßliche Wille« des Patienten auch schon vor Einsetzen des finalen Sterbevorgangs verläßlich feststeht,[11]
- das Hinausschieben des Todes eine unzumutbare Leidensverlängerung bedeutet,
- die Erkrankung mit aussichtsloser (infauster) Prognose einen unumkehrbaren Verlauf genommen hat.[12]

International lag die Zustimmung der Ärzte zur passiven Sterbehilfe spätestens seit den achtziger Jahren bei über 80 bis 90 Prozent. Die rechtliche Abgrenzung jedoch zwischen passiver und aktiver Sterbehilfe ist – so merken Rechtsmediziner[13] wie Strafrechtler immer wieder an – unscharf und insbesondere für den einseitigen Behandlungsabbruch umstritten, etwa bei einem bewußtlosen Unfallopfer, das längere Zeit komatös und entscheidungsunfähig ist.[14]

2. Indirekte Sterbehilfe:

Ein ähnlich hoher Konsens unter Ärzten besteht auch hinsichtlich der Zustimmung zur Schmerzlinderung mit (unbeabsichtigtem) lebensverkürzendem Risiko. Die positive Einstellung zu dieser sogenannten indirekten Sterbehilfe liegt in der Bundesrepublik bei über Dreiviertel der Gesamtheit aller Ärzte, unter den Klinikärzten insgesamt bei fast 90 Prozent, und bei solchen mit häufiger Versorgung von »Todkranken« nähert sie sich der Hundertprozentgrenze (95,7 Prozent). Drei Fünftel der bundesdeutschen Ärzte gaben an, diese straflose, auch ethisch gerechtfertigte Verabreichung hochdosierter Opiate zur Schmerzlinderung im Bedarfsfall zu praktizieren.[15] Allerdings muß man sich dabei wieder einmal klarmachen, daß Einstellung noch keineswegs auch ein entsprechendes Verhalten bedeutet. So finden zum Beispiel rund 10 Prozent der Krebspatienten mit quälenden chronischen Schmerzen durch keine noch so aufwendige Therapie Linderung,[16] das sind etwa 15 000 Krebspatienten pro Jahr. Nach anderen Quellen erhält noch nicht einmal jeder fünfte Todkranke die nötigen schmerzlindernden Morphine, und etwa 80 000 der 172 000 Bundesbürger, die 1990 an den Folgen ihrer Krebserkrankung starben, fanden keine angemessene Schmerztherapie.[17]

Die hohe Zustimmung zu dieser Praxis der indirekten Sterbehilfe ist durch die höchstrichterliche Rechtsauffassung sozusagen gedeckt: Die »Ermöglichung eines Todes in Würde und Schmerzfreiheit unter Beachtung des Selbstbestimmungsrechts des Patienten ... (ist) ein höherwertiges Rechtsgut als die Aussicht, unter schwersten Schmerzen noch einige Tage leben zu müssen.«[18] Dieser Grundsatz dürfte in den meisten westlichen Ländern ähnlich oder gleichlautend gelten. Und tatsächlich belegen alle Zahlen in den westlichen Ländern eine ganz hohe Einstellungspräferenz unter den Ärzten zur indirekten Sterbehilfe, die nicht erzielt würde, wenn sie gegen die jeweilige Rechtsnorm dieser Staaten verstieße. Bereits 1983 erklärten sich 90 Prozent der in einer Studie befragten französischen Ärzte zur indirekten Sterbehilfe mit unvermeidbarem Tötungsrisiko bereit.[19] Und um noch ein Beispiel aus einem Land in unserer unmittelbaren Nachbarschaft zu nennen, das als einziges der Welt repräsentative Daten bietet: Holländische Ärzte befürworten diese Sterbehilfeform in gleichem Maße wie die deutschen, nämlich zu gut vier Fünfteln (82 Prozent aller Allgemeinärzte, Fachärzte, Heimärzte). Diese Form der Sterbehilfe ist zugleich die – neben der passiven Sterbehilfe – am häufigsten praktizierte Art, wie Ärzte das Leiden von Kranken lindern – mit dem Risiko eines tödlichen Ausgangs: Knapp die Hälfte der jährlich 38 Prozent erlaubter Sterbehilfefälle von fast 129 000 Todesfällen 1990 machte die sogenannte indirekte Sterbehilfe aus, das sind 17,5 Prozent oder rund 22 500 Patienten und ebensoviel durch passive Sterbehilfe. Die viel gescholtenen Niederlande sind das einzige Land der Welt, das mit Hilfe einer großangelegten landesweiten Regierungsstudie an Ärzten die Statistiken aller ärztlichen Sterbehilfenormen offengelegt hat.[20] Wer über diese Zahlen entsetzt und empört ist, muß sich fragen lassen, ob er Dunkelfeldstudien kennt, die auch nur annähernd offengelegt haben, was in dieser Grauzone ärztlichen Tuns in seinem eigenen Land geschieht.

Aber gibt es in der ärztlichen Praxis wirklich so klare Grenzen zwischen passiver und indirekter Sterbehilfe bzw. zwischen der letzteren und der aktiven Sterbehilfe? Jeder, der sich aus medizinischer oder strafrechtlicher Sicht damit befaßt hat, weiß, daß die Grenzen zwischen straflosem und strafbarem Handeln in diesem Bereich unscharf und fließend sind. Die Rede ist also von Rechtsunsicherheit und »unseliger Grauzone«, die von vielen Strafrechtlern, Rechtsmedizinern und Ärzten beklagt wird.[21] Das schlägt sich auch in der ärztlichen Praxis nieder:
Fast zwei Fünftel der Krankenhausärzte und ein Viertel der niedergelassenen Ärzte in der Bundesrepublik können mitunter nicht klar zwischen legaler und illegaler Sterbehilfe unterscheiden. Renate Kirschner vom Epidemiologischen Forschungsinstitut Berlin, das die neueste Ärzte-Studie durchführte, erklärte dazu: Einerseits betonen die Ärzte, »sie hätten da ihre eigenen Mittel, und wollen die Sache nicht beim Namen nennen, andererseits fühlen sie sich vom Gesetzgeber im Stich gelassen und wursteln sich eben so durch«. Viele Ärzte wollten heraus aus dieser »Grauzone«, die ihr Gewissen belastet.[22]
In der klinischen Alltagspraxis – so hat es die Ärztin und Publizistin Heidi Schüller kürzlich einmal formuliert – liegen »zwischen Therapie und Tod oft nur wenige Millimeter hochpotenter Medikamente. Und kein Richter der Welt könnte – bei der individuellen Wirkungsstreubreite der Medikamente – Tötungsabsicht nachweisen«.[23] Ganz ähnlich sieht es der amerikanische Internist und Hospizarzt Timothy Quill: »Die schätzungsweise sechstausend geplanten Todesfälle pro Tag in amerikanischen Krankenhäusern dürften zum weitaus

größten Teil auf passive Euthanasie in Verbindung mit der Doppelwirkung narkotischer Schmerzmittel [= indirekte Sterbehilfe: *H.M.*] zurückzuführen sein. Wie oft bei der Behandlung sterbender Patienten heimlich Grenzen überschritten und Unterschiede verwischt werden, ist nicht bekannt.... Die Ärzte glauben zwar«, so fährt Quill fort, »sich durch Aufrechterhaltung dieses Unterschiedes [zwischen passiver und aktiver Euthanasie etwa] der Gefahr, Handlanger des Todes zu werden, entziehen zu können. Doch in der Realität verwischt sich dieser Unterschied häufig und wird illusorisch, und manchmal kommen unsere Bemühungen, unsere ethische Reinheit zu bewahren, sterbenden Patienten teuer zu stehen.«[24]

Die Grenze zwischen indirekter und aktiver Sterbehilfe verläuft – so die juristischen Hilfskonstruktionen – genau dort, wo der Arzt sich darauf berufen kann, bei einer im Einvernehmen mit dem Patienten verabreichten hohen Morphindosis primär die Schmerz- und Leidensminderung beabsichtigt und das unvermeidbare tödliche Risiko als unbeabsichtigte Nebenfolge in Kauf genommen zu haben. Albin Eser, Direktor des Max-Planck-Instituts für ausländisches und internationales Strafrecht, hat diese Unterscheidungsgrenze als eine »Verleitung« des Arztes zur »Heuchelei« bezeichnet. Der Arzt – so Esers Argumentation – braucht nur anzugeben, sich über das Tötungsrisiko seiner Spritze »keine weiteren Gedanken zu machen oder notfalls die Hoffnung auf einen guten Ausgang vorzuspiegeln, und schon könnte er sich auf den Rechtfertigungsgrund des erlaubten Risikos berufen«.[25]

Bei allen – höchst kontroversen – Diskussionen über aktive Sterbehilfe, die überwiegend weniger hierzulande, sondern in westlichen Industriegesellschaften wie Großbritannien, USA, Kanada und Australien öffentlich ganz heftig geführt werden, wird häufig übersehen, daß die Problematik der Sterbehilfe insgesamt viel früher beginnt, insbesondere in der Grauzone indirekter Sterbehilfehandlungen.

Was aber wollen die Ärzte angesichts der sich abzeichnenden Probleme tun, worin suchen sie eine Lösung, und was wollen sie nicht? Was ist über das ärztliche Einstellungsspektrum zur aktiven Sterbehilfe oder zu einer entsprechenden Legalisierung als Ausnahmeregelung für den Arzt und unter bestimmten (gesetzlich geregelten) Voraussetzungen bekannt?

Unzweifelhaft ist, daß das ärztliche Standesrecht aller westlichen Industriestaaten – ausgenommen das der Niederlande – der aktiven Sterbehilfe und der Tötung auf Verlangen des Patienten eine klare Absage erteilt. Andererseits wenden sich aber alle berufsständisch-ärztlichen Stellungnahmen der Ärzteverbände und -gesellschaften auch sehr klar gegen eine Lebensverlängerung »um jeden Preis«, das heißt, zu Lasten eines verlängerten Leidens terminal erkrankter Patienten. Die indirekte Sterbehilfe bei sterbenden Patienten gilt als berufsethisch und standesrechtlich zulässig, ja sogar als geboten, auch um den Preis der Lebensverkürzung als unvermeidbare Nebenfolge der Doppelwirkung schmerz- und leidensmindernder Medikamente. Und die ärztliche Behandlungspflicht ist in den Fällen begrenzt, in denen die Prognose infaust, also aussichtslos ist und das Grundleiden einen irreversiblen tödlichen Verlauf genommen hat.[26]

Jedoch erscheint Außenstehenden die passive Sterbehilfe vielfach problemloser als sie bei manchen Erkrankungszuständen und hinsichtlich zivilrechtlicher und strafrechtlicher Komplikationen tatsächlich ist. Prognoseunsicherheiten und Entscheidungskonflikte bei Fragen von Behandlungsfortsetzung oder -abbruch, wie sie bei längerdauernden komatösen Zuständen entstehen können, sind exemplarisch dafür. Charakteristische Beispiele sind die – durch die Medien bekannt gewordenen – Fälle von Komapatienten wie Karen Ann Quinlan (1976, USA), Nancy Cruzan (1983, Kanada), Edith Schwarzenberg (1994, Bundesrepublik), die jahrelang in tiefer Bewußtlosigkeit künstlich beatmet und ernährt wurden. Mit deren Behandlungsabbruch waren höchste Zivilgerichte und Strafgerichte befaßt.[27]

Auf dem Hintergrund dieser standesrechtlichen »Eckpfeiler« lassen sich die Ergebnisse der Untersuchungen über ärztliche Einstellungen zu aktiver Sterbehilfe, zu ihrer Legalisierung und der Bereitschaft, eine legalisierte, aktive Sterbehilfe auch zu praktizieren, besser einschätzen. Leider sind bei den methodisch sehr unterschiedlich angelegten Studien (Dunkelfeldstudien und Interviews) nicht immer alle drei Aspekte berücksichtigt oder unterschieden worden.

In der Bundesrepublik kann sich gegenwärtig (1996) rund ein Drittel aller Ärzte vorstellen, aus »humanitären Gründen« einem »todkranken« Patienten aktive Sterbehilfe zu leisten. Unter Kinikärzten, die in besonderes hohem Maße an der Versorgung »Todkranker« beteiligt sind, zeigt sich eine solche Bereitschaft sogar bei fast 45 Prozent. Diese relativ häufige positive Einstellung unter Krankenhausärzten mit akzentuierter Erfahrung im Umgang mit finalen Patienten spiegelt sich auch darin wider, daß über ein Drittel von ihnen aktive Sterbehilfehandlungen von Kollegen ihrer Umgebung billigten (was im übrigen auch rund 41 Prozent der niedergelassenen praktischen Ärzte, Allgemeinärzte und Internisten tun). Daß sich dann nur gut ein Fünftel aller Krankenhausärzte und Internisten zur legalisierten, straflosen direkten Lebensbeendigung unheilbar Kranker bereit erklärte (niederländisches, seit 1994 legalisiertes Modell) oder zumindest eine Erprobung dieser Möglichkeit tolerieren würde, könnte eine – im Vergleich zu den häufigeren positiven Einstellungsvoten zu dieser Sterbehilfeform generell – zurückhaltendere Handlungsbereitschaft der Krankenhausärzte dazu signalisieren. Die niedergelassenen Ärzte dagegen zeigen eine doppelte so hohe Bereitschaft, das holländische Modell einer legalisierten, aktiven ärztlichen Sterbehilfe bei unheilbar Kranken in Deutschland zu erproben oder doch zu tolerieren (43 Prozent). Ob hinter dieser verbreiteten Einstellung der niedergelassenen Ärzte eine (positive) Orientierung an ihren niederländischen Kollegen, den Hausärzten steckt, die ja in Holland in besonders hohem Maße an der Praxis aktiver Sterbehilfe beteiligt sind, wäre unter Umständen denkbar.[28]

Wie immer man diese Befunde unter verschiedenen Aspekten bewerten mag, sie verdeutlichen zumindest eines: Die standesrechtliche und berufsethische Ablehnung aktiver Sterbehilfe bei terminal Kranken durch die Ärzteverbände ist offensichtlich in der Bundesrepublik kein für alle Ärzte streng zu befolgendes Dogma mehr (so-

fern es früher mal eines war, was mangels einer wirklich verläßlichen Studie in der Vergangenheit offen bleiben muß).
Wie sieht es bei unseren europäischen Nachbarn und in ferneren westlichen Ländern in dieser Hinsicht aus? Im Unterschied zu der neuen deutschen Ärzte-Studie, die als repräsentativ für Krankenhaus- und niedergelassene Ärzte ausgewiesen ist, sind die meisten Studien anderer Länder (mit Ausnahme der niederländischen) nicht repräsentativ, die meisten sind Dunkelfeldstudien. Doch immerhin ergibt sich aufgrund einiger der mir zugänglichen Arbeiten eine grobe Orientierung:
Gut 40 bis über 50 Prozent der (zwischen 1987 und 1996 befragten) Ärzte Schottlands, Englands, Hollands, Frankreichs, Australiens und der Vereinigten Staaten lehnen aktive Sterbehilfe (auch auf Verlangen des Patienten ab).[29] Für überwiegend gut ein Drittel bis fast die Hälfte der (befragten) Ärzte dieser Länder ist die aktive Sterbehilfeform unter besonderen Voraussetzungen jedoch »vorstellbar«, eine »akzeptable Option«, oder sie votieren für eine Legalisierung oder sind sogar zu einer legalisierten Ausübung bereit (mehrheitlich). Insoweit entspricht das Ausmaß der Akzeptanz, wenn auch mit unterschiedlichen Varianten, dem der Ärzte in der Bundesrepublik im Jahre 1996. Daß auch bei diesen Ärzten wiederum zum Teil ein, soweit erfaßt, deutlicher Unterschied besteht zwischen einem Legalisierungsvotum und der Bereitschaft, legalisierte aktive Sterbehilfe auch selbst zu leisten, machen zwei Studien deutlich: 1988 votierten fast 60 Prozent der (fast eintausend befragten) australischen Ärzte für eine Legalisierung, aber nur 40 Prozent erklärten sich zu ihrer Ausübung bereit. Und noch deutlicher war der Unterschied bei den (1996 über eintausend befragten) amerikanischen Ärzten mit einem Verhältnis von 56 zu 22 Prozent (übrigens die »geringste« Sterbehilfebereitschaft aller angeführten acht Ärzte-Studien).[30]

Was sich hier abzeichnet, ist ein Spektrum divergierender, teils unzweifelhaft polarisierter ärztlicher Einstellungen zu einer Form der Sterbehilfe, bei der sich der Begriff der Tötung nicht vermeiden läßt, solange es strafgesetzliche und ethische Verbotstafeln gibt. Ein erheblicher Teil dieser Ärzte lehnt nicht zuletzt deshalb diese ärztliche Hilfe zur direkten Beendigung von unerträglichen Leiden selbst bei Patienten im Endstadium einer Erkrankung oder auch auf Verlangen ab. Dieser Teil der Ärzte steht dann zwar im Einklang mit standesrechtlichen, berufsethischen sowie ethischen Geboten und auch mit den strafgesetzlichen Normen. Ob ein solcher Arzt jedoch in der Konfrontation mit konkreten Sterbehilfekonstellationen oder dem drängenden Verlangen eines sterbenden Patienten nicht sich selbst, seinem eigenen Sterben oder Gewissenszweifeln begegnet, ist eine individuelle und bisweilen auch eine religiöse Frage. Und nur der Zufall oder die gnädige Fügung mögen es sein, die ihn davor verschonen, mit anders denkenden Kollegen oder Schwestern auf derselben Station zu kollidieren.

Ein weiterer, wiederum nicht unerheblicher Teil der (befragten) Ärzte steht in einem mehrfachen Normenkonflikt: standesrechtlich, berufsethisch, gegebenenfalls moralisch und strafrechtlich. Für diese Ärzte ist aber aktive Sterbehilfe vorstellbar aus humanitären Gründen, in legalisierter Form sogar selbst praktizierbar oder zumindest als ausgeübtes, ärztliches Tun bei anderen Kollegen tolerabel. Wie immer diese Varianten einer eher »positiven« Einstellung, einer »liberalen« Akzeptanz sich auf die Handlungsbereitschaft eines Arztes in einer konkreten Situation auswirken mögen, sie sind darauf angelegt, ein potentielles Konflikt- und Spannungsfeld zu erzeugen: sei es individuell und innerpsychisch, sei es in der Konfrontation mit divergierenden oder diametral entgegengesetzten Einstellungen von Kolleginnen und Kollegen oder auch von Schwestern und Pflegern (siehe Kapitel 8). Daß sich solche Konflikte auf den Patienten auswirken können, ist ebenso unzweifelhaft wie die Möglichkeit, daß Pflegekräfte direkt oder indirekt darin verstrickt werden. Dies dürfte wenigstens in Ansätzen durch Dunkelfeldstudien an Pflegenden belegt sowie an einigen forensischen Beispielen noch deutlich werden (vgl. Kapitel 7 und 8).

Ich möchte diesen notwendigerweise datenreichen Abschnitt nicht beenden, ohne eine für Ärzte wie Pflegende gleichermaßen konflikthafte Sterbehilfekonstellation zu schildern, die ich dem eindrucksvollen Buch des amerikanischen Internisten Timothy Quill entnehme *(Death and Dignity*, in Deutsch unter dem unglückseligen Titel *Das Sterben erleichtern* erschienen). Bei den Patienten, deren qualvolles Sterben Quill schildert, könnte es sich möglicherweise um Kranke mit einer fortschreitenden degenerativen Erkrankung handeln, bei der es zu unvollständigen Lähmungen der Muskulatur von Gliedmaßen, spastischen Lähmungen, Krämpfen und im weiteren Verlauf zur Lähmung der Atemmuskulatur mit der Folge eines Erstickungstodes kommt (sogenannte Amyotrophische Lateralsklerose). Quill schreibt:

> »Manche Patienten mit unbehandelbaren Atmungsstörungen bekommen, … bevor sie sterben, Erstickungsanfälle und müssen einen entsetzlichen Todeskampf durchmachen, der dem eines Ertrinkenden gleicht. Die Doppelwirkung erfordert, Schmerzmittel so zu dosieren, daß die Leiden gelindert werden, der Tod jedoch nicht bewußt beschleunigt wird. Also wird der qualvolle Todeskampf manchmal verlängert, weil es nicht akzeptabel ist, bewußt den Tod herbeizuführen, obwohl nur der Tod die Leiden solcher Patienten beenden kann. Wegen dieser Ambivalenz werden manche Patienten in diesem qualvollen Zustand lange am Leben erhalten. Der behandelnde Arzt hat nur selten genügend Zeit, sich eingehend um sie zu kümmern. Meistens werden sie von Schwestern oder Angehörigen versorgt, die doppeldeutige Anweisungen erhalten haben, wie: ›Halten Sie ihn beschwerdefrei‹ oder: ›Erhöhen Sie ein wenig die Dosis, wenn es nötig erscheint‹. Ich bin sicher, daß manche Pflegepersonen oder Familienangehörigen ihren Patienten unter solchen Umständen genügend Medikamente verabreichen, um ihren Tod herbeizuführen … Aus vielen Briefen, die ich erhalte, geht hervor, daß sich die Pflegepersonen ... im Stich gelassen fühlen [vgl. auch Kapitel 8]. Ärzte scheinen sich in diesen schrecklichen Momenten von den

Kranken abzuwenden, um nicht in Versuchung zu geraten, gegen ihre Standesregeln zu verstoßen.«[31]

Und fiel in einen friedlichen Schlaf – aktive Ärzte

Am 20. August 1961 erschoß sich im Alter von 79 Jahren der Amerikaner Percy Bridgman, Professor in Harvard und Physik-Nobelpreisträger. Seine Krebserkrankung war weit fortgeschritten. Dennoch arbeitete er bis zuletzt an seinem siebenbändigen Werk, bis er nicht länger dazu imstande war. In seinem Abschiedsbrief bedauerte er, den letzten Schritt ganz allein gehen zu müssen: »Es ist nicht anständig, wenn die Gesellschaft einen Menschen zwingt, sich so etwas anzutun.« Und einem Kollegen gegenüber äußerte er kurz vor seinem Suizid: »Ich möchte die Lage, in der ich mich befinde, dazu nutzen, einen Grundsatz aufzustellen. Wenn das Leben unausweichlich seinem Ende zustrebt, wie es mir jetzt erscheint, hat der einzelne das Recht, seinem Arzt darum zu bitten, es für ihn zu beenden.«
Bridgmans Abschiedsbrief hatte in den USA eine Kontroverse um medizinische Ethik ausgelöst, die in den westlichen Industriegesellschaften bis heute andauert. Der amerikanische Chirurg und Medizinhistoriker an der Yale University, Sherwin B. Nuland, kommentierte Bridgmans Rechtsanspruch auf aktive ärztliche Sterbehilfe mit der unmißverständlichen Anregung: »Wenn es einen Satz gibt, der die Auseinandersetzung, in der wir uns gegenwärtig befinden, bündig zusammenfaßt, dann ist es dieser … Zu befürworten ist eine *offene Diskussion* um die Rolle des Arztes bei der Sterbehilfe, sofern sie eine Praxis ins Zentrum der Aufmerksamkeit rückt, die seit den Tagen des Äskulaps mehr oder weniger stillschweigend existiert hat.«[32] Damit spricht Nuland jene Grauzone ärztlicher Sterbehilfe an, jenes Dunkelfeld, das es – eben »seit den Tagen Äskulaps« – immer gegeben hat. Ob es vernünftig oder sogar geboten ist, darüber möglichst nicht zu diskutieren, wie manche insbesondere in der Bun-

desrepublik meinen, darüber wird später noch zu reden sein (siehe Kapitel 9).

Niemand scheint genau zu wissen, ob der amerikanische Nobelpreisträger Bridgman vor seinem Suizid um ärztliche Sterbehilfe nachgesucht hat. Es gibt jedoch heute eine Fülle von kasuistischen Beispielen unbekannter und prominenter Patienten, die in einer ähnlichen Situation einen oder ihren Arzt um Beendigung eines meist langen Leidens baten. Mit unterschiedlichem Ausgang. Von Bedeutung sind die ganz unterschiedlichen Haltungen, die hinter ein und derselben ärztlichen Handlung, hinter dem Gewähren der Bitte eines Patienten oder ihrer Verweigerung stehen können. Es gibt – ähnlich wie bei den Pflegenden – ein Spektrum moralisch unterschiedlich zu qualifizierender Haltungen in der Grauzone aktiver ärztlicher Sterbehilfe. Sherwin B. Nuland hat ihre diametral entgegengesetzten Endpunkte, ihre Pole, in seinem Buch *Wie wir sterben* sehr anschaulich charakterisiert:

Am einen Ende sind jene Haltungen angesiedelt, die hinter gefürchteten ärztlichen Entgleisungen stehen. Da ist beispielsweise ein junger amerikanischer Gynäkologe, der noch während seiner Ausbildung einer krebskranken 22jährigen Frau mit einer hochdosierten Morphiuminjektion den Tod brachte. Er hatte sie nie zuvor gesehen, verstand aber ihre Bitte um Erlösung vorschnell als Verlangen nach aktiver Sterbehilfe, ohne alle anderen Möglichkeiten zu bedenken – wie etwa zunächst um einen Hilferuf auf dem Boden einer depressiven Verstimmung auszugehen. »Daß der selbsternannte Erlöser«, so Nuland, »sein Opfer vorher nie gesehen hatte, schreckte ihn weder von der Tat noch von ihrer Publikation ab, ja er sparte auch nicht mit Einzelheiten über den von ihm gewährten Gnadentod, so überzeugt war er von der Richtigkeit seines Tuns.«[33] In die Nähe der moralischen Haltung dieses jungen Arztes rückt Nuland auch jene »publicitysüchtigen Hausierer des Todes«, für die es mehr oder weniger in allen Ländern der westlichen Welt wohlbekannte Beispiele gift: Ärzte wie der Amerikaner Jack Kervorkian, der inzwischen mit viel Öffentlichkeitsmarketing 45 lebensmüde Patienten per selbstgebasteltem Giftautomaten den Tod brachte, oder der australische

Arzt Philip Nitschke, dessen selbstkonstruierter Todescomputer auf Tastendruck innerhalb von dreißig Sekunden dem Sterbewilligen die Giftinjektion verabreicht.[34]

Am anderen Ende des Spektrums findet sich jene langsam gereifte Haltung von Ärzten, die durch eine erst allmählich entwickelte Überzeugung gekennzeichnet ist, einem Patienten auf sein Verlangen hin den Tod ermöglichen zu dürfen. Sie gründet auf einem tiefen und gewachsenen Vertrauen zwischen einem Arzt und seinem sterbenskranken Patienten, das ärztliche Beratung und abwägende Reflexion des Patienten einschließt. Ein solcher Arzt war Max Schur, Wiener Internist und Psychoanalytiker. Und eine solche Vertrauensbeziehung bestand zwischen ihm und seinem langjährigen Patienten Sigmund Freud, dessen Hausarzt er war. Max Schur stand dem 83jährigen Patienten bei, als dieser ihn bat, seinem unerträglichen, von Schmerzen geplagten Zustand einer sechzehn Jahre durchlittenen Krebserkrankung nunmehr ein Ende zu bereiten. In seinem Buch über *Leben und Sterben* von Sigmund Freud, der gerade ein Jahr im Londoner Exil lebte, nachdem er von Hitler aus Wien vertrieben worden war, schrieb Max Schur:

> »Am folgenden Tag, dem 21. September [1939], ergriff Freud, als ich an seinem Bett saß, meine Hand und sagte zu mir: ›Lieber Schur, Sie erinnern sich wohl an unser erstes Gespräch. Sie haben mir damals versprochen, mich nicht im Stich zu lassen, wenn es soweit ist. Das ist jetzt nur noch eine Quälerei und hat keinen Sinn mehr.‹ Ich sagte ihm, ich hätte mein Versprechen nicht vergessen. Er seufzte erleichtert auf, hielt meine Hand einen Augenblick lang fest, und sagte: ›Ich danke Ihnen.‹ … All das sagte er ohne eine Spur von Gefühlsüberschwang oder Selbstmitleid und in vollem Bewußtsein der Realität … Als er von neuem schreckliche Schmerzen hatte, gab ich ihm eine Injektion von zwei Zentigramm [= zwanzig Milligramm] Morphium. Er spürte schon bald Erleichterung und fiel in friedlichen Schlaf. Der Ausdruck von Schmerz und Leiden war gewichen. Nach ungefähr zwölf Stunden wiederholte ich die Dosis. Freud war offensichtlich so

am Ende seiner Kräfte, daß er in ein Koma fiel und nicht mehr aufwachte. Er starb um 3 Uhr morgens am 23. September 1939.«[35]

Da hat ein bemerkenswerter Arzt seinem Patienten, einem schwerkranken und großen alten Mann nicht nur aktive Sterbehilfe geleistet, sondern ihn auch in den Tod begleitet. Es mag Ärzte geben, die Max Schurs Handeln nicht billigen können, seiner menschlichen Haltung werden sie den Respekt jedoch kaum versagen können. Max Schur hat erst dreißig Jahre nach Freuds Tod, und kurz vor seinem eigenen, der Weltöffentlichkeit preisgegeben, womit er sich zu einem früheren Zeitpunkt unter Umständen einer Anklage ausgesetzt hätte.
Auch in unserer jüngeren Geschichte gab es immer wieder Ärzte, die sich der Gefahr der Strafverfolgung aussetzten, deren humane Grundhaltung sich jedoch als unzweifelhaft erwies. Zu jenen, die weit über die Grenzen ihres Landes hinaus bekannt wurden, zählt unter anderem die niederländische Ärztin Gertrude Posthma, die ihrer schwerkranken Mutter auf mehrfaches Verlangen Morphium injizierte und 1973 von einer holländischen Kammer zu einer Bewährungsstrafe von acht Tagen Arrest verurteilt wurde.[36] Zu jenen Ärzten zählt auch der amerikanische Internist und Hospizarzt Timothy Quill, der einer von ihm lange behandelten schwerst leukämiekranken Patientin Beihilfe zur Selbsttötung leistete, ein in den meisten US-Bundesstaaten als Tötungsdelikt mit Strafe bedrohter Tatbestand, der in der Öffentlichkeit heftig und kontrovers diskutiert wird. Wie in Quill, der von einer Anklagejury für nicht schuldig befunden wurde, die Überzeugung heranreifte, seiner Patientin helfen und ihrem Sterbeverlangen folgen zu müssen, das ist in Nulands Augen »beispielhaft für das tiefe Vertrauen« zwischen einem Arzt und einem sterbenskranken Patienten. »Hier«, so Nuland, »könnte eine medizinische Ethik einen festen Bezugspunkt finden.«[37]
Für die Bundesrepublik ist an den Arzt Herbert Wittig zu erinnern, der bei einem Hausbesuch die 76jährige, schwerstkranke Patientin Karla Eisfeld[38] bewußtlos und mit kaum noch tastbarem Puls vor-

fand. Neben der im Zustand schwerster Vergiftung daliegenden Patientin fand der Arzt eine an ihn gerichtete schriftliche Willenserklärung der Suizidentin, alles zu ihrer Lebensrettung zu unterlassen und ihr »einen würdigen Tod« zu gewähren. Die Botschaft war klar und unmißverständlich formuliert. Er respektierte ihren Wunsch und begleitete über Stunden das Sterben seiner Patientin bis in den frühen Morgen. Das war im November 1981. Dr. Wittig wurde 1983 durch ein Landgericht von der Anklage der vollendeten Tötung durch unterlassene Hilfeleistung (und einer versuchten Tötung) freigesprochen. Auf die Revision der Staatsanwaltschaft bestätigte der 3. Senat des Bundesgerichtshofs am 4. Juli 1984 das Urteil des Landgerichts. In diesem Urteil finden sich nicht nur anerkennende Worte für die Art und Weise, wie dieser Arzt »in Respekt vor der Persönlichkeit« der Sterbenden den ärztlichen Gewissenskonflikt gelöst hat, sondern auch einige denkwürdige Sätze:

> »Maßnahmen zur Lebensverlängerung sind nicht schon deswegen unerläßlich, weil sie technisch möglich sind. Angesichts des bisherige Grenzen überschreitenden Fortschritts medizinischer Technologie bestimmt nicht die Effizienz der Apparatur, sondern die an der Achtung und der Menschenwürde ausgerichtete Einzelfallentscheidung die Grenze ärztlicher Behandlungspflicht.«[39]

Ich habe hier ganz bewußt verschiedene Sterbehilfe-Formen mit unterschiedlichen strafrechtlichen Tatbeständen, jedoch mit derselben menschlichen Grundhaltung der einzelnen Ärzte ausgewählt. Und ich habe in Anlehnung an Nuland ein Spektrum höchst unterschiedlicher, ethisch-moralischer Qualitäten ärztlicher Grundhaltungen zu veranschaulichen gesucht, die hinter aktiven Sterbehilfehandlungen stehen können. Wenn man von »Grauzone« oder »Dunkelfeld« ärztlicher Sterbehilfe spricht, nicht selten mit einem eher desavouierenden Anklang, wäre eine differenzierende Betrachtung der Problematik ärztlichen Tuns angebracht. Ich habe diese Ausführungen aber auch nicht zuletzt deshalb gemacht und mit paradigmatischen

Beispielen zu verdeutlichen versucht, weil damit auch aufgezeigt werden sollte, in welchem widersprüchlichen ethisch-moralischen Spannungsfeld ärztlicher Grundhaltungen Schwestern und Pfleger in ihrer Alltagsarbeit, in ihrem Umgang mit Sterben und Tod der Patienten alleine oder zusammen mit Ärzten stehen können.

Timothy Quill, Max Schur, Gertrude Posthma, Herbert Wittig und viele andere, die hier zu nennen wären, sind keine Sterbehilfe-Ideologen. Auch ein großer Teil derjenigen Ärzte nicht, die in jüngster Zeit in zunehmendem Maße in verschiedenen westlichen Ländern offen bekannten, in der Vergangenheit aktive Sterbehilfe geleistet und Gesetzesbrüche begangen zu haben. In Australien etwa hat der Urologe Rodney Syme zusammen mit sechs anderen Fachärzten im Frühjahr 1995 in einem offenen Brief an den Premier des Bundesstaates Victoria bekannt, verbotene Sterbehilfe geleistet zu haben. Sie warten noch immer auf Reaktionen der Staatsanwaltschaft und der Politiker.[40] In Frankreich offenbarte sich der international angesehene Krebsspezialist Schwartzenberg und wurde 1990 standesrechtlich zu einem Jahr Berufsverbot verurteilt.[41] Dies sind nur zwei von leicht zu vermehrenden Beispielen in jüngster Zeit. Die Begründungen dieser Ärzte sind differenziert und keineswegs blauäugig. Die Gefahren des Mißbrauchs einer gesetzlich liberaleren ärztlichen Handhabung der Sterbehilfe – in Australien, den USA, wie in den meisten Ländern der westlichen Welt ist sogar schon die aktive Teilnahme am oder die Beihilfe zum Suizid explizit strafbar[42] – sind diesen Ärzten bewußt. Sie sind auch keine Missionare. Wofür sie eintreten – wie beispielsweise in Australien – ist unter anderem die bei uns straffreie Selbsttötungsbeihilfe. Und der Weg zu ihrer Bereitschaft dazu war beruflich und innerlich oft ein langer Prozeß, wie ihn etwa Nuland oder Quill beschrieben haben.
Ein ungenannter niederländischer Arzt formulierte kürzlich mit Blick auf den Alltag vieler Krankenhäuser der Welt, was Sherwin B. Nuland für die stillschweigende ärztliche Praxis seit den Tagen Äskulaps hält: »Überall beenden Ärzte aktiv das Leben ihrer Patienten. Der einzige Unterschied in den Niederlanden ist, daß wir dar-

über reden.«[43] Doch wie viele es tatsächlich tun, weiß man definitiv lediglich in den Niederlanden. In manchen Staaten haben sich einige Ärzte selbst um Aufklärung durch Dunkelfeldstudien bemüht. Aber diese Studien sind in der Regel nicht repräsentativ und methodisch unzulänglich. Deshalb gibt auch der folgende Einblick allenfalls eine grobe Vorstellung davon, wie viele der (befragten) Ärzte mindestens einmal in ihrer beruflichen Laufbahn aktive Sterbehilfe leisteten.[44] Über die Häufigkeit, mit der der einzelne Arzt direkt Leben beendete, sagen die Studien nichts aus, auch nicht darüber, ob die Ärzte dabei teils mit Pflegepersonal kooperierten. Auch die Angabe, ob sie stets auf drängendes Verlangen der Patienten handelten, bleibt häufig unklar. Klammert man die Niederlande (wegen ihrer Sondersituation) zunächst einmal aus, so ergeben sich nach den Studien über aktive Sterbehilfe (Dunkelfeldstudien) folgende Daten:

Mindestens einmal während ihrer beruflichen Tätigkeit haben ein Viertel bis rund Dreifünftel aller zwischen 1988 und 1996 jeweils befragten Ärzte in Europa und den USA aktive Sterbehilfe bei »unheilbaren« Patienten geleistet, in der Mehrzahl rund ein Drittel. Gemessen an der Zahl der jeweils mit einem entsprechenden Verlangen schwerstkranker Patienten konfrontierten Ärzte lag der Prozentanteil derjenigen, die diesem Wunsch nachkamen (zum Teil auch in Form von Beihilfe zur Selbsttötung), zwischen 2 bis 5 Prozent (USA 1996) und 19 Prozent (Australiens 2. Studie), meist über 10 Prozent (Australien 1988 und 1994; England 1994; Schottland 1994). Die Wahrscheinlichkeit, daß Ärzte, die mit einem Patientenverlangen konfrontiert werden, diesem auch nachkommen, ist natürlich größer als daß diejenigen, die damit gar nicht in Berührung kommen, Sterbehilfe leisten, wobei dies für den Einzelfall freilich nicht gilt – man denke an langjährig komatöse Patienten). Bemerkenswert ist in diesem Zusammenhang, daß die Kenntnis deutscher Ärzte über aktive Sterbehilfefälle ihrer Kollegen – nach der Studie von 1996 – mit 6 bis 14,5 Prozent etwa in derselben Größenordnung liegt wie bei den mit einem Sterbehilfeverlangen konfrontierten Ärzten der genannten Länder. Freilich handelt es sich hier um durchweg mit großen Unsicherheitsfaktoren belastete Daten, die schwer oder gar nicht vergleichbar sind. Sie sind teils nicht repräsentativ für die Ärzteschaft der betreffenden Länder, lassen also keine verläßlichen Rückschlüsse auf das entsprechende »Euthanasie«-Verhalten der Ärzte eines bestimmten Landes zu. Auf ähnlich problematisch erhobene Daten in den USA weist auch der amerikanische Psychiatrie-Professor und Hospiz-Arzt Quill hin, wenn er die amerikanischen Studien erwähnt, denen zufolge zwischen 3 und 37 Prozent der jeweils befragten Ärzte in den USA mindestens einen ihrer Patienten »aktiv« beim Sterben unterstützt haben. Andererseits läßt Quill jedoch auch keinen Zweifel am Ausmaß der Problematik (in den USA):

> »Da die meisten praktischen Ärzte, die schwerkranke Patienten behandeln, regelmäßig mit diesem Dilemma konfrontiert sind, erstaunt mich diese Statistik überhaupt nicht. Onkologen und auf Aids spezialisierte Ärzte können sich dem Problem nicht entziehen, doch auch die meisten Allgemeinärzte mit großen Praxen müssen sich immer wieder damit beschäftigen. Wie damit angesichts der unsicheren Rechtslage umgegangen wird, hängt mehr von den Anschauungen des Arztes und seiner Bereitschaft, Risiken einzugehen, ab als vom Patienten.«[45]

Die Befunde über die in besonderem Maße mit der Problematik belasteten Ärztegruppen (Allgemeinärzte, Fachärzte, Klinikärzte verschiedener Fächer, Heimärzte, spezielle Hausärzte wie in den Niederlanden) erweisen sich als inkonsistent und zum Teil – wie in den Niederlanden – von landesspezifischen Eigenheiten des Gesundheitssystems abhängig. Zum anderen spielt jedoch auch eine Rolle, in welchem Maße Ärzte besonders mit der Versorgung »Sterbenskranker« befaßt sind:
So waren beispielsweise in einer englischen Studie (1994) mehr niedergelassene Allgemeinärzte als Klinikärzte mit aktivem Sterbehilfebegehren von Patienten konfrontiert worden, aber Klinikärzte entsprachen diesem Patientenverlangen häufiger als ihre niedergelassenen Kollegen. In der neuen deutschen Studie (1996) mußten

sich Krankenhausärzte generell und besonders die mit »Todkranken« häufiger befaßten Klinikärzte in größerem Maße als ihre niedergelassenen Kollegen damit auseinandersetzen. Und es waren auch die Klinikärzte (Onkologen, Intensivmediziner, Internisten), die also mit »Todkranken« besonders befaßten Ärzte, die in ihrer Umgebung am häufigsten aktive Sterbehilfeleistungen von Kollegen erlebten (14,5 Prozent). Für die Niederländer trifft dies alles wiederum nicht zu: Sie haben ein anderes Gesundheitssystem, in dem der Hausarzt eine zentrale Rolle spielt. An ihn tragen die Patienten auch in sehr viel höherem Maße Sterbewünsche heran als an Klinikärzte. Nicht zuletzt deshalb lag der Anteil aktiver Sterbehilfe und Beihilfe zur Selbsttötung bei den Hausärzten mit 62 Prozent (1991) und 63 Prozent (1995/96) am höchsten – im Vergleich zu den Krankenhausärzten mit 44 Prozent (1991) und 37 Prozent (1995/96) und nur 12 bzw. 21 Prozent bei den Heimärzten, die jemals in ihrer beruflichen Laufbahn Formen der Sterbehilfe praktiziert hatten.[46]
Angesichts all dieser Schwierigkeiten dürfte auch für die westlichen Industrienationen gelten, was Quill mit Blick auf die US-Ärzte-Studien schrieb: daß einfach nicht bekannt ist, »in welchem Ausmaß heute in den Vereinigten Staaten von Ärzten heimlich aktive Sterbehilfe geleistet wird«.[47]

Als einziges Land der Welt haben die Niederlande eine flächendeckende, empirische Untersuchung über alle ärztlich praktizierten Formen der Sterbehilfe und Entscheidungsmodalitäten durchgeführt und 1991/1993 sowie 1996 der Öffentlichkeit vorgelegt. Diese sogenannte Remmelink-Studie – benannt nach deren Kommissionsleiter, Generalstaatsanwalt beim Obersten niederländischen Gerichtshof, dem Hoge Raad – entstand in engem Zusammenhang mit der seit 1994 gesetzlich verankerten und seit 1995 in Kraft befindlichen Regelung zur straflosen ärztlichen Sterbehilfe, der aktiven Sterbehilfe wie der Beihilfe zur Selbsttötung auf Verlangen »unheilbar« kranker Patienten. Die Regelung beinhaltet keineswegs – wie oft irrtümlich angenommen – die Streichung strafgesetzlicher Tötungstatbestände des nl.StGB (Mord, Totschlag, Tötung auf Verlangen, Beihilfe zur

Selbsttötung). Vielmehr handelt es sich um eine – durch ärztlichen »Notstand« – begründete Ausnahme unter den Voraussetzungen und Kriterien, unter denen ein Arzt bei Vornahme dieser Sterbehilfeformen von Strafverfolgung freigestellt ist.[48]

Obgleich die Problematik aktiver Sterbehilfe in diesem Buch implizit ständig präsent ist, so ist sie hier explizit doch nicht die eigentliche Thematik. Deshalb kann und soll die international heftig umstrittene Regelung der Niederländer hier auch nicht diskutiert werden. Nicht ausgeklammert werden jedoch einige der zentralsten objektiven Daten der Remmelink-Studien, die geeignet sind, ein Bild der Praxis ärztlicher Sterbehilfeformen zu vermitteln – in einem Land, in dem die strafrechtliche Behandlung des Problems zwar bereits seit den achtziger Jahren recht »großzügig« gehandhabt, zwischen 1991 und 1996 jedoch auch rückhaltlos und unvergleichlich offen dargelegt wurde.

Etwa 9000 Patienten konfrontierten niederländische Ärzte im Jahr 1990 im Rahmen ihrer Erkrankung mit dem Wunsch nach aktiver Sterbehilfe oder Beihilfe zur Selbsttötung. In der Nachuntersuchung 1995, also im Jahr, als die neue gesetzliche Regelung in Kraft trat, war das Sterbehilfebegehren um 9 Prozent auf 9700 Patienten angestiegen.[49] Das Ausmaß, in dem Ärzte diesem Verlangen ihrer Patienten nachkamen, lag bei einem Drittel. Und das waren 1990 rund 2300 unheilbar Kranke oder 1,8 Prozent von den insgesamt rund 129 000 Niederländern, die jährlich versterben (Mortalitätsraten 1990). Bei einer Nachuntersuchung bzw. Kontrollstudie 1995 (1996 veröffentlicht) war der Prozentsatz dieser »voluntary euthanasia« durch Ärzte auf 2,3 Prozent der Mortalität angestiegen (3100 Patienten). Dieses Mehr an ärztlich begründeten aktiven Sterbehilfefällen (0,5 Prozent) war bedingt durch eine Zunahme der Mortalität gegenüber 1990 (von rund 129 000 auf 136 000) infolge eines höheren Anteils alter Menschen in der Bevölkerung und durch Krebs. Das sei – so die amerikanische Ärztin Marcia Angell von der Massachusetts Medical Society – eine schlüssige Begründung und noch kein Indiz für einen moralischen »Abstieg« der holländischen Ärztepraxis. »Störendster« Befund der Kontrollstudie (1995) sei jedoch – so

Angell – nach wie vor die Anzahl der Lebensverkürzungen ohne Patientenverlangen, auch wenn sie gegenüber 1990 leicht abgenommen habe:[50] von 1990 mit rund 1000 Patienten (0,8 Prozent der Mortalität) auf 0,7 Prozent (950 Patienten) 1995. Relativ niedrig blieb die in den Niederlanden immer noch strafbare Beihilfe zur Selbsttötung mit 0,3 Prozent 1990 (400 Patienten) und 0,4 Prozent 1995 (500 Patienten). Das bedeutet, daß die ärztliche Sterbehilfepraxis (aktive Sterbehilfe mit oder ohne Patientenverlangen) zwischen 1990 und 1995 zwischen 2,9 und 3,4 Prozent der niederländischen Mortalitätsrate (der beiden Untersuchungsjahre) lag.
Die Ergebnisse der niederländischen Studien haben international heftige Kritik ausgelöst, zum Teil sehr undifferenziert, und für große Erregung gesorgt. Will man damit auch nur einigermaßen vernünftig umgehen, so muß man unterscheiden zwischen dem Mut und der Offenheit auf der einen Seite, mit denen die Holländer als einziges Land der Welt verbotene Sterbehilfe-Praxis ihrer Ärzte – von Staats wegen – erforscht und offengelegt haben, und zwischen ihrer ärztlichen »Euthanasie«-Gesetzgebung und -Praxis auf der anderen Seite, die ja halb verdeckt oder von den Strafverfolgungsbehörden als Ausnahmeregelung toleriert, schon seit den achtziger Jahren existierte). Beide Hauptpunkte – Forschung und deren Offenlegung zum einen, gesetzliche Regelungen und deren Ausführungspraxis zum anderen – wurden in der Vergangenheit häufig miteinander vermischt, die Untersuchungsergebnisse auf gesetzliche Regelungen und Ausführungspraxis reduziert. In diesem Buch geht es nun nicht um die zweite, höchst sensible und – wie man weiß – kontrovers diskutierte Problematik in den westlichen Gesellschaften und der Wissenschaft. Die Frage ist vielmehr: Welches sind die Tatsachen der niederländischen Studien dazu?

Erstens: 1990 waren es 27 Prozent aller niederländischen Ärzte, die irgendwann in ihrer beruflichen Laufbahn das Leben eines schwerstkranken Patienten ohne dessen *unmittelbar* davor geäußerten Wunsch und Willen beendet haben – 1995 waren es »noch« 23 Prozent. Bei rund zwei Fünfteln der ärztlichen Entscheidungen war der Patient nicht mehr zu einem Gespräch fähig oder überhaupt ansprechbar, und in rund drei Fünfteln der Fälle basierte die ärztliche Entscheidung auf dem sogenannten mutmaßlichen Willen des Patienten, das heißt auf früheren Gesprächen mit Ärzten (wie es auch für andere Sterbehilfeformen von der Strafrechtsprechung in Deutschland akzeptiert wird.) In der Mehrzahl dieser Fälle wurde die ärztliche Entscheidung mit Kollegen, mit einem Pflegeteam oder mit Angehörigen des Patienten, meist in Kombination aller Beteiligten diskutiert: 1995 in 95 Prozent der Fälle. Das Leben dieser Patienten wurde zur großen Majorität um einige Stunden oder (meist) etwa eine Woche verkürzt, 1990 in etwa 86 Prozent, 1995 in rund 91 Prozent der Fälle. Die heftigsten Kritiker dieser »störendsten« Befunde (Angell) haben es versäumt, diese Details zu erwähnen und zugleich nach den Verhältnissen in entsprechend sensiblen Bereichen der Kliniken ihres eigenen Landes zu fragen. Das hat nichts mit einer Billigung der niederländischen Verhältnisse zu tun, wohl aber mit einer selbstkritischen Haltung, die Fragen aufwirft, die es dringend zu beantworten gilt.

Zweitens: International Anstoß und Empörung erregten 1996 die Ergebnisse der niederländischen Überprüfungs- und Kontrollstudien, die der Frage nachgingen, ob und wie die Ausführungsbestimmungen des gesetzlichen Reglements zur Meldung der beiden Sterbehilfeformen – der »freiwilligen aktiven« und des ärztlich unterstützten Suizids – eingehalten werden. Trotz der – seit 1995 gesetzlich in Kraft getretenen – Meldepflicht, damit verbundener Vorschriften und eines Kriterienkatalogs für die straffreien Sterbemaßnahmen hatten sich die holländischen Ärzte zu einem Großteil nicht daran gehalten, also eigentlich illegal gehandelt: Zwar stieg die Anzahl der Meldungen von 18 Prozent (1990) auf 41 Prozent (1995), aber 1995 haben die Ärzte den Behörden (Staatsanwaltschaft usw.) 60 Prozent aller Fälle von »voluntary euthanasia« nicht gemeldet. Zentrale Argumentation der scharf kritisierten Ärzte: Sie unterzogen sich angesichts der »zweischneidigen« Gesetzeslage höchst ungern einer Überprüfung. Anders ausgedrückt: Viele niederländische

Ärzte empfinden es als unhaltbar, eine Sterbehilfepraxis offiziell bekanntzugeben, die einerseits legal und zugleich illegal ist – bei Erfüllung der gesetzlichen Voraussetzungen legal für Ärzte, generell aber illegal, also Mord oder Totschlag. Kurz: sie widersetzten sich dieser rechtlichen »Logik« oder »Unlogik« (wobei die meisten Ärzte und auch sogenannte seriöse Journalisten, in der *Zeit* etwa, noch nicht einmal gemerkt haben, daß im Bereich des rechtlich Normativen Logik nicht zwingend existiert: Suizid ist heute praktisch in allen westlichen Gesellschaften straffrei, Beihilfe zum Suizid bzw. zur Selbsttötung deswegen noch lange nicht, so etwa nicht – um nur wenige Beispiel zu nennen – in Großbritannien, Dänemark, Norwegen, Italien usw. sowie in sämtlichen australischen und der Mehrzahl der amerikanischen Bundesstaaten).[51] Hinzu kam, daß die holländischen Ärzte das ganze Melde- und Kontrollverfahren als zu aufwendig und belastend empfanden.

Man mag zur gesetzlichen Regelung und der – vorläufig offenbar mißglückten – Ausführungspraxis stehen, wie man will: Die einzigartigen empirischen Studien der Niederländer erlauben erstmalig Einblick in das Dunkelfeld verbotener ärztlicher Sterbehilfe eines Landes, wenn auch unter besonderen Bedingungen. Von eminenter Bedeutung bleibt zunächst einmal, daß diese flächendeckenden Untersuchungen Aufschlüsse geben über Daten, die zum Ende dieses Jahrhunderts und im nächsten Jahrhundert ein schwer lösbares Problem darstellen: Rund zwei Drittel der mit Morphinen oder anderen Medikamenten zu Tode gebrachten Patienten standen im 65. bis über 80. Lebensjahr und rund 70 (1990) bis 80 Prozent (1995) erwiesen sich als krebskrank (worauf die Herz-Kreislauf-Kranken folgen). Diese Daten entsprechen – cum grano salis – denen der von Pflegekräften getöteten Patienten. Beides, und das bisher Gesagte, verweist auf eine globale Problematik (siehe Kapitel 9).

Dr. John Bodkin Adams oder das Strafverfolgungsrisiko

Wie groß ist das Strafverfolgungsrisiko der Ärzte, die aktive Sterbehilfe leisten oder sich in einer Grauzone bewegen, in der Abgrenzungsschwierigkeiten gegenüber anderen Formen der Sterbehilfe bestehen – Schwierigkeiten, zu welchen in der Strafrechtspraxis in aller Regel auch noch schwer lösbare Probleme der Kausalitätsfeststellung des Todes hinzutreten? Wie schwierig die Abklärung in Verdachts- und Anklagefällen ist, veranschaulicht ein Strafprozeß, der nun schon vierzig Jahre zurückliegt. Es war ein spektakulärer Prozeß, der die internationale Presse beschäftigte und – wie sich später herausstellen sollte – ein Stück europäischer Strafrechtsgeschichte verkörperte. Und dies aus mehreren Gründen.[52]

An einem strahlenden Märzmorgen 1957 betrat ein kleiner rundlicher Mann fast unbemerkt durch eine Nebentür den Saal 1 im altehrwürdigen Old Bailey, Londons ältestem und zugleich Obersten Staatsgerichtshof. Dr. John Bodkin Adams, Chirurg und Anästhesist, kahlköpfig, mit rotem Gesicht, einer Stahlgestellbrille auf der Nase und Mitte Fünfzig nahm die Anklage vor seiner Bank stehend entgegen: Angeklagt des Mordes an einer hochbetagten, halbseitig gelähmten Patientin, die er jahrelang betreut hatte. Er soll ihr innerhalb von zehn Monaten »etwa 1629 Gran Barbiturate, 1928 Gran Sedormid, 164 Gran Morphium ...« usw. verschrieben und verabreicht haben – alles in der Absicht, sie zuerst süchtig zu machen, sie zu beerben, und dann zu töten. Auf die Frage des Richters, ob er sich schuldig bekenne, antwortete Dr. Adams mit einem deutlichen: »Ich bin nicht schuldig, Mylord!« Es sollte der einzige Satz bleiben, den der Arzt während der siebzehn Tage dauernden Verhandlung sagte. Nicht zuletzt auch deshalb blieben am Ende des Prozesses einige Kernfragen offen: unter anderem die, ob Dr. Adams das Leben der zweifellos todkranken 81jährigen – so ein gerichtsmedizinisches Gutachten – »direkt verkürzen« oder ob er das »Hinscheiden einer

Sterbenden erleichtern«, ihr Leiden lindern wollte, wie er früher einmal einem Scotland-Yard-Beamten gegenüber geäußert hatte.
Die vorsätzliche »Beschleunigung des Todeseintritts« – wie es die Anklage formulierte – wäre freilich auch nach englischem Recht Mord. Daß die dem Arzt vorgeworfene »Erbschleicherei« gegenstandslos, nicht haltbar war, erwies sich sehr bald in der Hauptverhandlung. Gleichwohl, es blieb immer noch eine große Menge an Morphinen sowie an Schlaf- und Beruhigungsmitteln. Dr. Adams soll sie seiner Patientin verordnet haben, obgleich sie weder an besonders starken Schmerzen noch an Schlaflosigkeit litt, die das hätten rechtfertigen können. Tatsächlich jedoch soll die alte Dame die letzten Tage ihres Lebens im Koma gelegen haben. Das zumindest hatten zwei der Schwestern als Zeuginnen ausgesagt, die auch die hochdosierten Morphininjektionen verabreicht haben wollen – der tief bewußtlosen Patientin, wie sie angaben. Doch Dr. Adams hatte schon vor seiner Verhaftung bei Scotland Yard etwas ganz anderes ausgesagt: Er habe fast alle Injektionen selbst verabreicht und sei auch bis zum Ende bei der Patientin gewesen: Sie habe »einen fürchterlichen Todeskampf« gehabt. »Wenn man einer Sterbenden das Hinscheiden erleichtert, so ist das doch nicht strafbar. Sie wollte sterben – es kann kein Mord sein. Unmöglich, einen Arzt deswegen anzuklagen.« Das war die Aussage des Arztes, als er im November 1956 noch als freier Mann Oberinspektor Hannam Rede und Antwort stand. Seine damalige Aussage und die der beiden Schwestern, die als Zeuginnen der Anklage auftraten, wurde vom Ersten Kronanwalt in die Hauptverhandlung eingeführt. Später sollte sich die Jury – nach Belehrung durch den Richter – für die Glaubwürdigkeit von Dr. Adams und gegen die der Schwestern entscheiden. Und da die beiden gerichtsmedizinischen Sachverständigen kontroverser Auffassung über die wissenschaftliche Nachweisbarkeit der Quantität von tatsächlich oder möglicherweise verabreichten Medikamenten waren, sprach die Jury den kleinen, dicklichen Doktor von der Mordanklage frei. Doch mit welcher Begründung?
Die vorsätzliche Tötung seiner Patientin konnte Dr. Adams nicht nachgewiesen werden. Die Kausalität zwischen den Handlungen des

Arztes, das heißt zwischen den von ihm zuletzt verabreichten Morphininjektionen und dem Eintritt des Todes wurde verneint. In der Belehrung der Jury ließ Richter Devlin keinen Zweifel daran, daß das Strafrecht dem Arzt keine Sonderstellung einräumt und daß die vorsätzliche ärztliche Beschleunigung des Todeseintritts Mord ist. Richter Devlin formulierte jedoch auch jenen denkwürdigen Satz, »auf den seither Ärzte die Rechtmäßigkeit der Anwendung schmerzerleichternder und leidenslindernder Mittel bei Verkürzung des Lebens todkranker Patienten stützen«, so Barbara Huber vom Max-Planck-Institut für ausländisches und internationales Strafrecht in der höchst verdienstvollen Sammlung und Analyse von *Materialien zur Sterbehilfe* von Albin Eser und Hans-Georg Koch.[53] Dieser Satz, der fortan in Großbritannien den Charakter geltenden Rechts annahm und in anderen westlichen Ländern »befolgt« wird, lautete:

> »Wenn das oberste Ziel der Medizin, nämlich die Wiederherstellung der Gesundheit, letztendlich nicht erreicht werden konnte, so war er [Dr. Adams] jedoch berechtigt, alles zu tun, was angemessen war, um Schmerzen und Leiden zu lindern, selbst wenn die von ihm ergriffenen Maßnahmen das Leben um Stunden oder vielleicht sogar länger unbeabsichtigt verkürzt haben könnten.«

Die Akzente eines solchen gerechtfertigten Handelns lagen – und liegen heute noch – auf der primär intendierten ärztlichen Leidenslinderung und der Inkaufnahme einer unbeabsichtigten Lebensverkürzung, die deren Folge sein kann. Die in Dr. Adams' kriminalpolizeilicher Aussage möglicherweise enthaltene Fehlannahme, der Sterbewunsch seiner Patientin, dem er sich untergeordnet habe, schließe den Tatbestand der Tötung aus, wurde ihm nicht zum Verhängnis oder spielte keine Rolle mehr.

In der Tradition dieser Strafrechtsprechung standen in späteren Jahren verschiedene Freisprüche wegen Mordes angeklagter Ärzte: so unter anderem Dr. John Carr 1986 in England, der einem an unheilbarem Lungenkrebs erkrankten Patienten eine letale Injektion verabreicht hatte; Dr. Stephen Lodwig (1990 ebenfalls in England), der einem Krebspatienten nach erfolglosen, schmerzlindernden Behandlungsversuchen eine weitere sehr hohe, letal wirkende Schmerzmitteldosis injiziert hatte.[54]

Die höchstrichterliche Rechtsprechung in der Bundesrepublik Deutschland hat bislang solche Fälle, bei denen es um die Abgrenzungsschwierigkeiten zwischen aktiver und indirekter Sterbehilfe geht, noch nicht entschieden. Nichtsdestoweniger besteht in der Strafrechtslehre seit dem 56. Deutschen Juristentag 1986 »ein nahezu einhelliger Grundkonsens über die Zulässigkeit dieser sogenannten indirekten Sterbehilfe«.[55] Dieser Grundkonsens wird auch von einem der Obersten Richter des Bundesgerichtshof geteilt, dem Vorsitzenden Richter des 3. Strafsenats Klaus Kutzer.[56] Aber auch dort, wo es um mögliche Tötungstatbestände geht, die durch andere Formen ärztlicher Sterbehilfe vorliegen könnten, stehen die Zeichen durch höchstrichterliche Urteile auf Freispruch: so etwa hinsichtlich der Beihilfe zur Selbsttötung im »Fall Hackethal«, in dem das Oberlandesgericht München dem medienbekannten Arzt attestierte, daß die von ihm einer schwerstleidenden, unheilbar erkrankten Frau, auf deren ausdrückliches, ernsthaftes Verlangen hin geleistete »Suizidhilfe« nicht strafbar sei und auch nicht als »Beihilfe zur Tötung auf Verlangen« nach § 216 StGB noch wegen »unterlassener Hilfeleistung« gemäß § 323 c StGB geahndet werden könne.[57] Und hinsichtlich eines Behandlungsabbruchs (passive Sterbehilfe) bei unheilbar erkrankten, nicht mehr entscheidungsfähigen Patienten entschied der Bundesgerichtshof mit Urteil vom 13. September 1994, dieses Vorgehen sei zulässig, wenn es dem »mutmaßlichen Willen« des Patienten entspreche, und auch dann, wenn der eigentliche Sterbevorgang noch nicht eingesetzt habe.[58]

Aber selbst in Fällen, in denen aktive Sterbehilfe des Arztes kaum zu bezweifeln ist, in denen somit mit hoher Wahrscheinlichkeit ein Tötungstatbestand vorliegt, ist das Risiko der Ärzte, verurteilt zu werden oder wenigstens eine Bewährungsstrafe zu erhalten, gering. So wurde beispielsweise 1973 in New York Dr. Vincent A. Montemaro, Chefchirurg am angesehenen Nassau County Medical Center, von der Anklage des Mordes an einem 59jährigen Patienten mit

Kehlkopfkrebs freigesprochen. Der Arzt hatte dem terminal Kranken, der sich in komatösem Zustand befand, und eine Lebenserwartung von vielleicht nur noch zwei Tagen hatte, hochdosiert Kaliumchlorid injiziert – nach allem, was ich aus dem Schwurgerichtsprozeß gegen Intensivschwester Maria Morell von Intensivmedizinern weiß, ein absolut tödlich wirkendes Medikament, wenn es hochdosiert und in einer bestimmten Weise verabreicht wird. Dr. Montemaro hatte im Prozeß geltend gemacht, daß er das Medikament nicht in tödlicher Absicht gespritzt hätte, sondern – wie »gelegentlich als wirksam bekannt« – um den Tumor zu reduzieren. Ob Kaliumchlorid sich bei Krebs überhaupt jemals als wirksam erwiesen hat, mag dahingestellt sein. Ein Patient im Zustand dieses 59jährigen aber dürfte nach Verabreichung einer hohen Dosis Kaliumchlorid den sicheren Tod erleiden. Das Kapitel zur amerikanischen Rechtsprechung in Esers und Kochs *Materialien zur Sterbehilfe* verweist darauf, daß ärztliche Fälle von »Euthanasie« zwar verfolgt, jedoch selten verurteilt werden.[59] Aufgrund solcher und anderer Kasuistiken kam Koch zu dem Schluß, daß außer den häufigeren Verurteilungen von Ärzten in den Niederlanden der siebziger Jahre »keines der hier zur Tötung auf Verlangen erfaßten Urteile gegen einen in Ausübung seines Berufes handelnden Arzt erging«.[60] Dieses äußerst geringe, fast gegen Null tendierende Verurteilungsrisiko von Ärzten bei aktiver Sterbehilfe bzw. Tötung auf Verlangen, das so in allen westlichen Industriestaaten seit rund zwanzig Jahren besteht, gilt auch für die indirekte Sterbehilfe, die zwar – lege artis ausgeübt – prinzipiell nicht strafbar ist, aber, wie gelegentliche Anklagen zeigen, in manchen Fällen von Strafverfolgungsbehörden als Tötungstatbestand der einen oder anderen Art aufgefaßt wurde: Die Materialien des Freiburger Max-Planck-Instituts belegen, daß eine angemessene »Schmerzbehandlung beim sterbenden Patienten keine besonderen forensischen Risiken aufwirft«.[61] Und dies hat damit zu tun – wie ich vor allem am Fall Dr. Adams zu veranschaulichen suchte –, daß der Nachweis eines todesursächlichen Verschuldens durch den Arzt kaum zu führen ist.

Vergleichende Betrachtungen

Man kann – unter Einbeziehung von Kapitel 5 – einige Schlußfolgerungen aus den Dunkelfeldstudien an Ärzten und Pflegekräften sowie aus dem strafrechtlichen Umgang westlicher Gesellschaften mit beiden Berufsgruppen ziehen. Aber man kann es nur mit äußerster Zurückhaltung tun. Einiges ist im streng wissenschaftlichen Sinne schwer oder gar nicht vergleichbar. Wenn ich dennoch zunächst einige Folgerungen aus den Befunden der ärztlichen Dunkelfeldstudien und dem strafrechtlichen Umgang mit der in Frage stehenden ärztlichen »Euthanasie«-Praxis ziehe sowie vergleichend auf die verurteilten Fälle der Pflegekräfte blicke, so tue ich dies mit gebotener Zurückhaltung.

Die ärztlichen Dunkelfeldstudien zur verbotenen Sterbehilfepraxis in der westlichen Welt machen zumindest unmißverständlich eines deutlich: Das Königreich der Niederlande ist nicht das einzige westliche Land, in dem verbotene Formen ärztlicher Sterbehilfe stattfinden. Das ist für jeden, der hingucken will und – ich gebe zu – es aushält, eine Banalität. Die offene Frage ist allenfalls, ob sich die Niederländer im Ausmaß dieser ärztlichen Praxis und in den tödlichen Modalitäten unterscheiden von allen anderen westlichen Industriestaaten, in denen dies unter der Hand, verschwiegen und illegal geschieht. Bis zum gegenteiligen empirischen Beweis ist diese Frage ungeklärt.

Die zweite Einsicht, der wir uns nicht verschließen können: In den niederländischen (Überprüfungs-)Studien von 1995 und – dem Trend nach – auch in anderen westlichen Industriestaaten zeichnet sich eine Zunahme älterer chronisch Schwerstkranker ab, die Ärzte um Sterbehilfe bitten oder in nicht mehr ansprechbarem Zustand Ärzte, Angehörige wie Pflegende vor konfliktreiche Entscheidungen stellen. Dazu gehört unter anderem die Entscheidung zwischen Lebensverlängerung um »jeden Preis« und Leidenslinderung mit gegebenenfalls tödlichem Risiko. Pieter Admiraal, niederländischer Anästhesist und einer der ersten holländischen Ärzte, die aktive Sterbehilfe offen praktizierten, hat seine sorgenvollen Bedenken zur

zunehmenden Nachfrage nach dem »Gnadentod« schon seit Jahren bekundet. Der von deutschen Medien oft geschmähte Arzt, der keine gesetzliche Regelung wollte, hat immer wieder darauf hingewiesen, daß diese Entwicklung durch den schnell wachsenden Anteil alter, von vielerlei Gebrechen geplagter Mitbürger und chronisch Schwerstkranker womöglich »dramatisch« steigen würde.[62] Zu dieser Altersgruppe der 70- bis 90jährigen scheint eine neue Generation von Schwerstkranken hinzugekommen zu sein. Ein offenbar nicht unerheblicher Teil der Aidskranken in den USA, England, den Niederlanden oder anderen Ländern ersucht Hilfe zum letzten Gang (vgl. Kapitel 3, S. 85 ff. als Beispiel):
Thomas Mitchel von der Universität Kalifornien zitierte 1996 auf einer Internationalen Aidskonferenz im kanadischen Vancouver eine Ärzte-Studie aus San Francisco, nach der die Hälfte der befragten Ärzte (53 Prozent von 228) eingeräumt hatte, bereits Beihilfe zur Selbsttötung Aidskranker geleistet zu haben. Über ähnliche Erfahrungen berichtete kürzlich eine Krankenschwester, die an der Universität von Kalifornien tätig ist: 15 Prozent der von ihr befragten Kolleginnen waren persönlich in die (in den USA meist) verbotene Beihilfe zur Selbsttötung Aidskranker direkt involviert.[63]
Die dritte Einsicht ist eher bescheiden. Nach den hier referierten Dunkelfeldstudien an Ärzten und Pflegekräften scheint nur eines sicher: Beide medizinischen Berufsgruppen leisten Schwerstkranken aktive Sterbehilfe oder (in vielen Ländern) strafbare Beihilfe zur Selbsttötung – entweder jeweils alleine oder in Kooperation Arzt-Pflegekraft (wobei dieses Zusammenwirken nicht in den Ärzte-Studien selbst, sondern nur in den Dunkelfeldstudien der Pflegekräfte Erwähnung findet). Über die quantitative Verteilung und Intensität (Häufigkeit der verbotenen Aktivitäten pro Arzt oder Pflegekraft) läßt sich aus methodischen Gründen im Vergleich nichts verläßlich aussagen. Ob also Ärzte häufiger und – im Einzelfall – intensiver verbotene Sterbehilfe leisten oder Pflegekräfte oder ob beide überwiegend gemeinsam in solche Aktivitäten involviert sind, entzieht sich vorläufig jeder sinnvollen Beurteilung (da, bis auf eine, alle Studien nicht auf einen Vergleich beider Berufsgruppen angelegt sind!).

Lediglich die erste australische Dunkelfeldstudie an Ärzten (1987/88) und Pflegekräften (1992/93) war als Vergleichsuntersuchung durchgeführt worden.[64] Danach waren es 29 Prozent der mit einem Sterbehilfebegehren von »unheilbaren« Patienten konfrontierten Ärzte, die mindestens einmal in ihrer beruflichen Laufbahn aktive Sterbehilfe leisteten (»active steps«), das waren 12 Prozent aller Befragten. In der Vergleichsgruppe der Pflegekräfte waren insgesamt rund 22 Prozent der Gesamtstichprobe (943) auf diese Weise involviert, 2 Prozent auf eigene Faust (5 Prozent der mit Sterbehilfebegehren konfrontierten) und rund 20 Prozent aller Befragten zusammen mit Ärzten (= 85 Prozent der von Ärzten darum ersuchten Schwestern und Pfleger oder 185 Pflegekräfte). Ob sich diese Daten einmal bestätigen oder widerlegt werden, muß vorläufig offen bleiben. Die übrigen hier angeführten Daten aus den Dunkelfeldstudien mögen bitte nicht zu Spekulationen verleiten, ob Ärzte häufiger als Schwestern in verbotene Sterbehilfe bzw. strafrechtlich relevante Tötungshandlungen an schwerstkranken Patienten involviert sind, oder ob es sich gerade umgekehrt verhält. Was die australische Vergleichsuntersuchung jedoch für Pflegekräfte ausweist ist, daß insgesamt 17 Prozent oder 158 Pflegende (von 943) jeweils mehrfach allein handelnd oder zusammen mit Ärzten aktive Sterbehilfe geleistet haben (wobei der absolute und relative Anteil der mit Ärzten kooperierenden Pflegenden überwiegt: 148 gegenüber zehn allein Handelnden). Es bedarf kaum eines Hinweises, daß die Befunde über die mehrfach allein handelnden Schwestern dieser – und der anderen beiden – Dunkelfeldstudien den Befunden der forensischen Fälle entsprechen.

Die vierte Erkenntnis ist die über die strafrechtliche Verfolgungs- und Verurteilungspraxis verbotener Sterbehilfe bzw. eines Tötungsdelikts beschuldigter Ärzte. Zwar gibt es international ein gewisses Strafverfolgungs- und Verurteilungsrisiko für Ärzte, es ist jedoch äußerst gering. Kommt es in diesem Zusammenhang einmal zu einer Verurteilung, so handelt es sich in aller Regel um Geldstrafen oder niedrige Bewährungsstrafen. Dies gilt – nach Esers und Kochs internationaler Studie – für die europäischen Länder wie für die USA,

Kanada und Australien.[65] Im Unterschied zu Schwestern oder Pflegern hat der Arzt stets die Möglichkeit, sich zu seiner Rechtfertigung oder Verteidigung auf das Argument der indirekten Sterbehilfe, der pflichtgemäßen Leidenslinderung mit (erlaubtem) tödlichem Risiko zu berufen (vgl. S. 258 ff.). Gleichwohl herrscht unter deutschen Ärzten – wie die neuesten Umfragen von 1996 zeigen – eine große Rechtsunsicherheit, welche Form der Sterbehilfe unter welchen Bedingungen erlaubt bzw. welche nicht erlaubt ist und strafrechtlich verfolgt werden kann.[66] Nach der internationalen Studie Esers und Kochs gilt dies auch für die Ärzte vieler westlicher Staaten, die deshalb zum Teil ein im Strafrecht verankertes »Sterbehilfe-Gesetz« oder ärztliche Ausnahmeregelungen wie in den Niederlanden fordern.[67] Diese Problematik ist in Deutschland seit über einem Jahrzehnt bekannt, aber nicht konstruktiv gelöst. Herbert Jäger, emeritierter Strafrechtler und Kriminologe, hat dazu bereits 1985 im Deutschen Bundestag in einer öffentlichen Anhörung zum Thema »Sterbehilfe« vorgetragen:

> »Gerade bei den wichtigsten Formen der Sterbehilfe – der indirekten und der passiven Sterbehilfe – ist gegenwärtig die Frage der Strafbarkeit oft nicht exakt beurteilbar, sondern nur als das zu erwartende justitielle Verhalten im Sinne eines Wahrscheinlichkeitsurteils prognostizierbar. Die Erwartung der Straflosigkeit stützt sich dabei auf kaum mehr als einen stillschweigenden, in der juristischen Begründung jedoch unklaren Konsens der Strafrechtspraxis sowie darauf, daß die Freistellung von den strafrechtlichen Folgen im Ergebnis vom überwiegenden Teil der Strafrechtslehre gebilligt wird. Ärztliches Handeln wird unter diesen Umständen in ein von der Rechtsordnung selbst geschaffenes Dunkelfeld verbannt, das man mit der Intimität eines vertrauensvollen Arzt-Patienten-Verhältnisses keinesfalls beschönigend verwechseln sollte.«[68]

Der gar nicht oder nur schwer zu erbringende Kausalitätsnachweis, daß ein Tod durch ärztliches Sterbehilfehandeln (siehe Dr. Adams) bewirkt wurde, sowie Herbert Jägers Argument dürften erklären, weshalb für Ärzte der westlichen Welt in aller Regel die Verfolgungs- und Verurteilungspraxis gegen Null tendiert.

Es bedarf keiner großen Erläuterungen, daß demgegenüber das strafrechtliche Risiko von Schwestern und Pflegern, wegen einer verbotenen Sterbehilfehandlung verfolgt und verurteilt zu werden, sehr groß und für die Betreffenden von existentieller Bedeutung ist. Das könnte – bei oberflächlicher Betrachtung – den Eindruck von Ungleichheit im (Straf-)Recht erwecken. Tatsächlich aber hat es zu tun mit den unterschiedlichen rechtlichen und standesrechtlichen Voraussetzungen, ärztlichen Pflichten und (rechtlichen) Argumentationsmöglichkeiten, die den Arzt in einer solchen Situation begründbar privilegieren und schützen. Aus meiner ganz persönlichen Sicht ist dies nicht zu rügen, wenn man in Kauf nimmt, daß dadurch eine Grauzone ärztlichen Handelns bleibt, die ohne Transparenz unkalkulierbar und unberechenbar von der vernünftigen, ärztlich angemessenen Sterbehilfehandlung bis zur »kurzschlüssigen«, unangemessenen und ethisch unvertretbaren Tötungshandlung reichen kann. Für viele Patienten mag es dann dem Zufall überlassen bleiben, welchen Ärzten ihr Schicksal anvertraut ist. Doch wir alle sollten uns darüber im klaren sein, daß das Strafrecht nur eine Krücke ist, auf der wir mühsam daherhumpeln – an sozialen und zwischenmenschlichen Konflikten vermag es nichts wirklich zu lösen. Aber reden müssen wir darüber.

Die fünfte Erkenntnis resultiert aus Schlußfolgerungen einer vergleichenden Betrachtung bestimmter Befunde dieses und des vorangehenden Kapitels zum Dunkelfeld australischer und amerikanischer Pflegekräfte. Sie beinhaltet die hier vielleicht wichtigsten Einsichten dieses Kapitels. Dazu sind an dieser Stelle einige Vorbemerkungen sinnvoll, die ich im 9. Kapitel aufgreife und vertiefe:

In den Kliniken hochindustrialisierter Gesellschaften der westlichen Welt ist – vor allem in der zweiten Hälfte dieses Jahrhunderts – für Ärzte wie für Pflegende eine komplexe Konfliktlage bei der Versorgung und bei Entscheidungen über das weitere Schicksal chronisch kranker, alter Menschen zwischen Leben und Tod entstanden. Diese

Situation, die den Klinikalltag bestimmt, gilt nicht für alle Bereiche stationärer Versorgung, sondern in erster Linie für Stationen und Abteilungen, auf denen gehäuft ältere schwerstkranke Patienten versorgt werden: also internistische Stationen, Intensivstationen verschiedener Art, Krebsstationen. Dabei handelt es sich um ein globales Problem. Genauer: um eine komplexe Problemsituation, die durch verschiedenenartige Entwicklungen im 20. Jahrhundert, auch und gerade in seiner zweiten Hälfte, entstanden und geprägt worden ist. Dazu gehören:

- in erster Linie die höhere Lebenserwartung und steigende Lebensdauer der Menschen in der westlichen Welt (demographische Entwicklung) mit ihren Kehrseiten,
- die Entwicklungen und Fortschritte der sogenannten, modernen Medizin, spätestens seit Entdeckung der lebensrettenden Antibiotika im ersten Viertel dieses Jahrhunderts (etwa der Entdeckung des Penicillins 1928 durch den englischen Bakteriologen Sir Alexander Flemming) bis zur heute möglichen Maximaltherapie der sogenannten Spitzenmedizin (unter anderem der Intensiv- und Transplantationsmedizin).
- die im Laufe des 20. Jahrhunderts in allen westlichen Gesellschaften rapide sich entwickelnde Delegation von Sterben und Tod des Menschen an Kliniken
- und – eng damit verbunden – eine Häufung von alten, chronisch kranken »Unheilbaren« in sensiblen Bereichen stationärer Versorgung.

Diese global geprägte Situation in den Krankenhäusern der westlichen Industrienationen stellt Ärzte wie Pflegende vor komplexe Problem- und Konfliktlagen, die das traditionelle berufliche Selbstverständnis beider Professionen, Leben zu erhalten, Gesundheit wiederherzustellen und Leiden zu lindern, unter bestimmten Bedingungen zu bedrohen scheinen. Ärzte, Schwestern und Pfleger sind eben nicht fürs Sterben da, sind auch nicht dafür ausgebildet, sondern für die Wiederherstellung der Gesundheit, was immer dies bedeutet. Darauf wird im Schlußkapitel dezidierter einzugehen sein (siehe Kapitel 9).

Zurück zur Situation selbst. Ärzte wie Pflegende sind in dieser Situation gleichermaßen, aber in höchst unterschiedlichen Rollen, mit medizinisch oft schwierigen, ethisch sensiblen Entscheidungsprozessen über Lebenserhaltung oder den Verzicht auf lebenserhaltende Maßnahmen sowie über dessen angemessene und humane Form konfrontiert. Aber weder die ärztlichen Grundhaltungen noch die Einstellungen von Pflegenden dazu erweisen sich – was nicht verwundert – als homogen, sondern zum Teil sind sie höchst kontrovers. Und dies kann bisweilen auf ein und derselben Station zwischen Ärzten und Pflegenden, zwischen den Pflegekräften untereinander oder zwischen den Ärzten untereinander der Fall sein. Wo solche Konflikte über den therapeutischen Umgang mit Schwerstkranken, über ihren Lebenserhalt oder ihr Sterben bestehen – etwa zwischen Arzt und Schwester – ist nicht der Konflikt an sich ein Risikofaktor. Zum Risikofaktor wird er erst dann, wenn er verdeckt bleibt und keine Möglichkeit gegeben wird, über diese oder jene Entscheidung oder Anordnung des Arztes zu sprechen oder – wie eine Wiener Schwester im Prozeß sagte – darüber informiert zu werden, weshalb »der etwas bekommt« und »der nicht«. Die australischen und amerikanischen Dunkelfeldstudien an Pflegenden sowie die forensischen Fälle sprechen zu diesem Punkt eine deutliche Sprache: Sie machen deutlich, daß solche Patiententötungen nicht isoliert vom ärztlichen Umfeld, in dem sie geschehen, zu betrachten und zu verstehen sein werden. Dies ist einer der Gründe, weshalb ich dieses »Ärzte-Kapitel« geschrieben habe. Es hat nichts mit Schuldzuweisungen an Ärzte zu tun, aber viel mit dem Versuch, über gewonnene Erkenntnisse aufzuklären. Allerdings wäre es übereilt und zu kurz geschlossen, solche (meist wohl unausgetragenen) Konflikte als Risikofaktoren bereits für hinreichende Beweggründe tödlichen Handelns zu halten, wie dies der amerikanische Intensivmediziner David A. Asch ja als eine »Tragödie« für möglich hält.[69] Gleichwohl seien hier einige wenige, aus Konfliktkonstellationen zwischen Ärzten und Pflegenden resultierende Risikofaktoren genannt, die das subjektive Erleben der Pflegenden erheblich belasten können: die bereits erwähnte Nichteinbindung in oder die ärztliche Verweigerung von Informationen über wesentliche Behandlungsentscheidungen sowie ärztliches Rückzugsverhalten bei prognostisch hoffnungslosen Patienten, das bei den Pflegenden das Gefühl erzeugt, mit den Patienten im Stich gelassen zu werden. Geschieht dies dauernd, so besteht die Gefahr, daß Pflegekräfte hoch emotionalisiert in die Rolle des Patientenanwalts verfallen und sich gegen Ärzte stellen. Aus allen diesen Konflikten allein heraus wird noch nicht getötet, aber sie spiegeln sicher die großen Schwierigkeiten wider, die Pflegende wie Ärzte im Umgang mit einer Medizin haben, die heute »fast alles kann«.

Am anderen Ende des Spektrums verbotener Sterbehilfe wird in den Dunkelfeldstudien an Pflegekräften ein, nicht völlig unerwartetes, jedoch erhebliches Feld des Zusammenwirkens, der Kooperation von Pflegekräften mit Ärzten sichtbar. Die Dunkelfeldstudien an Ärzten erwähnen davon nichts. Das mag die verschiedensten Gründe haben. Wie auch immer: man wird solche Kooperationen am ehesten dort vermuten dürfen, wo zwischen Arzt und Schwester ein Konsens in der Grundhaltung zu Problemfragen der »Sterbehilfe« besteht. Freilich kann die Kooperation einer Schwester oder eines Pflegers auch auf ganz anderen Motiven beruhen, über die zu spekulieren müßig ist. Dieses Ende des Spektrums spiegelt zusammen mit dem anderen Ende – dem der eigenmächtigen tödlichen Handlungen Pflegender – die großen Kontroversen um ein globales Problem wider: Kontroversen um die Art und Weise unseres Lebensendes, wenn sich die Schatten neigen, aber die Dunkelheit noch nicht völlig hereingebrochen ist. Angesichts der 107 Getöteten in diesem Buch sowie der sich verschärfenden Problemlage durch die demographische Alterung in den nächsten Jahrzehnten ist es hohe Zeit, über diese Problematik zu diskutieren – nicht nur in medizinisch-ehtischen oder anderen esoterischen Zirkeln.

Nicht die moderne Medizin ist in ein Dilemma geraten, sondern jene, die mit den großen »Machbarkeiten« dieses Jahrhunderts täglich zum (sinnvollen) Nutzen vieler Patienten damit umgehen müssen. Sie – Ärzte wie Pflegende – sind dabei auch an die Grenzen des seelisch Zumutbaren und Humanen gestoßen, an die Grenzen der Patienten und an ihre eigenen. Für die Ärzte gilt, was der große deutsch-amerikanische Sozialphilosoph und Jude Hans Jonas einmal über die »Treuhandschaft der Medizin« von menschlichem Leben sagte:

> »Seine Flamme am Brennen, nicht seine Asche am Glimmen zu halten, ist ihr eigentlicher Auftrag, so sehr sie auch das Glimmen noch zu hüten hat. Am allerwenigsten ist es die Verhängung von Leiden und Erniedrigung, die nur der unerwünschten Hinziehung des Verlöschens dient.«[70]

7
Innenansichten I – Lebensläufe und Persönlichkeitsstrukturen

Schwere Straftaten, vor allem Tötungsdelikte, sind bei vielen Menschen häufig mit der Vorstellung verknüpft, sie könnten nur von abgrundtief bösen, von hoch aggressiven und »eiskalten« oder psychisch schwer gestörten Tätern begangen worden sein. Die Kriminalgeschichte des ersten Kapitels mit ihrer Abfolge von Tötungshandlungen an schwerstkranken Patienten durch Schwester Maria Morell könnte ganz ähnliche Assoziationen und Vorstellungen geweckt haben. Das wäre durchaus verständlich, zumal über die inneren Vorgänge, die Probleme und Motive dieser Schwester nichts gesagt wurde.

Von der Erforschung der individuellen Lebensgeschichte eines Beschuldigten oder Angeklagten und seiner Persönlichkeit erhoffen sich die meisten Experten – psychologisch-psychiatrische Sachverständige – einen Verständigungszugang zur Tat, zu den gerade bei Tötungsdelikten meist komplexen Motivhintergründen. Einen möglichst umfassenden Verständniszusammenhang zwischen Biographie, Persönlichkeit, den inneren Vorgängen und Beweggründen der Straftat aufzuspüren gehört zu den zentralsten Aufgaben des Gutachtens im Strafprozeß. Das bedeutet keineswegs Entschuldigen oder Verkleinern der Tat. Es bedeutet vielmehr ein Ausleuchten der inneren Erlebnisvorgänge, der Bewältigungsversuche von Ängsten, Konflikten, Impulsen eines Menschen und dessen Weg und Entwicklung zur Tat.

In diesem Kapitel zeichne ich die biographische Entwicklung und Persönlichkeit zweier Verurteilter nach, einer Schwester und eines

Pflegers. Sie stehen beispielhaft für die Verschiedenartigkeit der lebensgeschichtlichen Entwicklungen und Persönlichkeitsstrukturen von acht (der elf) verurteilten Schwestern und Pfleger, über die mir fundiertere Begutachtungsunterlagen zur Verfügung standen. Drei Fragen sind dabei von großem Interesse: Hätte die Entwicklung der Persönlichkeiten beider Pflegekräfte wissenschaftlich begründete Anhaltspunkte für die spätere Begehung der Patiententötungen geboten – kurz: hätte man sie begründbar voraussagen können? Fanden sich in beider lebensgeschichtlicher Entwicklung oder in ihrer Persönlichkeitsstruktur Hinweise für Motive ihres tödlichen Handelns? Ließen sich bei den beiden – wie immer geartete – Symptome einer schweren psychischen Störung im Sinne der Psychopathologie diagnostizieren?

Vom »Wildfang« zur erfolgreichen Fachschwester

Meine ersten Begegnungen mit Schwester Maria Morell, die ich im Auftrag der Staatsanwaltschaft zu begutachten hatte, fielen auf eine ganz bestimmte Weise seltsam aus: Vor mir im engen Raum einer Vorführzelle saß eine junge Frau betont erhobenen Kopfes, lächelte mich an, wirkte unbefangen, heiter, schien geradezu gehoben anmutender Stimmung zu sein, so als ginge es bei unserer Begegnung um alles andere als um eine Begutachtung aus Anlaß von Mordvorwürfen an etwa zwanzig Patienten. Die junge Frau fing sofort an zu reden, sprach viel, ohne Wesentliches von sich selbst preiszugeben, der Gesprächsstoff schien ihr nie auszugehen, sie war agil und voller Aktivität. Nie wirkte sie gereizt, niedergeschlagen, besorgt oder unsicher. Dieses ganze Verhaltensensemble stand in einem erheblichen Kontrast zu den schweren Beschuldigungen der Staatsanwaltschaft. Das Verhalten der Schwester fiel aber auch aus dem Rahmen meiner langen Erfahrung mit Menschen, denen Mord oder Totschlag zur Last gelegt wurde und die eher unsicher, schuldgefühlsbeladen, oftmals in depressiver Verfassung vor mir saßen, häufig von Weinkrämpfen geschüttelt. Maria Morells Verhalten jedoch überraschte und irritierte mich zugleich. Es waren vor allem die Unangemessenheit ihrer gehoben-heiteren Stimmungslage, ihre hypomanisch anmutende Befindlichkeit und Aktivität, die zunächst auch den Verdacht auf manisch-depressive Stimmungsschwankungen weckten, also an etwas Krankhaftes denken ließen. Doch bei genauer Beobachtung über Wochen hat sich dieser Verdacht nicht bestätigt, auch nicht durch Anhörung von ihr nahestehenden Personen zu ihrer Vorgeschichte.

Erst nach vielen Wochen wandelte sich ihre vordergründige Freundlichkeit und Heiterkeit. Maria Morell wurde nachdenklicher, begann etwas von ihren Gefühlen preiszugeben, von ihrem Bild von sich selbst und davon, wie sie eigentlich sein wollte. Und sie begann Gesprächspausen zu ertragen, füllte sie nicht mehr mit irgendwelchen Belanglosigkeiten, nur weil sie meinte, etwas sagen zu müssen. Es war ein langer Prozeß, bis es soweit war, bis die Fassade, die offensichtlich Schutz für sie bedeutete, abbröckelte und ein anderer Teil ihres Selbst sichtbar wurde. Wahrlich, Maria Morell hat es zwei Sachverständigen mit langer Erfahrung nicht eben leichtgemacht.[1]

Wer war diese dreißigjährige Schwester, die da Woche für Woche und über Monate vor mir saß? Woher stammte diese junge Frau und welchen Lebensweg war sie bisher gegangen? Der Einblick, der hier gewährt wird, besteht nicht in der Wiedergabe meines oder beider Gutachten. Das würde allein schon vom Umfang her den Rahmen sprengen, aber auch in allen seinen Details hier unangemessen sein. Gegenstand hier ist die Essenz, der Kern dessen, was sich aufgrund eingehender psychologisch-psychiatrischer Untersuchungen und eines beispielhaften Strafprozesses herauskristallisiert hat. Die Geschichte der Schwester Maria Morell scheint mir aber auch – jenseits oder über die Thematik des Buches hinaus – ein Lehrbeispiel für die seelischen Kosten einer hochmotivierten und engagierten jungen Frau, die im Pflegeberuf ihre Erfüllung suchte und Karriere machte.

Maria Morell stammt aus einer Familie, die man ohne negativen Zungenschlag getrost gutbürgerlich nennen darf: sozial geordnet, ohne große Auffälligkeiten, wirtschaftlich gesichert, mit traditioneller Rollenteilung der Eltern und Erziehungsmaximen, die auf Fleiß, Wohlverhalten und soziales Fortkommen ausgerichtet waren. Wie so oft in der Familie wurden die Erziehungsprinzipien auch in dieser Familie von Vater und Mutter mit unterschiedlicher Strenge vertreten und mehr oder weniger liberal in der Kindererziehung gehandhabt. Und wie in vielen anderen Familien auch, war auch bei den Morells nicht immer alles so »super«, wie die Tochter anfangs noch glauben zu machen suchte. Es gab auch hier Probleme, kleine und größere, das war – wie überall – eine Frage der Perspektive der einzelnen Familienmitglieder und der jeweiligen Zeiten. Was Maria und deren Mutter anbetrifft, so zeichneten sich ihre Probleme deutlich ab:

Als Erstgeborene einer jungen Mutter war sie von Anfang an über die frühen Jahre hinweg ein nicht leicht zu handhabendes Kind. Mit einer funktionellen Ernährungsstörung im Säuglingsalter belastet, ein sogenanntes »Spuckkind« also, litten Mutter und Kind gleichermaßen. Vielleicht war die junge Mutter mit ihrer Tochter auch überfordert, sie kam jedenfalls mit ihr nicht gut zurecht. Und das sollte sich fortsetzen. Maria war von Anfang an ein sehr lebhaftes Kind, und sie entsprach nicht dem üblichen Verhaltensbild, das man sich gemeinhin von Mädchen machte: Sie lehnte es ab, mit Puppen zu spielen, Röcke zu tragen, tobte lieber mit Jungs herum und war ein richtiger »Wildfang«. Das entsprach so gar nicht den Vorstellungen der Mutter und ihrem Wunsch nach einem ruhigen Kind sowie nach einer mädchenhaften Tochter. Ob diese Wünsche der Mutter nun bewußt waren oder nicht, Maria bekam es zu spüren. Zuwendung, Lob und Anerkennung erfuhr sie nur dann, wenn sie dem Wunschbild der Mutter entsprach, sich verhielt, wie die Mutter es wollte.

Und dann kam fast ein Jahrzehnt später noch ein kleiner Bruder, zu dem die Mutter eine besonders innige Beziehung entwickelte. Er gedieh und entsprach ganz den Vorstellungen dieser etwas herben Mutter. Er war von Anfang an ein ruhiges Kind, als Junge folgsam und strebsam. Maria fühlte sich lange Zeit im Schatten dieses Bruders. So suchte sie sich an den Vater anzulehnen, einen warmherzigen Mann, zu dem sie von Anfang an eine gute Beziehung hatte und schon als Kind dessen Interessen, wie Fußball und Sport, teilte. Wie in so mancher Familie gab es also auch hier Koalitionen: auf der einen Seite Mutter und Sohn, auf der anderen Vater und Tochter. Nein, es waren keine feindlichen, ewig streitenden Koalitionen, Fronten etwa, an denen manche Familien zu zerbrechen drohen. Aber Maria lebte in dem Gefühl, von ihrer Mutter nicht um ihrer selbst willen, nicht so, wie sie nun mal war, geliebt zu werden. Akzeptiert, so ihr Empfinden, wurde sie nur, wenn sie das von der Mutter gewünschte Wohlverhalten zeigte. Vor allem in der Schulzeit entsprach die Tochter nicht den leistungsorientierten Wünschen der Mutter. Zwar absolvierte Maria am Ende glatt die Hauptschule, aber sie war keine gute Schülerin, und die Mutter hätte sie eben doch gerne auf einer weiterführenden Schule gesehen. Zum Teil hat sie sicher auch die von der Mutter gewünschten »guten« Leistungen aus einer oppositionellen kindlichen Trotzhaltung heraus verweigert. Der kleine Bruder hingegen erfüllte auch in diesem Punkt die Erwartungen der Mutter – er besuchte später das Gymnasium.

Wegen all dieser kleinen, für Maria jedoch »großen« Probleme, war sie noch lange kein abgelehntes oder vernachlässigtes Kind, kein mißhandeltes und kein mißbrauchtes. Und doch hatte dieses Mädchen daran zu tragen, nicht um ihrer selbst willen akzeptiert zu sein. So litt sie schon früh unter der Angst, etwas falsch zu machen. In ihrem Kopf hatte sich festgesetzt, nur etwas wert zu sein, wenn sie etwas leistet oder die Erwartungen und Wünsche anderer erfüllt. Ihr Stellenwert in der Umwelt – so ihr Gefühl – hing vom »Erfolg« ab, den sie durch Leistung und Erfüllung von Erwartungen erzielen konnte.

In der Schulzeit entdeckte sie zwei Möglichkeiten, sich Anerkennung, ja sogar Beifall und Lob zu verschaffen: Die eine bestand darin, in der Klasse die Rolle des Clowns zu spielen, Witze zu machen und Possen zu reißen. Das sicherte ihr – zumindest vordergründig – die Anerkennung der Mitschüler. Hinter dieser Rolle konnte sie auch ganz gut ihre Schwächen, Kränkungen und Empfindsamkeiten verbergen, ihre Nöte überspielen. Die andere Möglichkeit war die Rolle der Beschützerin von Unterlegenen und Schwächeren. Indem sie einen geistig behinderten Jungen aus der Nachbarschaft betreute und beschützte, fand sie auch die Anerkennung der Mutter. So hatte sie schon früh gelernt, Versagens- und andere Ängste hinter der Fassade einer Rolle zu verbergen, eigene Schwächen zu kaschieren und Verstimmungen durch Umtriebigkeit, Aktivitäten und eine gewisse Lustigkeit zu überspielen.

Das seelische Gepäck, das dieses junge Mädchen aus den Kindertagen in ihre Jugendzeit mit herüberschleppte, bestand in einem eher schwachen, höchst labilen Selbstwertgefühl, das an der Longe ihrer Umwelt hing und davon abhängig war, ob und wieviel an positiver Resonanz ihr von wichtigen Bezugspersonen zuteil wurde. Was diese von ihr erwarteten oder auch, was sie glaubte, daß diese von ihr erwarteten – das entwickelte sich zu einem ganz zentralen Orientierungskompaß ihres Verhaltens. Denn Zuwendung, Lob und Anerkennung durch andere wurden entscheidende Gewichte in der Waagschale ihrer Befindlichkeit, ihres inneren, emotionalen Gleichgewichts. Das in jeglicher Beziehung abhängige Kind hatte sich auch als Jugendliche in ihrem Mikrokosmos nicht aus – wenigstens – jenen Abhängigkeiten zu lösen begonnen, die so wichtig für die weiteren Entwicklungsschritte aus den sozialen Abhängigkeiten sind: aus den inneren, den emotionalen. Zu dieser Ablösung gehört ein gesundes Maß an Selbstbewußtsein und Selbstvertrauen.

Berufsausbildung und Berufsjahre sind oft ganz wesentliche erste Schritte der psychosozialen und ökonomischen Ablösung von den Eltern. Bisweilen sind sie auch heilsam für frühe psychische Wunden, wenn diese nicht allzu tief sind. Als die junge Maria Morell sich nach Hauptschulabschluß und Berufspraktikum in einem Krankenhaus für den Schwesternberuf entschied, begann für sie eine Zeit, die in mehrfacher Hinsicht befriedigende Erfahrungen, Erlebnisse und soziale Erfolge mit sich brachte. Mit einer zweijährigen Ausbildung als Schwesternvorschülerin, die sie als Klassenbeste abschloß, holte sie quasi die Mittlere Reife nach. Sie erlebte vor allem erstmals, daß sie etwas kann und zu leisten vermag, und – sie widerlegte das mütterliche Vorurteil, es zu nichts zu bringen. Das bedeutete für ihr brüchiges Selbstwertgefühl ein ganzes Stück Stabilisierung. Maria Morell war 17 Jahre alt, als sie jetzt auf der Krankenpflegeschule eine dreijährige Ausbildung zur Krankenschwester machte. Sie hatte sich nach den Erfolgserlebnissen der Krankenpflegevorschule und im Krankenhaus dazu entschlossen, Schwester zu werden. Als sie ihre Ausbildung mit fast zwanzig Jahren beendete, war sie schon mit ihrem Beruf stark identifiziert und mit Engagement dabei. Die Eltern, vor allem die Mutter, waren mit der inzwischen »erfolgreichen« Tochter versöhnt. Die früheren Probleme schienen vergessen, und es war – aus Marias Sicht – »alles wunderbar«.

Der Chefärztin der Abteilung für Anästhesie und Intensivmedizin, Frau Dr. Brandenburg, war die junge »tatkräftige« Schwester schon früh aufgefallen. Ihr »überdurchschnittlicher Einsatz in der Krankenpflege« und ihre große »Hilfsbereitschaft« schienen unübersehbar. Die Chefärztin »drängte« Schwester Maria, eine Spezialausbildung zur »Fachschwester für Anästhesie und Intensivpflege« zu machen. Die zweijährige Ausbildung, die sie neben ihrer normalen Arbeitszeit als Vollschwester auf der Intensivstation absolvierte, schloß Maria Morell mit der Note »gut« ab. Ihr erfolgreicher Aufstieg schien unaufhaltsam: Mit 24 Jahren Schichtleiterin und Stellvertreterin des Leitenden Oberpflegers der Intensivabteilung, »rechte Hand« der Chefärztin und Lehrschwester für den Schwesternnachwuchs. Maria Morell war in der Hierarchie des Pflegepersonals »oben« angekommen. Und sie bekam auch, was sie in ihrer Kindheit lange schmerzlich vermißt hatte: die Anerkennung ihrer »Chefin«, Lob und Akzeptanz bei den Ärzten und bei den meisten Kollegen und Kolleginnen.

Doch diese äußeren beruflich-biographischen Daten präsentieren nur die Schokoladenseite ihrer sozialen Karriere vom »Wildfang« zur arrivierten Schwester einer »Elite« unter dem Pflegepersonal. Sie sagen noch nichts aus, über die kleineren oder auch größeren Hindernisse, die sie während der rund zehn Berufsjahre zu überwinden hatte, ehe sie die Grenzen der Intensivpflege übertrat und zahlreiche Patienten zu Tode brachte. Ich werde die Entwicklung dieser Schwester nun erzählen bis zu jenem Punkt, als sich in ihrer Arbeitsumwelt einiges radikal veränderte.

Es war keineswegs alles so glatt verlaufen, wie der »steile« Aufstieg dieser jungen Frau suggerierte. Schon während ihrer Ausbildungszeit mußte sie sich mächtig ins Zeug legen. Mitschülerinnen mit Abitur waren besser als sie, theoretische Fächer machten ihr große Schwierigkeiten, da kam sie über »ausreichende« Benotungen nicht hinaus. Aber sie ließ sich nichts anmerken von ihrer nagenden Selbstunsicherheit, ihren Versagensängsten und Zweifeln an sich selbst. Nach außen gab sie sich heiter, optimistisch, lebensfroh – im Dienst wie in der Freizeit. Und das kam an bei den Mitschülern, später bei den Kolleginnen und bei den Patienten. Sie war allseits beliebt, bei ihren Kolleginnen nicht zuletzt auch deshalb, weil sie bei unerwarteten personellen Engpässen stets bereit war, einzuspringen und wenn erforderlich auch eine zusätzliche Schicht zu übernehmen. »Die brauchten von der Station nur anzurufen, immer sagte sie sofort ›ja‹, sogar dann, wenn wir zum Essen verabredet waren!« sagte eine Freundin als Zeugin. Ihre Stärke war die praktische Arbeit auf der Station sowie ihre Einsatz- und Opferbereitschaft. Private Interessen und persönliche Bedürfnisse ordnete sie stets den dienstlichen Belangen unter: Sie war in den ganzen Jahren »immer abrufbereit, um keinen mit einem ›nein‹ zu enttäuschen, sie versuchte stets, den Erwartungen an sie zu entsprechen«, sagte die mit ihr befreundete Kollegin im Prozeß.

War Maria Morell das Ideal einer sich aufopfernden, altruistischen Schwester, ein Fossil aus den längst vergessenen Zeiten einer Florence Nightingale?[2] Hatte diese junge Frau denn kein Privatleben? Und welchen Preis bezahlte die junge Schwester für ihren Einsatz? Die Antworten und Erklärungen mögen nüchtern klingen, aber sie sind das Ergebnis langer, schwieriger Untersuchungen zweier psychologisch-psychiatrischer Gutachten und eines sehr gründlichen Schwurgerichtsverfahrens, in dem viele Kolleginnen, Kollegen, Ärzte und Ärztinnen aus dem langjährigen Berufsumfeld dieser Schwester als Zeugen ausgesagt haben.

Die früher eher leistungsschwache, sich trotzig verweigernde Hauptschülerin entwickelte sich zur leistungsmotivierten Schwesternschülerin und einsatzbereiten Schwester auch deshalb, weil sie vorgesetzten Frauen, einer Lehrschwester und einer Chefärztin begegnete, von denen sie in starkem Maße gefördert wurde. Sie waren die »Schrittmacherinnen« ihrer Leistungsorientierung und -motivation, die eine junge Frau über ihre Ängste und gefürchteten Schwächen, Frustrationen und Verstimmungszustände hinweggeleitet haben. Daß sich solche Begegnungen ereignen, mag schicksalhaft sein, was sich daraus entwickelt, nicht:

Daß die junge Lernschwester auf der Krankenpflegevorschule gute Leistungen zeigte, hing in starkem Maße mit einer von ihr idealisierten Beziehung zu einer Lehrerin zusammen. Sie verehrte sie, blickte zu ihr auf, und die Lehrerin wurde für die junge Maria eine Art Ideal. Für sie tat sie alles, in dem beglückenden Gefühl, angenommen und geschätzt zu werden. Diese Lehrerin war für sie fraglos eine ideale, eine gute Mutter als Ersatz und Entschädigung für eine eher herbe, in ihrer Zuwendung karg erlebte eigene Mutter. Am Beispiel dieser Beziehung wurde erstmals Marias ausgeprägte Neigung zur Idealisierung von Beziehungen deutlich – ein weitgehend unbewußter psychischer Vorgang, durch den die Qualität und der Wert der (idealisierten) Person quasi Vollkommenheitscharakter erlangt. Später, als sie feststellen mußte, daß dieses Ideal selbst erhebliche Probleme hatte und im Übermaß dem Alkohol zusprach, war dies für die junge Schwesternschülerin mit einer schweren Enttäuschung verbunden. Das sollte sich in ihrem späteren Leben wiederholen.

Auch die Chefärztin, Frau Dr. Brandenburg, wird für Maria Morell zu einer ganz ähnlichen Ideal- und Leitfigur. Die »Chefin« erkannte die Stärken dieser jungen Schwester, hatte Vertrauen in ihre Fähigkeiten und ihre Person. Sie hat sie in einer Weise gefördert und angespornt, ihre Weiterqualifizierung als Fachschwester betrieben, so daß Schwester Maria mit der Note »gut« im Fachschwesternexamen zum ersten Mal, wie sie sagte, »richtig stolz« auf sich war. Und Maria hat sich mit der anspruchsvollen, leistungsfordernden Haltung von Dr. Brandenburg voll identifiziert – die Chefin wurde ihr »Idol«. Ihr zuliebe hat sie alles getan und auch die negativen Konsequenzen ihres bedingungs- und klaglosen Arbeitseinsatzes auf Station in Kauf genommen. Und gerade aufgrund dieser Idealisierung, durch die Überhöhung und Verehrung dieser Frau nahm sie lange Zeit gar nicht wahr, was und wieviel sie ihretwegen wegsteckte. Eine Kollegin sagte als Zeugin, Schwester Maria habe die Chefin »als Übermensch« angesehen, es »galt nur«, was sie sagte, sie schwärmte von ihr mit glänzenden Augen. Sie betrachtete sie menschlich als »Heilige und verteidigte sie auch gegen berechtigte Kritik«. So wurde sie ihrerseits für die »Chefin« geradezu unentbehrlich und erste Ansprechpartnerin noch vor der Oberärztin. Sie galt bald als deren rechte Hand und »Liebling«. Schwester Maria wiederum brauchte Lob und Anerkennung der Chefärztin »wie's tägliche Brot«, so hat sie selbst es einmal formuliert. Man pflegt eine solche Beziehung eine Symbiose zu nennen, ob es eine neurotische war, mag zunächst offen bleiben. Es war gewiß eine symbiotische Beziehung, die auf höchst dünnem Eis dahinglitt. Speziell für Schwester Maria Morell war es eine Symbiose, von der ihr Selbstwertgefühl und Selbstvertrauen sowie ihr inneres seelisches Gleichgewicht abhingen. Und das konnte sie nur aufrechterhalten, solange sie in der Rolle der tüchtigen und beliebten Schwester Leistungen und Verhaltensweisen zeigte, die ihr bei möglichst allen positive Resonanz sicherten.

Mit ihrer unverbrüchlichen Aktivität, Lustigkeit und gelegentlichen Flapsigkeit hatte diese Schwester eine Fassade aufgebaut, hinter die sie niemanden blicken ließ, selbst enge Freundinnen nicht. Eine davon sagte als Zeugin: »Wenn sie etwas betroffen machte, war sie eher so: Hallo, was kostet die Welt. Ihre Traurigkeit war manchmal gar nicht zu bemerken ... Sie übertrieb dann ihre Flapsigkeit, war dann sehr aufgedreht und aktiv ...« Sie hatte im Laufe der Zeit eine rollenhafte Berufs- und Verhaltensfassade aufgebaut, die anderen den Eindruck der selbstbewußten und altruistischen Schwester vermittelte: stark, belastbar, opferbereit, kompetent und verläßlich. Diese Rollenfassade funktionierte am Faden der Bestätigung, die sie von außen bekam. Und sie funktionierte auf Kosten der Befriedigung eigener Bedürfnisse und Wünsche, die sie verleugnete.

Betrachtet man ihre Beziehung zu Männern, so waren es eher zaghafte oder enttäuschende Erlebnisse und Beziehungsversuche. Sie war aber auch in einem so hohen Maße mit ihrem Beruf identifiziert, daß er im wesentlichen ihr Leben ausmachte. Daneben blieben kaum Raum und – vor allem – wenig Zeit für andere Aktivitäten und Erlebnismöglichkeiten. Ihre einzigen privaten Kontakte beschränkten sich auf Freundschaften mit Kolleginnen, mit denen sie zusammenarbeitete oder einmal gearbeitet hatte. Es waren meist gute und relativ stabile freundschaftliche Beziehungen. Und mehr als dies hatte sie zur psychisch entlastenden Kompensation ihrer schweren alltäglichen Klinikarbeit nicht zur Verfügung – mit Sicherheit zu wenig für jemand, der ohne »narzißtisches Fett« für schlechte Tage und Zeiten ausgestattet war. Die junge Schwester Maria Morell »funktionierte« auf Kosten ihrer inneren psychischen Entwicklung, einer Entwicklung, von der sie später einmal ganz spontan und nachdenklich sagen wird: »Wenn man immer nur macht, was die anderen von einem erwarten, bleibt man selbst auf der Strecke!« Das war die Kehrseite der Erfolgsschwester Maria und ihres »steilen« Aufstiegs.

Die biographische Entwicklungsgeschichte bis zu diesem Zeitpunkt – ein bis zwei Jahre, ehe Schwester Maria die Grenzen der Intensivpflege überschritt – erlaubt bereits Einblicke in ihr Wesen, ihr Verhalten – kurz: ihre Persönlichkeit. Dazu ist einiges nachzutragen, ohne in die allerletzten Facetten dieser jungen Frau hineinzuleuchten, wie dies bei schwierigen Begutachtungen bisweilen erforderlich werden kann.
Während des Prozesses hat man einmal von ihr gesagt, auf der Anklagebank sei »keine Sendbotin des Satans« zu entdecken, vielmehr sitze da »eine sympathisch wirkende Frau von nebenan, die man sich fabelhaft im weißen Kittel der Krankenschwester vorzustellen vermag, lebhaft, aufmunternd, zupackend«.[3] Die journalistische Kurzcharakteristik stand nicht nur im Kontrast zur »Herrin über Leben und Tod« aus der Anklageschrift. Sie stimmte bemerkenswert gut überein mit dem augenfälligen Eindruck einer hochgradig antriebs-

reichen, vitalen, aktiven, heiter bis hochgestimmten, kontaktbereiten und freundlichen jungen Frau, die meist guter Dinge zu sein schien. Addiert man hinzu, was einem bei kurzer Außenansicht verborgen bleibt, nämlich eine untergründige Stimmungslabilität, dann ist damit beschrieben, was die traditionelle Psychiatrie einmal sehr treffend die »hyperthyme Temperamentsstruktur« genannt hat. Schwester Maria ist in der Tat äußerst lebhaft, was sich als hervorstechendste Eigenart ihres äußeren Verhaltens sofort nachdrücklich einprägt. Wie viele dieser »Hyperthymen«, wie man sie kurzgefaßt oft nennt, ist Maria Morell ein Mensch, der kaum Ruhe ertragen kann, ständig aktiv sein muß, sich nicht regressiv fallen lassen kann, eigene Bedürfnisse verleugnet und deshalb auch keine Hilfeleistung von anderen annehmen oder sich einmal verwöhnen lassen kann. Sie selbst hat das einmal so ausgedrückt:

> »Ich kann anderen nie zeigen, was ich wirklich empfinde ..., kann meine ureigensten Bedürfnisse nicht von mir geben, setze mich in den Hintergrund und sage nicht, was ich wirklich will. Ich brauche immer jemand, der sich verwöhnen läßt ... Ich kann einfach nicht sagen, ich kann nicht mehr, ist mir zuviel, bin krank ...«

All dies waren für sie Schwächen, die sie genausowenig akzeptieren konnte, wie sie Gefühle von Hilflosigkeit, Versagen oder Bedrücktsein äußern konnte. Für sie waren dies auch Schwächen, die man besser nicht zeigte, vor anderen verborgen hielt, weil sie einen angreifbar und verletzbar machten. Sie verschloß ihre Gefühle, wie eine »Auster« – so ihre Freundin –, und floh in einen Aktivismus, einen schier unverbrüchlich wirkenden Optimismus, der Stärke und Belastbarkeit ausstrahlte. Das war – nach den Worten von Eberhard Schorsch – ihre »zweite Haut«, unter der sie ihre ausgeprägte Empfindlichkeit und Verletzlichkeit zu schützen suchte – ein psychischer Mechanismus, der aus ihrer Biographie herleitbar ist. Darin unterstützt oder begünstigt wurde sie durch ihre angeborene hyperthyme Temperamentsstruktur, ihr hohes Antriebsniveau, die ihrem Verhalten eine Schubkraft verlieh, daß der Eindruck entstand, diese Frau, diese Schwester ist tatkräftig, sie kann alles anpacken und bewältigen, sie ist obendrein belastbar und dabei frohen Mutes. Ihr »Das machen wir schon!« gehörte dazu, vermittelte den Eindruck von Stärke und Selbstbewußtsein. Ihre stetige Einsatzbereitschaft im Dienst und ihr hohes Pflichtbewußtsein wurden von ihren Kolleginnen, Kollegen und den Ärzten als das wahrgenommen, was sie auch so meinte: Schwester Maria ist immer für andere da. Ihre zweite Haut war also keine leere Fassade im Sinne der Verstellung oder einer bewußten Täuschung anderer. Daß dabei bisweilen auch der Eindruck kühl reservierter Sachlichkeit oder ein bißchen zuviel »Flapsigkeit« entstehen konnte, gehört dazu, entsprach aber auch dem auf solchen Stationen geübten Sprach- und Umgangsstil (auf den ich im nächsten Kapitel noch eingehe, weil er von Außenstehenden meist mißverstanden wird).

Nun, Maria Morells austernhafte Gefühlsverschlossenheit und Verleugnung eigener Bedürfnisse, die im Widerspruch zu ihrer sonstigen Extravertiertheit zu stehen schienen, hatte freilich noch eine andere Seite: Die Abwehr dessen, was sie alles als Schwächen betrachtete, war auch ein Schutz, ein Ausweichen vor der Konfrontation und Auseinandersetzung mit sich selbst. Diese mangelhafte emotionale Selbstwahrnehmung innerer Vorgänge war ihre eigentliche, ihre wirkliche Schwäche. Die aber war ihr nicht zugänglich. Ihre mangelnde Selbstwahrnehmung war in der Tat der zentrale Grund, weshalb sie emotionale Vorgänge bei sich selbst nicht sah, nicht einschätzen oder verstehen konnte: etwa wo die Grenzen ihrer psychischen Belastbarkeit liegen, daß sie ständig in Gefahr steht, über ihre seelischen Verhältnisse bzw. Ressourcen zu leben, oder daß sie genau die Bedürfnisse von Zuwendung und Hilfe anderer befriedigt, die sie bei sich selbst ablehnt und verleugnet.

So kam ihr auch nicht zum Bewußtsein, daß sie ihr defizitäres Selbstwertgefühl, ihre damit verknüpften Versagensängste durch Leistungs- und Opferbereitschaft für andere zu stabilisieren und kompensieren suchte. Die anderen mußten »schwach«, passiv, hilfsbedürftig sein, dann konnte sie ihnen ihre Fürsorge und Pflege oft bis zur Selbstaufgabe angedeihen lassen. Die Schwester Maria Morell konnte sich dann als die Stärkere erleben, ohne ihre eigenen Schwächen und Leiden wahrnehmen zu müssen. Die Gefahr, daß sie sich dabei auch eigener Leidensgefühle entledigt, indem sie sie in Kranke projeziert, hat sie nicht wahrgenommen. Auch in ihren privaten zwischenmenschlichen Beziehungen war sie so. Menschen, die sich umsorgen und fürsorglich betreuen ließen, hat sie auch privat immer gesucht und deren tatsächliche oder vermeintliche, projezierten Wünsche und Bedürfnisse zu erfüllen gesucht – »Ich brauchte immer jemand, der sich verwöhnen ließ!« Daß sie durch ihre überfürsorgliche Dominanz im privaten Bereich andere auch leicht einengte und dadurch immer wieder Menschen, die das schwer ertragen können, verlor, war ihr zwar bewußt, konnte ihr Verhalten jedoch schwer ändern. Maria Morells fürsorgliches Beziehungsmuster zu anderen war – privat wie beruflich – eine Einbahnstraße, auf der ein massiver, für sie konflikthaft erlebter Stau entstehen konnte, wenn andere ihre Autonomie durch Gesundung zurückgewinnen oder sich für ihre Fürsorglichkeit nicht oder nur schwer empfänglich erwiesen.

Eine andere Form der Beziehung zu anderen Menschen wurde bereits bei der Beschreibung ihrer beruflichen Entwicklung sichtbar: Es ist die Identifikation mit und Idealisierung von Personen, die sich als Leitbilder eignen, wie etwa die Lehrerin auf der Pflegevorschule und ganz besonders die Chefärztin Dr. Brandenburg. Was geschieht in solchen identifikatorischen Beziehungen zu einer idealisierten Person?

Zum einen ermöglichte dieses Beziehungsmuster Schwester Maria eine identifikatorische Teilhabe an der idealisierten, psychisch überhöhten Dr. Brandenburg, an ihrer »Stärke« und »Größe«. Brüche und Risse ihrer eigenen schwachen Identität ließen sich dadurch nicht nur kitten, es konnte auch leicht ein Hochgefühl von eigener Grandiosität entstehen. Zum anderen war eine solche Beziehung höchst unrealistisch, nicht zuletzt deshalb, weil durch diesen Prozeß der identifikatorischen Teilhabe die Grenzen zwischen der eigenen Person von Schwester Maria und der idealisierten Chefin unscharf wurden, die Abgrenzung gegenüber Dr. Brandenburg problematisch wurde. Gefühle in andere zu projezieren, gehört zu ihren generell ausgeprägten Mechanismen, beispielsweise Gefühle anderer identifikatorisch zu übernehmen oder daran teilzuhaben. Eine solche Beziehung durch die Brille identifikatorischer Idealisierung ist aber nicht nur unrealistisch, sie ist gerade deswegen ein dünnes Eis: denn sie kann umkippen, wenn durch irgendwelche Ereignisse die Realität des anderen ins Blickfeld gerät und damit zwangsläufig eine Entidealisierung in Gang gesetzt, der »Überhöhte, das »Idol« vom Podest stürzt oder gestoßen wird. Für Schwester Maria, für die die identifikatorische Teilhabe an ihrer idealisierten Chefärztin »wie eine innere Prothese« (Schorsch) funktionierte, durch die sie abgestützt und zugleich beflügelt wurde, würde eine solche Entidealisierung eine seelische Erschütterung bedeuten.

Was sich hier unverkennbar abzeichnet, ist im Kern eine Persönlichkeitsstruktur, die der Psychologe und Psychoanalytiker Wolfgang Schmidbauer als »Helfer-Syndrom« bezeichnet hat.[4] Im Gutachten habe ich damals auf die Selbstgefährdungsmomente dieses Syndroms bei Maria Morell hingewiesen: Auf die Gefahr einer sich selbst überfordernden Leistungshaltung und Opferbereitschaft unter Verleugnung eigener Bedürfnisse und im Sog des Gefühls der Unersetzlichkeit und Einzigartigkeit. Inzwischen gilt das »Helfer-Syndrom« als eine personale Disposition, bei deren Vorliegen es unter starken emotionalen Belastungen und berufsspezifischen Streßbedingungen zur Entwicklung des »Burnout-Syndroms« kommen kann – einer Zuständlichkeit körperlicher, emotionaler und geistiger Erschöpfung sowie anderer Symptome,[5] die sich vor allem als ein Problem helfender Berufsgruppen erwies (worauf in Kapitel 9 ausführlicher einzugehen ist).
Doch was war bis zu dem Zeitpunkt der geschilderten beruflichen und Persönlichkeitsentwicklung von Maria Morell zu erkennen, was hätte man daraus ableiten oder prognostizieren können? Damit komme ich auf meine Eingangsfragen zurück:
Nichts in der psychischen und sozialen Entwicklung, nichts in der Persönlichkeitsstruktur dieser Frau sprach für eine gravierende Fehlentwicklung im Sinne eines – wie auch immer gearteten – psy-

chopathologischen Syndroms, also einer schwerwiegenden psychischen Störung oder psychischen Erkrankung im engeren Sinne. Als Schwester Maria Morell sozusagen auf dem Höhepunkt ihrer beruflichen Karriere stand, hätte man vielleicht bei sehr guter Kenntnis ihrer Persönlichkeit sagen können, daß diese Schwester sich überfordert, wenn sie so weitermacht – aber kaum mehr. Nichts erlaubte zu prognostizieren, daß sie einmal mehrere Patienten zu Tode bringt, und dies aus welchen Gründen auch immer. Denn weder in ihrer Persönlichkeit noch in ihrer Biographie finden sich Anhaltspunkte für Motive ihres späteren tödlichen Handelns.
Ehe im nächsten Kapitel der Entwicklung dieser Schwester zur (ersten) Tat nachzuspüren ist, ihren Beweggründen und wie dabei die Rahmenbedingungen auf dieser Intensivstation und individuelle Veränderungen bei Maria Morell zusammenwirkten, werde ich im nächsten Abschnitt eine andere Lebensgeschichte und Persönlichkeit vorstellen.

Vom Hochschulstudenten zum Krankenpfleger

Er war von kräftiger Statur, wirkte in seiner äußeren Erscheinung gesund und stabil. In den vielen Wochen der Gutachtenuntersuchung begegnete mir der – zu diesem Zeitpunkt – 35jährige Krankenpfleger Helmut Frey betont höflich, freundlich und kooperativ. Man kam rasch mit ihm in Gesprächskontakt, aber die Kommunikation mit ihm hatte etwas Trocken-Zähflüssiges, sie bewegte sich nur äußerst langsam von der Stelle. Herr Frey war einer jener Menschen, die umständlich-weitschweifig berichten, sich in nebensächliche Details verlieren und zugleich kaum etwas über sich selbst aussagen. Ähnlich wie Maria Morell, aber auf eine nach außen anders in Erscheinung tretende Weise, war auch Helmut Frey ein gefühlsverschlossener Mensch. Das vielleicht Auffälligste an ihm war sein ständiges Bemühen um Anpassung und Vermeidung jeglicher Dissonanzen – ein Grundzug seines Verhaltens, den später einige Kollegen und Kolleginnen als Zeugen »opportunistisch« nannten. Seine emotionale Verschlossenheit, seine gleichförmig bleibende Gelassenheit und Freundlichkeit und seine Tendenz zur Überanpassung, haben es mir und auch meinem psychiatrischen Kollegen Norbert Leygraf schwergemacht, zu erfassen und zu verstehen, was jeweils in ihm vorging. Daß es anderen Menschen genauso erging, erfuhr man später im Prozeß von Zeugen, ja selbst von Familienangehörigen. Der äußere Verhaltenseindruck während der Untersuchungszeit ließ die Vermutung zu, daß Herr Frey es auch anderen Menschen seiner Berufs- und Lebenswelt nicht gerade leichtmachte, seine Nähe zu suchen, sich ihm positiv zuzuwenden und engere Beziehungen mit ihm einzugehen.

Doch wer war er wirklich? Was verbarg sich hinter diesen – möglicherweise ja »falschen« oder irreführenden – Außenansichten eines Mannes, der gestanden hatte, über zehn Patienten zu Tode gebracht zu haben? Ein Mann auch, der ja durchaus – wenn auch weitschweifig – reden kann, aber vielleicht doch nicht zur rechten Zeit und schon gar nicht über sich selbst.

Auch Helmut Frey stammt aus geordneten Sozialverhältnissen, aus einer gutbürgerlichen Familie, die irgendwann in ein ererbtes Häuschen gezogen war und ihr Auskommen hatte. Zwei Geschwister folgten dem Erstgeborenen, und alle wurden sie hauptsächlich von der Mutter erzogen. Das wäre nicht besonders erwähnenswert, weil ganz »normal«, spielte die Mutter im Leben von Helmut Frey nicht eine große Rolle: Sie war die stärkere Persönlichkeit von beiden Eltern, die lebenstüchtigere, die organisieren und sich besser durchsetzen konnte als der Vater, ein zwar geselliger, lebensfroher Mann, der aber seine Schwächen und Probleme hatte. Die Erziehungs- und Lebensprinzipien, von der energischen, aber optimistischen Mutter vertreten, waren streng einzuhalten: Neben der strikten Befolgung von Ordnungsvorschriften gab es den Grundsatz, daß jeder mit seinen eigenen Problemen selbst fertig werden müsse, Konflikte und Spannungen innerhalb der Familie waren genauso zu vermeiden wie außerfamiliäre und, wenn unvermeidlich, rasch abzuhaken und sich nach außen hin keinesfalls anmerken zu lassen. Aggressionen galten als absolut tabu. Die Mutter dominierte, der Vater konnte sich nicht durchsetzen und schloß sich im Zweifelsfall ihrer Meinung an. So konnte es keinen Streit geben zwischen den Eltern. Bei Streitigkeiten zwischen den Kindern hat die Mutter vermittelt und ausgeglichen. Harmonisierung und Verleugnung, Ausblendung von Affekten mit dem Ziel von Zufriedenheit, Friedfertigkeit und Fröhlichkeit, das war die innerfamiliäre Strategie. Eine Familienidylle und Bilderbuchfamilie also? Gewiß nicht, obgleich Helmut Frey es als Kind zeitweise so erlebt haben mag.

Es gab auch hier – wie überall – Probleme. Sie mögen sich erst allmählich eingestellt haben, sichtbar für den Jungen wurden sie, als der Vater merklich ins Glas schaute, seinen Führerschein verlor, Angst um seinen Arbeitsplatz hatte und überhaupt Existenzsorgen bekam. Die um einige Jahre jüngere Schwester hatte seit der Geburt gesundheitliche Schwierigkeiten, war deshalb und später auch noch aus sozialen Gründen das Sorgenkind. Nun, die Familie ist kein stationärer Zustand, und so wurden auch hier manche Konflikte und Probleme, die man um der innerfamiliären Harmonie willens unter den Tisch gekehrt hatte, erst irgendwann im Laufe von Freys Entwicklung und der langen Zeit, die er bei seinen Eltern zu Hause wohnte, sichtbar. Und das war bis zu seinem 27. Lebensjahr – ein gewiß verlängerter »Nesthocker«.

All dies und manches, was man noch vertiefen könnte, wäre für jedes psychotherapeutische Kolloquium »auffällig« genug, darüber zu diskutieren. Aber gemessen an dem, was man als forensischer Sachverständiger zu sehen bekommt und was sich auch bei Familientherapien zeigen kann, ist dies hier noch lange keine hochpathogene Familienkonstellation, die als Boden einer schweren psychischen Fehlentwicklung des Begutachteten zu betrachten wäre. Auch hat Helmut Frey in seiner Kindheit und Jugend keinerlei psychopathologische Symptomatik entwickelt. Andererseits ist an seiner psychischen und sozialen Entwicklung ablesbar, daß er die elterlichen Erziehungsprinzipien, insbesondere die mütterlichen, stark verinnerlicht hatte. Die Folgen waren sehr viel diskretere »Auffälligkeiten«, die für die Entwicklung seiner Persönlichkeitsstruktur bedeutsam waren:

Als Kind und Jugendlicher ist er kontaktgehemmt und scheu. Engere freundschaftliche Beziehungen, auch und gerade im Sinne eines Vertrauensverhältnisses, hat er nie gehabt, obgleich er sich danach sehnte. Erst spät lernt er vordergründig, selbstsicher aufzutreten und seine Angst zu verbergen, von anderen nicht akzeptiert zu werden. Als Kind wird er oft von anderen Jungs verprügelt und kann sich nicht wehren. Auch gegen Kritik oder Vorwürfe innerhalb der Familie hat er sich nie verteidigt – ein Grundzug, der sich in seiner beruflichen Laufbahn in passiver Hinnahme von Kritik und Anwürfen fortsetzen sollte. Auf Leistungsversagen in der Schule und später in der Ausbildung wie im Beruf reagiert er mit erheblichen Selbstwerteinbußen, Selbstzweifeln und Ängsten, die Erwartungen der Eltern zu enttäuschen. Fast regelhaft stellen sich in solchen Versagenssituationen auch verschiedenartige psychosomatische Beschwerden ein. Gemäß dem Motto seiner Mutter sucht er mit seinen Problemen und Konflikten selbst fertig zu werden und schottet sich ab, in der Vorstellung, daß ihm ohnehin niemand zuhört und man seine Probleme nur als Schwäche deuten würde. So entwickeln sich relativ früh sensible, störanfällige Problembereiche seiner Persönlichkeit.
Daß er bei diesem labilen Selbstwertgefühl eine Klasse in der weiterführenden Schule wiederholen muß, ist nicht weiter verwunderlich. Endgültig »schmeißt« er schließlich die neunte Klasse der Realschule trotz – wie sich später zeigt – hervorragender intellektueller Ausstattung. Helmut Frey erlebt seinen ersten massiven Leistungseinbruch, ein Versagen, das er in den Folgejahren ganz gut wettmacht. In einer Berufsgrundschule schließt er als Klassenbester ab, wird selbstbewußter, selbständiger und aktiver. Und schließlich führt ihn der Weg über die Fachoberschule zum Fachabitur und damit zur Fachhochschulreife. Wie Maria Morell scheint Helmut Frey ein Spätstarter zu sein, mit dem Unterschied, daß seine sozialen, beruflichen Fortkommenschancen noch größer zu sein scheinen, als die seiner späteren Kollegin. Er absolviert

seinen Grundwehrdienst und wohnt während dieser Zeit im wesentlichen bei den Eltern.
Als Helmut Frey sich zu einem naturwissenschaftlich orientierten Studium entschließt, ist er zweiundzwanzig Jahre alt. Aber die Mühen, die er auf sich nimmt, führen nicht zum erwünschten Erfolg. Sei es, daß er sich mehr hochschulpolitischen Aktivitäten als dem Studium widmet oder zu viele Wissensdefizite seiner bisherigen Schulbildung mit sich schleppt, der junge Student fängt bald an zu kränkeln und bricht nach einigen Semestern das Studium ab. Dieses erneute Versagen hat ihn schwer getroffen: Er hat das Gefühl, nicht intelligent genug zu sein, die Orientierung zu verlieren, ohne Zukunftsperspektive zu sein, da er nun mit Mitte Zwanzig noch keinen Beruf in Sichtweite hat und – vor allem die Eltern wieder einmal enttäuscht zu haben glaubt. Als sein letzter Versuch, einen Studienplatz für einen sozialen Beruf zu bekommen, an seiner Abiturnote scheitert, entschließt sich Helmut Frey nach einem Sozialpraktikum für den Krankenpflegeberuf. Er ist jetzt fünfundzwanzig Jahre alt, als er seine Ausbildung in einem Landeskrankenhaus beginnt. – Was ist es, das ihn zur Krankenpflege zieht, was motiviert ihn dazu, sich unterhalb der akademischen Ebene für einen Beruf zu entschließen, der einen beschwerlichen, belastenden Umgang mit Menschen bedeutet, mit kranken dazu?
Aktuell beruhte seine Entscheidung auf den kurzfristigen Erfolgserlebnissen als Praktikant in einem Männerheim für psychisch Kranke. Seine technische Begabung, seine Stärke im Organisieren und Planen hatten ihm dort eine starke positive Resonanz bei Patienten und Heimmitarbeitern verschafft. Das machte Studienversagen und primäres akademisches Berufsziel vergessen. Es motivierte ihn zu einer Ersatz- oder beruflichen Notlösung, die vielversprechend zu sein schien, wohl aber auf unrealistischen Einschätzungen seiner selbst und der Anforderungen in der Krankenpflege beruhten: Seine technische und organisatorische Begabung waren hier weniger gefordert als die Fähigkeit im Umgang mit Menschen, mit Patienten. Und gerade im sozialen Kontakt, im »unverkrampften« Umgang mit anderen lagen seine Probleme. Die Selbständigkeit, die er sich – aufgrund

seiner Heimerfahrung – versprach, war illusorisch. Wie sehr er vom »Team« und von Ärzten abhing, sollte er bald erfahren. Rückblickend und kritisch betrachtet, beruhte sein Entschluß, Krankenpfleger zu werden, auf einer schwachen Motivation, die eher aus der aktuellen Erlebnis- und Befindlichkeitssituation des Praktikumserfolgs geboren wurde.

Die Ereignisse bis zu jenem Tag, als Helmut Frey auf die Station Innere I versetzt wurde, wo dann alles geschah, sind rasch erzählt:

Seine dreijährige Ausbildungszeit zum Pfleger an einem Psychiatrischen Landeskrankenhaus beendete er im 28. Lebensjahr. Es folgten zwei Jahre auf einer gerontopsychiatrischen Abteilung an einer anderen Klinik, also auf einer Abteilung mit psychisch gestörten alten Menschen. Mit dreißig Jahren kehrte er an sein Ausbildungskrankenhaus zurück und arbeitete zwei Jahre auf einer psychiatrischen Aufnahmestation, bis er mit zweiunddreißig Jahren auf die Innere I derselben Klinik versetzt wird. Das war rund zwei Jahre vor Beginn der Todesserie. In dieser ganzen Zeit, von Beginn seiner Ausbildung bis zur Rückkehr an den Ort seiner Ausbildung, fand er keine längerfristige befriedigende Arbeitssituation als Krankenpfleger:

Seit seiner Ausbildungszeit hat er immer wieder – mehr oder weniger offene – Konflikte mit Vorgesetzten, meist mit Schwestern, die er als dominierend oder autoritär erlebt. An seiner ersten Stelle wird er von der Pflegedienstleiterin als »fehl am Platze« in Frage gestellt, die Stationsleiterin des Pflegepersonals seiner zweiten Stelle bezeichnet er als autoritär. Dieses Stationsteam ist sicher auch konfliktreich. Aber er sieht sich dort schon bald der Kritik von Kollegen und Vorgesetzten wegen seines »erzieherisch-autoritären Umgangs« mit Patienten ausgesetzt und fühlt sich schließlich vom Team »ausgegrenzt«. Seit seinen Anfangsjahren hat er mit verschiedenen Patientengruppen Schwierigkeiten im pflegerischen Umgang, mit geistig Schwerbehinderten etwa, aber auch mit unruhig-verwirrten, mit aggressiven und mit depressiven Patienten. Sie machen ihn leicht ungeduldig und reizbar. Das weiß er auch. Seine Ausgrenzung aus dem Stationsteam der psychiatrischen Aufnahmestation und seine Versetzung auf die Innere I hat Helmut Frey als Kränkung und »Nieder-

lage« erlebt. Es war die vorläufig letzte in einer ganzen Kette während dieser ersten Berufsjahre.
Auch in seinem Privatleben war Helmut Frey während dieser ganzen Jahre nicht gerade »vom Glück verfolgt«: Seine Familie stellt sich gegen die Beziehung zu seiner Freundin, die als nicht intelligent genug und nicht standesgemäß abgewertet wird. Es gibt deswegen Streitigkeiten, einmal sogar eine handfeste Auseinandersetzung mit dem Vater, über die man danach nie mehr spricht, den Vorfall totschweigt. Er, der sich gegenüber Mädchen als schüchtern und gehemmt sieht, ist – wie er einmal selbst äußerte – froh, überhaupt eine Partnerin gefunden zu haben, und nun die Kritik der Eltern an ihr. Auch sie, ein eher schüchterner und kontaktgehemmter Mensch, trägt nichts dazu bei, Helmut Frey aus seiner sozialen Isolation herauszuführen oder seine emotionale Verschlossenheit zu lösen. Selbst zwischen den beiden gibt es kaum Austausch oder Gespräche über ihre eigenen Probleme oder die seinen am Arbeitsplatz. Das bleibt auch nach der Eheschließung so – im Todesjahr des Vaters übrigens, zu dem er seit dem handfesten Krach eine distanzierte, zwiespältige Beziehung hat. Vielleicht plagen ihn gerade deshalb lange Zeit Schuldgefühle, möglicherweise aber auch, weil er sich vorwirft, als Krankenpfleger nicht in den Rettungswagen mit eingestiegen zu sein und dem Vater Hilfe geleistet zu haben. Im Jahr vom Tod seines Vaters und seiner Eheschließung ist Helmut Frey achtundzwanzig Jahre alt. Es ist auch das erste Berufsjahr nach abgeschlossenem Krankenpflegerexamen und das Jahr, in dem er das Elternhaus verläßt und mit seiner gerade angetrauten Ehefrau eine eigene Wohnung bezieht. An seinem zurückgezogenen Leben wird auch das fortan nicht viel ändern – außer einem gelegentlichen Kartenabend mit ein paar Männern und der Mitgliedschaft in einem Chor, dem er seine Stimme leiht. Freundschaftliche Kontakte entwickeln sich auch in diesen Kreisen nicht. Man erlebt ihn dort als verläßlich, hilfsbereit, ruhig und verschlossen. Was in Helmut Frey vorgeht oder vorgegangen ist, vermag keiner der späteren Zeugen zu sagen.
Betrachtet man die bisherige lebensgeschichtliche Entwicklung von Helmut Frey, so verlief sie wie unzählige andere auch: ohne gröbere

Auffälligkeiten, Fehltritte oder »Sprünge« – alltäglich und eher banal. Subjektiv freilich erfüllten sich die elterlicherseits und von ihm selbst anvisierten Erwartungen und Ziele eines sozialen Aufstiegs nicht. Im Unterschied zur ebenfalls selbstwert-labilen Maria Morell, die eine erfolgreiche Karriere durchlief, allgemein anerkannt und beliebt war, war Helmut Frey trotz hervorragender Intelligenz und Ansätzen zu einer gehobeneren sozialen Karriere bisher nicht viel gelungen. Eine Reihe von Mißerfolgen im Leistungsbereich und im Umgang mit anderen Menschen hat er als Niederlagen und Selbstwertkränkungen erlebt. Gemessen am sozialen, beruflichen Erfolg könnte Helmut Frey als »loser«, als Verlierer erscheinen, Maria Morell als »winner«. Doch solche Etikettierungen, wie sie heute ja üblich sind, sind ebenso blind wie schief und irreführend. Der Vergleich der beiden, so unterschiedlichen Berufsverläufe wird noch deutlich genug machen, daß Krankenpflege ohne stabile Unterfütterung von Selbstgefühl und emotionalem Gleichgewicht irgendwann an der Seele frißt, ganz gleich ob man, wie Maria Morell, als »winner« oder, wie Helmut Frey, als »loser« gilt. Das trifft insbesondere dann zu, wenn es – wie bei diesen beiden Pflegekräften – eine kaum nennenswerte Ausbalancierung und Kompensation von Belastungen durch den privaten Lebensbereich gibt.

Doch zurück zur Persönlichkeit von Helmut Frey, dessen Bild es noch ein wenig zu ergänzen gilt. Dazu haben viele beigetragen, nicht nur der Autor als Sachverständiger: Die zahlreichen Zeugen in einer eingehenden Anhörung während des Prozesses sowie mein Kollege Norbert Leygraf[6] als Gutachter in diesem Verfahren.

Wie bereits gesagt, Herrn Freys Intelligenz war hervorragend und hätte ihn rein formal ohne weiteres zum erfolgreichen Abschluß eines Hochschulstudiums befähigt. Aber formale, akademische Intelligenz und deren Realisierung sind eben auch von anderen Persönlichkeitsfaktoren abhängig, unter anderem von der sozialen Intelligenz und deren emotionalen Grundlagen. Helmut Frey war zwar in der Lage, auf der rationalen Ebene mit anderen zu kommunizieren, aber er hatte große Schwierigkeiten, emotionale zwischenmenschliche Schwingungen zu erfassen, sich in andere einzufühlen und zu erkennen, wie er auf andere wirkt. Das beruhte unter anderem auch auf seiner mangelhaften Selbstwahrnehmung eigener Gefühle und innerer Vorgänge. Er empfand nur die diffuse Angst, gekränkt, abgewertet, enttäuscht oder unterlegen zu sein, wenn er etwas von sich preisgab. Seine emotionale Verschlossenheit entsprang Sozialängsten, die er durch seine Erziehung, durch die mütterlichen Warnungen früh gelernt hatte: Sich nichts anmerken lassen, was in ihm vorging, nicht zeigen, daß man verletzlich, wütend oder hilfsbedürftig ist. Nicht mangelnde Empfindsamkeit war sein soziales Kontakt- und Beziehungsproblem, im Gegenteil, er war hochgradig verletzlich.

Seine zwischenmenschlichen Kontakt- und Beziehungsprobleme entstanden durch den Eindruck emotionaler Untangierbarkeit, seine »gleichbleibend lächelnde Fassade«, wie eine Zeugin einmal sagte. Zum anderen stießen seine Versuche, andere dadurch für sich zu gewinnen und akzeptiert zu werden, indem er deren vermeintliche oder tatsächlichen Wünsche zu erfüllen suchte, häufig nicht auf Gegenliebe. Nicht ganz selten drückten die pejorativen Ausdrücke, die Menschen seiner Arbeitswelt für sein überangepaßtes Verhalten bereit hielten, eher Antipathie aus. Er wußte um seine Schwierigkeiten, bei anderen anzukommen, und legte vielleicht gerade deshalb häufig mit Hilfsangeboten noch etwas nach: für Sonder- und Nachtdienste, für organisatorische und arbeitsmäßige Beratungen seiner Kolleginnen oder für Hilfsdienste im privaten Bereich. Und weil das oft genug nicht zur erwünschten, ja ersehnten Akzeptanz seiner Person führte, kam er sich vor wie ein »nützlicher Idiot«, wie er selbst einmal enttäuscht und gekränkt geäußert hat.

So war Helmut Frey ein Mensch, der sich nicht so verhielt, wie er wirklich fühlte oder dachte, sondern so, wie er glaubte, am wenigsten angreifbar zu sein oder verletzt werden zu können und zugleich am ehesten von anderen anerkannt, respektiert oder sogar geliebt zu werden. Das bedeutet, daß er mit der Diskrepanz zwischen seiner öffentlichen Erscheinung, seinem äußeren Verhalten und seiner inneren, verborgen gehaltenen Realität lebte – ein konflikthaftes inneres Spannungsfeld, das gelegentlich auch äußerlich sichtbare Spuren erkennbar werden ließ. Es gelang nicht immer, Ärger, Wut in sich hin-

einzufressen und gleichzeitig – auch bei massiver Kritik an seiner Person – die Contenance zu wahren und freundlich zu lächeln. Zwar haben viele Zeugen bekundet, der Pfleger Frey habe »nie Dampf abgelassen«. Doch es gab gelegentlich auch Situationen, in denen er nach außen hin ruhig wirkte, aber man merkte, daß er »innerlich gekocht« hat: freundlich um Selbstkontrolle bemüht und scheinbar ruhig, aber »mit zusammengebissenen Zähnen« und »mit Schweißperlen auf der Stirn«. Er hatte Schwierigkeiten, in angemessener Weise mit aggressiven Affekten umzugehen. Ärger und Wut rechtzeitig und in sozial erlaubter Weise zu äußern. Und das schlimmste für ihn war, daß er sich deswegen über sich selbst obendrein noch ärgerte und dadurch alles noch schlimmer machte.
Helmut Frey hatte nicht das stabile Selbstbewußtsein, auch nicht die aequitas animi, die Gleichmut, die ihn gegenüber Kritik, Anfechtungen und Kränkungen so gelassen oder gar »dickhäutig« hätte machen können, wie es nach außen hin der Fall zu sein schien. Angst vor seinen eigenen hochkommenden Aggressionen, seiner Empfindsamkeit und Verletzlichkeit verstärkte seine Selbstkontrollbemühungen. Und das machte ihn zugleich noch anfälliger für Zustände von Reizbarkeit und Verstimmungen oder für das, was die Experten der Seele dysphorisch-gereizte bis depressive Reaktionen zu nennen pflegen. Er, der auf mich im ersten Moment und von seiner ganzen kompakten Erscheinung her einen so »gesunden« und »kräftigen« Eindruck machte, erwies sich als eher wenig belastbar, fühlte sich subjektiv rasch überfordert und neigte zu körperlichen Beschwerden, die sich in seiner Lebensgeschichte überwiegend als psychosomatische Funktionsstörungen erwiesen.
Helmut Frey, ein Mann, den man noch als relativ jung bezeichnen darf, als er mit 32 Jahren auf die Station Innere I versetzt wurde, also nicht freiwillig dorthin kam, war in hohem Grade ein Gefangener seiner selbst: Ihm, der ständig auf der Hut war, nichts von seinen Gefühlen, seinem Innenleben preiszugeben, der seine Bedürfnisse und Wünsche zu verleugnen und zu verdrängen, gleichzeitig andere durch Anpassung und Hilfsbereitschaft zu beeindrucken suchte, um dadurch Anerkennung und Dank zu ernten, ihm blieb die ersehnte

positive Resonanz seiner Arbeitsumwelt versagt. Er bekam jene Bestätigung und Beachtung nicht, die er zur Kompensation, zur leidlichen Stabilisierung seines labilen Selbstwertgefühls so dringend benötigt hätte – er bekam sie weder von seinen Kolleginnen – denn Schwestern waren auf der Inneren I in der Überzahl – noch im gewünschten Maße von den Patienten. Im Gegenteil, er stieß eher auf Antipathie. Je mehr er sich in seiner Art bemühte, von anderen anerkannt zu werden, desto mehr geriet sein harmonisierendes Anpassungsverhalten, sein Wunsch nach Nähe in Konflikt mit seinem Wunsch, seinen Bedürfnissen nach Autonomie. Er geriet bald an den Rand des Stationsteams, fühlte sich isoliert und einsam, ohne es ändern zu können. Seine zwischenmenschliche und berufliche Erfolglosigkeit machte ihm schwer zu schaffen.
Auch Maria Morell, deren Leben aus ihrem Beruf bestand, war emotional verschlossen, auch sie hatte ein schwaches, labiles Selbstwertgefühl. Aber ganz im Unterschied zu ihrem Kollegen Helmut Frey wurde ihr zupackender Optimismus, ihre unverbrüchliche Hilfs- und Opferbereitschaft für Patienten, Vorgesetzte, Kollegen und Kolleginnen in hohem Maße belohnt: Sie war nicht nur die »rechte Hand«, der »Liebling« der Chefin, sie avancierte in eine Führungsposition des Intensivteams, war von Kolleginnen, Kollegen, Ärzten als besonders tüchtig und fachlich kompetent anerkannt und bei Patienten beliebt. Was sie also von Helmut Frey unterschied, waren auch die besseren Kompensations- und Bewältigungsmöglichkeiten ihrer »Schwächen« oder – besser – dessen, was sie dafür hielt. Und das machte sie trotz großem Kräfteverschleiß eine Zeitlang belastungsfähiger, zumindest solange diese Mechanismen von bemühtem Verhalten und positiver Resonanz wie Schlüssel und Schloß zueinander paßten, das Wechselspiel von Maria Morell mit ihrer Umwelt funktionierte.
Da schien der Pfleger Helmut Frey sehr viel schlechter dran zu sein. Überhaupt mußte er sich fragen, ob er mit seinen zwischenmenschlichen Problemen überhaupt für eine psychiatrische Klinik, für psychisch Kranke, die ja bekanntlich Störungen im Zwischenmenschlichen als Folge ihrer Erkrankung aufweisen – ob der Pfleger Helmut

Frey hier nicht überfordert war. Damit ist jedoch keinesfalls gesagt, daß Helmut Frey als eine hochabnorme Persönlichkeit einzustufen ist. Bei dieser Frage geht es lediglich um die Eignung für einen bestimmten Tätigkeitsbereich. Die Einschätzung des Klinikdirektors, »das Auffälligste an dem Mann« sei seine »absolute Unauffälligkeit« gewesen, ist in psychopathologischer Hinsicht zweifellos zutreffend. In der Nahaufnahme des Kollegenumfelds und der hier gezeichneten Persönlichkeitsstruktur wird man das innerhalb der Grenzen des »Normalpsychologischen« allerdings nicht ganz so lupenrein behaupten können.

Was aus der Intensivschwester Maria Morell und dem Krankenpfleger Helmut Frey letztendlich wurde, wie sie sich in der Vorphase der jeweiligen Tötungsserien entwickelt haben, ist in Kapitel 8 zu erfahren.

Vergebliche Suche nach einer Psychopathologie

Weder die lebensgeschichtliche Entwicklung noch die Persönlichkeitsstruktur beider Pflegekräfte boten für sich genommen Anhaltspunkte für eine psychopathologische Symptomatik: Sie waren nicht psychisch krank im engeren Sinne, hatten also keine schizophrene oder manisch-depressive Psychose (in welcher Akzentuierung auch immer), kein hirnorganisches Syndrom, wiesen keine Intelligenzminderung auf und waren auch nicht in einem weiteren Sinne schwerwiegend psychisch gestört. Auch nur halbwegs plausible direkte Beziehungen zwischen Persönlichkeitsmerkmalen und begangenen Taten ließen sich nicht herstellen, auch nicht im Sinne einer gewissen Prädisposition, wie man sie bei Menschen mit früher dissozialer Entwicklung, allgemeiner und Gewaltkriminalität mit ständigen Rückfällen und einer niedrigen Schwelle zu Straftaten nicht selten findet (und die häufig als antisoziale Persönlichkeitsstörungen diagnostiziert werden). Aber auch für die Beweggründe der begangenen Patiententötungen fanden sich in den Biographien und Persönlichkeitsstrukturen keine auch nur leidlich aufschlußreichen Fingerzeige. Sieht man davon ab, daß das sogenannte »Helfer-Syndrom« für die Berufswahl von Maria Morell unter Umständen bestimmend gewesen sein könnte, so lehrt die Berufsentscheidung von Helmut Frey, daß auch ganz andere Lebensumstände dafür den Ausschlag geben können. Man findet also in beiden Fällen weder etwas Pathologisches noch etwas Außergewöhnliches, das uns der Antwort näher bringen könnte, wie diese beiden ganz unterschiedlichen Menschen als Pflegekräfte dazu gekommen sind, schwerkranke ältere Patienten zu Tode zu bringen, welche Motive sie gehabt haben könnten.

Doch wie steht es damit bei den übrigen verurteilten Schwestern und Pflegern? Keiner der psychiatrischen Sachverständigen hat bei den übrigen neun Pflegekräften eine psychische Krankheit im engeren Sinne oder einen erheblichen Intelligenzmangel festgestellt und in acht von neun Fällen auch keine so gravierende Persönlichkeitsstörung, daß sie für sich genommen von schuldfähigkeitsmindernder Bedeutung gewesen sein könnte. Auch bei diesen Pflegekräften suchten die Sachverständigen vergeblich nach einer Pathologie, einer psychischen Krankheit oder psychischen Störung, die so gravierend zu werten gewesen wäre, daß die strafrechtliche Verantwortlichkeit (in Deutschland »Schuldfähigkeit«) hätte angezweifelt werden müssen und zugleich ein plausibles Motiv aus einer solchen Pathologie hätte abgeleitet werden können – wie etwa bei einem Wahnkranken, der seine Ehefrau tötet in der paranoiden Angstvorstellung, sie wolle ihn vergiften. Alles, was die Gutachter aufspürten, schien sich im Bereich des »Normalpsychologischen« zu bewegen. Und das schließt auch jene Spielarten menschlicher Persönlichkeiten ein, die uns in ihrer unendlichen individuellen Vielfalt im Alltag begegnen, mögen sie so unauffällig sein, daß wir ihre Anwesenheit kaum bemerken, oder gelegentlich auch so »auffällig«, daß wir geneigt sind, innerlich den Kopf über sie zu schütteln – so, wie sie vielleicht über uns.

Aber war denn eine – wie auch immer geartete – Pathologie unbedingt zu erwarten? In der traditionellen Tötungskriminalität werden mehrfache oder Serientötungen überwiegend im Bereich der Sexualdelinquenz und dort häufig von hochabnormen oder antisozialen Täterpersönlichkeiten begangen. In solchen Fällen ist die Tat oder eine Folge von Taten nicht selten Ausdruck oder Symptom der abnormen Persönlichkeit oder einer Pathologie (etwa einer schweren sexuellen Perversion). Wo die Dramaturgie menschlichen Zusammenlebens und aus ihr resultierende Konflikte hingegen die Tat bestimmen, die Tötung eine »einmalige schicksalhafte Verdichtung« darstellt,[7] wie häufig bei Beziehungs- und Partnertötungen, hat man es vielfach ebenfalls mit – in der Ausgangslage – unauffälligen, dem »Normalpsychologischen« zuzuordnenden Menschen zu tun. Ihre Biographien, Entwicklungen und Persönlichkeitsstrukturen sind – bis auf die Zeit vor der Tat – genauso »pathologiefrei«, wie bei den hier begutachteten Schwestern und Pflegern. Daß bei letzteren die Taten einen völlig anderen Charakter, andere Hintergründe und Determinationsstrukturen haben müssen als bei Serientötungen, die Symptom einer Pathologie des Täters sind, oder bei einer Partnertötung, die als Abschluß einer einmaligen schicksalhaften (Konflikt-)Entwicklung aufzufassen ist, erscheint naheliegend.

Wie auch immer, der psychiatrisch-psychologische Sachverständige hat bislang bei Patiententötungen keinerlei – persönliche oder wissenschaftlich veröffentlichte – Erfahrungen vorliegen, an denen er sich hätte orientieren können. Und die traditionelle Tötungskriminalität bietet ihm auch kein Orientierungsraster an, wenn es um die Erforschung der Persönlichkeit und um die Tatmotivation dieser Schwestern und Pfleger geht. Sei es aus Gewohnheit, Unsicherheit oder Ratlosigkeit, den meisten der (acht mir bekannten) Gutachten merkt man eine angestrengte Suche nach etwas »Pathologischem«, zumindest etwas in Grenzen »Abnormem« an. Man suchte nach einer halbwegs nachvollziehbaren Erklärung der Taten und – fand sie doch nicht. Immerhin waren die Sachverständigen bei zwei Pflegern fündig geworden und glaubten Normabweichungen gefunden zu haben, was für die Einschränkung der strafrechtlichen Verantwortlichkeit geltend zu machen sei:

So entdeckten die Gutachter – ein Psychiater und ein Psychologe – bei einem Angeklagten eine »Neurose«, die sich vor allem in einem ausgeprägten »Bravheits-Komplex« niedergeschlagen habe. Dieser Mann müsse andere andauernd davon überzeugen, wie »edelmütig« er sei. Seine Bravheit, zu der auch sein Bemühen um Ordentlichkeit und reibungsloses Funktionieren der Abteilung gehöre, der er vorstehe, könne aber von außen bedroht werden. Deshalb bekämpfe er alles, was seine Bravheit gefährde. Und dazu könnten eben auch unruhige Patienten gehören, die das sichtbare Image seiner Bravheit bedroht haben könnten. Nun, auf der Grundlage dieser kunstvollen Interpretation, die ich wahrscheinlich nicht korrekt genug wiederzugeben in der Lage bin, attestierten die Sachverständigen ihrem Probanden eine »verminderte Zurechnungsfähigkeit« und lieferten auch das Motiv der mehrfachen Patiententötung gleich mit (Chronik-Fall Nr. 3, siehe S. 103). Das mag der extreme Fall einer klischeehaften – leider auch noch psychodynamischen – Sachverständigeninterpretation der Normvariante einer Persönlichkeit sein, die das Motiv für die tödlichen Handlungen unbewußten Prozessen oder schlicht der normabweichenden Persönlichkeit des angeklagten Pflegers zuschreibt.

In einem anderen Fall (Fred Klein, Chronik-Fall Nr. 2, siehe S. 99 ff.) fand der psychiatrische Sachverständige zwar keine Indizien für eine psychische Störung im engeren Sinne einer »Krankheit«, aber doch eine Persönlichkeitsstörung im Sinne einer »vierfach belasteten abartigen Persönlichkeit«. Dieser maß der Gutachter für sich genommen jedoch noch keineswegs das Gewicht, den Stellenwert von psychopathologischer Erheblichkeit zu. Aus der Wechselwirkung der abnormen Persönlichkeit des Pflegers mit einer »außergewöhnlichen Belastungssituation« der Intensivstation habe sich aber eine forensisch relevante »Beeinträchtigung der Steuerungsfähigkeit im Sinne des § 21 StGB ergeben, also eine verminderte Schuldfähigkeit zum Tatzeitpunkt (die eine Minderung des Strafmaßes erlaubt, aber nicht zwangsläufig zur Folge haben muß).

Sieht man einmal davon ab, daß die schlußfolgernde Begründung der »verminderten Schuldfähigkeit« weder überzeugend noch zwingend erscheint,[8] so erweitert dieses Gutachten den Blick über die eingeengte Fixierung aufs bloß »Pathologische« hinaus: Beziehungen und Wechselwirkungen zwischen den personalen »Schwächen« des Pflegers, seiner individuellen Belastbarkeit, dem subjektiven Erleben von umschriebenen Belastungen und den tatsächlich vorherrschenden strukturell-personalen und arbeitsorganisatorischen Belastungsfaktoren werden beschrieben.[9] Diese Erweiterung der gutachterlichen Perspektive durch Einbeziehung von individueller Belastbarkeit und situationsspezifischen Belastungsfaktoren einer Krankenstation verweist auf einen erst seit 20 Jahren entwickelten klinisch-psychologischen Forschungsbereich, der nichts mit gerichtlicher Begutachtung zu tun hat:

Unter dem bild- und ausdrucksstarken Begriff des »Burnout-Syndroms« existiert eine internationale Beschäftigung mit Menschen, die unter speziellen Beanspruchungen und psychischen Belastungen in einen Zustand körperlicher und emotionaler Erschöpfung geraten, sich innerlich »ausgebrannt« fühlen. Betroffen sind vor allem Menschen in psychosozialen Berufen, wie etwa Pflegekräfte, Ärzte, Lehrer (um nur einige zu nennen). Die facettenreiche Symptomatik reicht vom subjektiven Gefühl der Müdigkeit, Erschöpfung, Reizbarkeit im weiteren Verlauf bis zur depressiven Reaktion und zu einem abnehmenden Mitgefühl oder dem Zweifel am Sinn der eigenen beruflichen Arbeit. Immer müssen zwei Bedingungsfaktoren zusammentreffen: personale Risikofaktoren bzw. Dispositionen – wie man sie ja auch bei vielen Krankheiten kennt – und belastende bzw. gefährdende Arbeitsbedingungen, die in Wechselwirkung miteinander treten. Dabei kann eine Kette belastender Episoden in der Arbeit oder auch eine chronische Belastung an den Ressourcen der individuellen Bewältigungsmechanismen zehren, so daß es dann irgendwann zur Ausbildung einer akuten »Burnout«-Symptomatik kommt. Häufig werden die Symptome anfangs noch überspielt durch vermehrten Einsatz, gesteigerte Aktivitäten. Freilich gibt es auch extrem belastende Arbeitsbedingungen, die »über kurz oder lang auch den Stabilsten und Geschicktesten zermürben«.[10]

Nun ist es ja leicht vorstellbar, daß ein solcher Zustand bei einer

Schwester oder einem Pfleger auch dessen Erlebnis und Sichtweise seiner Arbeit beeinträchtigt, etwa die Wahrnehmung für den Zustand seiner Patienten trübt und im Extremfall das eigene Tun und Wirken, das einmal mit viel Elan und Engagement ausgeübt wurde, sinnlos erscheinen läßt. Es gibt im Krankenpflegebereich Beispiele für solche Entwicklungen.[11] In einem solchen Fall wäre nicht ohne weiteres von der Hand zu weisen, daß eine derartige Zuständlichkeit auch zum Plateau einer emotionalen Erlebnis- und Wahrnehmungsweise wird, die tödliche Handlungen an Patienten begünstigt. Infolge des subjektiven Gefühls der Sinnlosigkeit eigenen Tuns könnten die Patienten als »hoffnungslose Fälle« erscheinen, verstärkt vielleicht dort, wo konzentriert Schwerstkranke untergebracht sind, Sterben und Tod zum klinischen Alltag gehören.
Diese wenigen theoretischen Anmerkungen mögen hier genügen, um mit jenem Fall und Gutachtenbeispiel fortzufahren, das den Blick auf einige Erkenntnisse der neueren »Burnout«-Forschung gelenkt hat. Sie standen diesem Sachverständigen damals noch nicht zur Verfügung. Der Fall des Intensivkrankenpflegers Fred Klein erscheint jedoch geeignet, die Ausführungen zum »Burnout« unter verschiedenen Aspekten zu veranschaulichen:

Wie die anderen Pflegekräfte auch stammt Fred Klein aus einer sogenannten gutbürgerlichen Familie, in der er – reichlich von Weiblichem umgeben – mit sechs Schwestern aufwächst. Zu Mutter und Schwestern hat er eine gute Beziehung, verbringt später seine Urlaube auch als Erwachsener immer zu Hause. In vieler Hinsicht mutet er fast wie ein Zwillingsbruder des Krankenpflegers Helmut Frey an: Auch in Kleins Familie sind Aggressionsäußerungen tabu, Wohlverhalten und Ordnung ist angesagt, und das alles hat Fred Klein auch verinnerlicht. Ähnlich wie Helmut Frey macht auch Fred Klein in Kindheit und Jugend eine schulische und soziale Entwicklung durch, die eher durch »Mißerfolge« gekennzeichnet ist: Er wird von Gleichaltrigen viel gehänselt, wegen seiner Unsportlichkeit ausgelacht, ist also bei anderen nicht gerade beliebt und gerät auch in der Klasse in eine Außenseiterrolle. Er nimmt das offenbar hin, schluckt viel runter und zieht sich in sich zurück. Seine schulischen Leistungen sind eher schwach, vor allem in der Realschule. Nachdem er dort das Klassenziel zum zweiten Mal nicht erreicht hat, geht er ohne Abschluß von der Schule ab. Möglicherweise hat er schon lange den heimlichen Wunsch gehabt, einen sozialen Beruf zu ergreifen. Das mag damit zusammenhängen, daß er sich rührend um das schwerkranke Kind einer Schwester gekümmert hat. Gleichwohl muß er zunächst in eine handwerkliche Lehre, in der er jedoch infolge seiner mangelhaften manuellen Fähigkeiten scheitert. Auch der Versuch, sich kaufmännisch zu orientieren, schlägt fehl: Er kann sich in der Berufsschule nicht in die Klasse integrieren. Als er sich für die Ausbildung zum Krankenpfleger entscheidet und Krankenpflegeschüler wird, ist er mittlerweile siebzehn Jahre alt.

Er gilt vielen, die mit ihm in Schulzeit und Jugend aufwuchsen, als ein zurückhaltender, kontaktgehemmter und ernster Junge, der sich nie aggressiv zeigte, in allem stets korrekt war. Emotional verschlossen, in sich abgekapselt, schwer durchschaubar, aber von den Erwachsenen als menschlich angenehm empfunden, weil ruhig, pünktlich und gewissenhaft, wirkt er auf die meisten nicht gerade heiter. Später sagen Zeugen aus seiner Schulzeit, er habe wenig Selbstvertrauen besessen und seine wenig angesehene Rolle in der Klassengemeinschaft durch nichts zu kompensieren gewußt. In der Ausbildungszeit als Pfleger und später in seinem Beruf wird er von seinem Kollegenumfeld und von Ärzten gleichermaßen als zurückhaltend, verschlossen und kontaktgehemmt geschildert. In der täglichen Klinikarbeit gilt er als höchst einsatzbereiter Pfleger, gewissenhaft, ja überkorrekt. Zu Patienten hat er ein sehr gutes Verhältnis. Seine persönliche Zuwendung und pflegerische Hilfsbereitschaft finden bei Patienten große positive Resonanz. Bei ihnen erfreut er sich großer Beliebtheit, während er vom Kollegenteam wegen seiner Verschlossenheit nie so richtig angenommen wird. Gleichwohl beeindruckt er seine Kolleginnen und Kollegen durch großes Engagement im Beruf, man sagt sogar von ihm, er sei »Krankenpfleger mit Leib und Seele«. Doch der Krankenpfleger Klein hat auch einige merkliche Schwächen: Er ist in allem etwas langsam, technisch nicht der Begabteste, hat Schwierigkeiten, Entscheidungen zu treffen und Verantwortung zu tragen, sowie Probleme, sich rasch auf neue Situationen einzustellen. Vielleicht sind dies die Gründe, weshalb ihn erst ein Lehrkrankenpfleger und später ein Oberarzt als nicht geeignet für eine Intensivstation beurteilen. Und dennoch wird er später auf eine Intensivstation und an ein anderes Krankenhaus wechseln, dorthin, wo dann alles geschah.

Doch ehe Fred Klein seinen Arbeitsplatz wechselt, ist er auf einer ganz normalen Station einer Universitätsklinik tätig. Die Krankenpflege scheint ihm »wirklich Freude« zu machen, füllt ihn aus. Auch in der Pflege Schwerstkranker – so wird gesagt – arbeitet er »einwandfrei«. Er bemüht sich um ein umfangreiches Wissen und gilt dienstlich durchaus »als belastbar«. Aber es gibt – neben den schon erwähnten Dingen – noch einige andere, die ihm offensichtlich schwerfallen: So hat er Schwierigkeiten, andere, dienstjüngere Kollegen anzuleiten. Die Station ist aber zugleich Ausbildungsstation, sogenannte Schulstation für angehendes Pflegepersonal, muß also Krankenpflege und Ausbildung miteinander verbinden. Hinzu kommt, daß er irgendwann die Stelle des leitenden Stationspflegers vertretungsweise übernehmen muß. Das Angebot, diese »höhere« Stelle ganz zu übernehmen, lehnt er ab – zuviel Verantwortung wäre da zu übernehmen gewesen, zu viele Entscheidungen zu treffen. Er arbeitet oft zehn Stunden durch, hat wochenlang keinen freien Tag. Es sind zu viele Pflegeschüler auf der Station und zu wenig examinierte Kollegen oder Kolleginnen. Er fühlt sich zunehmend »gestreßt«. Als dann während dieser wachsenden »beruflichen Belastungen« auch noch sein Vater stirbt, reagiert er mit »Nervosität« und migränoiden Kopfschmerzen, für die er bei Aufregung schon seit seiner Kindheit anfällig ist. Trotz zeitweiser »immenser Schwierigkeiten« redet ihm ein Leitender Arzt zu, »auszuharren«. Wegen seiner Kopfschmerzen greift er auf Schmerzmittel der Station zurück und nimmt auch verschiedene Beruhigungsmittel ein. Später wird er sagen, er habe den oder die Ärzte aus »Zeitmangel« nicht oder nicht »regelmäßig« aufsuchen können. Wegen einer Bagatelle kommt es zu einem Zusammenstoß mit einer Ärztin, auf deren kritische Vorhalte er »kein Wort« sagt, sondern abrupt die Visite verläßt. Bald darauf ereignen sich auf der Station zwei ungeklärte »bedrohliche Krisen« bei Patienten. Beim ersten Zwischenfall findet man in einer von Pfleger Klein gerichteten Infusionsflasche zwei nicht angeordnete Medikamente, darunter ein hochpotentes Schlaf- und Beruhigungsmittel. Bei dem zweiten Zwischenfall kommt es bei einigen Patienten zu unerklärlichen hypoglykämischen Erscheinungen, also zu Symptomen unerklärlicher Unterzuckerungszustände. Man findet in einer Infusionsflasche therapeutisch überdosiertes Insulin. Infolge dieser Ereignisse treten zwischen Ärzten und Pflegepersonal Spannungen auf. Der Krankenpfleger Klein äußert sich zu Vorwürfen der Ärzte »sehr energisch« und »verteidigt« sich »überzogen« – für Kleins Persönlichkeit und bisheriges Verhalten ganz ungewöhnlich. Niemand hat ihn damals an dieser Klinik im Verdacht, eigenmächtig Medikamente verabreicht zu haben. Das war zwei Jahre vor seinen tödlichen Handlungen auf der Intensivstation eines anderen Krankenhauses. Später, das heißt nach seiner Verhaftung aufgrund der Todesserie auf der Intensivstation, räumt er eigenmächtige Medikationen bei zwei dann verstorbenen Patienten an seiner ersten Arbeitsstelle ein. Doch das hat er, wie alles andere auch, dann irgendwann widerrufen.

Der Krankenpfleger Fred Klein ist zwischen seinem 23. und 24. Lebensjahr und nach rund sechs- bis siebenjähriger Berufstätigkeit ganz offensichtlich in eine gesundheitliche, eine körperliche und psychische Krise geraten, die er einige Zeit durch Selbstmedikation nach außen abzudecken suchte. Doch sein Zustand verschlechtert sich: Er wirkt jetzt leicht aggressiv-gereizt, »nervös«, ermüdet rasch, ist schnell bedrückt und klagt später – nach Aufnahme auf einer Psychiatrischen Abteilung derselben Klinik – über verschiedenartige vegetative, unverkennbar psychosomatische Beschwerden und Schlafstörungen. Dort ist er schließlich gelandet, weil einem Arzt sein Verhalten auf Station und seine verwachsene Sprache aufgefallen war. Der Verdacht auf Medikamentenmißbrauch bestätigte sich dann auch. Daß er die subjektiv als »Streß« erlebten Belastungen von Stationsarbeit und Krankenpflegeunterricht vor sich selbst und

anderen nicht eingestehen, seine nachlassende Leistungsfähigkeit vor anderen nicht dekuvrieren wollte, wurde allen Psychiatern und Psychologen, die Fred Kleins Zustand, seinen »Zusammenbruch« damals untersuchten, klar.
Vermeidet man die – immer etwas hölzern und angestrengt wissenschaftlich klingende – Terminologie der Fachleute, so sagten sie damals über Fred Klein nicht mehr aus, als bisher aus der Nachzeichnung seiner Lebens- und Entwicklungsgeschichte hervorgeht: Eine hochgradig labile Persönlichkeit, emotional steif und wenig schwingungsfähig, stark kontaktgehemmt bei starkem Kontakt- und Zuwendungsbedürfnis, wenig widerstands- und belastungsfähig bei schwachem Selbstwertgefühl; deutliche, jedoch eher leichtgradige Schwächen im manuellen Bereich, insbesondere der visuell-motorischen Koordinationsfähigkeit (unabdingbar für technische Fertigkeiten), die sich unter Zeitdruck und Belastungen verstärken. Entsprechend empfundene Leistungsschwächen erzeugten bei ihm einen Leidensdruck sowie eine Tendenz zur Niedergeschlagenheit und depressiven Reaktionen, latent suizidal. An einer Gruppentherapie teilzunehmen ist ihm unmöglich. Nach Aufgabe seiner Arbeitsstelle an der Universitätsklinik erholt er sich rasch »bei guter Betreuung im Elternhaus«. Sein gesundheitlicher Zustand stabilisiert sich wieder und – ein niedergelassener Nervenarzt hält eine psychotherapeutische Behandlung für nicht erforderlich. Trotz Mißerfolgen, Selbstwertverlusten und psychisch wie körperlich massiver Krise hält Fred Klein an seinem Beruf fest und bewirbt sich ein dreiviertel Jahr später um eine Stelle als Pfleger auf einer Intensivstation einer anderen Klinik. Hätte man sich bei seiner Einstellung mehr über seine Vorgeschichte informiert, damals schon Erkenntnisse über »Burnout« und entsprechende Risikofaktoren der Persönlichkeit besessen, so wäre es zur Einstellung des Krankenpflegers Fred Klein wohl kaum gekommen.

Was lehrt die Geschichte des jungen Mannes bis zu diesem Zeitpunkt, etwa ein Jahr vor den tödlichen Ereignissen in einer anderen Klinik? Man kann bei dem Anlaß, der letztlich zu seinem Ausschei-

den aus der Klinik führte, von einem »gesundheitlichen Zusammenbruch« sprechen, kann über eine »depressive Reaktion mit latenter Suizidalität« und psychosomatischen Begleitsymptomen diskutieren und damit den – zweifellos ärztlich hilfsbedürftigen – vorübergehend dekompensierten psychisch-körperlichen Zustand von Fred Klein diagnostisch einordnen. Man kann auch darüber diskutieren, wie »abnorm« seine – wie auch immer zu etikettierende – Persönlichkeit oder sogenannte Primärpersönlichkeit zu beurteilen ist. Die psychiatrischen Sachverständigen waren sich darüber einig, daß sie als »nicht-krankhafte Spielart seelischen Wesens« aufzufassen ist. Alle derartigen diagnostischen Einordnungs- und Klassifizierungsversuche sind aber wenig hilfreich, wenn es darum geht, darüber Aussagen zu machen, wie und weshalb Fred Klein unter den doch noch keineswegs als außerordentlich erscheinenden Belastungen auf seiner Station in eine solche Krise geraten ist, wie und weshalb ihm möglicherweise lebensbedrohliche Fehlleistungen bei der Patientenversorgung unterlaufen sind oder ob er bereits erste tödliche Handlungen an Patienten begangen hat. Für die Analyse der dynamischen Entwicklung von Fred Kleins Zustand und ihrer Folgen scheinen mir Ansätze, die aus dem Bereich der »Burnout«- und – zwangsläufig – der Streßforschung stammen, angemessener zu sein (ein anderer Zugang wird in Kapitel 8 zur Sprache kommen).
Beim Zusammenbruch des Krankenpflegers Fred Klein hat man es offensichtlich mit einer »Burnout-Symptomatik« zu tun, die sich über einen längeren Zeitraum entwickelt hat. Daß sie bereits unter Belastungen auftrat, die – nach seinen späteren Aussagen wie nach den tatsächlichen Gegebenheiten – erheblich geringer und anderer Art waren als auf der Intensivstation, auf die er später wechselte, erscheint bemerkenswert und wirft Fragen auf. War er weniger belastungsfähig, generell oder in bestimmter Hinsicht? Weshalb hat er nach dieser negativen, für ihn sicher auch schmerzlichen Erfahrung nach sechs bis sieben Jahren engagierter Berufstätigkeit gescheitert zu sein, dennoch weitergemacht, ja sogar die weitaus beanspruchendere, körperlich wie psychisch belastendere Stelle auf einer Intensivstation gewählt und angetreten?

Matthuas Burisch, Psychologe an der Universität Hamburg, hat in seinem höchst verdienstvollen Buch *Das Burnout-Syndrom* (1989) geschrieben: »Wer ausbrennt, muß wahrscheinlich auch einmal gebrannt haben, und sei es nur für das Ziel, in seinem Beruf ein hohes Maß an Kompetenz zu erreichen.«[12] Daß »Burnout« in besonderem Maße hochmotivierte, äußerst engagierte Menschen trifft, die sich in ihrem Beruf mit den Problemen und Nöten anderer leicht verausgaben, für die sie zu sorgen haben, gilt heute als gesichert. Freilich gibt es auch bei diesen Menschen Unterschiede – seien sie nun Ärzte, Krankenschwestern, Lehrer, Sozialpädagogen usw. Burisch hat sicher recht: *Die* Persönlichkeit des »Ausbrenners« gibt es aller Wahrscheinlichkeit nach nicht. Gleichwohl aber gibt es personale Risikofaktoren, Persönlichkeitsmerkmale, die mehr oder weniger zur Entwicklung von »Burnout-Zuständen« disponieren.
Fred Klein – das sagten alle, die ihn an seiner ersten Stelle, einer ganz normalen Station einer Hautklinik, erlebten – war ein äußerst engagierter und in seinem Einsatz für die Patienten besonders pflichtbewußter, hochmotivierter Krankenpfleger. Er, der auf seinem bisherigen Lebensweg bei anderen Menschen nicht gerade auf viel Gegenliebe gestoßen war, im schulischen Leistungsbereich und bei seinen tastenden Berufsversuchen nur Mißerfolge zu verbuchen hatte, fand bei anderen erstmals eine positive Resonanz: bei den Ärzten wegen seines Fleißes, seiner Gewissenhaftigkeit und Einsatzfreude, und bei den Patienten war er wegen seiner Zuwendungsbereitschaft beliebt. Diese positive Resonanz war für ihn Belohnung und Dank, Anreiz, seine Leistungsmotive eher noch zu verstärken. Er tat zum erstenmal etwas, was von anderen anerkannt wurde und damit auch ihm selbst Anerkennung zu gewähren schien. Das hat dazu beigetragen, sein labiles, dürftiges Selbstwertgefühl leidlich zu kompensieren, so daß er einigen sogar als durchaus belastungsfähig erschien. Sein Beruf hat ihn – wie er einmal selbst sagte – voll »erfüllt«, er hat seine Arbeit idealistisch überhöht. Das macht für Enttäuschungen um so anfälliger, wenn sich in der Arbeitsumwelt die Bedingungen ungünstig verändern und – aus welchen Gründen auch immer – Probleme auftreten, die es zu lösen gilt.

Der junge Pfleger, der in seinem Beruf hohe Kompetenz anstrebte, sich – wie ein Zeuge später sagte – um »umfangreiches Wissen bemühte« und sich seine Anerkennung durch Ärzte, Patienten und Kollegen zu erhalten suchte, hatte sich auf diesen Weg mit einigen »Schwächen«, mit »Handikaps« begeben: Er war in allem ein wenig langsam, konnte sich nicht schnell von einer Situation auf die andere umstellen, rasch schalten und schnell reagieren, kurz, er war nicht sehr flexibel und wendig, und es fiel ihm auch schwer, eigene Entscheidungen zu treffen und Verantwortung zu übernehmen. Hinzu kamen einige personale Risikofaktoren, wie labiles, von äußerer Resonanz abhängiges Selbstwertgefühl, emotionale Verschlossenheit, vegetative und emotionale Labilität sowie Kontakthemmung – dies alles spricht dafür, daß Fred Klein eine eher vulnerable, gegenüber Streßfolgen nicht sehr widerstandsfähige Persönlichkeit ist, deren Fähigkeiten, psychische Belastungen zu bewältigen, begrenzt sind.
Als nun Fred Klein eines Tages aufgefordert war, die von ihm engagiert betriebene Pflege der Patienten mit der Ausbildung von Krankenpflegenachwuchs zu verbinden, und als ihm obendrein auch noch die Verantwortung der vertretungsweise übernommenen Stelle eines Stationspflegers abverlangt wurde, er also in leitender Position Entscheidungen treffen mußte, geriet er zunehmend in eine subjektiv stark erlebte Belastungssituation. Die Angst, der Pflege seiner Patienten nicht mehr gerecht werden zu können, Zeitdruck, mangelnde Koordinationsfähigkeit und seine Kontaktschwierigkeiten, die ihm bei der Ausbildung von Krankenpflegeschülern im Wege standen, bescherten ihm mehr und mehr eine Überforderungssituation, für die ihm keine angemessenen Bewältigungsmechanismen zur Verfügung standen. Verstärktes Engagement, gesteigerter Zeitaufwand und vermehrte Aktivitäten beförderten seine Schwierigkeiten, erhöhten die Belastungen eher, als daß sie Entlastung brachten. Diese unangemessenen Bewältigungsversuche trieben ihn in eine Sackgasse, einen Teufelskreis, der durch den gutgemeinten Zuspruch eines Leitenden Arztes, durchzuhalten, »auszuharren«, eher noch zementiert wurde. Spätestens zu diesem Zeitpunkt hat sich Fred Klein die »immensen Schwierigkeiten«, die er mit seiner Arbeit hatte, selbst

zugeschrieben und sich – früher schulischer Mißerfolge eingedenk – als Versager gesehen. Vielleicht war der Tod des Vaters der »letzte Tropfen«; der Griff zu Schmerz-, Beruhigungs- und Schlafmitteln, um die mittlerweile aufgetretenen Kopfschmerzen, Schlafstörungen und die Nervosität zu bekämpfen, war der verhängnisvollste Bewältigungsversuch, mit seinen Arbeits- und psychischen Belastungen fertig zu werden. Der sich allmählich einschleichende Medikamentenmißbrauch hatte gleich mehrere Funktionen, die ihm vielleicht gar nicht voll bewußt waren: Die Medikamente dienten nicht nur der »Bekämpfung« der körperlichen Beschwerden und kurzfristigen »Besserung« seiner Befindlichkeit; sie waren auch der trügerische Versuch, sich möglichst »fit« zu halten, sich dadurch nichts anmerken zu lassen, seinen Versagenszustand, also sein »Innerstes«, und seine Leistungseinbußen vor anderen genauso zu verbergen, wie er dies mit seinen Gefühlen schon immer getan hatte.

Fred Klein, der alle Anstrengungen unternahm, seiner Überforderungssituation Herr zu werden, die damit verknüpften Belastungen und Enttäuschungen in seinem Beruf zu bewältigen, saß in der Falle des körperlich-seelischen Verschleißes – einer Falle, in der er sein gerade ein wenig aufgerichtetes Selbstwertgefühl erneut einzubüßen schien. Und er war jetzt auf dem besten Wege, diesen »Burnout-Zustand« durch eine – seiner Persönlichkeitsstruktur – entsprechende Selbstbestrafung, eine Selbstdestruktion durch Medikamentenmißbrauch zu komplettieren. Es mag offenbleiben, ob der Krankenpfleger Fred Klein durch Fehlleistungen an den kritischen Zuständen einiger Patienten beteiligt war oder bereits an dieser ersten Arbeitsstelle tödliche Handlungen begangen hat. Als Pfleger hat er bis zuletzt gearbeitet – bis seine körperlichen Beschwerden unerträglich und sein Zustand auch für andere nicht zu übersehen war. Daß er trotz dieser negativen Erfahrungen seine Erwartungen an sich selbst und seine beruflichen Zielsetzungen nicht kritisch zu reflektieren imstande war, beides nicht realistisch herabschraubte, sondern – wie seine Bewerbung um die Stelle als Intensivpfleger zeigt – sogar noch höher ansiedelte, läßt verschiedene Schlüsse zu:

Erstens war Kleins Burnout, seine körperlich-psychische Dekompensation noch nicht mit einer weitgehenden Desillusionierung und Zweifeln am Sinn seiner Arbeit als Pfleger einhergegangen, er hatte sein inneres Engagement für diese Arbeit noch nicht reduziert. Zweitens hatte er möglicherweise Schuldgefühle, nicht sein »Bestes« gegeben zu haben und wollte diese »Scharte« auswetzen, indem er sein Anspruchsniveau erhöhte (Intensivpflege) und alternative, realistischere Möglichkeiten pflegerischer oder anderer Arbeit ausblendete. Schließlich konnte man drittens den Eindruck gewinnen, der Krankenpfleger Klein brauchte Patienten – und zwar keine »Aufstehpatienten«, wie er einmal formulierte –, um seine eigenen Probleme zu lösen. Ganz sicher aber ist, daß bei solchen Erwartungen und einer solchen Persönlichkeit wie Fred Klein negative Überraschung und Desillusionierung vorprogrammiert sind (worauf in Kapitel 8 noch einzugehen ist).

Was es am Beispiel, wie sich ein Erschöpfungszustand bereits geraume Zeit vor den tödlichen Handlungen entwickelte, zu zeigen galt, war, daß auch relativ »normal« erscheinende Arbeits- und Belastungsbedingungen einer Klinikstation bei Pflegenden zu einer »Burnout-Symptomatik« führen können, wenn es sich dabei um Persönlichkeiten mit entsprechenden Risikofaktoren handelt. Die Entwicklung eines körperlichen und emotionalen Erschöpfungszustandes ist eben auch eine Frage der Relation von Belastung und individueller Belastbarkeit bzw. Belastbarkeitsgrenzen und nicht nur eine Frage von außergewöhnlichen oder extremen Arbeits- und Belastungsbedingungen. Ich sage dies nicht zuletzt deshalb, weil in manchen Prozessen nicht selten Verwunderung darüber ausgedrückt wurde, wie es trotz Fehlens einer besonderen Pathologie und einer nicht massiv mit Arbeit überlasteten Station zu solchen Taten kommen konnte. Sieht man einmal davon ab, daß solche direkten Beziehungen zwischen Burnout-Zuständen und den Patiententötungen auch gar nicht zu erwarten sind, so können Burnout-Zustände – wie eingangs gesagt – doch das Plateau einer veränderten Erlebnis-, Wahrnehmungs- und Sichtweise des eigenen Tuns und der Patienten darstellen. Und so kann der Zustand der Patienten durch die Brille der eigenen Zuständlichkeit, etwa der depressiven Befindlichkeit (einer Schwester oder eines Pflegers), des Zweifels am Sinn der eigenen Arbeit oder des Gefühls der Sinnlosigkeit pflegerischer Arbeit gefärbt werden. Daß eine derartige Sicht- und Betrachtungsweise, bei der ein Patient zum »hoffnungslosen« oder verstärkt »leidenden« Patienten werden kann, unter bestimmten Voraussetzungen einen Risikofaktor, eine Disposition zu tödlichen Handlungen darstellt, wird im nächsten Kapitel zu zeigen sein.

Vergleicht man die nachgezeichneten Persönlichkeitsstrukturen der drei Pflegekräfte unter den Aspekten der psychischen Belastbarkeit und dem Risiko eines »Burnout«, so scheint – bei allen Vorbehalten solcher Vergleiche – Fred Klein der vielleicht gefährdetste zu sein. Herbert Freudenberger, deutschstämmiger amerikanischer Psychoanalytiker und Schöpfer des »Burnout«-Begriffs (1974) schrieb einmal: »Ausbrenner« seien Menschen, die eigene Schwächen und Hilflosigkeit schwer offen zugeben könnten.[13] Wenn es ein Merkmal gibt, das alle drei bei manchen Ähnlichkeiten höchst unterschiedlichen Persönlichkeiten verbindet, dann ist es der von Freudenberger gekennzeichnete Befund (ein Befund, der im nächsten Kapitel auch bei Maria Morell und Helmut Frey noch detaillierter zur Sprache kommen wird).
Es ist gewiß nicht anzunehmen, daß alle Schwestern und Pfleger, die mehrfache Patiententötungen begehen, zur Entwicklung einer »Burnout-Symptomatik« disponiert sind. Es gibt einfach in bestimmten Bereichen stationärer Krankenversorgung – wie etwa von Krebskranken und Intensivpatienten – außerordentliche Anforderungen und Belastungsbedingungen der Pflege, die auf Dauer auch an der Seele von noch so stabilen Persönlichkeiten zehren und an der Grenze des Erträglichen das Eis dünn und brüchig machen können. Auch werden nicht alle Pflegekräfte, die von einem »Burnout-Syndrom« betroffen sind, Patienten töten. Eine solche Annahme oder Schlußfolgerung aus meinen Ausführungen wäre unsinnig. Dazu wissen wir bislang – bei den wenigen bekannt gewordenen Fällen – auch insgesamt viel zuwenig. Daß aber solche körperlich-psychi-

schen Erschöpfungszustände von Pflegekräften, die im übrigen ganz unterschiedliche Schweregrade und Symptomarten aufweisen können (siehe Kapitel 8), die Funktionsfähigkeit einer Station beeinträchtigen und zu Lasten von Patienten gehen können, ist in anderen Ländern schon früh erkannt worden. So haben unter anderem zwei amerikanische Autoren schon 1980 gefordert, aus präventiven Gründen bereits bei der Einstellung Untersuchungen zur Selektion solcher Krankenschwestern durchzuführen, die frei von übertriebener Helfermotivation sind und ihre eigenen Bedürfnisse, Grenzen und Fähigkeiten einzuschätzen wissen, das heißt möglichst wenig personale Risikofaktoren für »Burnout« aufweisen.[14]
Daß Fred Klein sich für eine neue Stelle auf einer Intensivstation bewarb, kann man ihm nicht negativ anrechnen. Daß er ein Risikofaktor für diese Station war, als er eingestellt wurde, ist unzweifelhaft. Daraus sollten Lehren gezogen werden. Auch im Krankenhaus Wien-Lainz dienten zehn Jahre und länger vier engagierte, hochmotivierte und – nach übereinstimmenden Aussagen – opferbereite Schwestern. Die »begeisterten Schwestern«, wie eine von ihnen einmal sagte, taten alles zur vollen Zufriedenheit der Ärzte, denen sie so manche Störung ihrer Nachtruhe ersparten. Und sie taten es auf einer Krankenstation, die als »Endstation« für alte Patienten bekannt war, für die Unheilbaren, die »unrettbar Verlorenen«.[15] Daß sie aus ihren Biographien ein nicht ganz leichtes seelisches Gepäck mit sich schleppten, bei der Schwestern-Diplomprüfung alle zumindest in einem Fach versagt hatten, also nicht als »vollwertige« Schwestern galten, war eine Ausgangslage, die kaum der Entwicklung eines leidlich stabilen Selbstwertgefühls förderlich war. Das Faktum, in der Hierarchie des Pflegepersonals und vollends aller medizinisch Tätigen ganz zuunterst angesiedelt zu sein und doch die Dienstleistungen Höherrangiger erfüllen zu müssen, hat ihr Gefühl wirklich »wert« zu sein, was sie leisteten, kaum verbessert. Sie blieben, was sie waren – »Hilfsschwestern«. Und sie mußten sich ihre Anerkennung täglich aufs neue erkämpfen, bis man gar nicht mehr zu merken schien, daß sie »nur Hilfsschwestern« waren. Bis dahin hatten sie alltäglich und über Jahre die »während der Nacht zuge-

deckten und niedergehaltenen Leiden«[16] gesehen, den abstoßenden Gestank der Fäkalien Komatöser, den Geruch Verstorbener geatmet. Waren diese Hilfsschwestern bei der eher ungünstigen psychischen Ausgangslage, mit der sie sich auf diesen steinigen Weg begaben, nicht ebenso überfordert? Wurden sie es nicht um so mehr, je kräftiger sie unter solchen Bedingungen um ihre Anerkennung »strampelten«?

In Wien sagten die Gutachter, das seien ganz »normale« Frauen, »normal wie Zehntausende anderer Frauen auch«. Gewiß, sie hatten keinen »wasserkopfgroßen Tumor im Gehirn« und sie hielten »sich auch nicht für Hitler oder Saddam«, bemerkte Gisela Friedrichsen im Spiegel.[17] Die Sachverständigen im Wiener Prozeß hätten Geschworenen und Gericht vielleicht aussagekräftigere und nachvollziehbarere »Befunde« geliefert, wenn sie – statt vage von »neurotischer Persönlichkeitsstruktur« zu reden – empfohlen hätten, bei ihrem Landsmann Thomas Bernhard nachzulesen. In seiner autobiographischen Erzählung *Der Atem – eine Entscheidung* schildert der Dichter, der – 18jährig und schwerstkrank in einem Salzburger Landeskrankenhaus – Schwestern wie Rotraud Prager begegnete, auch Facetten von »Burnout«:

> »Ihre Gesichter waren so abgehärtet wie ihre Hände, und es war in ihnen kein, nicht das geringste Gefühl mehr zu entdecken gewesen. Sie hatten hier schon Jahrzehnte ihre Arbeit gemacht und waren nur mehr noch exakt funktionierende Krankenversorgungsmaschinen im Vincentinerinnenkittel. Es war ihnen anzusehen, daß sie über ihren Zustand verbittert und dadurch noch unzugänglicher für das, was die Seele genannt wird, waren.«[18]

8
Innenansichten II – Entwicklungen zur Tat und Beweggründe

Seit Jahrhunderten hat uns die abendländische Literatur – in Drama, Roman, Erzählung – immer wieder tiefe Einblicke in innere Entwicklungen und Beweggründe von Protagonisten gewährt, die getötet haben. Thematik und Tatmotivationen der literarischen Mörder aus der Feder großer Dichter sind vielfältig: Shakespeares Othello (1604), Prototyp des »Eifersüchtigen«, der aus verletztem männlichem Selbstwertgefühl seine vermeintlich liebesverräterische Gattin Desdemona tötet; Dostojewskis Student Rodion Raskolnikoff (1906), der als »höherer Mensch« das nutzlos-überflüssige, »lebensunwerte Leben« einer alten Pfandleiherin zugunsten von »lebenswertem Leben« glaubt auslöschen zu dürfen oder Theodor Storms Dr. Franz in der Novelle *Ein Bekenntnis* (1888),[1] der Geschichte eines Arztes, der seine schwer krebskranke Frau unter dem Eindruck ihres Leidens aus Mitleid und auf ihr Verlangen hin tötet. Dostojewskis Schuld und Sühne und Storms Bekenntnis sind unzweifelhaft Variationen des »Euthanasie«-Themas in der großen Literatur der Jahrhundertwende. Eine andere Variante dieser Thematik behandelt der schwedische Journalist und Romancier Hjalmar Söderberg in seinem Roman *Doktor Glas*, dem tagebuchhaften inneren Monolog eines Arztes, in dem die ambivalente innere Entwicklung zu einer Tötung aus selbsttrügerischen altruistischen Motiven geschildert wird. In der Rückbesinnung von Dr. Glas auf die Tötung des Ehemannes seiner Patientin, die er aus einer »ehrwürdigen Ehe« zugunsten eines anderen Mannes »erlösen« wollte, notiert der Arzt in sein Tagebuch:

»Die Tat kam zu mir wie eine große, sonderbare Wolke, schleuderte einen Blitz und zog vorbei ... ich spürte, daß ich im Grunde nicht mehr darüber wußte als irgendein anderer. Nur über die unmittelbaren Anlässe und Umstände wußte ich ein wenig Bescheid, aber dahinter verlor sich die lange Ursachenkette im Dunkel. Ich empfand meine Tat als Glied einer Kette, als Welle einer Bewegung, die lange vor meinem ersten Gedanken begonnen hatte ... Ich empfand das Gesetz der Notwendigkeit ... Ich empfand keine Schuld ...«[2]

Die Geschichte dieser Literaturgattung kennt jedoch bislang kein Werk eines Dichters, das uns die innere Entwicklung einer Krankenschwester zur Tötung von Patienten, ihren Beweggründen nahebringt – kurz, ein Stück jener inneren Vorgänge auszuleuchten sucht, die sich in der Wirklichkeit insgeheim, halbbewußt oder auch zum Teil in emotionalen Gedanken und vor der Umwelt verborgen abspielen. Die Tagebuchmonologe von Söderbergs Dr. Glas erinnern an manches, was einige der tödlichen Schwestern und Pfleger später über jene »Ursachenkette« reflektierten, die sich auch bei manchen von ihnen im »Dunkeln« zu verlieren schien. Oft unfähig, einen einzigen Grund, ein einziges »Motiv« anzugeben, wieviel auch erwartet wurde, nannten sie einzelne »Punkte«, eben Glieder einer Kette, oft ohne sich selbst die Frage beantworten zu können, wie sie überhaupt dazu »fähig« waren. Man könnte meinen, dies unterstreiche die These eines verdienstvollen Arztes, der als Leitender Direktor einer betroffenen Klinik die folgende These aufstellte:

»Wenn die verschiedenen Täter einmal nicht in der Situation wären, wo sie sich verteidigen, rechtfertigen und erklären müßten, dann würden sie wahrscheinlich sagen, daß Überforderung, Mitleid und ähnliches nicht die richtige Erklärung seien, ja, daß sie möglicherweise sagen würden, daß sie vermutlich bis ans Ende ihrer Tage selbst nicht genau wissen, wie sie dazu eigentlich gekommen sind.«[3]

Der Versuch, eine Antwort auf die Frage zu geben, »wie ist es gekommen, daß ...« und »was hat die Schwestern und Pfleger dazu bewogen?«, wird auch dieser These nachgehen.

Die Grenze zum Töten wird unterspült

Zurück zur Geschichte der Intensivschwester Maria Morell, deren Tötungsserie bereits im Eingangskapitel geschildert wurde. Ihre biographische, speziell ihre berufliche Entwicklung führte an den Höhepunkt ihrer bisherigen Karriere: Nominell war sie Stellvertreterin des Oberpflegers der Station, in Wahrheit leitete sie als »rechte« Hand den gesamten Pflegedienst dieser Intensiveinheit und war zugleich Schichtleiterin, darüber hinaus Lehrschwester für die Ausbildung des Schwesternnachwuchses. Schwester Maria Morell war in der pflegerischen Hierarchie oben angekommen, allseits beliebt und fachlich als kompetent anerkannt. Das war ein bis zwei Jahre, ehe das tödliche Geschehen auf der Station seinen Lauf nahm. Zu schildern ist nun die innere Entwicklung dieser jungen Frau zur ersten Tat und ihre Beweggründe für die Tötung mehrerer Patienten.
Einiges, wovon im folgenden die Rede sein wird, werde ich auf dem Hintergrund heutiger, also seit dem Prozeß gewonnener Erkenntnisse in einigen Bereichen psychologischer Wissenschaften ergänzend interpretieren. An den Tatsachen selbst, und an den subjektiven Erlebnis- und Sichtweisen dieser Schwester ändert dies nichts.

Eine operative Intensivstation und ihr Team

Die Sieben-Betten-Station, die zur Not auch um ein bis zwei Betten »aufgestockt« werden konnte, war fast ein Mittelding zwischen Aufwachstation und Intensivstation. Sie war nicht immer voll belegt mit »echten« Intensivpatienten, das heißt mit Patienten in akut lebensbedrohlichem Zustand, deren Vitalfunktionen aufrechterhalten und

überwacht werden mußten. Ein Teil der Patienten kam aus anderen Abteilungen, unter anderem aus der Allgemeinen Chirurgie nach Operationen zur Überwachung und Beobachtung des Erwachens aus der Narkose. Doch insgesamt stammten die Patienten aus den verschiedensten Bereichen der Klinik: aus der Unfallabteilung, der Gynäkologie, der Hals-Nasen-Ohren-Klinik. Die dort tätigen insgesamt neun Ärzte – einschließlich der Chefärztin und zwei Oberärzten – waren gleichzeitig auch in der Anästhesie-Abteilung der Chirurgie eingesetzt, also zeitweise im Operationssaal. Die personelle Ausstattung mit Pflegekräften war – nach dem Urteil der sachverständigen Experten im Prozeß – unzureichend, lag unter dem geforderten Schlüssel von einer Pflegekraft auf einen Intensivpatienten (hier 2 : 7). Aber der Arbeitsanfall lag zumindest im letzten halben Jahr vor der Todesserie unter demjenigen einer anderen (vergleichbaren) Intensivstation. Gleichwohl, es sei noch einmal daran erinnert, daß – wie bereits im ersten Kapitel dargelegt (siehe S. 45ff.) – die Arbeitsbedingungen nicht gerade leicht waren:
Nach dem Gutachterurteil fiel die Bilanz des intensivmedizinischen Niveaus der Station nicht eben rosig aus. Die täglichen Visiten wurden als bloße »Kurvenvisiten« für unzureichend erklärt, die nachts nicht präsenten Ärzte als für eine Intensivstation »absolut unsinnig«, wenn es in kritischen Augenblicken um Entscheidungen über Leben und Tod gehe. Die apparative Ausstattung genügte dem Standard einer Intensiveinheit ganz und gar nicht, da die Geräte veraltet waren. Das klingt harmloser als die Wirklichkeit. Und die bestand in der Tücke der Technik: Die alten Geräte schienen so schwierig einstellbar gewesen zu sein, daß sie nur von Ärzten bedient werden konnten. Verstellte sich die Technik bei einem der veralteten Atemgeräte, so konnte keine Pflegekraft den »Fehler« korrigieren. Dann mußte der Patient so lange »gegen den Respirator ankämpfen«, wie ein Zeuge formulierte, bis ein herbeigerufener Arzt da war – und das konnte dauern. In kritischen Situationen einer nachts auftretenden Ateminsuffizienz mußten die diensthabenden Schwestern mangels ärztlicher Präsenz den Patienten allein intubieren, allein die oft schwierige Einführung des Atemschlauchs in den Rachen vorneh-

men. Doch neben all diesen technischen und personellen Mängeln lag die zentrale Problematik dieser Station in ihrer Organisations- und Leitungsstruktur, die das Klima prägten:
Die Organisationsstruktur der Station war streng hierarchisch gegliedert, der Führungsstil auf die weitgehend allein bestimmende Chefärztin Dr. Brandenburg abgestellt. Die beiden Oberärzte spielten eher eine Statistenrolle und wurden – nach Zeugenaussagen – höchst unfreundlich behandelt. Die Kommunikation zwischen Dr. Brandenburg und den sechs Assistenzärzten, die ja am engsten mit den Pflegekräften zusammenarbeiten, tendierte gering. Einer der fatalsten Mängel in dieser Einbahnstraße von »Oben« nach »Unten« war nicht nur der dürftige Kommunikationsfluß, sondern daß in Überlegungen und Entscheidungen über Behandlungsmaßnahmen weder die Ärzte noch die Pflegekräfte einbezogen wurden. Die Chefin entschied und ordnete an. Der allseitige Wunsch nach Transparenz, nach Offenlegung von Sinn und Zweck von Behandlungsmaßnahmen, nach dem gemeinsamen Gespräch über Therapiepläne, den das Pflegeteam den Assistenzärzten vortrug, wurde von diesen erst gar nicht an die »Chefin« weitergereicht aus der begründeten Furcht, sich ohnehin nur eine Abfuhr zu holen. Insoweit war das Pflegeteam weitgehend von der Stationsleitung isoliert und mit den Assistenzärzten allein, denen die Fachschwestern und -pfleger nicht selten in ihrem Bereich überlegen waren.
Sowohl im intensivmedizinischen Gesamtteam als auch im Pflegeteam nahm Maria Morell eine hervorragende Sonderstellung ein. Sie war im Laufe der Jahre gleich in mehrere Rollen hineingewachsen, zum Teil auch buchstäblich »hineingerutscht«, obgleich sie es in ihrem Innersten gar nicht wollte. Sie war nicht nur Schichtführerin und Schulschwester und Stellvertreterin des Oberpflegers. Sie balancierte in der Rolle der sogenannten Ansprechpartnerin der Chefärztin auf einem »hohen Seil«: weit über ihren Pflegebereich hinaus war sie zuständig für die Einhaltung der Hygienemaßnahmen der Station, die Ordnung der Nebenräume, die Veranlassung und Kontrolle der erforderlichen Bestellungen, das Führen der Apothekenbücher, und auch in die Gespräche mit den Pharmavertretern über Anschaffun-

gen neuer Kanülen und anderer Artikel wurde sie einbezogen. Nicht genug damit: Als Ansprechpartnerin der Chefin mußte sie sich über alle Vorgänge auf der Station und innerhalb des Pflegeteams informieren, bei den Visiten die Chefärztin stets begleiten, darauf bestand Dr. Brandenburg. Fragen während der Visite mußte sie beantworten, an andere Schwestern oder Pfleger, die sie als Pflegende eines bestimmten Patienten genauso gut hätten beantworten können, wurden erst gar nicht gefragt. Hatte Schwester Morell dienstfrei, so hatte die jeweils leitende Pflegekraft der Schicht Frau Dr. Brandenburg Rede und Antwort zu stehen – unterhalb dieser Rangebene wurden Pflegende höchst selten in Dienstgespräche einbezogen. Nachfragen bei ärztlichen Anordnungen, die von »oben« kamen, waren unerwünscht, es war ihnen ganz einfach unverzüglich nachzukommen. Die große Vertrauensstellung Maria Morells bei der vom übrigen Team »abgehobenen« Chefärztin führte bald dazu, daß diese Schwester auch noch zwei andere Rollen übernahm: Sie wurde zum »Sprachrohr« der Ärzte und des Pflegeteams bei Dr. Brandenburg, eine Doppelfunktion, in der sie die Wünsche der einen oder anderen Seite bei der Chefin vortrug und durchzusetzen suchte. Dies führte unter anderem dazu, daß die hierarchische Struktur und Leitung der Station nicht Chefärztin – Oberärzte(in) – Oberpfleger – Schichtführer(in) lautete, sondern: Dr. Brandenburg – Schwester Maria Morell – alle übrigen. Und da Frau Dr. Brandenburg ihre »rechte Hand« tagsüber während deren Schichtdienst zu Besprechungen abrief, die unter Umständen bis zu zwei Stunden dauern konnten, fiel Schwester Maria in dieser Zeit für die Krankenpflege aus, und eine Kollegin mußte ihre Arbeit mit erledigen. Das führte letztlich zu erheblichen Verärgerungen bei der übrigen Schichtbesetzung. Die Gründe für die Sonderrolle Maria Morells wurden immer weniger verstanden, zumal sie dem Team auch nie erklärt wurden. Im Verfahren sagte Frau Dr. Brandenburg als Zeugin: »Die Angeklagte hatte mehr Verantwortung als die anderen Schwestern.« Wie Maria Morell ihre Sonderposition erlebte, wie sie mit ihren verschiedenen Rollen und im Pflegeteam damit umging, wird an anderer Stelle noch zu schildern sein.

Zunächst einmal läßt sich – ohne schon die spezifische Dynamik des Innenlebens dieser Station dargestellt zu haben – zur Grundverfassung dieses aus Ärzten und Pflegenden bestehenden Intensivteams einiges sagen:
Nach damaligen wie heutigen Erkenntnissen ist ein Intensivteam mit einer derartigen Leitungs- und Organisationsstruktur schon in der Ausgangslage mit einem hohen Konfliktpotential, vor allem zwischen Ärzten und Pflegenden, belastet; hier auch zwischen dem Intensivteam und deren ärztlicher Leitung einerseits und dem Pflegeteam und der Sonderposition von Schwester Maria Morell andererseits. Die Erfahrungen aus diesem Fall in Verbindung mit den wissenschaftlichen Erkenntnissen von Studien über Intensivteams[4] machen folgendes deutlich:

- Intensivteams verstehen sich in aller Regel als eine eingeschworene Gemeinschaft mit engen sozialen Kontakten und starkem Zusammenhalt ihrer Mitglieder. Wegen der hohen psychischen Belastungen durch die ständige Konfrontation mit schweren Leiden von Patienten sowie mit Sterben und Tod hat das Intensivteam den Charakter einer behütenden Gemeinschaft: Sie sucht ihren Mitgliedern emotionale Unterstützung zu bieten, jedem einzelnen psychische Stabilität zu geben sowie Effektivität und Funktionsfähigkeit der Gruppe zu sichern. Dies alles kann jedoch ein Team nur angemessen leisten, wenn es eine wirkliche Einheit darstellt und innerhalb dieser Gemeinschaft keine oder so wenig wie möglich Spannungen auftreten. In Situationen, wo konflikthafte Spannungen unvermeidlich sind, muß ein solches Team angemessene Bewältigungsstrategien zur Verfügung haben.
- Das Intensivteam von Dr. Brandenburg erwies sich bereits in der Ausgangslage weder als Einheit noch als eingeschworene Gemeinschaft: Die an sich hierarchische Struktur war durch die Sonderstellung von Schwester Maria Morell in Leitungsfunktion »gebrochen«, ranghöhere Ärzte (Oberärzte) wurden in ihrer Führungsposition beschnitten und eine unangemessene zwischenmenschliche Distanz zwischen Leitung und Assistenzärzten sowie

den hochqualifizierten Intensivpflegekräften geschaffen. Risse und Einbruchstellen für jederzeit aufbrechende Konflikte gingen quer durchs Team. Die Sonderstellung von Schwester Maria Morell, quasi »Flügeladjutantin« der Chefärztin und in der Sprecherrolle gleich zweier Gruppen, war nicht geeignet, latente Risse im Team zu kitten oder akute Konflikte zu schlichten. Im Gegenteil: Als »Dienerin mehrerer Herrn« war sie selbst gefährdet, sich zwischen alle Stühle zu setzen, und zudem dazu disponiert, die Risse im Team sichtbar werden zu lassen. Durch die Brüchigkeit des Teams war seine Schutzfunktion für die psychische Stabilität seiner einzelnen Mitglieder bereits in der Ausgangslage gefährdet. Es wäre jedoch ungerechtfertigt, die Chefärztin dafür verantwortlich zu machen, daß sie mit ihrem autokratisch inszenierten Führungsstil die spätere Katastrophe auf dieser Station verursacht habe. Frau Dr. Brandenburg hat an einem anderen Punkt der tödlichen Ereignisse versagt. Klischeehafte Schuldzuweisungen aufgrund allzu simpler Kausalitätsverknüpfungen helfen kaum weiter, wenn es darum geht, Erkenntnisse und Einsichten zu gewinnen, die für die Praxis, für Prävention und Interventionen in Krisensituationen, nützlich sein können.

- Eine andere Problematik und Folge hierarchischer Organisations- und Führungsstrukturen ist sehr viel allgemeinerer Art und gilt auch für sogenannte Normalstationen. Sie erweist sich nicht nur in Intensivteams als besonders riskant: Aufgrund hierarchischer Führung kommt es zu Kommunikationshindernissen, deshalb häufiger zu Informationsdefiziten oder widersprüchlichen Informationen. Beides entsteht am ehesten dort, wo – wie im Team von Dr. Brandenburg – keine Schwestern und Pfleger, teils nicht einmal die Assistenzärzte, in Gespräche über anstehende Therapiemaßnahmen für Patienten eingebunden sind. Solche »uninformierten« Pflegekräfte haben dann keine Möglichkeiten, sich über Sinn und Zweck angeordneter Maßnahmen, insbesondere von ärztlichen Entscheidungen im Grenzbereich zwischen Leben und Tod, ein klares Bild zu machen und die ärztlichen Gründe dieser oder jener Entscheidung nachzuvollziehen. Das

kann dazu führen, daß eine Schwester oder ein Pfleger eine ärztliche Anordnung für unangemessen, nicht zum Wohle des Patienten oder sogar für falsch hält. Dies betrifft die ärztliche Anordnung einer Medikation genauso wie eine Entscheidung über lebensverlängernde Maßnahmen bei sehr alten Patienten mit infauster, aussichtsloser Prognose oder – wie Joachim Schara, erfahrener Mediziner, beispielhaft anführt – bei einer »so häufig erlebten Entscheidungslosigkeit zum Therapieverzicht, die nur den Pflegenden die Lasten der Weiterbehandlung aufbürdet«.[5] Nicht selten erregen solche Informationsdefizite, die durch eine nicht ausreichende oder völlig fehlende Einbindung der Pflegenden in Gespräche über ärztliche Behandlungsmaßnahmen von schwerstkranken Patienten entstehen, »Ärger und Zorn«.[6] Neben entsprechenden Forschungserkenntnissen legen sowohl die referierten Kommentare von Pflegekräften der Dunkelfeldstudien (siehe Kapitel 5, S. 196–219) als auch die Äußerungen der verurteilten Wiener Schwestern Zeugnis davon ab (siehe Kapitel 4, S. 161 ff.)
Die andere Gefahr und Folge solcher Leitungsstrukturen wie der von Dr. Brandenburg besteht in widersprüchlichen ärztlichen Anordnungen für die Pflegekräfte. Sie können innerhalb des Teams durch mangelnde Kommunikation entstehen oder durch einen mit dem Intensivteam zusammenarbeitenden Arzt, etwa einen Chirurgen, wie es bei dieser Intensivstation der Fall war. In solchen Fällen – das lehren Praxis und Forschung – machen die Pflegekräfte häufig eben nur das, was sie für »richtig« halten oder für das Wohl der Patienten als am »besten« einschätzen – kurz: sie handeln nach eigenem Gutdünken an den Ärzten vorbei.7

- Eine ganz spezifische Konfliktproblematik von Intensivpflegekräften mit Ärzten hängt mit ihrem Sonderstatus als »Elite« zusammen. Im Unterschied zur »normalen« Schwester etwa reicht die fachliche Kompetenz einer Intensivschwester – nach Ausbildung und Wissen – in den ärztlichen Bereich hinein. Ihre Tätigkeit oder die eines Intensivpflegers bewegt sich im Grenzbereich zur ärztlichen Tätigkeit. Im Prozeß sagte der Intensivmediziner und Sachverständige Prof. Kettler, in mancher Hinsicht seien Intensivpflegekräfte jungen, noch unerfahrenen Ärzten sogar überlegen. Das bedeutet freilich auch ein Stück mehr Autonomie im Vergleich zur traditionellen Abhängigkeit einer Pflegekraft von ärztlichen Anordnungen.

Die Ausklammerung des hochqualifizierten Intensivpflegepersonals von ärztlichen Entscheidungsprozessen auf der Station von Dr. Brandenburg, deren Reduktion auf die Rolle von Ausführenden ärztlicher Anordnungen, stand im Widerspruch zu notwendigerweise raschen, autonomen Entscheidungen und Handlungen dieser Pflegekräfte sowohl in Notfällen als auch nachts, wenn die Ärzte der Station gar nicht präsent waren. Ein solcher Widerspruch in den Anforderungen erzeugt nicht nur zusätzliche Konflikte. Die Reduktion einer Intensivpflegekraft auf die Rolle eines bloßen »Befehlsempfängers« ist nicht gerade geeignet, das Selbstwertgefühl zu steigern und somit jene Leistungsmotivation zu erhalten, von der die Funktionsfähigkeit und Effizienz einer Intensivstation zur Versorgung schwerstkranker Patienten lebt.

- Intensivpflegende stehen in einer spezifischen Konfliktsituation zwischen Ärzten und Patienten – eine Situation, die eng verknüpft ist mit der Versorgung schwerstkranker, leidender Patienten und den technologischen Machbarkeiten ihres Überlebens: Einerseits ist diese »Elite« der Pflegekräfte genauso wie Ärzte aufgerufen und hochmotiviert, Leben zu »retten« und zu erhalten, und dies mit einem hohen Selbstanspruch an die eigene fachliche Kompetenz – andererseits fühlen sie sich auch gleichzeitig als »Anwälte« der Patienten für emotionale Zuwendung und psychische Betreuung verantwortlich, insbesondere wenn es darum geht, Schwerstkranke und moribunde Hochbetagte ohne Überlebenschancen nicht unnötig leiden zu lassen.[8] Und hier gibt es Situationen, in denen Ärzte zu »Gegnern« der Pflegenden werden können: bei unzureichender schmerz- und leidenslindernder Behandlung; wenn Ärzte sich von therapeutischen, aussichtslosen oder sterbenden Patienten zurückziehen; wenn Ärzte Sterbenskranken falsche Hoffnungen machen, Anordnungen ohne Erklärung erteilen und Schwestern oder Pfleger mit »fragwürdigen« Verordnungen alleine »hängen«lassen oder bei ausufernden Maximaltherapien, die in aussichtslosen Fällen in eine »Künstlichkeit und Kümmerlichkeit maschinell aufrechterhaltenen Lebens«[9] mündet, sinnlose Reanimation bei hochbetagten Moribunden eingeschlossen. In solchen Situationen regt sich Widerspruch, wird von den Pflegekräften der Vorwurf erhoben, die Ärzte reduzierten Leben und Überleben der leidenden Patienten auf das Problem des technisch Machbaren, der leidende Mensch, mit dem die Pflegenden die meiste Zeit verbringen, würde dabei übersehen.[10] Auf dem Hintergrund dieser Erkenntnisse ist es kein Zufall, wenn in einer Fragebogenstudie über die Hälfte der Patienten von Intensivstationen allein dem Pflegepersonal die Aufgaben der emotionalen Zuwendung und Betreuung zusprach, fast die Hälfte der Intensivpflegekräfte den Ärzten diese Kompetenz jedoch absprach.[11]

Die Kehrseite der »Anwaltschaft« von Pflegenden in solchen Situationen, ihres hohen Engagements für den leidenden Patienten besteht in der Gefahr, die eigenen Gefühle, Ängste und Bedürfnisse auf den Patienten zu übertragen, mit solchen des Patienten zu verwechseln und den erforderlichen flexiblen Umgang mit menschlicher Nähe und Distanz zu verlieren, das heißt eigenes Empfinden und Erleben nicht mehr vom »fremden« des Patienten abgrenzen zu können. Dazu disponiert freilich auch die – verglichen mit Ärzten – ungleich größere Nähe des Pflegenden zum Patienten und die besonders bei Intensivpatienten verkürzten Dialoge (sofern überhaupt möglich). Eine solche Gefahr der »Übertragung von eigenen Gefühlen und Konflikten von Schwestern auf Patienten« besteht besonders dort, wo die stabilisierende Funktion des Teams – wie bei dem von Dr. Brandenburg – unzureichend ist.[12] Intensivpflegekräfte können dann »zum Teil sogar grenzenauflösend mit dem Patienten verwickelt werden«: »es droht ihnen dann eine solche Grenzauflösung« oder Konfusion.[13]

- Ein letzter notwendiger Punkt zum Intensivteam dieser Station: Die besonders große psychische Belastung auf Intensivstationen gilt heute – nach allen Forschungsstudien – als unzweifelhaft und gegenüber »Normalstationen« als deutlich höher.[14] Dies gilt um so mehr für Intensivteams, die – wie hier –, in sich konflikt- und spannungsreich sind (wie im nächsten Abschnitt zu veranschaulichen sein wird). Spezifische Belastungsfaktoren sind: die relativ hohe Sterblichkeit, die ständige Konfrontation mit dem Leiden schwerstkranker Patienten, mit Sterben und Tod trotz hohem Arbeitseinsatz, die notwendige Bewältigung angsterzeugender Reaktionen von Patienten und dadurch mobilisierten eigenen Todesängsten sowie von Konflikten und Spannungen (wie sie bereits skizziert sind und im Laufe dieses Kapitels noch deutlich werden). Demgegenüber mangelt es – im Unterschied zu »Normalstationen« – an Belohnungsfaktoren für diese Hochleistungsarbeit auf Intensivstationen: Oft fehlen die Kontaktmöglichkeiten zu den – teils bewußtlosen oder anderweitig eingeschränkten – Intensivpatienten, somit die Möglichkeiten einer positiven Resonanz für die Pflegenden. Die meist raschen Verlegungen der Patienten auf »Normalstationen« erlauben es nicht, den Handlungsverlauf prognostisch günstiger Patienten weiter zu verfolgen, den erzielten Erfolg mitzuerleben.[15] Der Tod vieler Patienten führt vor Augen, daß alles Bemühen, der große Einsatz, umsonst war. Gerade die auf »Normalstationen« so positiven Erfolgserlebnisse von Heilung und Entlassung, Patientenresonanz und Dank, die die Pflegenden für vieles entschädigen, sind hier auf ein Minimum reduziert oder entfallen ganz. Vielleicht sind Intensivpflegekräfte in ganz besonderem Maße einem Wechselbad von Hochgefühlen des Erfolgs und rasch darauf folgendem Mißerfolg ausgesetzt: der niederdrückenden Kapitulation vor der Unabänderlichkeit des Todes. Dies sind insgesamt Belastungsfaktoren, die für Intensivpflegekräfte ein besonders hohes Risiko bergen, irgendwann körperlich und psychisch zu dekompensieren.

Bereits Ende der sechziger Jahre sprachen Intensivmediziner wie Joachim Schara von der Gefahr des »Ausbrennens«, des »Burnout-Syndroms« für Intensivpflegekräfte. Heute gehört der Hinweis darauf zum Standard von Lehrbüchern der Intensivmedizin. In einem davon heißt es unter anderem:

»Gelingen weder aktive Strategien der Streßbewältigung noch ein Rückzug, so entsteht ein ›Burnout-Syndrom‹, das sich entweder in körperlicher Erkrankung oder in Verhaltens- und Stimmungsänderungen ausdrückt ... Aus Rücksicht auf die Kollegen und aufgrund der hohen ›Arbeitsmoral‹ gehen viele trotz schlechter körperlicher Verfassung zur Arbeit.«[16]

Mißglückter Spagat – ins Abseits geraten

Es wäre ungerecht und sicher ein Fehlschluß, aus dem unzweifelhaft unangemessenen autoritären Führungsstil von Frau Dr. Brandenburg auf eine »harte« oder »verhärtete« Frau zu schließen. Ihre Vorstellungen von der Leitung eines solchen Teams mögen zum Teil wohl auch damit zusammenhängen, daß sie diese Station – ohne Vorbild in den Anfängen der Intensivmedizin – selbst aufgebaut und »sich gegen die Herren in dieser Position durchsetzen« mußte, wie Maria Morell einmal sagte. Bis etwa ein gutes Jahr vor der Todesserie war sie lange Zeit die »Mutter« der Station, jeder »konnte mit allem zu ihr kommen, nicht nur ich«, erzählte Schwester Maria. Sie wollte der Station einen »Familiencharakter« geben, aber das sei ihr nicht immer gelungen. Hinter »einer Maske« habe sich die bisweilen »hochnäsig« wirkende Frau versteckt, die dadurch Distanz zu wahren suchte. Dahinter habe aber eine Frau »mit Lebenserfahrung« gesteckt, die »sehr menschlich war«. Auch und gerade im Umgang mit »schwerstkranken und moribunden Patienten« sei sie »menschlicher als andere Ärzte« gewesen. Mag sein, daß diese »gestandene« Frau nach dem Tod eines nahen Angehörigen »nicht mehr alles in den Griff« bekam, wie Maria Morell später meinte, sich in zu viele Ehrenämter stürzte, die ihr später »über den Kopf wuchsen« – irgendwann schien sich mit Frau Dr. Brandenburg eine Veränderung anzubahnen. Bis zu diesem Zeitpunkt suchte sie bei Schwester Maria auch eine gewisse »Stütze« in der Führung der Sta-

tion. Und sie stand zu »ihrer« Schwester, wenn Kolleginnen deren »Sonderstellung« kritisierten. Da konnte sie einfach sagen: »Es sind die schlechtesten Früchte nicht, an denen die Tiere nagen!« Und dann fühlte sich Maria Morell bestätigt und gelobt. Sie konnte »ihre« Chefin weiterhin bewundern und gegen jegliche, auch noch so leise Kritik an ihr »verteidigen«. Das schloß auch ein, daß Schwester Maria »um des lieben Friedens willen Dinge tat, die ich eigentlich gar nicht wollte«. Den »Mut, ihr das klarzumachen«, hatte sie fast nie. Das hätte »Lob und Anerkennung« durch diese Frau gefährdet, befürchtete Maria. Dr. Brandenburg gab ihr das »Gefühl, daß ich eine wertvolle Mitarbeiterin bin«.
Es ist unverkennbar, daß die schwere Arbeit auf dieser Station trotz aller Bruchstellen funktionierte, solange die narzißtische Symbiose dieses weiblichen Führungsduos intakt war. Das lief zwar nicht gänzlich ohne Reibungsverluste mit dem übrigen Team ab, hatte jedoch keine schwerwiegenden Einbrüche zur Folge. Die Situation des gesamten Intensivteams begann sich jedoch irgendwann zu verändern – erst allmählich, dann sprunghaft und teilweise mit dramatischen Auseinandersetzungen verbunden. Ein Klima der Spannungen, der Angst und Gereiztheiten entstand. Daran waren mindestens drei Vorgänge schuld, die gut anderthalb Jahre vor der Todesserie begannen und sich zeitlich überlappten. Zum Teil hingen sie miteinander zusammen. Jedoch schienen sie von einer beinahe schicksalhaften Verkettung zu sein, deren Wucht die Protagonistin, Maria Morell, am ärgsten durcheinanderwirbelte, aber auch das gesamte Intensivteam schwer belastete. Und das kam so:

Im Sommer 1983 wurde die Chirurgische Abteilung der Klinik mit einem neuen Chefarzt besetzt. Dr. Hanfried Jarezky, der seine Ausbildung unter anderem an der Mayo-Klinik in Maryland, USA, absolviert hatte, wurde bald als ein Chirurg bekannt, der auf hohem medizinischen Niveau operierte. Die Anzahl der zur operativen Therapie von Fachärzten überwiesenen Patienten stieg rasch an, infolgedessen wuchs auch die Arbeit für die operative Intensivstation. Aber Dr. Jarezky war nicht nur ein ausgezeichneter Chirurg. Er schien

auch eine starke, durchsetzungsbereite Persönlichkeit zu sein. Vor allem war er es bisher gewohnt, sich postoperativ um seine Patienten auch dort zu kümmern, wohin er sie – aus welchen Gründen auch immer – vorläufig oder nur kurzfristig verlegen mußte. Und das war nun einmal naheliegenderweise die operative Intensivstation. Doch Dr. Jarezkys Versuch der Mitbestimmung von Behandlungsmodalitäten seiner Patienten auf der Intensivstation stieß auf scharfen Widerstand von Chefärztin Dr. Brandenburg. Sie bestand auf ihrem vertragsmäßig festgelegten Recht, die Therapiemaßnahmen aller Patienten ihrer Station alleinverantwortlich zu bestimmen und durchzuführen. Doch der neue Chefarzt der Chirurgie dachte nicht daran, sich dem Anspruch der Kollegin, die ja Anästhesistin war, so einfach zu fügen. Er suchte bei Visiten auf der Intensivstation für seine Patienten diejenige Behandlung durchzusetzen, die er für richtig hielt. Dementsprechend wies er Schwestern und Pfleger an, seinen Anordnungen zu folgen. Und das bedeutete, daß seine Anweisungen denen von Kollegin Brandenburg gegebenenfalls genau entgegengesetzt ausgerichtet waren. Es mußte also zum Eklat kommen.
Die Chefärztin der Intensivstation untersagte dem Chefarzt der Chirurgie, auf ihrer Station irgendwelche Anweisungen zu geben. Ihrem gesamten Team gab sie die strikte Anweisung, sie sofort darüber zu informieren, falls Dr. Jarezky ihren Forderungen zuwiderhandelte und allein ihren ärztlichen Anordnungen zu folgen. Gegebenenfalls habe dies auch unverzüglich nachts zu erfolgen, falls Dr. Jarezky auftauche. Und das tat der – wie gesagt – durchsetzungsbereite Chirurg mit Mayo-Klinik-Training denn auch. Er suchte das Verbot zu umgehen und erschien spät abends auf der »Intensiv«, wenn er seine Kollegin nicht auf der Station wähnte. Dann erteilte er den Pflegekräften der Nachtschicht weiterhin seine Anordnungen für seine Patienten. Und bei all diesen Gelegenheiten unterhielt er sich freundlich mit den Schwestern und Pflegern. Kompetenzgerangel und Streit zwischen den beiden Kontrahenten eskalierten. Ein anderer Chefarzt wurde als Vermittler eingeschaltet und eine Art Stillhalteabkommen geschlossen. Doch Dr. Jarezky hatte offensichtlich Schwierigkeiten, die Demarkationslinie einzuhalten – er suchte

weiterhin bei Visiten das Gespräch mit dem Pflegepersonal der Intensivstation. Das war noch wenige Monate vor Beginn von Schwester Marias Todesserie so.

»Der Kampf der Großen« – so formulierte eine Schwester später als Zeugin – »wurde auf uns Kleinen abgeladen. Wir, auch die Angeklagte, mußten das ausbaden, standen immer dazwischen.« Ein Pfleger des Intensivteams sagte: »Wir ... waren bei Streit der Tennisball, saßen zwischen zwei Fronten.« Und eine Assistenzärztin erklärte: »Die unbedingt nötige gemeinsame Therapieabsprache war praktisch nicht möglich. Ein Koch verwarf das Rezept des anderen, die Spannungen wirkten sich auf die Patienten aus. Als Arzt konnte man praktisch nichts richtig machen, weil man immer etwas tun mußte, was einer von beiden verwarf ... Es war belastend, frustrierend, auch für das Pflegepersonal und sicher auch für die Angeklagte.«

Auseinandersetzungen und Kompetenzgerangel der beiden Ärzte belasteten das gesamte Intensivteam, verursachten durch die von der Chefärztin Dr. Brandenburg angeordnete »Rückfragepflicht« Mehrarbeit und schufen ein Klima voller Spannungen. Die einen reagierten bedrückt, die anderen verunsichert, wieder andere standen in ständigem Konflikt, saßen »zwischen zwei Stühlen«, wessen ärztlichen Anordnungen sie nun folgen sollten. Auch Schwester Maria Morell, auf dem Hochseil ihrer verschiedenen Rollen balancierend, wurde in diesen Konflikt der beiden Chefärzte hineingezogen, fühlte sich als »Prellbock« zwischen ihnen, »stand oft dazwischen« und fing an, manches vor der Chefärztin zu vertuschen, wenn sie mal etwas für Dr. Jarezky tat.

Doch was vordergründig als fachspezifisches und durch zwei dominanzbedürftige Persönlichkeiten bedingtes Kompetenzgerangel erscheinen mag, hat letztlich doch tiefere Gründe, die nicht auf Anhieb sichtbar sind. Es handelte sich um die ganz unterschiedlichen Grundeinstellungen der beiden Ärzte zu Leben und Tod, zu den Grenzen intensivmedizinischen, vielleicht überhaupt ärztlichen Handelns und dazu, was man ärztlich – zumindest subjektiv – als »Erfolg« bewerten könnte. Der Chirurg Dr. Jarezky war offenbar ein Arzt, der »es nicht akzeptieren konnte, wenn einer seiner Patienten starb. Er hat um jeden Preis reanimiert.« So zumindest hat es Maria Morell erlebt. Sie erzählte es mir an einem grauen Herbstmorgen, als ich sie als Gutachter anhörte. Die »Chefin«, so erklärte sie mir, neigte dazu, »die hoffnungslosen Patienten in solchen Situationen eher in Ruhe sterben zu lassen. Wenn die Chefärztin reanimierte, konnte ich das eher akzeptieren, weil ich da den Eindruck hatte, daß es sinnvoll und effektiv ist.« Ja, es habe »mehrere Fälle« gegeben, wo sich Frau Dr. Brandenburg »gegen die Reanimationsabsichten von Dr. Jarezky durchsetzte und die Reanimation verbot«. »Und«, so fügte ich hinzu, »Sie die Reanimation durch Vertauschen der Ampullen verhindert haben!« Maria Morell schwieg.

Sie hatte ja recht. An jenem Januarnachmittag, als Dr. Jarezky seine Patientin, die schon halbtote 75jährige Vera Schumann, einer – wie Schwester Maria sagte – »grausamen« Reanimation unterzog, kam die Chefärztin hinzu und unterband weitere Aktivitäten des Chirurgen. Es waren Aktivitäten, die die intensivmedizinischen Sachverständigen im Prozeß einmal »irrsinnig« genannt haben (siehe Kapitel 1, S. 35 f.).

Kein Zweifel: Seit Dr. Jarezky den chirurgischen Chefposten übernommen hatte, war Maria Morell mit der Grundeinstellung eines Arztes zum intensivmedizinisch Machbaren konfrontiert, deren Grenzen ihr zu weit gezogen waren, die sie nicht mehr akzeptieren konnte, ihr – wie sie einmal sagte – »menschenentwürdigend« erschienen, wenn ein Patient in einer Nacht etwa sieben- bis achtmal erfolglos reanimiert wurde.

Das sind Beispiele und Äußerungen, denen ich in ähnlicher Weise erst Jahre später in den Kommentaren von Schwestern der australischen und amerikanischen Dunkelfeldstudien (siehe Kapitel 5, S. 207–231) oder bei kritischen Ärzten wie etwa dem amerikanischen Internisten Timothy Quill oder dem amerikanischen Chirurgen Sherwin B. Nuland wiederbegegnen sollte (siehe Kapitel 6, S. 232–257). Daß die ärztliche Grundeinstellung zum medizinisch Machbaren im Grenzbereich zwischen Leben und Tod für Einstellung und Handeln der Pflegekräfte nicht gleichgültig sein kann, wird am Beispiel von Schwester Maria Morell deutlich. Sie war mit ihrer

Chefärztin identifiziert und teilte auch deren respektable Einstellung eines – wenn man so will – »sanften« Sterbens, bei dem »Intensivpflege über den Zeitpunkt sinnvoller Erhaltung hinaus« vermieden wird.[17] Daraus läßt sich jedoch nicht der Kurzschluß ziehen, Schwester Maria Morell habe deshalb das Leben von Patienten »verkürzt«, dem »Sterben nachgeholfen« oder strafrechtlich kurz formuliert: Patienten getötet. Aber gänzlich ohne Bedeutung für das, was auf dieser Station dann geschah, war ihre erworbene Grundhaltung nicht.

Fast zeitgleich mit den Vorgängen um den Chefchirurgen geschahen auf der Station auch noch andere Dinge:
Die Auseinandersetzungen mit Dr. Jarezky sowie einige unschöne Gerüchte, auf die hier nicht notwendig einzugehen ist, trugen zum Ansehensverlust von Dr. Brandenburg im Gesamtteam bei. Die bislang zwar gefürchtete, aber doch respektierte Autorität war mehr und mehr angeschlagen. Die Stimmung auf der Station hatte einen Tiefpunkt erreicht. Möglicherweise dadurch begünstigt begann auch das Ansehen und die hervorgehobene Position Schwester Marias beim Team, insbesondere beim Pflegeteam, ins Wanken zu geraten. Sie geriet in den Verdacht, Zuträgerin bei der Chefin zu sein. Zugleich nahm der Ärger im Pflegeteam darüber zu, daß Kollegin Maria wegen der ständigen Besprechungen mit der Chefin für die Stations- und Schichtarbeit zeitweise merklich ausfiel. Mag bei manchen auch noch eine Portion Neid eine Rolle gespielt haben, Schwester Maria Morell bekam immer eine gewisse Reserve und Distanz des Teams zu spüren. Sie, die bislang als die »Chefin« der Schwestern und zugleich als der »gute Kumpel« galt, der »schon alles macht«, hatte zunehmend das Gefühl, »nicht mehr so zum Team« zu gehören wie zuvor. Einerseits hat es ihr ja Spaß gemacht, die »rechte Hand« der Chefin zu sein. Das erfüllte sie mit großem Stolz. Andererseits wollte sie jedoch auch den Rückhalt im Team nicht verlieren. Diese Zugehörigkeit war ihr eminent wichtig. Deshalb ließ sie sich ja zum Sprachrohr des Teams machen. Doch der Spagat zwischen den beiden Rollen gelang immer weniger. Ihr schlechtes Gewissen gegen-

über dem Team belastete sie zusätzlich, als sie zu spüren bekam: »Das Team war gegen mich, ich gehörte nicht mehr zum Team.« Und nun tat sie etwas, was für sie, ihre Persönlichkeit ganz typisch war: Sie suchte den Konflikt und ihr schlechtes Gewissen zu bewältigen, indem sie sich noch mehr engagierte und noch mehr arbeitete. Um die Mißstimmung gegen sie beim Team zu besänftigen und ihre »Fehlzeiten« im Schichtdienst auszugleichen, die aufgrund ihrer Inanspruchnahme durch die »Chefin« entstanden, übernahm sie Sonderschichten und die wenig beliebten Wochenenddienste. So versah sie lange Zeit an fast jedem zweiten Wochenende Dienst. Zeitweilig leistete sie Doppelschichten mit ununterbrochenen Arbeitszeiten bis zu 17 Stunden. Sie spielte noch einmal mit großer Anstrengung den »starken Löwen«, wie sie es einmal nannte, wollte es »allen recht machen«. Sie überschritt jenen kritischen Punkt, an dem sie zu sich selbst hätte sagen müssen, »das hier kannst du aber nicht mehr«. Doch zu groß war die Angst, vor sich selbst wieder als Versager dazustehen. Sie spürte nur, daß alle ihre Anstrengungen, ihr ganzer Einsatz nichts mehr nützten: Ihre Entfremdung vom Team war eingetreten. Maria Morell war in eine soziale Isolation vom für sie so wichtigen Intensivpflegeteam geraten. Und das Team selbst begann seine bislang angestrengt aufrechterhaltene Funktionsfähigkeit einzubüßen.

Eine fatale Komplettierung erfuhren diese Ereignisse für Maria Morell im etwa letzten halben Jahr vor Beginn der Todesserie. Frau Dr. Brandenburg zog sich offensichtlich immer mehr aus dem Operationssaal zurück, machte selbst kaum noch Narkosen und erschien nur noch selten auf ihrer Station. Ob allein darunter das Leistungs- und Qualitätsniveau des Intensivteams litt oder einfach unter den zusätzlichen Belastungen aufgrund der ständigen Querelen und Spannungen im Streit der beiden Chefärzte, mag offen bleiben. Tatsache war, daß selbst Assistenzärzte später äußerten, ihr Eindruck von der Station sei »mittelmäßig« gewesen, mit dem ärztlichen Niveau auf dieser Intensivstation habe man »nicht ganz einverstanden« sein können. Kritik am Einsatz der Ärzte kam auch vom Pflegepersonal.

So erklärte ein Pfleger später als Zeuge, daß es »Situationen« gegeben habe, »in denen man sich als Motor der Ärzte« gefühlt habe, »sie anhalten mußte, effektiver zu handeln«. Und »in manchen Situationen fühlte man sich auf der Station im Stich gelassen«.
Gänzlich »allein gelassen« fühlte sich auch Schwester Maria von ihrer »Chefin«. Maria Morell hatte den Eindruck, ihre »Chefin« stehe »permanent unter Zeitdruck« und habe für dienstliche wie private Gespräche kaum noch Raum. Lob und Anerkennung – so Maria Morell – »ließen nach, habe dann auch mal einen Rüffel bekommen«, den sie »unberechtigt« fand. »Vielleicht«, so meint sie rückblickend, »war ich damals so empfindlich, daß ich alles auf mich bezog.« Sie fühlte sich von der bis dahin idealisierten Chefärztin im Stich gelassen und in eine Abseitsposition gedrängt. Die Beziehung zu Frau Dr. Brandenburg hatte einen »Knacks« bekommen. Einige Gerüchte trugen schließlich mit zur Entidealisierung bei, das jahrelange »Idol« Dr. Brandenburg bekam einen gewaltigen »Riß«.
Wie ging Schwester Maria damit um? »Irgendwann habe ich sie gegen Kritik vom Team nicht mehr in Schutz genommen«, sagte sie. Doch in Wahrheit griff Schwester Maria vor den anderen ihr Idol an, kritisierte Dr. Brandenburg und vergriff sich dabei anscheinend auch im Ton. »Kann durchaus sein, wahrscheinlich muß ich diese burschikose Klappe aufgemacht haben, die ich sonst im Griff hatte!« So war es: die jahrelange Idealisierung, die jegliche Konflikt-Austragung niedergehalten, ja vom Bewußtwerden weitgehend ferngehalten hatte, kippte um, gab längst bereitliegende Aggressionen gegen die »Chefin« frei. Schwester Marias Bereitschaft, den Anforderungen von Dr. Brandenburg nachzukommen, ihre Bereitschaft zur Übernahme von Sonderdiensten schwanden sukzessive dahin. Maria Morell hatte den »Rückzug« angetreten, ihr Engagement wich der Einstellung: »Ich lasse mich nicht mehr ausnutzen!« Sie wollte, so hat sie es einmal klar gesagt, ihre »eigenen Bedürfnisse mal wahrnehmen, nicht mehr ohne weiteres Nachtdienst machen, Wochenenddienst, Dienstaustausch usw.«. Daß Schwester Maria »nicht mehr den Draht« zur »Chefin« gefunden hat, das hat sie »traurig gemacht, teilweise auch verärgert«. Sie konnte es nicht verstehen, daß sie nur

»zum Ziel kam, wenn ich nach ihrer Pfeife tanzte, und nicht, wenn ich mal meine eigenen Bedürfnisse anmeldete«.
Die Entfremdung zweier Menschen, die über viele Jahre eng zusammenstanden und ein Intensivteam leiteten, hatte sich vollzogen. Maria Morell, innerlich vereinsamt und vom Team isoliert, hatte ihre spannungsreichen inneren Konflikte eher gelebt als kritisch reflektiert. Bewußt wahrgenommen hat sie freilich ihre inneren Spannungen, ihre zunehmende Empfindsamkeit, Verletzlichkeit und ihre bisweilen hochkommenden Aggressionen gegenüber Dr. Brandenburg, denen Zustände von Traurigkeit folgten.

Ausgebrannt – Rückzug und berufliche Sinnkrise

Über allen diesen Vorgängen und Ereignissen vergißt man beinahe, daß Schwester Maria einen belastenden Klinikalltag mit zum Teil schwerstkranken, häufiger älteren Patienten zu bewältigen hatte, und – wie auf fast jeder Intensiv- oder Krebsstation vermehrt mit Sterben und Tod konfrontiert war. Aber von allen geschilderten personellen Vorgängen schien die Entfremdung von Dr. Brandenburg der gravierendste Einschnitt in ihrem Klinikleben und ihrer Biographie zu sein. Sie hatte ihre »innere Prothese« verloren, die psychische Stütze und Motivation ihres hohen Engagements zugleich war. Die Folgen waren auch für ihr Umfeld erkennbar, ihre psychische Destabilisierung zeitigte zum Teil wahrnehmbare Symptome:
Während alle auf der Station sie bislang als »lustig, fröhlich, gut gelaunt, zu Scherzen aufgelegt, umgänglich« und belastungsfähig erlebten, entging kaum jemandem im Ärzte- und Kollegenumfeld Schwester Marias zunehmende Unausgeglichenheit und – wie sie es auch nannten – »Launenhaftigkeit«. Phasen schlechter Laune und gereizt-mürrischer Verstimmtheit schienen zuzunehmen. Auch innerhalb weniger Augenblicke wechselte ihre Stimmung rasch von flapsiger, aufgedrehter Gelöstheit und schlug um in mißgelaunte Gereiztheit, oft mühsam kaschiert durch eine »gekünstelt« wirkende »Fröhlichkeit«. Sie »wirkte« – so eine Kollegin als Zeugin im Verfahren –, »als

wenn sie keine Lust mehr hatte, so als wollte sie gleich wieder gehen«. Zugleich erschien sie zunehmend verschlossener, »immer eilig«, und »allgemein aggressiver«. Mehr als andere im Team befleißigte sie sich auf einmal jenes auffallend locker anmutenden, bisweilen auch besonders »rauhen« Umgangstons, der auf Außenstehende auch zynisch wirken konnte, auf Intensivstationen jedoch zum Bewältigungsrepertoire bedrohlich aufsteigender Gefühlsreaktionen gehört. »Streß- oder Affektverleugnung« nennen das die einen, eine »Abwehr« gegen starke emotionale Verstrickung in die Leiden, in Sterben und Tod der Patienten die anderen – was im Endeffekt auf dasselbe hinausläuft.[18] Sie klagte auch über körperliche Beschwerden. Obgleich es ihr bisweilen »so schlecht« gegangen sei, sei sie zum Dienst erschienen. Deshalb war man im Kollegenumfeld ziemlich überzeugt davon, daß Maria Morell mit ihren körperlichen Beschwerden übertreibe. Daß diese »Arbeitsmoral« zu ihrer Persönlichkeitsstruktur, zu ihrer Auffassung von der guten und tüchtigen Schwester paßte und ihr »schlechter Zustand« Ausdruck einer umschriebenen Symptomatik namens »Burnout« war, hat damals niemand geahnt und keiner der Ärzte gewußt.
Im Prozeß sagte sie: »Ich habe ab einem bestimmten Zeitpunkt nicht mehr gekonnt!« Sie wies alle Symptome auf, die ein »perfektes« Burnout-Syndrom aufzubieten hat: Maria Morell fühlte sich zunehmend »schwunglos, lustlos, niedergeschlagen, fing an zu heulen« bei der geringsten »blöden Bemerkung«. Die Arbeit fiel ihr immer schwerer, »die Konzentration kostete mich mehr Anstrengung als früher«. Ihre Stimmung war »launisch und depressiv, ich war unausstehlich an manchen Tagen, wechselhaft innerhalb von einer halben Stunde … viele Kleinigkeiten konnten mich echt hochbringen«. Von sozialen Kontakten habe sie sich »zurückgezogen«, sie »wollte vor irgend etwas weglaufen, was ich nicht packen konnte«, habe dann eine »innere Unruhe« verspürt, »bin umhergelaufen«. Sie habe oft »gegrübelt«, sich selbst gefragt, »was ist mit dir los, kam aber zu keinem Schluß«. Ihr Schlaf war »mies«, sie habe unter »recht großen Schlafdefiziten« gelitten und vermehrt Beschwerden mit dem »Kreislauf, mit dem Magen« gehabt und »Migräne«, so daß sie manchmal das

»Gefühl hatte, schwer krank zu sein – ich hatte aber nie etwas Bestimmtes«. Sie habe alles auf die Arbeit geschoben, auf den »Streß«, sicher »auch auf die Konflikte, die ich mit mir selbst hatte, die zwei Ichs kamen nicht mehr miteinander klar, das eine Ich, das immer mehr nachgab, alles tat und machte, und das andere, das sich dagegen stemmte«. Der Umgang mit Patienten, die ihren Bemühungen nicht oder kaum zugänglich waren, wie Suizid-Patienten oder alkoholabhängige, delirante Patienten, sei ihr zunehmend schwerer gefallen, während sie andere Schwerstkranke, die regelrecht gepflegt werden mußten, »betüttelte«, so einer der Ärzte. Doch ihre Ausdrucksweise, ihr Umgangston vergröberte und verflachte. Da war dann schon mal statt vom Sterben von »Abkratzen« oder »den Löffel abgeben« die Rede.

Diese ganzen psychischen und psychosomatischen Symptome stellten sich im Laufe des letzten Jahres ein, ehe die Tötungsserie auf der Station einsetzte. Zeitlich überlappte sich die Entwicklung des Burnout-Syndroms mit den spannungsreichen, immer schwierigeren und belastenderen Arbeitsbedingungen des Teams. Vor dem Absturz in eine tiefe, schwerergradige Depression bewahrte sie vielleicht ihre konstitutionelle Vitalität, ihr vergleichsweise immer noch ausreichendes Antriebsniveau, das sie in ihrer Flucht vor der Realität trug – in Aktivitäten, die nichts als Versuche darstellten, das innerseelische Gleichgewicht wenigstes zeitweise wieder in den Griff zu bekommen. Aber ihre Stimmungslabilität nahm mehr und mehr zu und mündete zunehmend in einen Sog von Zweifeln: von alten, wieder aufbrechenden Selbstzweifeln und von Zweifeln an ihrem beruflichen Tun. Schwester Maria beschlich jenes destruktive Gefühl der Vergeblichkeit, das den Kern des Sinnverlusts ausmacht. Was sich förmlich bei ihr einnistete, war ein tiefer Zweifel am Sinn vieler Dinge, die auf einer Station wie der ihren geschehen, die sie bisher nie in Frage gestellt und nun schon fast ein Jahrzehnt mit hohem Einsatz mitgetragen hatte. War es so etwas wie ein Sisyphus-Syndrom, wie es die Antike im Bild der griechischen Sage verewigt hat? War ihr Gefühl von Vergeblichkeit ihres ganzen Tuns auf dieser Station dem des Königs von Korinth vergleichbar, der zur Strafe für seine Ver-

messenheit einen Felsbrocken auf den Gipfel eines steilen Berges hochwälzen mußte, der, oben kaum angekommen, immer wieder herabrollte?
Es war gewiß keine Sinnkrise als Resultat einer Lebensbilanz, die bei manchen Menschen aus dem Gefühl der Vergeblichkeit aller Lebensmühe zum Suizid drängt. Vielleicht war sie anfangs schon eher vergleichbar jenem schleichenden Zweifel von ausgebrannten Pflegenden einer onkologischen Station, die den Tod von krebskranken Patienten meist nur auf absehbare Zeit hinausschieben können, und dies trotz großem pflegerischen Einsatz und mit den Mitteln der modernen Medizin.[19] Der Intensivmediziner Schara hat in diesem Zusammenhang einmal an die psychischen Zumutbarkeitsgrenzen für Pflegende erinnert und damit das Problem des Einsatzes zur Diskussion gestellt. Ich kann dies hier nicht vertiefen, möchte aber doch seinen Satz zitieren: »Niemand ist ethisch verpflichtet, seine ganze Kraft verlorenen Zielen zu widmen.«[20] Doch Maria Morell plagten weit mehr als nur Zweifel an den Lasten und Belastungen ihrer eigenen Sisyphusarbeit am Krankenbett oder an den psychischen und ethischen Grenzen der Zumutbarkeit. Wie äußerte sich ihre berufliche Sinnkrise und worin bestand sie?

Zunächst einmal wird erkennbar, daß die Schutz- und Abwehrmechanismen dieser Schwester gegenüber den psychischen Belastungen der Intensivpflegearbeit und damit auch gegenüber den Vorgängen auf der Station immer weniger funktionierten je schlechter sie sich fühlte, je »mieser« ihre Befindlichkeit war. So gelang unter anderem vor allem die Flucht in Aktivitäten nur noch unzureichend, eine angstabwehrende Haltung, die man bei Mitgliedern von Intensivteams als »overenergetic-treatment« oder »kontraphobisches Agieren« kennt.[21] Infolge dieser zunehmenden Schutzlosigkeit wurde Schwester Maria in immer stärkerem Maße mit den belastenden Realitäten der Intensivarbeit konfrontiert, die sie bislang auf eine gewisse emotionale Distanz halten konnte. Je mehr aber diese Realitäten quasi filterlos von ihr wahrgenommen werden mußten, ins Bewußtsein vordrangen, desto depressiver wurde sie und desto mehr

Zweifel an ihrem ganzen Tun und an dem so mancher intensivmedizinischer Interventionen schlichen sich ein. Ihre zunehmend schlechte Befindlichkeit wiederum war in der Ausgangslage Folge des kräftezehrenden Spagats zwischen allen »Lagern«, allen Rollen, in denen sie es jedem recht zu machen suchte; und schließlich auch Reaktion auf den Verlust ihrer äußeren Stütze und »inneren Prothese« durch die Entfremdung von Dr. Brandenburg und die Isolation vom Pflegeteam. Das Team, selbst in einem desolaten Zustand, hatte seine psychisch stabilisierende Funktion für sie verloren. Es war ein Teufelskreis, ein kompliziert erscheinender dynamischer Prozeß, der in ihre berufliche Krise führte. Sie sagte einmal, es sei »ein langer Weg« gewesen, der sie in den Sog der Zweifel an ihrem beruflichen Tun und dem so mancher Intensivmaßnahmen geführt habe. Vielleicht waren es Zweifel, die sie schon längere Zeit mit sich herumschleppte, abgewehrt hatte, ehe sie ins helle Licht ihres Bewußtseins treten konnten oder durften. Ich denke letzteres.

Schon lange hat sie innerlich die Frage beschäftigt, »warum kann der nicht in Ruhe sterben« und »warum mußte gerade dieser Patient sterben«. Die »Dinge, die ich jahrelang akzeptiert habe«, so erläuterte sie, »habe ich einfach nicht mehr ertragen und mit ansehen können, irgendwann habe ich einen Punkt erreicht, wo das nicht mehr ging«. Bei Patienten, die sie in den Tod geleitet habe, »weil sie Vertrauen zu mir hatten und es wünschten«, fand sie es am schwierigsten, »die Grenzen zu erkennen, wo man nichts mehr tun kann«. Den »Punkt akzeptieren zu müssen«, an dem der Tod unabänderlich war, das hat bei ihr »ein Gefühl der Hilflosigkeit und großen Trauer« ausgelöst. Es war »sehr schwierig für mich, weil ich einen Beruf hatte, der doch aufs Helfen bestimmt war«. Was aber konnte diese Schwester nicht oder nicht mehr akzeptieren? Daß ein schweres organisches Leiden oder der schicksalhafte Prozeß einer Erkrankung dem Leben Grenzen setzte, der Tod ein unabänderliches Gesetz menschlichen Lebens war? Was war ursächlich dafür, daß sie »es nicht mehr ertragen und mitansehen konnte«, was war das »es«?

An einem der vielen Tage, an denen ich versuchte, die Taten der Schwester Maria Morell zu verstehen, ihre Beweggründe zu erforschen und den langen Weg dieser Erkenntnissuche ging, gab sie mir eine lange Antwort auf diese Fragen. Hier sind Auszüge davon:

Es waren die »Leiden und das Dahinsiechen« vieler Patienten, was sie nicht mehr ertragen konnte, die »verlängerten Leiden«, die sie zum Teil ärztlichem Handeln zuschrieb: »weil da Patienten operiert wurden, wo nichts mehr zu retten war, um menschenwürdiger zu leben, und die dann auch nach der Operation gestorben sind, besonders Patienten, die Krebs hatten«. Da sei »zum Teil operiert worden, nur um des Operierens willen, fast könnte man sagen zu Lernzwecken. Warum konnte man da nicht sagen, leb das bißchen Leben, was du hast!« Auf derselben Ebene sah sie viele Reanimationen: »Es gibt freilich Unterschiede, ich verdamme sie nicht im Gesamten, aber es muß da Grenzen geben. Es gibt Fälle, in denen eine ganze Nacht sieben- bis achtmal reanimiert wurde. Muß das sein? Ich fand das menschenentwürdigend, wenn man sah, wie sich ein Mensch, überall an Schläuche angeschlossen, unter Elektroschocks, man nennt das Defibrillieren, aufbäumt, und Assistenten dürfen dann auch mal Herzmassage zu Übungszwecken machen. Und schwierig wird es dann, wenn Oberärzte und Chefärzte gegensätzlicher Meinung waren ... im Prinzip glaube ich schon, daß die Ärzte Leiden nicht mutwillig verlängern wollen, helfen wollen sie, und sie sehen, daß sie was retten können. Aber in vielen Fällen hat mir das Verständnis gefehlt, ich hab's einfach nicht begreifen können. In manchen Fällen war es einfach nur, um den Tod noch etwas hinauszuschieben, aber kein Verhindern.« In solchen Situationen war sie oftmals »fassungslos und wütend«.
Es ist ihr auch immer schwerer gefallen, »Patienten anlügen zu müssen, obgleich alles hoffnungslos ist. Das war dann im Innersten ein Kampf zwischen Wahrheit und Anlügen.« Dieser »Konflikt ist so stark gewesen, daß ich oft wütend war und zugleich hilflos. Ich war dann auch den Patienten gegenüber nicht mehr unbeschwert und flapsig. Es fiel mir deshalb auch immer schwerer, den Patienten die Angst zu nehmen ... Das war ein Faß, das allmählich randvoll war.« Patienten wider besseren Wissens Hoffnungen zu machen, sie anzu-

lügen, »das erzeugte eine furchtbare Wut über mich selbst ... Das ging zuletzt so weit, daß ich echt depressiv wurde ... Und dann wird man dem Patienten gegenüber burschikos, weil man Angst hat, man könne seine eigentlichen Gefühle verraten, Gefühle von Mitleid und wie es wirklich um den Patienten steht.«

In der Pflege Schwerstkranker verunsichert und immer hilfloser fühlte sich Schwester Maria von der Chefärztin und Ärzten überhaupt allein gelassen, von der »Chefin« genausowenig in die Behandlungsmaßnahmen einbezogen wie das übrige Team. Aber sie verkraftete das immer weniger als die anderen. Sie hatte niemand, mit dem sie darüber hätte reden können, mit dessen Hilfe sie zu einer Klärung und Lösung ihrer Problematik hätte gelangen können. Doch das ist nur bedingt richtig: Es lag sozusagen in der »Natur« ihrer Persönlichkeit, daß sie keinen Weg fand, mit jemand darüber zu reden. Sie war eben eine »Auster«. Ihre tief verwurzelte Angst, Schwächen zu offenbaren, hielt sie davon ab, die bedrängenden Probleme mit ihrer besten Freundin zu besprechen. Ihr war es nur möglich, ihre Not auf eine andere Weise zu signalisieren, auf einer Welle, die keiner verstand oder deren Appell falsch interpretiert wurde. Statt jemandem im Team zu sagen, wie es um sie bestellt war, klagte sie in übertrieben anmutender Weise über körperliche Beschwerden, die man ihr nicht abnehmen wollte, weil sie dennoch ihre Arbeit verrichtete. Ihr camouflierter Appell, »mit mir ist etwas nicht in Ordnung, seht her«, ging ins Leere, und ihre zunehmende Stimmungslabilität, die aus dem Rahmen des heiter-optimistischen Bildes dieser Schwester fiel, wurde allenfalls mit etwas Verwunderung registriert. Wäre dieses Intensivteam noch eine wirkliche Gemeinschaft mit stabilisierenden Fähigkeiten gewesen, wären seine Mitglieder und die Chefärztin über »Burnout«[22] und über die Risiken einer längeren Tätigkeit von Pflegekräften auf Intensivstationen informiert gewesen, dann hätte eine angemessene Intervention zu diesem Zeitpunkt die spätere Katastrophe mit großer Wahrscheinlichkeit verhindert.

So aber eskalierten die Zweifel, verdichtete sich die berufliche Sinnkrise der Schwester Maria Morell in einer höchst kritischen Zuständlichkeit, die selbstgefährdend und für ihr weiteres Leben von zutiefst existentieller Bedeutung war. Diese eskalierende Entwicklung verlief unter denselben Stations- und Arbeitsbedingungen, die ich skizziert habe. Man kann sich – sozusagen als Zwischenruf – fragen, ob Schwester Maria ihre eigene und die Situation auf der Station nicht vielleicht doch zu sehr durch die Brille ihrer zeitweisen, ihrer periodisch depressiv gefärbten Zuständlichkeit gesehen hat. Dazu lassen sich zwei Dinge sagen:

Die Klagen von Intensivpflegekräften, die Ärzte solcher Intensiveinheiten machten Leben und Überleben zum Teil zu einem Problem der technischen Machbarkeit, verlängerten in manchen, prognostisch wirklich aussichtslosen Fällen die Leiden von Patienten und verletzten humanitäre Grenzen, sind seit gut zwanzig Jahren bekannt und durch verschiedene empirische Studien belegt.[23] Sie werden im übrigen genauso von selbstkritischen Intensivmedizinern,[24] von Chirurgen wie etwa Nuland[25] oder Internisten wie etwa Quill und anderen Ärzten erhoben.[26] Auch die australischen, insbesondere die amerikanischen Dunkelfeldstudien an Intensivschwestern haben gleichlautende Befunde erbracht (siehe Kapitel 5). Damit ist freilich nicht von vornherein schon ausgeschlossen, daß Schwester Maria Morell den Erkrankungszustand der getöteten Patienten durch »ihre Brille« hoffnungsloser eingeschätzt hat als er war. Darauf ist im nächsten Abschnitt – soweit möglich – einzugehen. Vorläufig lassen sich dazu jedoch folgende Anmerkungen machen: Die Einschätzung der verurteilten Schwestern und Pfleger, die durch sie zu Tode gekommenen Patienten seien am Ende ihres Lebens angekommen, war bei einem Großteil dieser Opfer nach dem Schweregrad der Erkrankung und den klinischen wie rechtsmedizinischen Gutachten in den Prozessen nicht ohne objektive Grundlage. Generalisierbar ist dieser Sachverhalt jedoch nicht (vgl. Kapitel 4, S. 121 ff.). Die Furcht, sich unter Umständen in der subjektiven Einschätzung des Schweregrads der Erkrankung und des Leidens zu irren, hat amerikanische Intensivschwestern zeitweise von Tötungen abgehalten. Dieser Gedanke, sich gegebenenfalls über den Zustand eines Patienten »getäuscht« zu haben, hat – wovon später noch die Rede sein wird – Maria Morell später am meisten beunruhigt.

Endstrecke einer Entwicklung zur Tat

Frühjahr bis Spätsommer 1985: Das Klima auf der Station ist bedrückend, das Ansehen der Chefärztin beim Team gesunken, ihre Präsenz auf der Station ist reduziert, Effektivität und Leistungsniveau des Intensivteams verfallen, und ein Riß geht durch das Pflegeteam. Schwester Maria, vom Team isoliert, von Dr. Brandenburg entfremdet und gelegentlich in offene »Hakeleien« mit ihr verwickelt – »sie war im letzten Jahr zum Teil frech und ungezogen«, so Dr. Brandenburg –, vereinsamt innerlich zusehends. Die Problematik, der sie sich gegenübersieht, wird von ihr zunehmend emotionalisiert, ohne daß es ihr gelingt, sich davon zu lösen, zu distanzieren und kritisch zu reflektieren, worauf sie hier zusteuert.
Der Umgang mit schwerstkranken Patienten, vor allem mit Moribunden, wächst ihr allmählich über den Kopf. Sie hat immer das Bedürfnis, sich solchen Patienten zuzuwenden. Sie mochte es nicht, wenn Sterbende ins Badezimmer geschoben wurden. Sie hat sich zu ihnen ans Bett gesetzt, und es war gut so. Sie hatte immer das Gefühl, daß diese Patienten ruhiger sterben. Auf der Station sind jetzt viele alte Patienten, die der Chefarzt für Chirurgie, Dr. Jarezky, ihrer Meinung nach »um jeden Preis operieren« wollte. Sie hält das zum Teil für »sinnlos«. Sein Credo ist, diese Menschen »dürfen nicht sterben«. Sie ist gegen eine Lebenserhaltung »um jeden Preis« – es gibt für sie »irgendwann Grenzen«. Der Patient, der »leidet«, steht für sie im »Mittelpunkt«. Das ist ihr »Credo«, ein zu Dr. Jarezky offensichtlich konträres und, wie sich später im Laufe der Tötungsserie zeigen sollte, höchst explosives. Die Leiden der moribunden Patienten gingen ihr immer mehr nahe. Davor zu stehen am Bett und nicht helfen zu können, zu akzeptieren, daß den Möglichkeiten, Leiden zu lindern, Grenzen gesetzt sind, fällt ihr immer schwerer, verunsichert sie, erzeugt ein Gefühl von Hilflosigkeit, dem sie sich ausgeliefert fühlt. Manchmal ist ihr zum Heulen zumute, sie hätte manchmal auf Station am liebsten »losgebrüllt«. Sie macht sich die »Leiden der Patienten schon so zu eigen«, daß sie sie »mit nach Hause nimmt« und zeitweise das Gefühl hat, als ob ihr die Patienten »zu Hause nachlau-

fen«. Dann ruft sie auf der Station an, erkundigt sich nach den Patienten. Das Hilflosigkeitsgefühl gegenüber den Grenzen des Helfens, das »passive Dastehen« und nichts tun können, kann sie kaum noch ertragen: »Weil ich doch einen helfenden Beruf habe und das damit nicht in Einklang bringen kann.« Sie steht in der Versuchung, zu resignieren. Aber genau dieses resignative Gefühl kann sie nicht ertragen – es »deprimiert« sie »wahnsinnig«.

Bereits 1978 schrieb der Intensivmediziner Lasch, daß die »häufige Konfrontation mit dem Tode« die Pflegekräfte von Intensivstationen in »Grenzsituationen« führt, »mit denen sie in eigener Verarbeitung schwer fertig werden ... Die erlebte Hilflosigkeit dem Leiden und Sterben gegenüber bedingt bei wenig stabilen Pflegenden die Entwicklung spezieller Abwehrmechanismen.«[27]

Aber genau diese Abwehrmechanismen – wie etwa Flucht in Hyperaktivität, Verleugnung des Todes, Rückzug vom Patienten usw. – stehen Maria Morell nicht mehr hinreichend zur Verfügung. Ihre Hilflosigkeit, ihr Leiden an der Situation und an sich selbst erreichen eines Tages einen Punkt, an dem sie »den Konflikt nicht mehr akzeptieren« kann, an dem sie zu sich sagt: »Eigentlich mußt du ja helfen, wenn du das nicht tust, bist du feige, und du bist derjenige, der helfen kann!« Und nun ist sie da, die Idee, die Grenze zum Helfen zu überschreiten und in anderer Weise zu helfen: »den Zustand der Schmerzen und der Hilflosigkeit, des Dahinsiechens« zu beenden, »den Patienten davon zu erlösen«. Wie »aus dem Nebel« taucht sie auf, diese Idee, noch nicht so konkret, ist aber »immer so im Hinterkopf, wie leichte Kopfschmerzen, die man registriert«. Sie wird immer »drängender«, und einige Wochen vor der Tat, da kann sie »nicht mehr zurück«, da ist »nichts mehr aufzuhalten, das Akzeptieren der Grenze« ist »unterspült, der Gedanke, zu helfen, ist so übermächtig, da ist für nichts mehr Platz, da gibt es keinen Raum mehr für Gedanken, ob es verboten ist, ob einer das anders sieht, kein Konflikt mehr, so als ob man Scheuklappen hat, man nur noch sieht, da liegt der Patient, da mußt du helfen, kein Zwiespalt mehr, wie die Zeit davor«. Sie denkt nicht mehr nach, ist nur noch von dem emotionslosen Gedanken beseelt, auf diese Weise zu helfen. Und »aus dem Strudel« der Gefühle kommt sie nicht mehr heraus. Es existieren keine ethischen, keine moralischen Einwände mehr, keine kritische Reflexion, sie ist »hundertprozentig überzeugt, daß das richtig ist, daß es für den Patienten das Beste ist, was ich tue und will – ihm seine Schmerzen zu nehmen, sein Leiden zu beenden«. Sie hält sich für diejenige, die da »helfen muß«. Die »anderen würden es nicht tun, wären nicht dazu bereit«. Auch die anderen äußern ja die Meinung, daß bei einigen Patienten die Intensivmaßnahmen »unmenschlich und sinnlos« sind. Aber sie ziehen keine Konsequenzen daraus. Sie haben eine »gesunde« Distanz oder »verarbeiten es anders« wozu sich jedoch Maria Morell »nicht mehr fähig« fühlt.

Was war mit Schwester Maria Morell geschehen? Einfach zu sagen, Maria Morell sei überfordert gewesen, wäre eine grobe Vereinfachung und ohne jeglichen Erkenntniswert. Seit spätestens Ende der sechziger Jahre wurde von Internisten und Psychosomatikern empfohlen, Intensivpflegekräfte nach zwei Jahren auszuwechseln.[28] Intensivmediziner wie Kucher und Steinbereithner haben schon zu Beginn der siebziger Jahre auf das »seelische Trauma« des Stationsteams hingewiesen, das in ständiger Konfrontation mit Sterben und Tod entsteht und einer »behutsamen Führung« bedürfe: Dem »Aussprechen und eventuellen Ausleben der Affekte als erstem Schritt der Verarbeitung« haben die beiden Mediziner bereits vor fünfundzwanzig Jahren eine »enorme Bedeutung« zugemessen. Und sie haben auch auf die Möglichkeit von »Kurzschlußreaktionen« und »plötzlichen Abgängen« aufmerksam gemacht.[29] Heute weiß man, daß der letzte Schritt des »Rückzugs« als Streßbewältigung des Intensivpflegepersonals in einer hohen Fluktuationsrate besteht: Nach einigen Studien sind es 33 Prozent pro Jahr,[30] und nur 35 Prozent des Intensivpflegepersonals bleiben länger als fünf Jahre.[31]
Die Risiken und Gefahren der Überforderung von Intensivpflegekräften und der Bildung eines Burnout-Syndroms sind also seit langem und international bekannt. Doch alle diese Erkenntnisse sind zwar wichtig für entsprechende Maßnahmekataloge der Prävention und akute Intervention. Sie geben jedoch noch keine schlüssige und

nachvollziehbare Antwort auf die Frage, weshalb manche dieser Schwestern und Pfleger Patienten zu Tode bringen, wie etwa Maria Morell es tat, und was in ihnen vorgeht.

Rainer Schors, Mediziner und Psychoanalytiker, hat – im Anschluß an Gedankengänge des Psychoanalytikers Otto Fenichel (1934/39) und aufgrund seiner eigenen Studie auf einer internistischen Intensivstation – deutlich gemacht, wie schwierig es für das Pflegepersonal ist, sich gegenüber den Schwerstkranken und vom Tode bedrohten Patienten abzugrenzen, um sich gegen hochkommende Gefühle des Mitleids, der (verschiedenartigsten) Ängste oder des Verlustes und der Trauer zu schützen. »Offenbar«, so Schors, »ist es nicht oder nur sehr schwer zu ertragen, den Tod eines Patienten direkt und bewußt mitzuerleben, ohne das Sterben durch irgendwelche Aktivitäten zu bekämpfen.« Solange diese psychische Belastung durch aktives Handeln, durch »kontraphobisches Agieren«, abgewehrt und bewältigt werden kann, funktioniert die gegen eigene Gefühlsreaktionen schützende Abgrenzung gegenüber dem Patienten. Doch wenn solche kontraphobischen, ängsteabwehrenden Aktivitäten »sinnlos oder unmöglich« werden, so wird die passive Hinnahme der Realität »unerträglich«, die »Flucht ergriffen, der Sterbende bleibt zurück« oder wird – wie Maria Morell einmal sagte – ins Badezimmer geschoben. Schwester Maria aber konnte nicht ausweichen. Sie war zu diesem Zeitpunkt ohne die schützenden Möglichkeiten der Bewältigung aller dieser Belastungen, die ihr jahrelang zur Verfügung gestanden hatten.
Die Reanimation ist eine der täglichen Extremsituationen, mit denen Ärzte wie Pflegekräfte auf Intensivstationen konfrontiert sind. Schors suchte am Beispiel der Wiederbelebung die innerseelischen Vorgänge der Abgrenzung von Ärzten und Pflegekräften gegenüber todgeweihten Patienten verständlich zu machen, indem er die Gefahren der Reanimateure aufzeigt. Er sagt unter anderem, »daß diejenigen, die eine Reanimation ausführen«, in die Situation geraten können, sich mit dem Patienten »zu identifizieren, Teile ihres Selbst, ihrer Ängste und Wünsche auf ihn«, den Patienten, zu »projizieren

und damit eine Verbindung herstellen, bei der die Grenzen zwischen Selbst und Objekt (= Patient) unscharf werden. In dem Sog von Angst, Projektion und Identifikation entsteht ein Strudel, in dessen Trichter eine kritische, distanzierte und diskriminierende Betrachtungsweise verschwindet, die zwischen den Individuen zu trennen weiß.«[32]

Jenseits der psychoanalytischen Terminologie heißt das: Die spezifische Gefahr besteht darin, daß eigene Gefühle, Ängste und Bedürfnisse einer Schwester oder eines Pflegers auf den Patienten übertragen und möglicherweise mit solchen des Patienten gleichsam verwechselt werden – kurz: in solchen Fällen kommt es zu einem Abgrenzungsverlust gegenüber dem Patienten mit der Folge, nicht mehr zwischen dem eigenen Leid und dem Leiden des Patienten trennen zu können. Das Risiko einer solchen grenzenauflösenden Konfusion ist um so größer, »je unsicherer die Pflegekraft ist, je ängstlicher oder auch depressiv«.[33]

Genau das, was die Wissenschaftler erklärt haben, ist mit Schwester Maria seelisch passiert, ist ihr innerlich widerfahren, ohne daß sie das genauso bewußt erlebt hat noch hätte bewußt reflektieren können: Es kam der Punkt, an dem sie nicht mehr unterscheiden konnte, was das Leid der Patienten und was ihr eigenes Leiden an sich und der Situation ist. Sie hat aber die änstigenden und bedrohlichen Gefühle empfunden und gelebt, nicht reflektierend erlebt. Und so ist es erstaunlich genug, daß sie rückblickend – fast mit denselben Worten wie Schors 1979 – von einem »Strudel der Gefühle« spricht, aus dem sie »nicht mehr herauskam« (bei Schors heißt es, wie bereits zitiert: »In dem Sog von Angst, Projektion … entsteht ein Strudel, in dessen Trichter eine kritische, distanzierte … Betrachtungsweise verschwindet, die zwischen« den Reanimierenden und Patient »zu trennen weiß«). Wesentlich begünstigt wurde die schwindende Abgrenzungsfähigkeit zwischen sich selbst und den Patienten durch zentrale (Abwehr-)Mechanismen ihrer Persönlichkeitsstruktur, die ihr nicht bewußt waren, die in bestimmten Situationen oder Zuständen abliefen wie gewohnte Bewegungen: ihre ausgeprägte Neigung zur Identifikation auch und gerade mit Schwachen, Hilfsbedürftigen und ihre Delegation und Projektion eigener Gefühle (vgl. Kapitel 7, S. 273 ff.).

Was in dieser Verfassung mit Schwester Maria geschieht, was in ihr seelisch abläuft, ist – ohne eigene Erfahrung mit Grenzsituationen des Lebens – sehr viel schwerer nachvollziehbar. Es handelt sich dabei um den Schritt, um den psychischen Prozeß vom Abgrenzungsverlust, vom Verlust der emotionalen Distanz zum leidend erlebten Patienten hin zum Gedanken an die Beendigung von unnötigen Schmerzen und Leiden todkranker Patienten durch deren Tötung. Er schließt den Gedanken ein, alten multimorbiden Patienten sinnlose Operationen und manche als unmenschlich empfundene Reanimation in aussichtslosen Fällen zu ersparen, vor allem durch einen Chefchirurgen, der ihrer Ansicht nach »zuviel« operiert und die Grenzen seelischer Zumutbarkeit für die Patienten mißachtet. Und es ist letztlich jene, vielleicht am schwierigsten zu verstehende innere Entwicklung eines Menschen, der die Gewißheit erlangt, die absolute Überzeugung, daß die Herbeiführung des Todes der leidenden, der moribunden alten Patienten »richtig« und das »Beste für sie ist« – genauso, wie die australischen und amerikanischen Schwestern und Pfleger der Dunkelfeldstudien davon überzeugt sind (vgl. Kapitel 5). Ich werde versuchen, diesen letzten Schritt zu jener inneren Gestimmtheit und Überzeugung nachzuzeichnen und zu erklären, die man Tatbereitschaft zu nennen pflegt. Dieser innere Vorgang, der mehr von Emotionen als von der Ratio bewegt und in Gang gehalten wurde, impliziert etwas für Intensivteams und ihre Arbeit ganz Spezifisches, das dem Außenstehenden in der Regel unbekannt ist:
Die außerordentlichen Herausforderungen, die sich einem Intensivteam täglich stellen, nämlich unabänderlich erscheinende Sterbeverläufe doch noch zu wenden, Leben zu retten und zu erhalten, sind ohne ein gewisses Maß an omnipotenten Machbarkeitsüberzeugungen kaum möglich: Es sind dies – ohne es pejorativ zu meinen – »Größenphantasien« der Kontrollierbarkeit von natürlichen Vor-

gängen des Organismus, wie sie heute in der Spitzenmedizin durch die zur Verfügung stehenden Hochtechnologien möglich geworden sind. Stuart J. Eisendraht, amerikanischer Psychiater, und seine Ko-Autorin Joan Dunkel, haben nach langer Studienzeit von Intensivteams darauf hingewiesen, daß solche »Größen- und Omnipotenz«-Vorstellungen nicht nur ein wesentlicher Motivationsfaktor von Leistung und Effizienz eines Intensivteams sind, sondern auch einen Schutzmechanismus darstellen: Ohne ein wohldosiertes Stück einer solchen kollektiven Grandiosität würde ein Intensivteam angesichts der hohen Mortalität Gefahr laufen, ständig von Gefühlen der Hilflosigkeit, der Angst und Resignation überwältigt zu werden. So mancher Patient – so die Forscher – würde ohne diese kollektiven Größenvorstellungen vom Team allzu leicht aufgegeben werden. Die Kehrseite dieser kollektiven Grandiosität ist jedoch ihre realitätsferne Maxime, der illusionäre Charakter, den »Tod zu besiegen«. Darin liegt eine potentielle Gefahr, nämlich die, den Bezug zur Realität nicht mehr kritisch zu reflektieren, etwas zu tun, was im Einzelfall unangemessen sein kann, etwa eine Reanimation »um jeden Preis«. Es ist die Aufgabe des Intensivteams, unangemessene Grandiositätsvorstellungen seiner Mitglieder zu korrigieren, zu relativieren und auf ein »richtiges« Maß zurückzustufen.[34]
Es erscheint kaum verwunderlich, daß Schwester Maria in ihrer Sonderstellung und als »rechte Hand« der Chefin das Gefühl der Unentbehrlichkeit und »Einzigartigkeit« entwickelt hatte. In diesem Hochgefühl hat sie in den ganzen Jahren auch manches Mal eigenmächtig gehandelt und Entscheidungen getroffen, bei denen sie besser einen Arzt hinzugezogen hätte. Sie hat schon mal ärztlich verordnete Medikamente und Injektionen abgesetzt oder dafür auch andere Medikamente gegeben, die sie für richtig hielt. Das mag weniger bedeutsam sein, da solche Eigenmächtigkeiten immer wieder auch bei anderen Schwestern und Pflegern vorkommen. Viel wesentlicher war, daß Schwester Maria auch Anteil hatte an jenen berufsspezifischen, kollektiven Größenvorstellungen und -phantasien eines Intensivteams: »Ein tolles Gefühl, was man da alles machen konnte, unbeschreiblich!« So hat sie es einmal ausgedrückt. Nun aber, im

Team isoliert und ohne Gesprächs- und Aussprachemöglichkeiten mit anderen, verengte und konzentrierte sich dieses Gefühl von Unentbehrlichkeit und Einzigartigkeit auf das Gefühl und den Gedanken, nur sie allein könne den leidenden Patienten helfen, ja sie müsse es tun, sei verpflichtet dazu, da die anderen die Augen vor dem Leid verschlössen. In der unabgegrenzten Beziehung zu den Patienten, in der sie selbst litt, die Situation als »unerträglich« empfand und zeitweise ihr eigenes Leiden auf die Patienten übertrug, übernahm sie die Größenphantasien der Gruppe, ohne es zu merken. Niemand war jetzt da, der ihre Grandiosität korrigieren konnte. Einsam im Team verlor sie die kritische Sicht ihrer eigenen Grenzen und die der Intensivpflege aus den Augen. Genauer: Sie stellte sie in Frage, ohne zu merken, daß sie mit dem omnipotenten Helfergedanken, schwerstkranken moribunden Patienten ein friedliches, leidensfreies Ende zu bereiten, sich selbst von ihrem eigenen Leiden an der Situation zu »erlösen« suchte – von ihrer Hilflosigkeit, ihrer Ohnmacht, ihren Zweifeln und ihrer beruflichen Sinnkrise. Den Grundgedanken, der sich hinter Schwester Marias »grandiosem« Helfergedanken verbarg, hat eine glänzende Schwurgerichtskammer später im Urteil in dem Satz zusammengefaßt: Maria Morell, und nur »sie allein ... stelle sich dem Gedanken, ob und wann medizinischer Fortschritt zum Unheil werden könne; allein sie ziehe aus solchen Überlegungen Konsequenzen und handele«.

Diese Schlußfolgerung des Gerichts – aus Beweisaufnahme und Gutachten – zu einem *zentralen Aspekt des Motivationsgefüges* dieser Tötungen ist zu unterstreichen. Sie ergibt sich vor allem auch aus den beiden psychologisch-psychiatrischen Sachverständigengutachten.[35] Maria Morell freilich hätte diesen zweifellos zentralen, aber nicht einzigen »Faktor« ihrer über das Individuelle hinausreichenden Beweggründe weder so, noch überhaupt klarer artikulieren können, als sie es aus ihrer ganz individuellen Sicht getan hat – ähnlich jenem Arzt Dr. Glas in Süderborgs gleichnamigem Roman: Wie er, so wußte auch sie »nur über die unmittelbaren Anlässe und Umstände ... ein wenig Bescheid, aber dahinter verlor sich die lange Ursachenkette im Dunkel«. Auch sie empfand die Tat »als Glied einer Kette, als Welle einer Bewegung, die lange vor (ihren) ersten Gedanken begonnen hatte«. Und wie Dr. Glas empfand auch Maria Morell »das Gesetz der Notwendigkeit« und – »keine Schuld«.

Keine Schuld empfand sie: »Ich stehe heute noch dahinter«, sagte Maria Morell. Sie befinde sich mit ihrem Gewissen im Einklang, mit »Ausnahme einer Verwechselung« bei einem 90jährigen Patienten. Das hat mich als Gutachter in den ersten Tagen der Begegnung mit dieser Schwester irritiert. Sie habe – so sagte sie mir zwei Jahre nach ihrer Verhaftung – den Patienten »nichts Böses tun wollen«. Und sei auch heute noch »überzeugt davon, daß die Patienten, könnten sie heute mit mir reden, dankbar sein würden, erlöst« worden zu sein. Ich konnte damals nicht ahnen, daß ich solchen und ähnlichen Formulierungen später einmal immer wieder begegnen würde: bei den verurteilten Schwestern und Pflegern wie auch bei den anonymen Bekennerinnen des australischen und amerikanischen Dunkelfeldes von Pflegekräften. Es hat lange gedauert, bis ich die Zusammenhänge zu verstehen begann (vgl. auch Kapitel 5, S. 207–231).

Was man nach Darstellung der inneren Entwicklung Maria Morells zu ihren Taten sagen kann, ist dies: Es ist nicht zu erwarten, daß die Tötungen, die sie begangen hat, »wie ein Waldbrand«[36] über sie »hinweggefegt sind«. Ihre individuellen und darüber hinausweisenden Beweggründe waren eingelagert in eine längere konflikthafte Entwicklung zur Tat, an deren Ende eine Handlungs- und Tatbereitschaft stand, die durch keinerlei Ambivalenz mehr gekennzeichnet war. Wenn sie also Patienten zu Tode brachte oder – wie sie sagte – »erlöste«, wußte sie, was sie tat. Ihre Tötungsintention war zuletzt durch den Filter des Bewußtseins gegangen, und insofern war ihr auch das gesetzliche Verbot ihrer Handlungsabsichten klar. Das schließt nicht aus, daß ihre Taten selbst an aktuelle innere Zustände und Befindlichkeiten wie auch an aktuelle (äußere) Situationen gebunden waren. Und aus beidem – Befindlichkeiten und aktuellen

Situationen – können noch ganz unterschiedliche »Antriebe« in das Motivationsgefüge der jeweiligen Tat eingehen. Der folgende und letzte Abschnitt veranschaulicht diesen Sachverhalt.

Erschüttert, daß man es kann

Spätsommer, genauer 16. August zwischen 13 und 14 Uhr; in einem der sieben Betten lag ein Patient mit Kehlkopf- und Tonsillenkarzinom: »Ein hoffnungsloser Fall, von den Ärzten schon seit zehn Tagen aufgegeben, Allgemeinzustand schwer angegriffen, er hatte bereits Metastasen.« Maria Morell sagte es, als erstatte sie einen Krankenblattrapport bei einer Visite: sachlich, ruhig, emotionslos. Im Gespräch habe der Patient gezweifelt, »ob alles noch sinnvoll« sei. Sie kannte ihn schon viele Wochen aus der Schmerzambulanz und dann stationär. Die Schmerztherapie sei erfolglos verlaufen. Die Schmerzmittel »brachten nichts mehr«. Er habe »nicht mehr gewollt«. Er hatte Schmerzen und litt: »Ich zog ein neues Schmerzmittel auf. Mir war klar, daß bei dem angegriffenen Allgemeinzustand die Herztätigkeit durch Kaliumchlorid außer Gefecht gesetzt wird.« Sie merkte ihren »Jargon« längst nicht mehr, und ich hatte mich daran gewöhnt. »Da habe ich«, so fuhr sie fort, »ganz spontan aus der Situation heraus gehandelt.« Sie habe nicht gezögert. Sie war sicher, daß der Patient »aufgrund seines schlechten Allgemeinzustandes auch nicht mehr reanimiert werden« würde. Es »gab nur noch so 'ne Sekunde, ob du das gedurft hast«.

Und dann? Maria Morell antwortete ganz ruhig und sachlich: »Die Erkenntnis, daß man das kann. Man steht erschüttert davor, daß man es kann. Es ist ein sehr zwiespältiges Gefühl, man kann es schwer beschreiben. Aber der Gedanke, du hast Leiden beendet, der Gedanke überdeckt dann alles andere, der rechtfertigt dann alles andere!«

Ich war überrascht. Der Tod dieses Mannes war nicht angeklagt, die Toxikologen hatten im Leichengewebe nichts gefunden, vor allem keine Spuren eines blutdrucksenkenden Präparats. Aber Kalium-

chlorid war ja (durch analytische Verfahren) toxikologisch auch gar nicht nachweisbar. Und nun belastete sie sich mit dieser Aussage ohne Not selbst. Weshalb sie das alles so genau erinnere: »Das weiß man, da war kein Plan!« Später gelangte das Schwurgericht bei der Beweisführung zur Überzeugung, Maria Morell habe sich bei der Angabe ihrer Ersttat geirrt, sei einer Erinnerungstäuschung aufgesessen.
Bei meiner zweiten Begutachtung, der eines Pflegers, erlebte ich wiederum eine solche »Erinnerungstäuschung« hinsichtlich der Ersttat. Und bei den Vorarbeiten zu diesem Buch zeigte sich bei insgesamt acht der elf verurteilten Schwestern und Pfleger dasselbe Phänomen – die Erinnerung an die Ersttat war aller Wahrscheinlichkeit nach falsch oder wurde überhaupt nicht mehr sicher erinnert. Reiner Zufall? Ein Wiener Gutachter meinte dazu, daß es »bei so vielen Falldetails über längere Zeiträume zu gewissen Gedächtnisunschärfen« käme, »die sich als Normvarianten darstellen lassen können«.[37] Nun ja, manches läßt sich eben nur äußerst angestrengt erklären, was dann auch leicht zur Spekulation geraten kann. Vielleicht ist es dann besser, es offen zu lassen.

Unberührt von dieser möglichen »Erinnerungstäuschung« Maria Morells – Patient, Erkrankung, Datum, Uhrzeit seines Todes stimmten tatsächlich – blieben ihr geschilderter Gefühlszustand und ihre Gedanken nach welcher Tat auch immer. Schwester Maria hat ihre Taten nie als Tötungen gesehen oder erlebt. Sie betrachtete sie als eine »Erlösung« von Schmerzen und Leiden der Patienten. Tatsächlich waren vier (von acht) Patienten schwer krebskrank mit äußerst schlechter Prognose und schlechtem Allgemeinzustand (davon war eine Patientin zum Tötungszeitpunkt möglicherweise schon klinisch tot; ein weiterer Patient befand sich im finalen Erkrankungszustand, bei einer dritten schwer krebskranken Patientin erfolgte eine Tötung auf Verlangen). Bei zwei weiteren Patienten handelte es sich um ältere Menschen mit Hirnerkrankungen, schlechtem Allgemeinzustand und Herzerkrankung (wobei Schwester Maria während der Reanimation eines Patienten, die sie nachts selbst eingeleitet hatte, versehentlich die Medikamente vertauschte, als der Oberarzt nach seiner Ankunft auf der Station die Wiederbelebungsversuche übernommen hatte), und bei einer weiteren, schwer herzkranken Patientin hätte der Todeseintritt – nach Sachverständigenauffassung – »jederzeit möglich« sein können. Schwester Maria hat sich also über den kritischen, teils finalen, teils prognostisch aussichtslosen und in einem Fall bereits im Sterben begriffenen Zustand der getöteten Patienten nicht getäuscht. Ihren tödlichen Handlungen folgte eine Art »Glücksgefühl«, eine »innere Zufriedenheit«, die auch von dem stark gefühlshaften Gedanken begleitet war, »der tritt jetzt in ein schöneres Leben«. Ihre Taten schienen jedoch auch abhängig von ihrer eigenen Befindlichkeit: wenn es ihr besser ging, so meinte sie, habe sie zu den Leidenszuständen der Patienten eine bessere Distanz gehabt und nicht so mitgelitten.

Doch ihre jeweilige Zuständlichkeit war nur die eine Seite. Die andere Seite lag in der »Natur« der jeweils aktuellen Situation und Konstellation, in der sich die Patienten befanden oder in die sie – nach Maria Morells Dafürhalten – durch die Ärzte gebracht worden waren. Ein paradigmatisches Beispiel für ihren Protest und für ihre Auflehnung gegen ärztliches Handeln ist ihre verdeckte aktive Intervention während der Reanimation der fünfundsiebzigjährigen, krebskranken Vera Schumann (vgl. Kapitel 1, S. 34 ff.). Zur Erinnerung:
Der Blutdruck der Schwerstkranken war postoperativ – totale Entfernung des krebsbefallenen Magens – abgesunken und der Abfall auch fast drei Stunden nach Verlegung auf die operative Intensivstation nicht voll zum Stillstand gekommen. Kurz nach 17 Uhr kam es dann zu einem plötzlichen Herz-Kreislauf-Versagen. Sofort begann Schwester Maria zusammen mit Schwester Anna mit Reanimationsmaßnahmen und verständigte die Ärzte. Schwester Maria verabreichte der Bewußtlosen zunächst noch Elektroschocks, ehe die Oberärzte Dr. Fritz und Frau Dr. Klar übernahmen. Die beiden Ärzte fanden kaum noch Blutgefäße, die Transfusionsblut aufnahmen. Dann kam der herbeigerufene Operateur, Chefarzt Dr. Jarezky, der

sofort die Direktive übernahm. Auch nach halbstündigen Wiederbelebungsversuchen ohne jegliche Minimalerfolge weigerte sich Dr. Jarezky, die gerade von ihm Operierte aufzugeben, und versuchte erst noch Blut mit einer Spritze gewaltsam in die Gefäße zu drücken. Angesichts dieser als »grausam« erlebten Maßnahmen packte Schwester Maria eine unheimliche Wut und Verzweiflung. Sie wußte, daß eine Reanimation, zumal bei solchen Maßnahmen, den gerade operierten Körper der betagten Patientin einer extremen Belastung aussetzte. Sie war innerlich erregt. Sie konnte diese »Quälerei«, wie sie den ganzen Vorgang einmal nannte, »nicht mehr mitansehen«. Sie hielt die Patientin ab einem bestimmten Zeitpunkt ohnehin für klinisch bereits tot und glaubte nicht mehr daran, daß die Ärzte sie in ein lebenswertes Leben zurückholen könnten. Sie empfand es als unwürdig, was hier geschah. In dieser Verfassung hatte sie nur noch einen Gedanken: Es muß ein Ende haben. Dabei war ihr auch traurig zumute gewesen. Als die Ärzte jetzt erneut darum baten, Natriumbicarbonat zur Pufferung aufzuziehen (zur Aufrechterhaltung von lebenswichtigen intermediären Stoffwechselprozessen), mischte sie statt dessen zwei tödliche Substanzen und gab sie den Ärzten. In der Annahme, es handele sich um das puffernde Natriumbicarbonat, spritzte einer der Ärzte die tödliche Mischung. Als nach etwa einer Stunde erfolgloser Reanimation die Chefärztin Dr. Brandenburg auftauchte und mit einem Eklat dafür sorgte, daß das Geschehen zu einem Ende kam, war die Patientin nach Auffassung der beiden Oberärzte bereits klinisch tot. Schwester Maria Morell befand sich in einem hochgradig emotionalisierten Zustand. Ihre Erregung brach in einer aggressiven Bemerkung gegen den Chefchirurgen Dr. Jarezky durch. Ob bei der Patientin zum Zeitpunkt von Schwester Marias Eingriff in das Reanimationsgeschehen bereits ein natürlicher Tod eingetreten war, ließ sich nach Expertenmeinung später nicht sicher beurteilen. Als »irrsinnige Aktivitäten« jedoch bezeichneten die intensivmedizinischen Sachverständigen im Prozeß die Aktivitäten der Ärzte.

Man betrachte einmal die ganze Situation und frage, was ist da eigentlich geschehen?
Als die schwerstkranke Patientin Schumann postoperativ durch ein Herz-Kreislauf-Versagen in einen kritischen Zustand geriet, hat Schwester Maria sofort gehandelt, Reanimationsmaßnahmen durchgeführt und die Ärzte rufen lassen, die fünf Minuten später eintrafen. Sie hat sich also professionell und pflichtgemäß verhalten. Sie hat auch noch an den weiteren Wiederbelebungsversuchen der Ärzte mitgewirkt, bis nach halbstündiger Dauer die Versuche, die Patientin »zurückzuholen«, ohne wenigstens einen Minimalerfolg blieben. Erst bei den »gewaltsamen« Versuchen des Chirurgen, in die kollabierten Gefäße der Patientin mit einer Spritze Blut »reinzudrücken«, war die Belastungs- und Toleranzgrenze von Schwester Maria erreicht – einer Schwester, die seit vielen Jahren mit Extremsituationen umzugehen gewohnt war. Sie war zu erfahren, um nicht zu wissen, welchen Belastungen die betagte Patientin, die gerade eine schwere Operation überlebt hatte, ausgesetzt war, und daß weitere Reanimationsmaßnahmen diese Belastungen vergrößern mußten. Es war die Dauer und Intensität der ärztlichen Maßnahmen, die die Grenze des an Belastungen und Leiden Zumutbaren für die Patientin überschritten hatten – kurz: Es war der Eindruck, der durch alle diese ärztlichen Maßnahmen hervorgerufenen Leidensintensität der Patientin, der Schwester Maria Morell innerlich bewegte, erregte und zu *Beweggründen* ihres tödlich intendierten Handelns wurde. In ihrer an Abwehrmechanismen mangelnden, gegenüber der Patientin unabgegrenzten Schutzlosigkeit wurde sie von Gefühlen der Hilflosigkeit, Ohnmacht, aber auch der Wut und Traurigkeit – einem Wust von Gefühlen – überwältigt und in ihrem zielgerichteten Handeln bestimmt, diese Situation und somit dieses Leiden der Patientin zu beenden. Schwester Maria wurde zur Anwältin einer – wie sich später herausstellte – sterbenden Patientin und zur Gegnerin von Ärzten, speziell eines Arztes, der für sie die humanen Grenzen des technisch Machbaren auf Kosten der Patientin überschritten hatte. Und dieser Arzt hatte die Grenze überschritten, weil er – nach ihrem Dafürhalten – das Gefühl eines Mißerfolgs seiner

operativen Leistungen durch den Tod dieser Patientin schwer ertragen konnte. Letzteres mag richtig oder falsch sein, von wesentlicher Bedeutung sind hier mehrere andere Aspekte:

- Es gibt kein einzelnes Motiv solcher Handlungen, sondern – wie bei den meisten traditionellen Tötungsdelikten auch – ein Motivationsgefüge nach Art eines »Fleckerlteppichs« oder eines Mosaiks. Die Bildung dieses Mosaiks hat eine individuelle Entwicklungs- und Vorgeschichte, in die verschiedenartige Mosaiksteinchen eingelagert sind, die durch Anstöße, Impulse komplettiert werden, die – wie hier – aus der aktuellen Handlungssituation stammen. Die so entstandene, dem tödlichen Handlungsgeschehen unterliegende Motivationsstruktur ist eine – oft schwer aufzudröselnde – Art von »Legierung« aus dynamischen Aspekten der Täterpersönlichkeit, ihrer Entwicklung zur Tat und der aktuellen Tatsituation. Wer aus diesem, oft kompliziert gewobenen Mosaik der Beweggründe ein einzelnes Mosaiksteinchen, ein »Motiv« wie etwa »Mitleid«, herauspräparieren will, tut gut daran, sich zu vergegenwärtigen, daß das Ganze mehr und etwas anderes ist als seine Teile.
- Die Erregung, die Wut Schwester Marias gegenüber dem Chirurgen Dr. Jarezky in der Reanimationssituation weisen über die individuellen Beweggründe hinaus. Sie verweisen darauf, daß der Umgang mit der modernen Medizin, hier die Spitzenmedizin und Maximaltherapie, für Maria Morell Grenzen hat, die Dr. Jarezky überschritt. Dafür spricht alles, was sie über ihre Entwicklungsgeschichte zur Tat berichtet hat. Und das Verhalten dieser Schwester von Beginn der – selbst eingeleiteten – Reanimationsmaßnahmen bis zum Ende verweist auf die konflikthafte Situation zwischen Lebenserhaltung, der ethischen Verpflichtung dazu und der gleichzeitigen Verpflichtung zur Leidenslinderung des Patienten, was oft nicht zusammengeht. Ist Schwester Marias tödliches Handeln eine »Revolte« gegen den ärztlichen Umgang mit den »grenzenlosen« Machbarkeiten der modernen Medizin? Vielleicht im Konflikt zwischen der ethischen Verpflichtung zur

Lebenserhaltung betagter moribunder Patienten und der lindernden Pflege ihrer Schmerzen und Leiden – einer Situation zwischen Baum und Borke, in der Maria Morell, wie vielleicht auch andere Pflegende, sich von Ärzten und der Gesellschaft im Stich gelassen, allein gelassen fühlten mit den Schwerstkranken, den Hoffnungslosen, den Sterbenden? Wie sagte die Hauptangeklagte Rotraud Prager im Wiener Prozeß:
»Patienten haben geschrien, den Ärzten war es egal, die haben kein Ohrwaschl gerührt. Ständig wurde man im Stich gelassen … Man hat mit den Ärzten nicht reden können, ist nie an einen Arzt, nie an den Chef herangekommen …«[38]
Es sind genau diese Gefühle von Ohnmacht, Imstichgelassensein, Enttäuschung und Wut, die auch in zahlreichen Kommentaren von Pflegekräften der australischen und amerikanischen Dunkelfeldstudien zum Ausdruck kommen (siehe Kapitel 5, S. 207 ff.).

Die Situationen, in denen es bei Schwester Maria zu tödlichen Handlungen gekommen ist, waren ganz unterschiedlich. Die geschilderte Reanimation ist keine Standardsituation. Das gilt auch für Tötungen durch andere Pflegende (siehe Kapitel 5, S. 207 ff.). Immerhin aber handelte es sich bei sechs der acht zu Tode gebrachten Patienten um mehr oder weniger frisch operierte, die aus der Chirurgie kamen, also von jener Station, auf der Dr. Jarezky Chefarzt war – Operationen, zum Teil an betagten Patienten, die Schwester Maria zumindest im Einzelfall für problematisch oder sogar – wie ausgeführt – für sinnlos hielt. Und es war eine der in relativ kurzen Abständen dreimal operierten Patientinnen von 77 Jahren – mit ausgedehnter Krebserkrankung des Dickdarms –, die sich über ihren Zustand nicht habe belügen lassen, auch und gerade, wenn Schwester Maria versucht habe, sie manchmal noch zu ermuntern. Ihr hat sie – mehr oder weniger stillschweigend und auf Drängen – das Versprechen gegeben, zu helfen, wenn sie nach der Operation erneut auf die Intensivstation verlegt werden müsse. Schwester Maria »half«, die etwa dreißig Minuten lange Reanimation blieb ohne jeglichen Erfolg. Es war eine jener Situationen, bei der die Dauer des Leidens,

das Ausmaß der Erkrankung, die hoffnungslose Prognose und der Anblick der todkranken Patientin sich zu einem Eindruck von großer Leidensintensität verdichtet haben, die auch australische und amerikanische Pflegekräfte zu tödlichem Handeln veranlaßten. Es war eine Situation, in der amerikanische Onkologie-Schwestern Ärzten bei einer legalisierten aktiven Sterbehilfe assistieren würden, auch wenn sie diese sonst ablehnten. Gerade die letztgenannte amerikanische Studie hat die große emotionale Bedeutung der Leidensintensität sterbenskranker Patienten für das tödliche Handeln Pflegender verdeutlicht, wenn sie mit einem Sterbehilfebegehren konfrontiert werden (vgl. Kapitel 5, S. 207–231).
Daß Schwester Maria in der Rolle der Anwältin »ihrer« Patienten und in der subjektiven Überzeugung, das »Beste« für sie getan zu haben, gehandelt hat, darf über zwei Sachverhalte nicht hinwegtäuschen: Sie hat nur in diesem Fall auf drängendes Verlangen einer Patientin den Tod herbeigeführt, ansonsten in eigenmächtiger Entscheidung. Und sie hat in einer die Ärzte grob täuschenden, deren Anordnungen unterlaufenden Weise gehandelt (vgl. Kapitel 5, S. 207 ff.), Ihre Tötungshandlungen haben jedoch nichts zu tun mit einer rational untermauerten, festgefügten Sterbehilfeideologie, wie sie aus einschlägigen Publikationen bekannt ist. Sie sind vielmehr Endpunkte einer konflikthaften Entwicklung in eine psychische und berufliche Krise dieser hochqualifizierten und engagierten Schwester, die ausgebrannt war; die ohne Abwehr- und Bewältigungsmechanismen irgendwann den psychischen Belastungen und Widersprüchen des klinischen Alltags nicht mehr gewachsen war. Der Weg dorthin war kein rationaler, es war ein emotionaler Prozeß. Und ihre subjektiven Tötungen variierten immer auch – innerhalb gewisser Grenzen – in den Akzenten der Gefühlsbeteiligung, der Art der Emotionen in Abhängigkeit von den unterschiedlichen aktuellen Handlungssituationen (Zustand des Patienten, ärztliches Verhalten usw.) und ihrer eigenen aktuellen Befindlichkeit. Daß es äußerst komplexe Mischungen von Gefühlskomponenten gibt, ist eine banale Alltagserfahrung, die jeder machen kann. Solche Zustände, in die verschiedenartige Gefühle eingehen, haben auch Schwester Maria in

den unterschiedlichen Situationen bewegt – man denke nur an die Reanimation mit Dr. Jarezky und die ganz andere Situation der todkranken Patientin Schumann nach ihrer dritten Operation. Vielleicht war im letzteren Fall die Gemütsbewegung dessen, was wir vage Mitleid nennen, in der aktuellen Situation intensiver, Hilflosigkeit, Ohnmacht und daraus erwachsende Wut im ersten Fall bestimmender. Wer mag das empirisch wirklich entscheiden!
Das Gericht hat weise entschieden, indem es sich im Urteil nicht speziell auf die Mitleidskomponente festgelegt hat, sondern eine gegen die Patienten gerichtete Handlung aus feindseligen »Motiven« ausschloß: »Das Vorgehen der Angeklagten beruhte nicht auf einer den Opfern gegenüber feindseligen Gesinnung; sie handelte in der irrigen Annahme, ihr Tun sei für die Patienten Hilfe und Erlösung. Die Taten können deshalb nach langjährig gefestigter Rechtsprechung« des Bundesgerichtshofs »weder als ›heimtückisch‹[39] noch als ›aus niedrigen Beweggründen‹[40] verübte Delikte angesehen werden.«
Freilich, nach dem höchstrichterlichen Urteil (Bundesgerichtshof) ist diese Ausschlußmöglichkeit nur bei Vorliegen einer Tötung aus (erwiesenem) »Mitleid« gegeben. Ich habe damals in meinem Gutachten darauf hingewiesen, daß das Mitleidsmotiv »keine isolierte, abstrakte Größe darstelle«, die man empirisch aus dem jeweiligen Wust von Gefühlen, die die Einzeltaten mittrugen, isolieren könne. Das Gericht konnte freilich das im Gutachten implizit enthaltene oder auch nicht ausschließbare »Mitleidsmotiv« im Anschluß an die höchstrichterliche Rechtsprechung so werten, wie es das dann auch getan hat.

Doch wie kommt jemand mit sich selbst und seinem Umfeld an dem Ort zurecht, an dem er mehrere Menschen zu Tode gebracht hat und doch täglich genau dort weiterarbeitet? Auch darauf gibt es keine einfache Antwort:
Maria Morell hat ihre Taten nicht als Tötung erlebt und empfunden. Sie stand bei ihren tödlichen Handlungen – mit Ausnahme der Verwechslung eines Medikaments, was ihr schwer zu schaffen machte – mit ihrem Gewissen im Einklang. Hinzu kommt, daß sie ein Mensch

ist, der innere Belastungen nach außen hin verschweigt und überspielt. Das hat sie in den gewohnt »burschikosen«, für Außenstehende auch bisweilen makaber oder – im gewohnten Umgangston solcher Stationen – schon auch mal zynisch klingenden Formulierungen getan. So verhielt sie sich vor allem, wenn sie in bestimmten Situationen mit ihrem Spitznamen »Todesengel« angesprochen wurde oder entsprechende Anspielungen gemacht wurden (vgl. Kapitel 4, S. 161 ff.). Auf den Hinweis einer Kollegin, es gebe bei einer Patientin Anzeichen einer Verschlechterung ihres Zustandes, antwortete sie dann schon mal: »Bis Mitternacht wird sie es wohl geschafft haben!« Aber das fiel nicht weiter auf, gehörte einfach zum »rauhen« Ton, war genauso unauffällig, wie ihre ironischen Äußerungen, die sie auf entsprechende Anspielungen zur hohen Sterberate in ihren Dienstzeiten machte: »Der stirbt wohl, ich bin jetzt da!« Im Gegenteil: Man bedauerte sie. Und dennoch hat sie während der Tatzeit »hin und wieder das starke Bedürfnis« verspürt, mit jemandem darüber zu reden. Sie hat es aber nicht fertiggebracht, sie hatte nicht den Mut dazu, das würde niemand verstehen. Ihre Taten hat sie vor sich selbst genauso aus den jeweiligen Situationen heraus moralisch gerechtfertigt, wie die australischen und amerikanischen Schwestern der Dunkelfeldstudien (vgl. Kapitel 5, S. 207 ff.). Dennoch hat sie sich bisweilen gefragt, »ob ein anderer das auch gemacht hätte, andere das auch so bewerten würden«. Nein, nichts Bohrendes war das in ihrem Kopf, allenfalls ein Anflug von Zweifel, den sie rasch wegdrängte, verdrängte und verleugnete und somit auch die Schwere der Taten. Sie kam ihr gar nicht zum Bewußtsein, weil sie sich vormachte, »Sterbehilfe« zu leisten – sich an jenen schillernden Begriff klammerte, der ohne nähere Präzisierung und damit verbundene strafrechtliche Konsequenzen alles mögliche bedeuten kann.
Zwei Monate vor dem Ende ihrer »Todesserie« kehrte das Verdrängte und Verleugnete zurück. Das Verdrängte nahm die Gestalt jener Eintragung in das Schwesterübergabebuch (der Schichten) an, die am anderen Morgen bei den Kollegen und Kolleginnen Gelächter und Heiterkeit auslöste. Sie verstanden Maria Morells verschlüsselte Botschaften nicht; überlasen das Alarm- und Notsignal, amü-

sierten sich über das Zynische der »Verpackung«, in die manchmal alle ihre heftigen Gemütsbewegungen zu verstecken gewohnt waren.

> »Kreislauf mäßig – bis saumäßig – Diurese[41] mies bis ganz mies – AZ[42] nicht unbedingt der beste – führt nicht mehr flüssig ab – bitte öfter mal in LH (Leichenhalle) nachsehen, ob Patientin noch ruhig liegt – war unruhig – Pat. wurde auf eigenen Wunsch um 22.18 Uhr dorthin verlegt. Ansonsten ruhigen Dienst, schönes Wochenende, wenig Maloche.«

Es waren die Notizen Schwester Marias nach der fünften Tötung; sie betrafen eine 82jährigen Patientin. Später, in einer Begutachtungssituation, erklärte sie einmal: »Das war ein Rettungsring, den ich ausgeworfen hatte, den aber niemand verstanden hat!« Wäre er verstanden worden, es hätte wohl niemand gelacht – drei weitere Patiententötungen wären dann sicher verhindert worden. Es gibt verschlüsselte Selbstanzeigen, die eben doch auf Schuldgefühle verweisen – freilich keine, die im Augenblick bewußt werden, ebensowenig bewußt wie die Verschlüsselung des Tatbekenntnisses selbst.

Zwischen Pflege und Apparaten dekompensiert

Über dem Versuch, innere Vorgänge bei Patiententötungen auszuleuchten, könnte man fast vergessen haben, daß Intensivstationen auch Räume mit bedienungsintensiven Apparaten sind. Ihre akustischen und optischen Signale prägen zusammen mit der Hektik in lebensbedrohlichen Notfallsituationen die spezifische Atmosphäre von Intensiveinheiten. Eine durchschnittliche moderne Intensivstation – so wird gesagt – ist mit zwölf Diagnose- und Therapiegeräten pro Patient ausgestattet. Fünfundachtzig Bedienungselemente und rund fünfzig Anzeigenelemente sowie dreißig Alarme fordern von den Pflegekräften höchste Aufmerksamkeit, optimales Wahrnehmungs- und Unterscheidungsvermögen, geistige Flexibilität, schnelles Umschalten und Reagieren auf neue Situationen sowie ein Repertoire an manuellen und technischen Fähigkeiten. Auf einer solch durchschnittlichen Intensiveinheit fallen rund vierhundert zu erfassende Daten pro Tag an. Und der Medizinpsychologe Hannich, ein seit Jahrzehnten intensivmedizinisch erfahrener Mann, komplettiert dieses technische Szenarium: Die Intensivpflegekräfte verbringen dreiviertel ihrer Arbeitszeit mit Geräteüberwachung, Dokumentation, Berechnungen, Bilanzierungen verschiedener Daten und Logistik und – nur ein Viertel mit der Grundpflege der Patienten.[43]

Über alle diese auf Intensivstationen geforderten Fähigkeiten verfügte der 25jährige Pfleger Fred Klein nicht, von dem im letzten Kapitel zu hören war, daß er sich nach seiner klinikreifen Burnout-Symptomatik auf einer Intensivstation beworben hatte (vgl. Kapitel 7, S. 301 f.). Gewiß, die Geräteausstattung mag vor fünfundzwanzig Jahren noch keineswegs so perfekt wie heute gewesen sein, doch auch damals waren die Anforderungen an die Intensivpflegekräfte schon hoch. Trotz seiner vor allem manuellen Ungeschicklichkeiten, seiner Langsamkeit und fachlichen Defizite war der Pfleger Klein auf der Intensivstation schon bald eine geschätzte Kraft: wegen seines hohen Engagements, seiner Hilfsbereitschaft und – in erster Linie – wegen seiner menschlichen und persönlichen Zuwendung zu den Patienten. Bei ihnen und den Ärzten war er deshalb gleichermaßen beliebt. Gerade wegen seiner menschlichen Ansprache der Patienten war die Oberärztin Dr. Roth »froh, wenn er Dienst hatte«. Manche Ärzte gewannen schon bald den Eindruck, daß der sonst kontaktgehemmte Pfleger bei den Patienten als der »ruhende Pol« der Station galt. Im übrigen schätzten die Ärzte seine ruhige, zurückhaltende Art und seine korrekte Ausführung ihrer Anordnungen.
Die Leitende Stationsschwester Gertrude hatte den »anfangs sehr stillen, aber korrekt arbeitenden« jungen Kollegen unter ihre Fittiche genommen und ins Stationsteam zu integrieren versucht. Natürlich hatte auch sie, wie die anderen Kolleginnen, gemerkt, daß Klein in »kritischen Situationen« der Arbeit »recht unruhig« und fachlich

»unsicher« wurde. Aber fast alle hatten auf der erst kürzlich eröffneten Intensivstation anfangs ihre Probleme mit den Apparaten, keiner hatte sie gleich von Anfang an beherrscht. Dagegen hat sich Kollege Klein einfach auch mehr als andere »menschlich« mit den Patienten beschäftigt. Da hat man seine »Ungeschicklichkeit« in Kauf genommen. Hilfestellung beim Hantieren mit den Geräten lehnte er »schroff« ab, er wollte sich »keine Blöße« geben, sagte die Leitende Schwester Gertrude. Als sie drei Monate nach Fred Kleins Dienstantritt auf dieser Station die Klinik verließ, veränderte sich die Situation im Pflegeteam und die Situation des Pflegers grundlegend:
Nach einhelliger Meinung von Ärzten und Pflegekräften verschlechterte sich das Klima im Pflegeteam durch die neue Leiterin, Schwester Rosa, zusehends. Nach dem Motto, neue Besen kehren gut, pflegte sie einen autoritären Führungsstil, teilte reichlich Kritik an den Teammitgliedern aus, war selbst aber hochempfindlich gegen Kritik anderer. Es gab offenbar keine klare Tätigkeitsregelung des Pflegepersonals, und Rivalitäten innerhalb des Teams schufen alles andere als eine funktionstüchtige, leistungseffiziente Gemeinschaft. Das ohnehin noch nicht eingespielte Intensivteam erwies sich den Anforderungen in »Stoßzeiten« nicht gewachsen. Dokumentationsmängel und Doppelabgaben von Medikamenten sollen vorgekommen sein. Die Patienten seien wegen »Überlastung« zu kurz gekommen. Doch man bedenke auch: Es handelte sich um eine im Aufbau begriffene Intensivstation, und die Intensivmedizin selbst war als selbständige stationäre Einrichtung zu diesem Zeitpunkt gerade mal gut zehn Jahre alt.[44]
Schwester Rosa hat ihren Kollegen Klein häufig wegen seiner Ungeschicklichkeiten kritisiert, statt ihm die richtige Handhabung zu zeigen, etwa beim Beatmen. Einige sagten sogar, die Leitende Teamschwester habe ihn »gepiesakt«. Schwester Rosa war offenbar sehr tüchtig, aber »hektisch«. Fred Klein – so ein Oberarzt – habe wohl auch unter seinen fachlichen Wissensdefiziten gegenüber der fachlich versierten Schwester Rosa gelitten. Hinzu kam, daß er der einzige Mann im Team war und einige Kolleginnen sich ihm gegenüber abgrenzten, ihn wegen seiner Introvertiertheit »langweilig« fanden.

Fred Klein geriet immer mehr in die Isolation vom Team. Seine Ungeschicklichkeiten nahmen zu. So kam es etwa vor, daß er Elektroden falsch anlegte, während einer Reanimation die Beatmung ungeschickt handhabte, einem Patienten die Atemmaske falsch aufsetzte. Ein Oberarzt meinte, Klein »sei nicht geeignet für eine Intensivstation«. Auf seine Kolleginnen wirkte er »nervös«, und er »schwitzte auffallend« ohne äußeren Grund. Unter dem Eindruck gehäufter Todesfälle auf der Station wurde er »fahrig«, saß bei der Schichtübergabe »sehr still in einer Ecke«, so als würde er nicht dazugehören. Nach dem Tod eines Patienten sei er regelrecht »erschüttert« gewesen. Die Oberin, die offensichtlich etwas über seine Vorgeschichte in der früheren Klinik wußte, nahm die Auffälligkeiten wenige Wochen vor der Todesserie zum Anlaß, ihn zu fragen, ob er denn vielleicht auf eine andere Station versetzt werden möchte. Fred Klein lehnte ab: Er werde »nicht so schnell aufgeben«. Später äußerte er gegenüber dem Sachverständigen, er habe das Gefühl gehabt, man wolle ihn nicht mehr auf der Station haben. Und er offenbarte auch, daß er in »angespannten« Zeiten und bei Belastungen durch viele Todesfälle Beruhigungsmittel, gelegentlich Schlaftabletten und Kopfschmerzmedikamente eingenommen habe, also genauso wie ein gutes Jahr davor in der Hautklinik.
Fred Klein hat nie etwas über seine Motive ausgesagt. Lediglich einmal hat er geäußert, er habe den Patienten »helfen« wollen. Von seiner inneren Entwicklung zur Tat und den Beweggründen, weshalb er die sechs hochbetagten Patienten zu Tode brachte, hat man nichts erfahren. Die Taten selbst hat er mal eingeräumt, dann wieder bestritten. Entsprechend schwer tat sich die Justiz mit diesem ersten Fall einer mehrfachen Patiententötung in einer deutschen Klinik: Das Verfahren dauerte fast sechs Jahre bis zum rechtskräftigen Urteil.
Nach Persönlichkeitsstruktur, beruflicher Entwicklung und Vorgeschichte besteht jedoch – aus heutiger Sicht – kein Zweifel, daß der Pfleger Fred Klein bereits nach wenigen Monaten Intensivstation erneut eine Burnout-Symptomatik entwickelte und wiederum nach Medikamenten griff. Zu groß war die Diskrepanz zwischen den

Grenzen seiner psychischen Belastbarkeit, seinen technischen und manuellen Fähigkeitsdefiziten und den hohen Anforderungen, dem Druck durch die Pflegeteamleitung sowie den Belastungen durch gehäufte Todesfälle. Zwar sahen Ärzte und Schwestern in Leitungsfunktionen sowohl, daß Fred Klein auf einer Intensivstation eine Fehlbesetzung war, als auch, daß der Pfleger durch Versetzung auf eine andere Station hätte entlastet werden müssen, aber sie kannten damals die Gefahren nicht, die ohne akute Intervention entstehen würden. Im Team isoliert und gefangen in der unbedingten Rolle des engagierten, hochmotivierten Pflegers machte Fred Klein weiter, konnte sich weder seine eigene Hilfsbedürftigkeit eingestehen noch sich vor anderen dadurch eine »Blöße« geben, daß er seine Not offenbarte. Aber er mußte zwangsläufig erkennen, daß er an den Geräten und Apparaten einer solchen Station, die ihn täglich unter Druck setzten, ihm etwas schwer zu Bewältigendes abforderten, scheiterte und sich der Kritik aussetzte. Der in der Grundpflege tüchtige und wegen seiner menschlichen Pflegezuwendung zu Patienten allseits beliebte Pfleger mußte irgendwann desillusioniert einsehen, daß seine »Stärken« auf einer solchen Station nicht angemessen und nach seinen Vorstellungen zum Einsatz kommen konnten. Er mußte zugleich auch wahrnehmen, was Sterben und Tod unter dem Einsatz der Technologie, die ihm so sehr die Arbeit erschwerte, für die Patienten bedeutete.

Gisela Friedrichsen schrieb einmal im *Spiegel*: »Es gibt Menschen, die für andere gefährlich werden, wenn sie in einen für sie falschen Beruf geraten oder an einen Arbeitsplatz, an dem sie – orientierungslos, isoliert, mißachtet, überfordert – ihren Schwächen und Schäden überantwortet werden.«[45]

Der Intensivpfleger Fred Klein hat nicht getötet, weil er ausgebrannt war oder unter dem Einfluß von Tranquilizern stand, mit deren Hilfe er »Tritt zu fassen« suchte. Der Pfleger am falschen Arbeitsplatz scheiterte an den technischen und psychischen Anforderungen einer Einrichtung moderner Medizin, die weit größer waren als seine Belastbarkeit und seine Fähigkeiten, damit umzugehen. Deshalb geriet er schon nach kurzer Dauer unter den außerordentlichen Belastun-

gen seiner Arbeit in einen Zustand emotionaler Erschöpfung und Hilflosigkeit – eingeklemmt zwischen den täglichen Erfordernissen der Handhabung lebenserhaltender Apparate, den offensichtlich traumatisierenden Erlebnissen von Sterben und Tod und der Pflege, der menschlichen Zuwendung zu den Patienten, um die es ihm ging, die seine Stärke war, für die aber kaum noch Zeit blieb. Ob in dieser Situation für den Pfleger Klein die naheliegendste Möglichkeit des »Helfens«, seiner menschlichen Zuwendung zum Patienten, darin bestand, dem Sterben nachzuhelfen, den Tod zu befördern, zu beschleunigen – diese Frage nach dem letzten Glied einer »langen Ursachenkette«, wie Söderborgs Doktor Glas notierte, verliert sich im Dunkel seines Schweigens.
Der Fall des Pflegers Klein hat gezeigt, daß die Wege und Rahmenbedingungen von Pflegekräften, die auf einer Intensivstation den Patiententod bringen, sehr unterschiedlich sein können und doch auch gemeinsame Punkte aufweisen. Die Fälle Morell und Klein dürften aber auch verdeutlicht haben, daß es – neben den bereits aufgezeigten Warnsignalen (vgl. Kapitel 4, S. 161–182) – noch andere, zum Teil diskretere »Notrufe« der tödlich Pflegenden gibt.

Hilflosigkeit und absterbende Gefühle – Im Teufelskreis der »Tötungsspirale«

Er gestand 14 Patiententötungen, irrte sich in einem Fall, wurde in zehn Fällen des Mordes angeklagt und auch in zehn Fällen verurteilt – wegen Totschlags, nicht wegen Mordes, weil – nach der Rechtsprechung des Bundesgerichtshofs – bei einem bewußtlosen Opfer das Mordmerkmal der »Heimtücke«, die sogenannte Arg- und Wehrlosigkeit des Opfers, bei Begehung der Tat fehlte (eine komplizierte, eher pikante, nicht unumstrittene höchstrichterliche Wertung des BGH).[46] Die Rede ist von Helmut Frey, jenem ehemaligen Hochschulstudenten, der sich nach erfolglosem Studium der Krankenpflege zuwandte und es so außerordentlich schwer hatte, in seinem beruflichen Umfeld menschlich Anklang zu finden. Als er etwa eineinhalb Jahre vor Tatbeginn aus dem psychiatrischen Bereich der Klinik auf eine der beiden internistischen Stationen versetzt wurde, traf Frey auf problematische Stationsverhältnisse.

Inmitten einer höchst problematischen Station

Auf der Zweiundzwanzig-Betten-Station bot sich ein »buntes Bild von Patienten«: Alkoholiker, Drogenabhängige, internistisch Kranke, psychiatrische Patienten mit internistischen Erkrankungen, geriatrische Patienten (Patienten mit Alterskrankheiten) und psychosomatische Patienten. Ein klares Stations- bzw. Behandlungskonzept war in Anbetracht der Vielfalt der Patienten nicht erkennbar, und ein einheitliches auch gar nicht möglich – so Norbert Leygraf, Gutachterkollege im Prozeß. Das Spektrum der Erkrankungen reichte in ganz unterschiedliche fachärztliche Bereiche hinein: Innere Medizin, Neurologie, Allgemeine Psychiatrie, Geronto- bzw. Alterspsychiatrie und Psychotherapie.

Bei solchen äußerst heterogenen Erkrankungsarten bleiben Kompetenzkonflikte nicht aus, die aus unterschiedlichen Betrachtungsweisen resultieren, was als jeweils angemessenes Behandlungs- und Pflegekonzept anzusehen ist. Deshalb und wegen ihrer Konflikte mit dem Pflegepersonal galt die Station bei den jungen Assistenzärzten als besonders schwierig, zu anstrengend und das Stationsklima als schlecht. Die Pflegekräfte wiederum hielten die jungen Ärzte nicht nur in pflegerischen Dingen für inkompetent, sondern sahen sie auch in medizinischen Dingen als unerfahren an. So sahen sie sich veranlaßt, ärztliche Aufgaben teilweise selbst zu übernehmen – ein Nährboden für eigenmächtiges Handeln.

Rivalitäten und Konflikte gab es auch zwischen dieser Inneren Station und drei anderen Stationen, vor allem der Gerontopsychiatrischen Abteilung und der Intensivstation. Hauptgrund war die Überzeugung der Mitarbeiter, daß die anderen Stationen ihnen die schwierigen, oftmals auch pflegeintensiven oder sterbenden Patienten zuschieben. Ihre Selbstdefinition als »Abschiebestation« oder »Mülleimer« etikettierte auch zugleich die von anderen Stationen verlegten Patienten als abgeschriebene und hoffnungslose oder unbequeme Kranke. Kam hinzu, daß sich die Pflegenden dieser Station als »ungeliebte Kinder« der Klinik- und Pflegedienstleitung sahen – »alleine und ohne Beistand gelassen«, wie eine Schwester als Zeugin im Prozeß sagte.

Nicht genug damit: Auf der Station selbst waren die beiden Pflegeteams der Schichten 1 und 2 gespalten. Während die Schicht 1, nur mit Schwestern besetzt, eher psychosomatisch orientiert war, also etwas mit der Seele im Sinn hatte und psychosomatische Kranke betreute, war die zweite Schicht eher somatisch-internistisch ausgerichtet und nur mit Pflegern besetzt. Die Stationsatmosphäre war – nach den Zeugenaussagen einer psychotherapeutischen Mitarbeiterin – sehr gespannt und voller Querelen. Bei mehr oder weniger allen herrschte ein Grundgefühl von Unsicherheit, Unzufriedenheit und Orientierungslosigkeit, und dies letztlich auch noch deshalb, weil die ganze Abteilung und somit auch die Station von Auflösung bedroht war.

In dieser Verfassung hatte die Station im Jahr vor und während der Tötungsserie des Pflegers Frey einen Auslastungsanstieg der Betten von 77 Prozent auf 96 Prozent zu bewältigen, sowie eine Zunahme an verlegten gerontopsychiatrischen, also älteren Patienten um gut ein Fünftel zu verzeichnen, worunter auch vermehrt Patienten waren, die dann auf der Inneren Station verstarben. Aus der Sicht der Pflegekräfte war man »zeitweise an eine Leistungsgrenze« gekommen, insbesondere bei personellen Engpässen.

Über die internen Schwierigkeiten wurde auf der Station nicht offen miteinander gesprochen. Auch wurde weder über psychische Belastungen durch einen Anstieg der Sterbefälle etwa anderthalb Jahre vor der Tötungsserie von Frey, noch über individuelle Schwierigkeiten mit bestimmten Patienten gesprochen oder diskutiert, obgleich eigentlich in einer sogenannten Balint-Gruppe[47] Möglichkeiten dafür bestanden.

Im Tatjahr und schon davor war die chefärztliche Leitung der Station im Übergang begriffen. Der bisherige Chefarzt galt als fachlich anerkannt und als Integrationsfigur der Station. Sein kommissarischer Nachfolger war bei den Pflegekräften nicht beliebt; man hielt ihn für fachlich »unfähig« und im Führungsstil für »autoritär«. Die facettenreiche Problematik der Station wurde schließlich durch die Tatsache komplettiert, daß außerdem zwischen der ärztlichen Stationsleitung und dem Leitenden Arzt der Gerontopsychiatrie, der auch für die Verlegungen zuständig war, Spannungen herrschten. Von der gerontopsychiatrischen Abteilung aber wurden meist schwierige oder pflegeintensive Patienten auf die Innere verlegt: Verwirrte, geistig abgebaute Patienten (Demente), auch Schizophrene – Patienten, die viel Unruhe und Probleme auf die Innere brachten.

Die Folgen aller dieser konfliktreichen Spannungen, von Zersplitterungen der Stationsmitarbeiter sowie der Widersprüchlichkeiten und der führungsarmen Leitung dieser Station waren bedenklich: Ärztlich verordnete Medikamente seien von Pflegekräften nicht verabreicht worden, weil man sie unangemessen, zu hoch, zu niedrig dosiert oder für »nicht mehr erforderlich« erachtete oder weil man den »Exitus« des Patienten für absehbar hielt. Höhere als ärztlich angeordnete Dosierungen seien verabreicht worden oder ärztliche Anordnungen ungenau aufgenommen worden. Die alles erschwerende Problematik bestand auch darin, daß viele der 60- bis 90jährigen Patienten körperlich und psychisch krank waren, die somatisch orientierten Ärzte von der psychischen Seite »wenig Ahnung« hatten und manche der verlegten gerontopsychiatrischen Patienten Medikamente bekamen, die sich mit denjenigen für ihre internistische Behandlung nicht vertrugen.

In diesem – man ist versucht, zu sagen – verwirrenden und hochgespannten Durcheinander hatte sich ein Pfleger zurechtzufinden, der zwischenmenschliche Kontakt- und Beziehungsprobleme hatte. Und nicht nur das: er mußte als einziger Mann in einer Schicht mit Frauen seinen Platz finden, was für Helmut Frey ohnehin ein Grundproblem seiner Persönlichkeit war – der Umgang mit und die Beziehung zu

Frauen, denen gegenüber er sich gehemmt und alles andere als locker verhielt. So gelang es ihm auch nicht, ein persönliches oder reibungsloses Verhältnis zu seinen Kolleginnen, insbesondere nicht zur Schichtleiterin herzustellen, obgleich er sich fraglos darum bemühte. Den Kolleginnen gefiel nicht nur seine Art nicht, sie kritisierten an ihm auch eine ganze Reihe anderer Dinge: seine gewerkschaftlichen Ideen – er war seit seiner Arbeit als Pfleger in der Gewerkschaft –, seine Tendenz, zu viele Medikamente zu bestellen, sein gelegentlich »zu lauter Umgangston« mit Patienten, seine Verbesserungsvorschläge usw. Die anderen, insbesondere die Kolleginnen seiner Schicht und der Station stellten »auf Durchzug«, wenn er redete. Eine Schwester veranschaulichte als Zeugin im Prozeß mit ihrer Aussage die Einstellung gegenüber ihrem Kollegen Frey: »Kein Mensch hat ihm zugehört. In seiner Abwesenheit wurde über ihn gesprochen und zwar nicht unbedingt positiv ... Er war mir unsympathisch ... Er ging mir regelrecht auf die Nerven ...« Hinzu kam, daß Helmut Frey zu einem anderen Pflegekonzept tendierte als die übrigen Kolleginnen der Schicht.
So kam es fast zwangsläufig dazu, daß der Pfleger Hermann Frey sich in zunehmendem Maße von seinen Kolleginnen nicht akzeptiert, »abgewertet«, alleine gelassen und »in die Ecke gestellt fühlte«. Er sah sich regelrecht ausgegrenzt, und er war es auch. Um dieser Isolierung vom Schichtteam zu begegnen, übernahm er die »ungeliebten Dienste«: Spätdienste, Nachtwachen, Sonderdienste. Einerseits wollte er dadurch erreichen, von den Kolleginnen akzeptiert zu werden, andererseits konnte er ihnen dadurch ausweichen: »Dann hatte ich meine Ruhe!« Doch alle seine Bemühungen, vom Team und der Schicht akzeptiert zu werden, fruchteten nicht. Der Pfleger Helmut Frey konnte seinen Kolleginnen – wie eine Schwester als Zeugin sagte – »nichts recht machen« und schien »oft resigniert« zu sein. Zu stark war das Klima der Ablehnung und der persönlichen Antipathie. Helmut Frey litt darunter. Vollends isoliert wurde er einige Monate vor Beginn der Todesserie, als er wegen einer massiven Konfrontation zwischen den Pflegekräften und dem Stationsarzt, zu dem er eine positive Beziehung hatte, zwischen alle Fronten geriet.

Er sah sich aber nicht in der Lage, seine Situation und die Front gegen sich offen bei den Kolleginnen anzusprechen. Das wäre für Helmut Frey ein Eingeständnis eigener Schwäche gewesen – sowohl vor sich selbst als auch vor den anderen. Statt dessen wurde er wütend auf sich selbst. Statt – wie er später sagte – »einmal auf den Tisch zu hauen, sich Luft zu machen«, fraß er alles in sich hinein. Helmut Frey war genau in jene Position geraten, die er zutiefst fürchtete und sein Leben lang zu vermeiden suchte: nicht akzeptiert, abgelehnt zu werden, und zugleich in eine Situation der Unterlegenheit und Abhängigkeit zu geraten, in der er nur noch um »gut Wetter« bitten konnte. Sein ohnehin brüchiges Selbstwertgefühl war jetzt schwer angeschlagen, er fühlte sich »unterlegen«, seine mißlungene Kommunikation mit seinen Kolleginnen belastete ihn sehr. Aber das war nicht das einzige Problem Kleins. Denn unter den beschriebenen Stations- und Schichtbedingungen vollzog sich bei ihm gleichzeitig noch eine andere Entwicklung; sie bestand in zunehmenden gesundheitlichen Beeinträchtigungen und einem negativen, beruflichen Selbstgefühl.

Innerlich leer und »total müde« – den »Elan« verloren

Die beiden Entwicklungen greifen ineinander wie in einem Räderwerk, das eine bedingt das andere, das andere das eine: eine zunehmende psychische und körperliche Befindlichkeitsbeeinträchtigung einerseits und eine allmählich zur Berufskrise eskalierende Lustlosigkeit und Demotivierung der täglichen Klinikarbeit andererseits. Und sie vollziehen sich keineswegs dramatisch, sondern eher schleichend und vom Kollegenumfeld unbemerkt. Einige Widersprüchlichkeiten in seinem Umgang mit Patienten, gewiß, die wurden schon bemerkt, aber die hat man anders gedeutet. Daß sie Anzeichen einer emotionalen Labilisierung des unbeliebten Pflegers waren, daran hat niemand gedacht.

Unter den psychisch belastenden Arbeitsverhältnissen auf Station und in der Schicht fühlte sich Helmut Frey in zunehmendem Maße seelisch und körperlich »fix und fertig, leer, ausgebrannt, total müde und geschafft, kraftlos, schwung- und antriebslos«. An seiner Arbeit verliert er allmählich die »Freude«, den »Elan«, er wird leicht »ungeduldig, gereizt« und ganz erheblich »empfindlich« gegenüber Kritik oder Einmischung in seine Arbeit durch Kolleginnen und Kollegen. Seine Stimmung schwankt: mal ist er mißmutig, mürrisch und gereizt (sogenannter dysphorisch-gereizter Verstimmungszustand), mal ist er schwerer verstimmt, eher deprimiert-niedergeschlagen, pessimistisch, verbunden mit den Gefühlen, die er (oben) selbst artikuliert hat (depressive Reaktion). Damit einhergehend funktionelle körperliche Beschwerden, wie etwa Kopfschmerzen, körperliche Mattigkeit, »Herzrasen«, das vom Hausarzt als »funktionelle Tachycardie« bei leichtgradigem Herzdruck diagnostiziert wurde (womit wohl eine nur vorübergehende, psychisch bedingte Steigerung der Herzfrequenz leicht über das Normale hinaus gemeint war und nicht etwa das Symptom einer organischen Herzerkrankung). Verstärkt treten auch Schwindelgefühle und Ohrgeräusche auf (die vom Facharzt als Symptome einer Meniere-Erkrankung gedeutet wurden). Er hat Schlafstörungen. Wirklich organisch begründete Erkrankungen hat er nicht. Seine körperlichen Beschwerden sind weitgehend psychosomatischer Natur. Nach außen deckt er alles ab, will in der für ihn typischen Weise die Probleme mit sich selbst abmachen – nicht einmal seiner Ehefrau gegenüber öffnet er sich. Als den Pfleger wenige Wochen vor der Ersttat dann noch eine ganz persönliche Nachricht schicksalhaften Inhalts erreicht, die thematisch nichts zur Sache tut, ihn in seinem Selbstwertgefühl aber vollends erschüttert, treten erstmals bei ihm Suizidgedanken auf. Sie sind in der Folgezeit mit einem zwischenmenschlichen Rückzug auf sich selbst und einer Einengung seines Lebensraums verbunden, die aber nicht – wie häufig bei schweren Depressionen – total oder weitgehend sichtbar werden.

Was Helmut Frey bis zu diesem Punkt seiner körperlichen und psychischen Beeinträchtigungen recht genau beschrieb (und sich aufgrund seiner ärztlich dokumentierten Krankengeschichte sowie einiger Beobachtungen von Zeugen ganz gut überprüfen ließ), ist wiederum ein – hier erheblich ausgeprägtes – Burnout-Syndrom. Es

entwickelte sich nicht zuletzt auch unter dem Eindruck, dem Erleben von gehäuften Todesfällen, die dem sicherlich dünnhäutiger werdenden Pfleger eine angemessene Verarbeitung schwermachten. Komplettiert aber wird das Burnout-Syndrom bei Frey – deutlich gegen Verlaufsende hin – durch das, was die einen der Burnout-Forscher reduziertes Engagement vom Beruf, die anderen Demotivation der Arbeitsleistung nennen:
Erstens fiel es dem Pfleger immer schwerer, mit psychiatrischen Patienten umzugehen, also mit unruhigen, aggressiven, verwirrten, geistig abgebauten oder depressiven Patienten oder Alkoholkranken. Er fühlte sich mit solchen Patienten »allein gelassen«, ohne fachärztlichen Rat (die psychiatrische Konsiliararbeit der Ärzte anderer Abteilungen war in der Tat ungenügend). Er wurde mit solchen Patienten leicht ungeduldig-gereizt, hatte Angst vor unkontrollierten eigenen Impulsen – kurz: er war bei diesen Patienten mit seiner ureigensten Problematik konfrontiert, Ärger und Wut nicht angemessen ausdrücken zu können. Je unbefriedigender seine Arbeitssituation auf Station und in der Schicht wurde, je mehr er sich ausgegrenzt fühlte, desto schlechter war seine körperliche und seelische Befindlichkeit und desto größer sein Motivationsverlust, seine Arbeits- und Patientenaversion.
Zweitens, und das war das viel größere Problem, fiel es dem Pfleger Frey »immer schwerer, mit Schwerstkranken und Sterbenden umzugehen«. Er hat im Prozeß sein entsprechendes Grundgefühl unmißverständlich ausgedrückt: »Wir waren nur noch dafür da, schwerkranke Patienten notdürftig zu versorgen. Ich konnte das Sterben nicht mehr ertragen. Ich konnte keine Arbeit mehr machen, wo ich nur noch den Mißstand zu verwalten hatte.« Das Anlegen von Infusionen, die Verabreichung lebenserhaltender Medikamente, »alles, was das Leben verlängert«, wurde ihm zum Problem, zu einer schweren psychischen Belastung. Er hat »manchmal daran gedacht, man sollte die Patienten in Ruhe und Frieden einschlafen lassen«. Auch der körperliche Kontakt mit moribunden Patienten fiel ihm schwer, ebensosehr wie der bloße Anblick Sterbender. Helmut Frey spürte in zunehmendem Maße eine Wut in sich aufsteigen, eine Wut gegen

alle Ärzte, Kolleginnen und Kollegen, die in »sinnlosen Fällen« lebensverlängernde Maßnahmen anordneten, befürworteten oder auf entsprechende Aktivitäten besonders »stolz« waren. Wie es seiner Persönlichkeit in solchen aufgeladenen Zuständen entsprach, ärgerte er sich dann meist darüber, daß er seine Meinung »über die Sinnlosigkeit solcher Maßnahmen« nicht zum Ausdruck brachte und schwieg. Das hatte Folgen: anstatt einer klaren, offensiven Meinungsäußerung zum Verhalten von Ärzten und Kolleginnen entwickelte der Pfleger Frey die Angst, die Patienten »könnten schon tot sein«, wenn er nur das Zimmer betrete, seine bloße Anwesenheit könne todbringend sein. Mag sein, daß diese Angst auch im Zusammenhang stand mit seinem Spitznamen »Todesengel«, den man ihm schon zugeeignet hatte, ehe er einen Patienten zu Tode gebracht hatte, als jedoch in seiner Schicht gehäuft Patienten verstarben. Da hatten die Kollegen schon mal gesagt, »schicken wir den Helmut ins Zimmer, und in ein paar Stunden ist der Patient schon tot«, oder: »Ja, der Helmut ist ja da, wenn wir morgen wiederkommen, ist der Patient nicht mehr da.« Das hat ihn anfangs noch belustigt, aber mit der Zeit doch immer mehr »getroffen«. Daß Helmut Frey immer tiefer in eine berufliche Krise rutschte, war nicht zu übersehen: Sie war eben nicht nur gekennzeichnet durch reduzierte Arbeitsmotiviation, sondern auch und vor allem durch einen zunehmenden inneren Widerstand gegen alle ihm sinnlos erscheinenden ärztlichen Maßnahmen der Lebensverlängerung moribunder Patienten sowie durch resignative Gefühle in Anbetracht mangelnder Unterstützung durch Ärzte. Auf dem Weg in die berufliche Krise haben sich zweifellos auch Wahrnehmungsschwelle und Empfindlichkeit des Pflegers gegenüber allen Vorgängen auf der problematischen Station verändert: In dieser Zeit zunehmender Sterbefälle konnte er den Tod von Patienten »eben nicht mehr so wegstecken«. Gedanken an einen Stationswechsel wurden immer konkreter, »um eben nicht mehr so eng dabei zu sein, wenn jemand starb«. Aber der schon mit einer anderen Station der Klinik vereinbarte Wechsel kam nicht zustande. Es war eine der letzten großen Enttäuschungen Helmut Freys kurz vor seiner Tötungsserie.

Zu einer vergleichbaren inneren Situation der Schwestern in Wien-Lainz – wenngleich sicher unter den dort noch desolateren Stationsverhältnissen – schrieb der Oberarzt Thomas Meisl:

> »Hilflos steht die Fortschrittsmedizin dem wehrlosen Patienten, dessen Zukunft abgelaufen ist, gegenüber ... Was macht der Doktor, wo wenig oder nichts zu heilen ist? ... Trotz allem: Sterben soll der Patient nicht ... Die Einsamkeit des Patienten teilt nur das alleingelassene Pflegepersonal.«[48]

Und zum Ende des Wiener Verfahrens schrieb dieser kritische und nachdenkliche Arzt:

> »Wo der Mißstand das physische Gebrechen umgab, allergrößte Hilflosigkeit dem Mangel überantwortet wurde – dort ist die unerträgliche Belastung des Pflegedienstes zum schleichenden Übergriff ins gewohnheitsmäßige Verbrechen verwandelt worden.«[49]

Daß die psychischen Belastungen der Pflegenden in den sensiblen Bereichen von Kliniken groß sind, nämlich dort, wo chronisch kranke, pflegeintensive ältere Patienten oder ältere Intensivpatienten, Krebspatienten untergebracht sind und die Mortalität hoch ist, ist unzweifelhaft. Aber es gibt in der Klinikpraxis auch genügend Belege dafür, daß diese schweren Belastungen von Pflegekräften besser und ganz anders bewältigt und verarbeitet werden können, wenn zwischen Ärzten und Pflegekräften eine echte, gesprächsoffene Kooperation, ein gutes Stationsklima besteht und sich das Pflegeteam als eine Gemeinschaft mit sich gegenseitig stützenden Mitgliedern versteht. Die kasuistischen Beispiele von Schwester Maria Morell, Fred Klein und Helmut Frey versuchten unter anderem aber auch zu verdeutlichen, daß sich Anforderungen und Belastungen der Pflegekräfte nicht allein an den »objektiven« Arbeitsbelastungen ablesen lassen, sondern auch an den Bedingungen zu messen sind, unter denen sie ihre täglichen Aufgaben zu bewältigen haben. Und die waren bei allen drei Pflegekräften durch defizitäre Strukturen und Zustände von Stationen und Teams erheblich erschwert (siehe auch Kapitel 9).

Von der Tatbereitschaft zur Tötungsspirale

Der Strafprozeß verfügt über kein Instrument zur objektiven Erforschung der Wahrheit. Er kann sich unter günstigen Bedingungen allenfalls der Wahrheit annähern oder auch nur darum bemüht sein. Inwieweit ihm das eine oder andere gelingt, ist von zahlreichen Faktoren und Unwägbarkeiten abhängig. Nach den Feststellungen des Schwurgerichts hat der Pfleger Helmut Frey eine Serie von zehn Patiententötungen gleich mit zwei Taten an einem einzigen Tag begonnen. In den ersten vierzehn Tagen waren es drei und nach knapp drei Wochen bereits vier Menschen, deren Leben er verkürzt hatte. Ob die beiden über achtzigjährigen Patientinnen tatsächlich die ersten Tötungsfälle waren, mag offen bleiben. Er selbst hat jedenfalls als Ersttat die Tötung eines schwerstkranken Patienten für einen früheren Zeitpunkt angegeben, und zwar – wie Maria Morell – mit allen zutreffenden Einzelheiten über den Patienten und die Tatumstände. Das Gericht mußte diesem Fall nicht nachgehen, da er von der Staatsanwaltschaft nicht angeklagt wurde (der Verstorbene war eingeäschert worden, so daß die Möglichkeiten des Spurennachweises ohnehin Null gewesen wären). Möglicherweise handelt es sich aber hier ebenfalls um eine jener Erinnerungstäuschungen von Ersttaten, denen man auch in anderen Fällen begegnen konnte.
Sicher ist, daß die Taten auch über den Pfleger Frey nicht wie ein Wirbelsturm hereinbrachen und über ihn und die Opfer hinwegfegten. Eine konflikthafte innere Entwicklung – wie bei Maria Morell – ging auch bei ihm voran. Sie speiste sich aus vielerlei Quellen und lagerte Unbewältigtes ein: seine aus den Konflikten mit dem Schichtteam resultierenden Frustrationen ebenso wie seine zunehmende Belastung, die er im Umgang mit Schwerstkranken und sterbenden Patienten empfand, deren Lebensverlängerungsmaßnahmen

durch Ärzte und Kolleginnen und Kollegen er als »sinnlos« und leidensverlängernd betrachtete. Der Boden, auf dem sich diese eher gefühlshafte als rational reflektierende Entwicklung vollzog, war seine dysphorische, bisweilen depressive Grundstimmung, aus der zuletzt suizidale Tendenzen erwachsen waren. Diese innere konflikthafte Entwicklung zur Tatbereitschaft als eine Plattform, die die Möglichkeit bedeutete, das Leben sterbenskranker Patienten zu verkürzen, war auch kein bewußter Prozeß, den Helmut Frey in allen Zusammenhängen wahrnahm und verstand. Er hat im Rückblick – bei der Begutachtung und im Prozeß – immer nur unverbundene, teils widersprüchlich erscheinende Teile von Umständen und Erlebnisfragmenten »gesehen«, ohne sie wirklich erklären und in den Kontext einordnen zu können, wie man dies von einem Angeklagten – ihn damit bisweilen auch überfordernd – erwartet. Aber wie bei Söderbergs Doktor Glas verloren sich auch bei Helmut Frey die eigenen Erklärungsversuche, seine »lange Ursachenkette im Dunkel«, blieb manches eben nur »Glied einer Kette« oder »Welle einer Bewegung, die lange vor [seinen] ersten Gedanken begonnen hatte«. Es sei daran erinnert, daß auch Maria Morell die Entwicklung zur Tatbereitschaft, zum Gedanken an die Lebensbeendigung dahinsiechender Patienten, als etwas beschrieben hat, das wie »aus dem Nebel« auftauchte, lange Zeit vage »immer so im Hinterkopf« blieb, »wie leichte Kopfschmerzen, die man registriert«, ehe diese Idee »drängender« und dann unabweisbar wurde. Ihr aber ist es meist gelungen, sich wenigstens durch »Bilder« zu erklären. Insoweit hat Klaus Dörner meines Erachtens wohl recht, wenn er – wie eingangs zu diesem Kapitel zitiert – meinte, solchen Täterinnen und Tätern sei vermutlich selbst nicht klar, »wie sie dazu eigentlich gekommen« seien.

Heute, mit den Vergleichsmöglichkeiten und Erfahrungen dieser Arbeit, läßt sich manches, was im Prozeß an Freys Aussagen unklar oder widersprüchlich erschien, relativieren, anders bewerten und einordnen, wenn es um die Antwort auf die Frage seiner Beweggründe geht – Beweggründe, die freilich auch im Prozeß schon von beiden Sachverständigen[50] als »Motivbünde« beschrieben wurden.

Es war die Zeit der zunehmenden psychischen Belastung durch gehäufte Verlegungen finaler Patienten und Sterbefälle auf die Station, die der Pfleger Frey immer schwerer verkraftete; es war auch die Zeit, in der erstmals Suizidgedanken und die Angst in seinem Kopf herumspukten, seine bloße Anwesenheit im Krankenzimmer eines Patienten sei schon todbringend – in dieser Zeit kam ihm erstmals der Gedanke, »das Leben von todkranken Patienten durch Luftinjektionen zu verkürzen«. Von letzteren hatte er in seiner Ausbildungszeit gehört. Mit Scham, Angst und Schuldgefühlen hat er auf diesen Tötungsgedanken reagiert, aber auch seine Ambivalenz offenbart, wenn er meinte: »Ich wollte das ja alles nicht, wollte Leben nicht verkürzen, aber auch nicht verlängern.« Daß dieser Gedanke, durch einen solchen Eingriff todkranken Patienten »Leiden zu ersparen«, eine Handlungs- und Tatbereitschaft signalisierte, erscheint unzweifelhaft. Man darf auch annehmen, daß seine anfängliche Angst, todbringend zu sein, ohne etwas getan zu haben, Symptom der Verdrängung des schon geraume Zeit latenten »Lebensverkürzungsgedankens« war. Wie kam es dazu?
Man möge sich erinnern: Er war in dieser ganzen Zeit in immer stärkerem Maße ressentimentgeladen, wütend auf alle Ärzte, Pflegende, die das Leben jener schwerstkranken Patienten zu verlängern suchten, die prognostisch aussichtslos waren, die keine Chance mehr hatten – wie er sagte –, »ein normales Leben zu führen«. Und er war voller Ressentiments gegen Stationen und Angehörige von Kranken, die Patienten zum Sterben, zur Bereinigung ihrer Stationssterbestatistik und – wie er es ausdrückte – »als Ballast [auf seiner Station] abgelegt, nicht mehr geliebt, abgestellt und in ihrem Leiden nicht mehr wahrgenommen haben. – Alte schwerkranke Patienten.« Exakt diese Beschreibung von Behandlung und Lage der Patienten entsprach seinem eigenen Selbstgefühl: abgeschoben, »in eine Ecke gestellt«, ausgegrenzt, wertlos, ungeliebt, in seinem Leiden an der Stations- und Schicht-Situation von den anderen nicht wahrgenommen. Was hier stattgefunden hat, entspricht dem inneren Prozeß von Maria Morell, der ohne Teilhabe des Bewußtseins abläuft, dessen Resultat aber unzweifelhaft ist: Helmut Frey hatte seine eigene Si-

tuation und die damit verknüpften elenden Gefühle auf die Patienten übertragen, sich projektiv mit ihnen identifiziert, ohne daß ihm dies klargeworden war. Das bedeutete nichts anderes, als daß die Selbstabgrenzung gegenüber den Patienten immer schwieriger wurde, er zwischen seinem eigenen Leiden an der Situation und an sich selbst einerseits und dem vermutlichen, tatsächlichen oder auch nur vermeintlichen Leiden bestimmter Patienten andererseits kaum noch zu unterscheiden wußte. Das läßt sich auch noch an zwei weiteren Äußerungen des Pflegers ablesen:
Sein Gedanke, das Leben von todkranken Patienten zu verkürzen, deren Leidensprozeß zu beenden, wechselte mit Suizidgedanken. Beide »wurden immer stärker, ich konnte beides schon nicht mehr auseinander halten, sie hatten sich vermischt«. Und ein andermal verschiebt er seinen eigenen – vielleicht noch am ehesten nachvollziehbaren – Wunsch, in entsprechender Lage vom »Leiden erlöst« zu werden, von den Patienten (zurück) auf sich selbst: »Ich wünschte mir für mich selbst, daß mir in einer solchen Lage [wie die der Patienten] das Sterben erleichtert und nicht durch alles Mögliche noch verlängert wird.«

Je miserabler er sich selbst fühlte und von seinen Kolleginnen behandelt sah, desto massiver waren seine Ressentiments, seine Wut auf Ärzte, Kolleginnen und Kollegen, Angehörige von Kranken, die – aus ganz unterschiedlichen Gründen – durch ihr Tun die elende Lage der Patienten seinem Dafürhalten nach herbeigeführt hatten. Und die war aus seiner subjektiven Wahrnehmungsperspektive um so »hoffnungsloser«, je elender, hilfloser und pessimistischer er seine eigene Lage empfand, auf der Station, in der Schicht und letztlich auch privat-sozial isoliert und einsam. Der einzige, zu dem er noch sprach, war sein Hund. Vielleicht war es so, wie der psychiatrische Kollege Norbert Leygraf in seinem mündlichen Gutachten meinte, daß die Kolleginnen und Kollegen Freys in einer »nicht direkt faßbaren Form doch etwas gespürt haben« von dem, was in ihm vorging. Doch wenn es denn so war, dann gingen diese unterschwelligen Wahrnehmungen in den Verleugnungsritualen der scherzhaften Anspielungen vom »Todesengel« unter (vgl. Kapitel 4, S. 161 ff.).

Nach diesen unverkennbaren Anzeichen einer gewissen Tatbereitschaft, das Leben und Leiden todkranker Patienten zu verkürzen, verging noch einige Zeit bis zur Ersttat: rund ein bis zwei Wochen, wenn man seinen eigenen Angaben zum Tod eines Patienten folgt, der nicht angeklagt wurde, und gut sechs Wochen, wenn man von den beiden durch das Gericht festgestellten Ersttaten ausgeht. Ich sprach hier eben ganz bewußt von »todkranken« Patienten. Die Schwurgerichtskammer selbst hat in ihrem Urteil – aus der Beweisaufnahme und allen medizinischen und rechtsmedizinischen Gutachten – den Schluß gezogen, daß »die Lebenserwartung der getöteten Patienten mehr oder weniger gering war«. Alle zehn getöteten Patienten im Alter von 70 bis 92 Jahren, überwiegend fast achtzig und älter, litten an mehreren chronischen Erkrankungen, vor allem an hochgradiger Arteriosklerose oft mehrerer Organe (Gehirn, Herz) und ihren Folgen (Durchblutungsstörungen von Gehirn und Herz). Bei sechs Patienten gab es Hinweise für eine hinzugetretene akute Lungenentzündung, drei Patienten lagen im Koma, und sieben waren bewußtlos. Aufgrund von Krankenunterlagen und eigenen Befunden kamen die rechtsmedizinischen Sachverständigen zu dem Schluß, daß bei acht der zehn getöteten Patienten »eine natürliche Todesursache zu diskutieren gewesen wäre«, wenn man die rechtsmedizinischen Befunde und Geständnisse Freys »außer acht ließe.«[51] Das heißt fraglos: der überwiegende Teil der Getöteten waren Patienten im Finalstadium ihrer Erkrankung, sie hätten jederzeit auch eines natürlichen Todes sterben können. Insoweit stimmt zumindest Freys Einschätzung des kritischen oder moribunden Zustands der Getöteten mit den objektiven medizinischen Befunden und Erkenntnissen dazu überein.
Was aber hat diesen Pfleger dazu gebracht, seine Tatbereitschaft in die Tat umzusetzen, weshalb hat er weiter dem Sterben der dem Tode nahen Patienten nachgeholfen oder vorgegriffen, wie immer man es formulieren mag? Die Schwurgerichtskammer hat in ihrem

Urteil dem Pfleger Helmut Frey »nicht vorgeworfen, die Taten aus einer besonders niedrigen Gesinnung heraus begangen zu haben«, noch ging sie von einer »feindseligen«, gegen die Patienten gerichteten Haltung aus oder etwa – häufig in der öffentlichen Diskussion breitgetreten – davon, er habe sich durch die »Beseitigung von Patienten Arbeit ersparen« wollen (das Gegenteil ist der Fall: der Tod eines Patienten bereitet den Pflegenden rund zwei Stunden Mehrarbeit). Und er hat auch keinen Patienten getötet, mit dem er aktuelle Schwierigkeiten oder gegen den er zum Tatzeitpunkt Aggressionen hatte. Verfolgt man – trotz vielfacher Widersprüche Freys, »ein Motiv« zu nennen (eine Reduktion, die freilich auch gar nicht möglich ist!) – den roten Faden seiner Aussagen bei den Sachverständigen, vor allem in den langen Explorationen bei meiner Begutachtung, dann setzt sich fort, was über die Entwicklung zur Tatbereitschaft bereits skizziert wurde.

Anfang Mai. Ein Krankenzimmer auf der Inneren, der sogenannten Abschiebestation. Dort liegen zwei bewußtlose Patientinnen, die eine im Koma, sie wird künstlich ernährt, die andere bewußtlos. Sie sind 82 und 92 Jahre alt, leiden seit Jahren an mehrfachen chronischen Erkrankungen: hochgradige, fortgeschrittene Arteriosklerose mehrerer Organe bzw. Gefäße, insbesondere im Hirnbereich, des Herzens, auch der Nieren, der Hauptkörperschlagader. Eine der beiden alten Damen ist halbseitig gelähmt, hat mehrere Schlaganfälle durchgemacht, die andere erleidet noch kurz vor ihrem Tod durch den Pfleger einen Krampfanfall. Beide haben Anzeichen einer akuten Lungenentzündung. Als Helmut Frey an jenem Maivormittag das Krankenzimmer der beiden bewußtlosen Schwerstkranken betritt, hat er noch keine Gedanken dran, daß er »es machen« wird. Er hat beim Anblick der beiden Patientinnen nur das Gefühl, daß »die Frauen sich quälen, Schmerzen haben, nicht in der Lage sind, Wünsche zu äußern, nie wieder für sich selbst sorgen« können. Und rückblickend auf diese Situation: »Mit allem, was wir taten, verlängerten wir ihr Leiden ... Ich sah eigentlich nicht ein, daß noch Medikamente zur Stärkung des Herzens gegeben wurden, mir wäre lieber gewesen, wenn sie Medikamente bekommen hätten, um ruhig und friedlich einzuschlafen, Mittel gegen Schmerzen, um Leiden zu ersparen ... Ich konnte es einfach nicht ertragen, daß diese Frauen so dalagen und man ließ sie nicht sterben.«

Kein Zweifel, er wünschte diesen beiden moribunden, betagten Patientinnen eine leidensbeendigende aktive oder indirekte Sterbehilfe. Er hatte wohl an jenem Maimorgen einen Punkt erreicht, an dem er sein eigenes Tun für sich selbst wie für die beiden Todkranken als sinnlos empfand: für sich selbst, weil alle seine Anstrengungen, sein ganzer Einsatz auf dieser Station, in seiner Schicht ihm nicht die geringste Anerkennung brachten, er trotz aller seiner Mühen, ein »odd-man-out« blieb, ein Ausgegrenzter, und zugleich Patienten wie diesen beiden hier auch nicht half – im Gegenteil, deren Leiden höchstens noch verlängerte. Das Gefühl der Sinnlosigkeit seines Tuns und Wirkens in beiderlei Hinsicht mag sich so vermischt haben, daß ihm gar nicht zu Bewußtsein kam, wie sehr er mit der Sinnlosigkeit lebenserhaltenden Tuns für diese Patientinnen auch die Sinnlosigkeit seiner Anstrengungen zur erhofften Verbesserung seiner eigenen desolaten Lage meinte. So wurde denn der Pfleger Helmut Frey beim Anblick der beiden hilflos daliegenden stummen, dem Sterben nahen Patientinnen nicht notwendig vom »großen Mitleid« oder »Selbstmitleid« erfaßt. Viel eher – so scheint es mir – hat sich der situativ gewonnene Eindruck Freys von einer kreatürlichen Leidensintensität der alten Frauen mit dem für ihn unabweisbaren Gefühl der Sinnlosigkeit lebensverlängernder Maßnahmen verbunden. Sie gaben der in Freys Burnout-Verfassung eingelagerten Tatbereitschaft jenen Motivationsschub, der in den tödlichen Luftinjektionen durch einen Venenzug seinen Ausdruck fand. Der behandelnde Arzt wird im einen Fall einen natürlichen Tod durch einen sekundären Herz-Kreislauf-Atemstillstand nach »zentraler Regulationsstörung« annehmen, im anderen Fall werden die Rechtsmediziner später sagen, die bestehenden Erkrankungen hätten »jederzeit den Tod der Patientin herbeiführen können«.
Über die emotionale Motiviationskraft des Eindrucks großer Lei-

densintensität, die nicht notwendig eines Blicks der Pflegenden ins Krankenblatt bedarf, haben sowohl die amerikanische Onkologie-Studie als auch die transatlantischen Dunkelfeldstudien informiert (vgl. Kapitel 5). Das Gefühl von Vergeblichkeit und Sinnlosigkeit menschlichen Tuns trotz unermüdlicher Anstrengung zählt zu den am schwersten erträglichen. In der antiken Sisyphus-Sage haben die Götter diese vergebliche, hoffnungslose Mühe – versinnbildlicht im unablässig den Berg hinaufzuwälzenden und wieder hinunterrollenden Felsblock – ihrem Helden als fürchterlichste aller Strafen aufgebürdet. Und vielleicht war das Unerträgliche für den Pfleger Frey beim Anblick der daliegenden Patientinnen, die man nicht sterben ließ, dieses Gefühl von Vergeblichkeit und Sinnlosigkeit allen Mühens. Dabei wird der psychologische Fachmann freilich auch nicht übersehen, daß das Gefühl von Hoffnungslosigkeit und Sinnlosigkeit allen Mühens auch ein Symptom des Burnout-Syndroms ist – ein schwergradiges übrigens. Das, was wir Mitleid zu nennen pflegen, ist nicht das einzige in Frage kommende Steinchen im Mosaikgeflecht der Beweggründe, so zu handeln, wie der Pfleger Helmut Frey an jenem Maitag, und auch später gehandelt hat. Die rigide Fixierung auf das Mitleidsmotiv in den Diskussionen während der Prozesse hat die Vielfalt menschlicher Gefühlsreaktionen, die in solchen Fällen eine Rolle spielen können, außer acht gelassen – eine Folge der höchstrichterlichen Rechtsprechung, die dem »Mitleidsmotiv« eine privilegierende Rolle einräumt, um auf Totschlag statt Mord zu erkennen.

Als Frey beiden Frauen die tödlichen Luftinjektionen gab, war er innerlich – so erklärte er später – keineswegs »zwiespältig« und danach sogar »erleichtert, daß sie friedlich eingeschlafen sind«. Doch sein Gefühl der Erleichterung, das er auch nach allen späteren tödlichen Handlungen empfunden hat, war stets nur von kurzer Dauer. Den Pfleger plagten nach der Tötung der beiden älteren Patientinnen Schuldgefühle: »Du zerstörst doch nur, du bist nicht du, du bist ein Monster«, hat er gedacht und die Tat als etwas »Fremdes«, ihm nicht Zugehöriges empfunden. »Den Frieden«, so hat er es einmal formuliert, »den ich beiden verschafft hatte, hatte ich in mir selbst nicht mehr.« Indem er die Taten als etwas Persönlichkeitsfremdes von seinem »wahren Selbst« abspaltete, sich vom »Monster«, mit dem er nichts zu tun haben wollte, gleichsam zu distanzieren suchte, verschaffte er sich immer wieder kurzzeitige innere Entlastung. Oder er suchte sich die Taten – mehr oder weniger rationalisierend – auch durch das akzeptablere Motiv des Mitleids zu erklären. Es ist ihm aber auch nach allen weiteren Taten nie wirklich gelungen, eine Antwort zu finden auf die Frage nach dem Warum und danach, »wieso ich zu so etwas fähig bin«. Die einzige Rechtfertigung, die er sah, »war die Erlösung von Leiden«. Das aber »hat mir nicht genügt, das ist doch kein Grund jemanden umzubringen … Wenn ich einen Grund gefunden hätte, hätte ich dagegen ja etwas machen können … Aber ich hab ja keinen gefunden.« Helmut Frey hätte auch keinen einzigen oder einzelnen Grund finden können, weil die Beweggründe in einem »Motivbündel«, einem komplexen Motivationsgefüge bestanden – darin waren sich am Ende Sachverständige und Gericht einig.

Doch worüber Helmut Frey etwas zu berichten vermochte, waren zwei Arten von Situationen, in denen er tödlich handelte: Zum einen Situationen, bei denen er den Eindruck oder auch den Beleg dafür hatte, daß die Todkranken als »Ballast« von anderen Stationen oder von Angehörigen abgeschoben und in ihrem Leiden nicht mehr wahrgenommen wurden; zum anderen Patienten, bei denen – seinem Eindruck nach – der Tod in absehbarer Zeit bevorstand und er befürchtete, daß an ihnen »noch herumexperimentiert« wird, das heißt bei denen der Tod durch Medikamente, Verlegung auf die Intensivstation, gegebenenfalls durch Operationen usw. hinausgezögert werden könnte.

Weshalb gab es für den Pfleger innerhalb dieser fast acht Monate keinen Stopp, keine rote Ampel, die da aufleuchtete und ihn aus Angst vor seinem existentiellen Risiko bremste oder gar lähmte? Und weshalb brachte er noch weitere fünf Patienten zu Tode, als bereits sämtliche Alarme schrillten, nachdem gegen ihn klinikintern eine Untersuchung wegen eines lebensbedrohlichen »Kunstfehlers« bei einem Patienten eingeleitet worden war (die aber schließlich ergebnislos endete: vgl. Kapitel 4, S. 161 ff.). Es gibt Anhaltspunkte dafür, weshalb das nicht geschah:

»Mit jeder Tat starb ein Stück von mir selbst ab, es wurde immer kälter, ich hatte kein Gefühl mehr von Wärme, es war ein Gefühl von Enge und Beklemmung und die Angst, daß es wieder passiert und die Hoffnung, daß es nicht mehr passiert, aber die Angst wuchs und wurde größer als die Hoffnung, von Mal zu Mal, die Hemmschwelle, es zu unterlassen, wurde mit jedem Patienten niedriger.«

Er hat angesichts »todgeweihter Patienten« ein »Gefühl von Hilflosigkeit und Ohnmacht« gehabt, »wollte nicht hilflos sein und keine Antwort mehr finden«. Aber er hat auch gesagt: Zwar habe die Wahrnehmung der Leiden von Patienten zuletzt noch »eine Rolle« gespielt, es »wurde aber immer weniger«, und seine Orientierung über Krankheitszustand und -ursachen habe im Lauf der Tatzeit abgenommen – der Überblick über die Stationsbelegung mit einzelnen Patienten sei ihm »immer mehr verloren gegangen«. Bewußt geworden war ihm dies erst später.

In Wien, da hat die sogenannte Hilfsschwester Rotraud Prager dieselbe Hilflosigkeit, dieselben Gefühle von Ohnmacht gegenüber den Leiden und »Qualen« der Patienten bekundet. Zuerst, so erklärte auch sie, hätte sie das Sterben von »Unrettbaren« beschleunigen wollen, vielleicht anfangs noch mitleidend. Aber später war es dann »auch schon zu einer Art Gewohnheit geworden«.

Von einer »gewissen Eigendynamik« sprachen die Sachverständigen, von einer Entwicklung, die sich gewissermaßen aus sich selbst aufrecht erhält. Auch ich habe das damals nicht genauer erklärt als mit der Folge einer Gefühlsverflachung, die mit einer abnehmenden Wahrnehmung von Leiden der Patienten einhergeht und die jeweils aktuelle Befindlichkeit des Pflegers zum »movens« der sich wiederholenden Tötungshandlungen werden läßt. Es ist leicht nachvollziehbar, daß die emotionale Anteilnahme am Leiden von Patienten nachläßt, wenn die emotionale Reagibilität und Kraft dazu – als Folge eines innerlich ausgebrannten Zustands – allmählich erschöpft ist. Die Burnout-Forschung kennt dies auch als Symptom unter der Sammelbezeichnung »Verflachung«.[52] Aus heutiger Sicht jedoch halte ich das Hineingleiten in eine »Tötungsspirale« kaum für möglich, wenn der Täter/die Täterin nicht im Einklang mit dem eigenen Gewissen steht, wie Maria Morell, oder wenn das Gewissen nicht infolge Gefühlsabstumpfung und gedämpfter emotionaler Reagibilität schweigt, quasi paralysiert wird, wie dies wohl bei Helmut Frey irgendwann der Fall gewesen ist. Die sehr enge, teils starre Diskussion in den Prozessen um das Mitleid als »Motiv« hat auch zu diesem Punkt solcher Tatverläufe die sehr viel vielfältigere, jedoch auch kompliziertere Realität seelischer Prozesse in Grenzsituationen des Lebens verfehlt. Doch sieht man einmal von Frey, Morell, Klein und anderen Verurteilten ab, so werden wir alle allmählich begreifen müssen, daß Pflegende in besonders sensiblen Bereichen stationärer Versorgung »das intensiv und rücksichtslos arbeitende Totengeschäft«[53] nicht unbegrenzt lange unbeschadet bewältigen können.

9
Hintergründe angekündigter Patiententötungen

»Angekündigte Patiententötungen« – und um solche handelt es sich zweifellos – wecken die Assoziation zu der *Chronik eines angekündigten Todes* von Gabriel Garcia Márquez.[1] Der kolumbianische Nobelpreisträger erzählt in seinem klassischen Ehrendrama zwar eine ganz andere Geschichte als jene, die in den »Chroniken der Patiententötungen« zur Sprache kommt. Ja, Milieu, Protagonisten, Tötungsmotivationen und anderes mehr unterscheiden sich in beiden Tragödien voneinander: Bei Márquez geht es um die Wiederherstellung der »befleckten Ehre« einer mißbrauchten jungen Frau vor ihrer Eheschließung, bei den Patiententötungen handelt es sich um Endstationen komplexer konflikthafter Entwicklungsgeschichten von Schwestern und Pflegern. Und doch gibt es bei allen Disparaten beider Tragödien zentrale Gemeinsamkeiten: In der Erzählung wie in den Kliniken waren die Tötungen »angekündigt«. In Márquez' Erzählung haben die Bewohner einer ganzen Ortschaft davon gewußt, und auf den Stationen der Krankenhäuser hat das Kollegen-Umfeld sich den Ankündigungen in gemeinschaftlichen Verleugnungsritualen mit den Täterinnen und Tätern zu entledigen versucht. Niemand hat die angekündigten Verbrechen rechtzeitig oder überhaupt zu verhindern gesucht. Die wenigen, die es versuchten, scheiterten völlig – oder doch für längere Zeit – aus verschiedenen Gründen. Weshalb zur Aufdeckung dieser »angekündigten« Taten nichts getan wurde oder vielfach nur zum Scheitern Verurteiltes, mag sich unterscheiden: Bei Márquez, weil eine ganze Ortschaft einen strengen Sittenkodex und ihre scheinheilige Moral durch »Kollektivschuld« an einem Verbrechen aufrechterhalten wollte[2] – in den

Kliniken aus Angst der Verantwortlichen vor einem riesigen Skandal und einer Mischung aus Angst vor Verlust der eigenen Karriere sowie der Schadensvermeidung für die Kliniken sowie der Weigerung, solche Taten überhaupt auch nur für möglich zu halten. Der gemeinsame Nenner der Motivlage, nichts oder wenig Effizientes zu tun, um die Verbrechen zu verhindern, ist in Erzählung wie Realität durch höchst eigensüchtige Interessen bedingt – bei Márquez im Kollektiv einer ganzen Dorfgemeinschaft, bei den Patiententötungen vornehmlich durch das egoistische Interesse der Verantwortlichen. Wie riskant Zivilcourage in solchen Situationen sein kann, haben einige Pflegekräfte empfindlich zu spüren bekommen (siehe S.161 ff.)

NS-Euthanasie und Patiententötungen heute

Zur Zeit der großen Schwurgerichtsprozesse in Deutschland und Österreich wurde gelegentlich die These aufgestellt, solche Tötungen seien nicht oder nicht allein durch individuelle Beweggründe zu verstehen. Es sei vielmehr »Kollektives« mit im Spiel, die Taten letztendlich erst durch gesellschaftlich vermittelte Prozesse versteh- und erklärbar. Ähnliche Thesen gab es auch bereits bei der traditionellen Tötungskriminalität. Was bei den Patiententötungen jedoch für eine kollektive Mitverursachung sprechen könnte, ist – wie bei Márquez –, daß das Umfeld der Täter(innen) nichts wirklich Wirksames unternahm, sie zu verhindern. Dabei mögen die Akzente solcher Beweggründe bei Márquez eindeutig im Kollektiv einer Dorfgemeinschaft liegen, die Patiententötungen Mischformen von individuellen und kollektiven Interessen der Verhinderung durch Ärzte und Pflegekräfte aufweisen.
Äußerst problematisch wurde jedoch ein anderer Vergleich: die Gleichsetzung von Patiententötungen durch Pflegekräfte der vergangenen Jahrzehnte mit den Euthanasie-Aktionen des NS-Re-

gimes, also mit der ideologisch motivierten, staatlich organisierten Vernichtung von »lebensunwertem Leben« – von erbgeschädigten Kindern, geistig beeinträchtigten Jugendlichen und psychisch kranken Erwachsenen – wie auch politisch Mißliebigen.[3] Solche Vergleiche und Verknüpfungen mögen aus Sorge vor Wiederholungen der Geschichte gezogen worden sein. Sie legen jedoch – wenn nur genügend eindrücklich und von Personen mit Prestige vorgetragen (unter anderem dem Wiener Ankläger) – den Eindruck nahe, die Patiententötungen entstammten derselben ideologischen Wurzel, wie die Massenmorde der Euthanasie-Aktionen oder sogar des Holocaust. Eine solche Vermengung ist verhängnisvoll. Sie stiftet Verwechslungen und verhindert das Nachdenken über das eine und das andere: die Unvergleichlichkeit von Hintergründen und Dimensionen beider Verbrechen.

»Damals die Juden und heute die Alten – nur fällt die Ausrede vom Befehlsnotstand diesmal weg.« Der Satz stammt von André Heller, jüdischer Autor, Multimediakünstler und »Spötter« aus Wien.[4] Historisch nicht ganz korrekt ist der Satz: die Euthanasie-Aktionen der Nationalsozialisten zur »Vernichtung lebensunwerten Lebens« psychisch und körperlich Kranker wie anderer mißliebiger Personen waren ab Herbst 1939 Auftakt zu den Massenmorden an Juden, Zigeunern und anderen, zu Beginn des Holocaust 1939/40.[5] Heller wußte das so gut wie andere. Ich merke es hier lediglich noch einmal an.

Diese Verknüpfung von Euthanasie und NS-Massenmorden des Holocaust mit den Patiententötungen durch Pflegekräfte geschah publizistisch bisweilen so suggestiv, daß das eine mit dem anderen in eins gesetzt, ununterscheidbar wurde. Eine solche Vermengung ist verhängnisvoll, weil sie jede kritische Unterscheidung zwischen den beiden grundverschiedener Arten oder Kategorien von Tötungsverbrechen verwischt. Zu den grundlegendsten Unterschieden zu rechnen ist, daß die Täter(innen) der Jahre ab 1975/76 nicht die »Rampe im Kopf« hatten – weder in Cincinnati, Maastricht oder wo auch immer.[6] Und sie hingen auch keiner Sterbehilfeideologie nach, wie man sie in allen westlichen Ländern seit Jahrzehnten kennt.[7]

Es erscheint sinnvoll, zur Unvergleichlichkeit von NS-Euthanasie und Patiententötungen der vergangenen zwanzig Jahre sich wenigstens einiger historischer Daten zu erinnern:

- Mit einem geheimen Minister-Erlaß vom September 1939, »alle idiotischen und mißgebildeten Neugeborenen«, einschließlich gelähmter Kinder, durch Hebammen und ärztliche Geburtshelfer zu melden, begann die von Hitler angeordnete Kinder-»Aktion« zur »Vernichtung lebensunwerten Lebens«. Sie wurde geheim gehalten und im August 1941 auf Jugendliche bis 16 Jahre ausgedehnt. Ab November 1942 mußten die Kinder auf Hungerkost gesetzt werden. Die Anzahl dieser Opfer wird auf 5000 geschätzt.
- Mit der systematischen Vernichtung von Patienten »seniler Erkrankungen«, von »kriminellen Geisteskranken« und »Nicht-Deutschblütigen (vor allem Juden) durch Ärzte, größtenteils Mitgliedern der SS, aber auch unter tätiger Mithilfe von Krankenschwestern, wurde im Oktober 1939 die »Aktion T 4« begonnen und im August 1941 aus unklaren Gründen eingestellt. Sie wurde allerdings als »Wilde Euthanasie« noch längere Zeit fortgesetzt. In der »Aktion T 4« kamen 80 000 bis 100 000 der behinderten, teils politisch unliebsamen Menschen ums Leben (Sicherheitsverwahrte, Sexualstraftäter, Psychopathen usw.), teils wahllos und in Gasöfen. Andere Quellen sprechen von insgesamt 500 000 Opfern der Kinder-Euthanasie und 275 000 Menschen, die im Rahmen der Erwachsenen-Euthanasie (»Aktion T 4«) ermordet wurden.[8]
- Es folgte die »Geheime Reichssache 14 f 13«, die im Sommer 1941 mit der »Selektion« von Menschen mit Diagnosen, wie »Deutschfeindliche Gesinnung, Schwere Hetzer und Wühler, Fanatische Deutschenhasser« usw. begann und ab 1943 nur noch Geisteskranke durch psychiatrische Kommissionen »ausmustern« ließ. Die Aktion »14 f 13« überdauerte die »T-4-Aktion« und forderte ca. 20 000 Menschenleben.[9]

  Dieser organisierte Mord an behinderten und nichtbehinderten Menschen wäre in Form und Größenordnung ohne die aktive

Mitwirkung von Ärzten und Pflegekräften des NS-Regimes nicht zustande gekommen.

Die mehrfachen Tötungen therapeutisch »hoffnungsloser« Kranker durch einzelne Pflegekräfte in der jüngeren Vergangenheit unterscheiden sich hingegen in allen angeführten Punkten vom staatlich organisierten Massenmord der NS-Euthanasie. Sie stellen vielmehr ein internationales, mit großer Wahrscheinlichkeit erst in den vergangenen Jahrzehnten entstandenes Phänomen der Tötungskriminalität dar. Es hat sich unter dem Einfluß einer radikal veränderten Situation der ärztlichen und pflegerischen Versorgungsanforderungen bei spezifischen Patientengruppen, den Schwerstkranken und Moribunden höheren Lebensalters entwickelt. Einen wie auch immer gearteten ideologischen Hintergrund hat dies nicht, auch sind diese Tötungen nicht Ausdruck einer Psychopathologie von Einzeltätern mit hochabnormer Entwicklung. Das Töten dieser Schwestern und Pfleger stand auch nicht im Konsens mit halbbewußten Auffassungen staatlicher oder berufsspezifischer Interessen der Gesellschaft westlicher Industrienationen. Die Rahmenbedingungen, Motivationsstrukturen, Konfliktlagen und -entwicklungen dieser Täter(innen) zum Töten erweisen sich als erkennbar andere als die von Euthanasie-Tätern der NS-Tötungsmaschinerie. Gleichwohl, auch bei diesen Taten der jüngeren Zeit handelt es sich um Tötungsdelikte. Aber eine auch nur annähernde Gleichsetzung mit der NS-Euthanasie oder gar dem Holocaust birgt – über die Unvergleichlichkeit mit dem Holocaust hinaus – die Gefahr, nach den Hintergründen des neueren Phänomens erst gar nicht mehr zu fragen und keine Wege zu seiner Prävention zu suchen. Der Vergleich solcher Patiententötungen der neueren Zeit mit der nationalsozialistischen Euthanasie, so der Arzt Werner Vogt, »ist ebenso unfair wie unpassend und entspricht dem gewohnt liederlichen Umgang mit dem Hitler-Faschismus und der NS-Zeit«.[10]
Ein Großteil der Möglichkeiten und »Machbarkeiten« moderner Medizin hat sich erst nach den Nürnberger NS-Ärzteprozessen 1946 entwickelt. Diese Möglichkeiten der modernen Medizin entstanden

international zeitgleich in demokratischen Gesellschaften. Und auch deshalb »haben wir es mit den Problemen der Aufklärung und des Fortschritts, nicht mit dem Kampf gegen eine totalitäre Ideologie zu tun«, wie Joachim Fritz-Vannahme in immerhin noch engerem Zusammenhang mit dem damals verfaßten Ärzte-Kodex für den »experimentellen Umgang« mit dem Menschen angemerkt hat.[11] Davon unberührt bleibt freilich, daß die Nürnberger Ärzteprozesse ein erschütterndes Beispiel für die Gefährdung der Humanität in der Medizin darstellen.[12]

Ein gänzlich anderer Erklärungsversuch der »Ursächlichkeiten« von Patiententötungen der vergangenen Jahrzehnte, besteht darin, eine These der überindividuellen, gesellschaftlichen »Verursachung« zu bemühen. Dabei geht es nicht um einen Vergleich von Tötungen in zwei grundlegend unterschiedlichen »Systemen«. Dieser Erklärungsansatz bezieht sich vielmehr auf gesellschaftlich veränderte Verhältnisse der heutigen Stationsarbeit, für die ein neuer Sinn gesucht wird. Der von den heutigen Pflegekräften vermutete neue »Sinn der gesellschaftlichen Mehrheitsmeinung« besteht – laut These – nun darin,

- »das als überflüssig angesehene Leben von unheilbar Kranken und pflegebedürftigen Alten aus Gründen der Nützlichkeit, der Kosten und/oder des Mitleids … möglichst abzukürzen«.

Anders ausgedrückt:

- »Bei der verzweifelten Sinnsuche für die Stationsarbeit wird der vermutete Auftrag, der vermutete Sinn der gesellschaftlichen Mehrheitsmeinung exekutiert und vollzogen.«[13]

Die Pflegekräfte vollziehen aber noch nicht die tatsächliche gesellschaftliche Mehrheitsmeinung, sondern nur den *»vermuteten Auftrag, vermuteten Sinn«* oder anders ausgedrückt: das, was von der Gesellschaft, oder Teilen davon, »halbbewußt und komplizenhaft«

erwartet zu werden *scheint* (gerade die kursiv gedruckten Passagen sind in den Veröffentlichungen vielfach nicht als Meinungen, Interpretationen, Vermutungen der Pflegekräfte, sondern fälschlich bereits als konkrete Erwartungen der Gesellschaft interpretiert und dargestellt worden!) Ob solche gesamtgesellschaftlichen Erwartungen existieren, beispielsweise auf der Basis einer »Altenfeindlichkeit«, und gerade von Pflegekräften vollzogen werden, ist eine empirische Frage. Die hier gesammelten empirischen Erfahrungen mit Pflegekräften, die alte Patienten getötet haben, boten dafür keine Belege. Darüber hinaus ist der Schluß von gesamtgesellschaftlichen Faktoren, wie etwa altenfeindlichen Tendenzen, auf eine gesellschaftliche »Verursachung« oder maßgebliche kollektive Bestimmung solcher Tötungen, zu kurz gegriffen. Bei allen diesen kollektiven Interpretationsansätzen wird das Individuelle von Tat und Täter ausgeklammert. Die Tat erscheint – mehr oder weniger – als Ausdruck kollektiver, gesamtgesellschaftlicher Stimmungen, Haltungen, Meinungen, Tendenzen, die dann im Töten realisiert werden. Insoweit ist der individuelle Täter fast nur noch Vollzugsorgan einer – wie und wodurch auch immer halbbewußten oder bewußt verborgenen – Einstellung und Haltung der Gesellschaft.
Wenn dies so sein sollte, dann stehen solche kollektiven Erklärungen auch immer in der Gefahr, zur Entlastung von Schuld des einzelnen Täters herangezogen zu werden – »Kollektivschuld« wird dann leicht zum Ausverkauf der menschlichen Verantwortlichkeit des einzelnen benutzt. Damit ist freilich nicht gesagt, daß es nicht auch menschliche Grenz- und Selbsterhaltungssituationen gibt, in denen Töten durch (begründete) Angst vor der Todesdrohung durch andere bestimmt wird. Eine auch nur annähernd vergleichbare Situation tödlichen Handelns unter derart existentiellen Bedrohungen ist bei den Schwestern und Pflegern der internationalen Szene vergangener Jahrzehnte nicht erkennbar.
Dieser Diskurs ist aber auch deshalb wichtig, weil er auf einen ganz wesentlichen Punkt verwiesen hat: darauf, daß individuelle Täterpersönlichkeit und Tatsituation bei solchen Taten nur begrenzte Erklärungs- und Verständnismöglichkeiten bieten, wie kritische und

ernsthaft nachdenkende psychiatrische Kollegen hervorgehoben haben. Daß auch dieser Versuch, das Phänomen durch gesamtgesellschaftlich angenommene Strömungen und Tendenzen zu erklären, gescheitert ist, entwertet den Grundgedanken nicht: die Suche nach überindividuellen, kollektiven Bedingungs- und Verursachungsfaktoren. Der Wiener Ankläger Ernst Kloyber hat dieses Dilemma – stellvertretend für die gerade nicht kurzschlüssigen Denkversuche – formuliert, nachdem er alle für die Katastrophe in Frage kommenden, individuellen und stationären Faktoren aufgelistet hatte: »Gleichwohl macht dies alles die Begehung der Taten nicht einmal im Ansatz verstehbar.«[14] Die Taten zwischen Wien und Cincinnati sind ein internationales, globales Problem und gewiß keines nur zwischen gestern und heute.

Der Mensch hat dem Tod ein neues Gesicht gegeben

Diese Überschrift geht auf einen Satz des amerikanischen Chirurgen Sherwin B. Nuland zurück, der kennzeichnend ist für eine neue Epoche der modernen Medizin. Sie ist charakterisiert durch große Herausforderungen, die aus dem Anstieg des durchschnittlichen Lebensalters bis ins siebte Lebensjahrzehnt und deren Folgen erwachsen sind.

Ärzte wie Pflegekräfte müssen im Krankenhaus unserer Tage in einer Situation entscheiden und handeln, die sich – vor allem im letzten Viertel dieses Jahrhunderts – grundlegend und mit immer größerem Tempo verändert hat. Diese Veränderung läßt sich durch drei globale Entwicklungen kennzeichnen, die mehr oder weniger in allen (westlichen) Industrieländern gleichermaßen stattgefunden haben und sich in Zukunft weiter verschärfen werden.

- *Die demokratische Entwicklung:* Die Lebenserwartung der Menschen in der westlichen Welt ist in diesem Jahrhundert deutlich angestiegen. Das hat nicht nur positive Aspekte, sondern als unerfreuliche Kehrseite auch zur Folge, daß die alten Menschen zum Lebensende hin oft mehrere schwere chronische Erkrankungen auf sich ziehen und damit zu Langzeitpflegefällen werden – für die es in den Familien keinen Platz mehr gibt.

- *Die drastisch verbesserten Möglichkeiten der Medizin:* Auch die Fortschritte der medizinischen Wissenschaft in diesem Jahrhundert haben ihre Kehrseite, die in der Öffentlichkeit gern mit dem Schlagwort der »Apparatemedizin« charakterisiert wird. Durch Intensiv- und Transplantationsmedizin beispielsweise ist es möglich geworden, vielen, die früher als »hoffnungslose Fälle« gegolten hätten, zu einem lebenswerten Leben zu verhelfen. Das hat aber auch die Erwartungen, die von außen an die Medizin herangetragen werden, und auch das Selbstverständnis mancher Wissenschaftler und Ärzte, die überzeugt sind, was »machbar« ist, auch einsetzen zu müssen, in Richtung auf eine »Allmachtsrolle« der Medizin verändert – mit den bekannten negativen Folgen einer Behandlung »um jeden Preis«.
- *Das Delegieren von Sterben und Tod an die Institution Krankenhaus:* Während zu Anfang dieses Jahrhunderts etwa 5 bis 10 Prozent aller Menschen in Deutschland im Krankenhaus starben, sind es heute bereits 70 bis 80 Prozent. Vergleichbare Zahlen gelten für alle westlichen Gesellschaften, ohne daß die Krankenhäuser auf diese Entwicklung vorbereitet oder fachlich wie personell dafür ausgerüstet wären.

Mit diesen großen Entwicklungslinien geht einher, daß auch das Verlangen nach Sterbehilfe immer öfter an Ärzte und Pflegepersonal herangetragen wird.

Betrachtet man die Veränderungen, die durch die drei großen Entwicklungen zustande kamen, so stellen alle kritischen Beobachter übereinstimmend fest: Die moderne Medizin ist in vielfacher Hinsicht an Grenzen gestoßen, in ein Dilemma geraten. Wodurch ist die veränderte Situation gekennzeichnet, welches sind ihre Hauptmerkmale?

- Verändert hat sich die Struktur von Erkrankungen und Patienten. Das Bild in den Kliniken wurde in zunehmendem Maße durch die chronischen und psychischen Erkrankungen älterer Menschen geprägt, die »Unheilbaren«, die »hoffnungslosen und aussichtslosen« Fälle, die ein durch Heilen definierter traditioneller Krankenhausauftrag »einfach nicht vorsieht«, wie Klaus Dörner einmal formulierte:[15] Eine »Selektion Schwerstkranker und Schwerstpflegebedürftiger auf normalen internistischen Stationen«, hochbetagte Schlaganfall-Patienten, an Krebstumoren operierte ältere Patienten auf Intensivstationen, die *weder geheilt* werden können *noch sterben* dürfen, sind »Sand im Getriebe« der sozialen Maschine Krankenhaus, die primär zum Heilen da ist.
- Heilung als Wiederherstellung von Gesundheit, intensivmedizinische Überbrückung von temporärem Organversagen zur Rückkehr in ein normales Leben, verlieren als Erfolgsmaßstäbe hier an Gültigkeit. Die Ansammlung schwerstkranker alter Patienten macht sichtbare Erfolge für Ärzte und Pflegekräfte zu einem immer selteneren Erlebnis. Bei noch so intensiven Therapieanstrengungen und persönlichem Engagement überschatten Sterben und Tod in erhöhtem Maße die ärztliche Kunst der Lebenserhaltung und -rettung. Die Konfrontation mit der Illusion, daß ein Mehr an Medizin hier noch Krankheit und Tod zu »besiegen« vermag, ist unausweichlich. Die Wahrnehmung von Leiden und bevorstehendem Tod fordert – Ärzte und Pflegepersonal – zu konflikt- und spannungsreichen Entscheidungen heraus, die nicht nur berufsethisch, sondern auch in humanitärer und psychischer Hinsicht an die Grenzen der Zumutbarkeit für den Patienten stoßen. Und dies vor allem dann, »wenn als einzige Möglichkeit ›erfolgreicher‹ Therapie nur noch ein äußerst reduziertes Leben resultieren kann«. Ärztliche Entscheidungslosigkeit, »blinder Kampf ums Leben« des Patienten ohne Kommunikation und Verständigung im Behandlungsteam sind von weitreichenden, bisweilen »verheerenden« Folgen für Patient, Ärzte und Pflegepersonal.[16]

In welchem Maße der Arzt in Entscheidungssituationen widersprüchlichen, miteinander unvereinbaren Erwartungen und Haltungen ausgesetzt ist, wird im Bereich intensivmedizinischer Behandlung von Schwerstkranken sichtbar: Einerseits ist der Arzt als »Retter« oft den unrealistischen Erwartungen von Angehörigen und Patienten ausgesetzt; andererseits wird er bei Mißlingen der »Rettung« mit Schuldzuweisungen oder Kritik dafür »bestraft«, daß er den Patienten nicht von seinem Leiden erlöst, Hilfe zum Sterben geleistet hat. Nirgendwo sonst gerät ein Behandlungsteam derart unter den Druck von unvereinbaren, paradoxen Erwartungen und Handlungsforderungen, die nicht selten in die »Zwickmühlen-Situation« hineinwirken und spannungsreiche Konflikte unter den Teammitgliedern oder zwischen Team und Angehörigen des Patienten erzeugen. Dabei wird leicht übersehen, daß Ärzte wie Pflegekräfte – trotz ihrer berufsspezifischen Haltung – auch immer Mitglieder einer Gesellschaft sind, gegenüber deren Einstellungen sie sich nicht gänzlich abschotten können.

- Mit der hochtechnologischen, medizinischen Verfügbarkeit über Leben und Tod ist eine Situation entstanden, in der Erfolg und Mißerfolg ungeheuer dicht, oft genug unvorhersehbar nebeneinander liegen. Intensivtherapie und internistische Onkologie mit einem hohen Mortalitätsanteil schwerstkranker älterer Patienten sind Beispiele dafür. Vor allem Intensivärzte mit ihren hohen Idealen und Selbstanforderungen sehen im Tod ihrer Patienten eine Niederlage. Die – von Pflegepersonal, Patienten, Gesellschaft – am meisten beklagten, am heftigsten kritisierten Reaktionen der Ärzte, wenn es keine »Rettung« mehr gibt, sind der Rückzug vom Patienten oder der unbeirrbare Versuch, das »Unvermeidliche« bis zum äußersten abzuwenden. Es sind dies die beiden Extreme von Abwehr- und Bewältigungsversuchen der eigenen Ängste vor dem Tod, der eigenen Sterblichkeit, aber auch der Angst vor Mißerfolg und Selbstwerteinbußen. Hinzu kommen Schwierigkeiten, die Grenzen von eigener Macht und Medizin zu akzeptieren.[17] Wo Ärzte sich vom »austherapierten« Menschen zurückziehen, delegieren sie den emotionalen Beistand für präfinale und sterbende Patienten an die Pflegenden. Wo Ärzte alles tun, um den Tod abzuwenden, tatsächlich aber lediglich den Sterbeprozeß verlängern, überlassen sie die Sterbebegleitung den Schwestern und Pflegern. Alleingelassen, oft in tiefem Zwiespalt, können sie die Leiden des Patienten, die Realität des bevorstehenden Todes nicht so leicht verleugnen.

- Groß ist die Diskrepanz zwischen Anforderungen und Realität. Arzt und Schwester sind für die Behandlung und Pflege da, nicht für Sterben und Tod. Der Umgang mit Todgeweihten und Sterbenden kommt in ihrer Ausbildung nicht vor, eine spezielle Schulung in Sterbebegleitung wird in der Regel nicht angeboten. Das ist in den USA nicht anders als hierzulande. Das Krankenhaus hat diesen Auftrag an Ärzte und Pflegekräfte nicht ausgewiesen, der Umgang mit Sterbenskranken »gehört weder zu den Tugenden der Berufsidentität, noch ist (er) mit einem höheren Prestige besetzt«, schreibt der Sozialmediziner Karl-Heinz Wehkamp.[18] Eine Gesellschaft, die dem Anblick des Sterbens entfremdet ist, überläßt jenen den Spagat zwischen Anforderungen und Realität im Umgang mit Todkranken, die man irrtümlich für zuständig und kompetent hält. Hilflosigkeit, Ohnmacht, Angst und Distanzierung der Gesellschaft finden jedoch in den Sterbe-Institutionen von heute ihre Fortsetzung. Die Einsamkeit der Sterbenden wird dort komplettiert.
- Nirgendwo erfordert die moderne Medizin eine so enge Kooperation zwischen Ärzten und Pflegekräften wie dort, wo beatmet, künstlich ernährt, reanimiert wird, also auf Intensivstationen; aber auch dort, wo schwerstkranke komatöse, präfinale oder finale krebskranke oder schwerstpflegebedürftige gelähmte Patienten im höheren Lebensalter auf »normalen« internistischen Stationen untergebracht sind. Nirgendwo sind die Mitglieder eines Teams so aufeinander angewiesen. Aber nirgendwo kommt es auch so häufig zu so vielfältigen (zwischenmenschlichen und innerpsychischen) Konflikten und Spannungen wie auf Intensivstationen, wo die fast tägliche Konfrontation mit Extremsituatio-

nen von Leiden, Sterben und Tod auch an die eigenen körperlichen und psychischen Grenzen von Ärzten und Pflegekräften führt. Ihre psychischen Belastungen sind weit höher als auf anderen, sogenannten »Normalstationen«. Erschöpfungssyndrome bei chronischer Überforderung sind bei Ärzten und Pflegenden auf bestimmten chirurgischen und internistischen Intensivstationen vorprogrammiert, psychosomatische Symptome oder das »Burnout«-Syndrom keine Seltenheit. Auf diesem Hintergrund mag die heikle Frage des Intensivmediziners Joachim Schara verständlich sein, ob die Zumutbarkeitsgrenze der psychischen Belastung für Pflegekräfte u. a. nicht bei solchen Patienten erreicht ist, die den Sinn einer Weiterbehandlung für ihr Leben nicht mehr bewußt erfassen können, bei denen die »einzige Möglichkeit ›erfolgreicher‹ Therapie aber nur noch ein äußerst reduziertes Leben« gewähren kann, »dem die Fähigkeit zu autonomem Handeln nicht mehr gegeben ist« (wie z. B. bei jahrelangen irreversiblen komatösen Zuständen). »Niemand«, so Schara, ist ethisch verpflichtet, seine ganze Kraft verlorenen Zielen zu widmen.«[19] Ist die psychische Belastbarkeitsgrenze der Behandelnden ein ethischer Rechtfertigungsgrund, bei solchen »hoffnungslosen« Patienten das Atemgerät abzuschalten, sie sterben zu lassen? Wie kontrovers diese Frage auch immer diskutiert werden kann, soviel ist gewiß: Die aufgeworfene Frage ist eine beispielhafte Variante jener zahlreichen inneren Konflikte, die Ärzte, Schwestern, Pfleger in der Konfrontation mit den »Hoffnungslosen« und »Unheilbaren« bewegt.

- Wie bei (fast) allen Fragen ärztlicher Entscheidungen im Grenzbereich von Leben und Tod liegen klinische Sachverhalte, ethische und psychologische Fragen meist so nahe beieinander, daß das eine nicht ohne das andere betrachtet werden kann. In der modernen Medizin hat sich die Frage der Unantastbarkeit menschlichen Lebens, wie sie sich heute unter den veränderten, demographischen, gesellschaftlichen und medizinischen Bedingungen stellt, längst um eine zusätzliche Dimension erweitert: um die Dimension der Finanzierbarkeit des medizinisch Machbaren nämlich. Schon lange ist das sinnvoll Machbare der modernen Medizin allen Finanzierungsmöglichkeiten weit davongelaufen. Die Kluft, die sich hier aufgetan hat, bedroht den älteren Menschen als den Hauptressourcenverbraucher im Gesundheitswesen in ganz besonderem Maße. Ihm drohen Altersgrenzen für besonders teure medizinische Interventionen, mitunter sind sie sogar bereits Realität: so, wenn in den USA beispielsweise längst die Frage diskutiert wird, ob und wann eine Reanimation jenseits des 70. Lebensjahres noch sinnvoll ist, oder wenn in Großbritannien die künstliche Blutwäsche (Dialyse) bei Nierenkranken über 65 Jahren nur noch eine Seltenheit ist und die aus Altersgründen unbehandelten Patienten – so sie es nicht selbst bezahlen können – deshalb sterben. Medizinethiker sprechen von einem sehr viel umfänglicheren und dunkleren Bereich verdeckter Euthanasie, der den vermeidbaren Tod von Patienten aus Geldmangel zur Folge hat.

Die moderne Medizin ist überall dort an Grenzen gestoßen, wo das Machbare eine Fülle von Fragen aufwirft: allgemein ethische, psychologische, ökonomische, berufsethische und soziale nach Behandlungsbegrenzung und Behandlungsverzicht beim unheilbar Kranken, vor allem beim todkranken älteren Menschen, dessen Leben sich dem Ende zuneigt. Im weiteren Sinne geht es um die zentrale Frage, ob und wie die Medizin und Gesellschaft – unter den grundlegend veränderten demographischen, gesellschaftlichen, medizinischen Verhältnissen am Ende dieses Jahrhunderts – den unheilbaren, dem Tode nahe Kranken sterben lassen können und dürfen, wenn die Behandlung oder ihre Fortsetzung den Sterbeprozeß verlängert, ohne für den Patienten noch einen Lebenssinn zu machen, seine Leiden hingegen nur noch vergrößert. Kontrovers ist die Diskussion in Medizin wie Gesellschaft um die zentralen Fragen, welche die Grenzen markieren: um Fragen nach den Grenzen der humanitären Zumutbarkeit der Behandlung für den Patienten, nach den Grenzen zumutbarer psychischer Belastungen für Ärzte, Schwestern, Pfleger in »aussichtslosen, hoffnungslosen« Fällen, nach deren

Grenzen berufsethischer Verpflichtungen zur Lebenserhaltung und Lebensverlängerung, nach den Grenzen der Finanzierbarkeit des »Machbaren« durch das Gesundheitswesen. Und nicht zuletzt geht es um Fragen der Behandlungsbegrenzung durch den Patientenwillen, auch durch den »mutmaßlichen«, und schließlich um die Bedeutung des Patientenwunsches nach Lebensbeendigung mit ärztlicher Hilfe.
Nie zuvor wurde die moderne Medizin in solchem Maße wie in den vergangenen Jahrzehnten mit Fragen der Euthanasie bzw. der aktiven Sterbehilfe konfrontiert (wozu in einigen Ländern auch die ärztliche Beihilfe zur Selbsttötung gehört). Die Medizin ist am Ende des 20. Jahrhunderts in den demokratischen Industriestaaten fraglos in eine »Zwickmühle« geraten – nicht nur durch die ambivalenten, paradoxen Erwartungshaltungen und Handlungsforderungen der Gesellschaft gegenüber der Medizin, sondern auch durch die eklatanten gesetzlich sanktionierten Widersprüche in manchen Gesellschaften. Da müssen (in Großbritannien) viele schwerstkranke ältere Menschen wegen Behandlungsverweigerung aus Kostengründen sterben, während Todkranken der Sterbewunsch mit ärztlicher Hilfe gesetzlich versagt bleibt. Das Damoklesschwert der Behandlungsbegrenzung aufgrund leerer Kassen, die sogenannte »Rationierung« – so sagen Experten –, hängt auch über den alten Menschen in Deutschland. An der Grenze von Behandlungsabbruch oder -verzicht wird sich die Medizin jedoch vorläufig weiterhin zwischen Intensivtherapie, gesetzlich nicht geregelten Formen (erlaubter, indirekter) Sterbehilfe und Hospizbewegung[20] durchlavieren. Vor Ort im Krankenhaus, an den Brennpunkten erhöhter Mortalität, inmitten eines breiten Spektrums Schwerstkranker auf der Endstrecke des Lebens stehen Ärzte und Pflegende im Spannungsfeld verschiedenartigster Konflikte – mit sich selbst und ihrem Gewissen, mit dem Patienten, mit dem Team, den Angehörigen des Patienten, mit den Erwartungen und Forderungen der Gesellschaft und – potentiell – immer auch mit dem Gesetz.

Auf der Suche nach Antworten

Es wurde vielfach gesagt, die moderne Medizin sei in ein Dilemma geraten. Aber nicht die Fortschritte der Medizin sind das Dilemma, sondern die schier unbegrenzten Möglichkeiten, mit diesen Fortschritten vernünftig oder unangemessen umzugehen. In diesem Dilemma stehen diejenigen, die in äußerst konfliktbeladenen Situationen über Lebenserhaltung oder Leidenslinderung (mit Inkaufnahme tödlicher Konsequenzen) zu entscheiden haben und die die Kranken versorgen. Das betrifft Ärzte, gleichermaßen aber auch Pflegekräfte, die ja immer zugleich Helfer und Assistenten der Ärzte sind, sich aber auch autonom zu handeln gezwungen fühlen können, wenn kritische Situationen rasches Reagieren erfordern.

Es gibt eine Fülle Risikofaktoren für Tötungsdelikte, die vor diesem Hintergrund geschehen. Wir können zwei Kategorien unterscheiden: individuelle und solche, die sich Gruppen oder Kollektiven zuordnen lassen. Zu letzteren zählen massive ungelöste und zugleich verdeckte Konflikte über den Umgang mit Sterben und Tod zwischen Pflegenden und Ärzten und innerhalb des Pflegepersonals. Alle diese Konflikte werden nicht offen und in Gesprächen zwischen den Beteiligten einer Lösung zugeführt, sondern verdeckt ausagiert. Dadurch kommt es zu Rivalitäten, Spannungen, die aber nicht zwangsläufig schon Tötungsimpulse beinhalten. Zu den Möglichkeiten gruppeneigener Risikofaktoren zählt unter anderem auch der massive Dissens zwischen einzelnen Pflegenden sowie zwischen diesen und Leitungspersonen, die in der Auffassung aller Fragen von Sterben, Sterbenlassen und »Sterbehilfe« konflikthaft auseinander liegen (etwa Tendenz zur Lebenserhaltung »um jeden Preis« im Vergleich zu unreflektierter »liberaler« Sterbehilfe). Dabei ist die Einstellung und Haltung einzelner Pflegender kaum von den Haltungen zu trennen, die im Kollektiv eines Teams entstanden sind und von diesen praktiziert werden. Der Zusammenhang zwischen dem einzelnen und seinem Kollektiv ist also evident, das bedeutet aber noch keineswegs, daß sich ein Pflegender auch danach verhält und die Grundstimmung, die Grundtendenz des Kollektivs in die Tat umsetzt.

Zu einem »echten« Risikofaktor wird die Tendenz, im Rahmen eines Konflikts zu töten, erst dann, wenn für den Pflegenden mit der Tötung ein Sinn verbunden werden kann, das heißt, wenn die Tötung eines hoffnungslos Kranken aus der Sicht des Pflegenden einen Sinn erfüllt. Eine solche Tötung hat für den Pflegenden eine kollektive Bedeutung, sie macht in seinen Augen sowohl für die Gesellschaft als auch für den Getöteten einen Sinn (für letzteren beispielsweise leidensverkürzend durch Tod, für die Gemeinschaft kostensparend usw.). Erst auf dieser letzten Ebene schließt sich der Kreis von individuellen und kollektiven Motiven.

Diese Schritte von der Motivation bis zum Vollzug sind dem einzelnen, dem Täter, nicht bewußt. Er reflektiert sie nicht, auch dort nicht, wo derartige Konflikte ansatzweise »gespürt« bzw. »empfunden« werden. Solche Zusammenhänge zwischen individuellen Risikofaktoren in einer bestimmten Teamsituation (etwa bei der Isolation eines Teammitglieds), dem Zustand eines Pflegeteams (zum Beispiel unlösbare Konflikte und Zerrissenheit), den »entscheidenden« Grundhaltungen der führenden Teammitglieder (Einstellungen zu Sterben und Tod) sowie der generellen wie auch akuten Haltung einer Gesellschaft dazu sind die wesentlichen Faktoren, die das Motivationsgefüge dieser Handlungen bestimmen. Und sie bestimmen sie inhaltlich und subjektiv stets unter dem Gesichtspunkt, eine als »unerträglich erlebte Situation« zu lösen, was nichts anderes heißt als: eine solche Situation für sich selbst wie für den zu Tötenden zu lösen –, auf einer ganz individuellen Ebene, nicht auf der eigentlichen Ursachenebene. Tötungen dieser Art stehen somit subjektiv sowohl im Dienst des Kollektivs als auch der Individualität des einzelnen, der mit der »unerträglichen Situation seines Tuns«, der Sinnlosigkeit des Pflegens Todkranker nicht mehr fertig wird oder nicht mehr fertig zu werden glaubt. Das am Ende entscheidende Bestimmungsstück solcher Taten ist das verzweifelte Gefühl, daß alles pflegerische Tun sinnlos ist, auch und gerade die Pflege Schwerstkranker.

Eine Lösung dieser Problematik ist im Rahmen einer so umfassenden Analyse, wie ich sie hier versucht habe, allerdings nicht zu leisten. Ansätze und Lösungsmöglichkeiten darzustellen würde ein

neues Buch erfordern – aber viele Ansätze ergeben sich bereits aus der Analyse:
Medikamente wegzuschließen oder andere organisatorische Veränderungen im Stationsablauf der am stärksten gefährdeten Abteilungen (Intensiv-, Krebs- und Innere Stationen mit einem großen Anteil hochbetagter moribunder Patienten) zur Kontrolle einzusetzen, kann solche Tötungsdelikte nicht wirklich verhindern. Das haben die einzelnen Fälle deutlich gezeigt. Vielmehr muß, wer nach Lösungsmöglichkeiten sucht, diese aus den veränderten Bedingungen für Pflegende wie Ärzte ableiten, die die Problematik der Patiententötungen erst produzieren oder dazu eine Disposition darstellen.
Aus den Fallgeschichten ergibt sich zwar, daß Konflikte der beschriebenen Art zwischen Pflegekräften und Ärzten über Einstellung oder Fortführung der Behandlung »um jeden Preis« das tödliche Risiko genauso erhöhen wie Konflikte zwischen Pflegepersonal und Leitung – zum Beispiel, wenn eine Station zur Abschiebestation gemacht wird, auf der alle »hoffnungslosen« Fälle landen – oder zwischen Pflegenden und Patienten bzw. deren Angehörigen, wenn letztere aus ihrem Leiden heraus Schwestern und Pfleger mit der Erwartung konfrontieren, dem Kranken so oder so zu helfen – medizinisch oder eben durch Sterbehilfe. Vor allem aber gilt: Unter den Bedingungen der globalen Entwicklungen können Pflegekräfte und Ärzte, kann das System oder die »soziale Maschine« Krankenhaus seinen humanitären Aufgaben nicht mehr gerecht werden. Es ist damit schlicht und einfach überfordert. Und die »Maschine« brennt da zuerst durch, wo die Belastungen am größten sind: in den medizinischen Versorgungsbereichen für hochbetagte Schwerstkranke.
Allein durch individuelle Faktoren, durch Persönlichkeitsmerkmale der Täterinnen und Täter sind solche Tötungen daher nicht erklärbar. Wichtiger ist schon die Situation im Team auf Station, sind die inneren Strukturen einer Klinik, die dazu disponieren können, in einen innerlichen Zustand von Erschöpfung, von Ausgebranntsein zu geraten, in dem die beherrschende Leitlinie sinnvollen Handelns und Tuns verloren geht. In dieser Situation von Sinnverlust bis hin zum Verlust der beruflichen oder persönlichen Identität kann die

verzweifelte Suche nach einem Ausgleich, nach einem »neuen« Sinn, zum tödlichen Balanceakt werden. Wie gezeigt, wird eine solche verhängnisvolle Entwicklung noch verstärkt, wenn Konflikte gar nicht erst angesprochen und problematisiert oder durch Weisung und Befehl »von oben« »aus der Welt geschafft« werden.

Im Zentrum der Problematik aber steht der Globalitätsfaktor, also Entwicklungen wie etwa die demographischen Veränderungen, an denen wir nichts ändern können. Auch die medizinische Entwicklung läßt sich nicht zurückdrehen, ebensowenig die zunehmende Zahl von Krankheiten, an denen hochbetagte Patienten häufig leiden. Alle diese Faktoren sind auf das Engste miteinander verflochten und verstärken sich gegenseitig: Je älter ein Mensch wird, desto wahrscheinlicher, daß er ein ganzes Bündel von Krankheiten auf sich zieht und selbst bei infauster Prognose mit dem Maximum medizinisch-pharmazeutischer Technik am Leben erhalten werden kann – mit allen denkbaren Vorteilen einer solchen Therapie, aber auch mit den möglichen Nachteilen eines verlängerten Leidens. Ob der Einsatz lebensverlängernder Maßnahmen sinnvoll ist, läßt sich nicht allein an der hoffnungslosen oder infausten Prognose eines Patienten ablesen, sondern nur daran, wieviel Sinn sich dadurch für den einzelnen in der zu erwartenden Zeitspanne noch abringen läßt. Und dazu kann und sollte der Arzt der beste Berater des Patienten sein.

»Globalität« bezeichnet hier also im Unterschied zum herkömmlichen Sprachgebrauch nicht nur ein »internationales« Phänomen, sondern meint Entwicklungen, von denen schwer vorstellbar ist, wie sie in der Gesellschaft rückgängig zu machen sind. Der Zuwachs an Lebensalter in der gesamten westlichen Welt läßt sich nicht zurücknehmen. Einige Entwicklungen, die als globale Veränderungen erscheinen, beruhen jedoch in erster Linie auf gesellschaftlichen *Einstellungen.* So ist etwa die Delegation von Sterben und Tod an die Kliniken – wie das Beispiel der Niederlande zeigt – keine solche »Naturgesetzlichkeit« wie die gestiegene Lebenserwartung. Auch die Erwartungshaltungen gegenüber den schier unbegrenzten Machbarkeiten der Medizin – damit auch der Lebenserhaltung (»um jeden Preis«) – sind keine unabänderlichen Gesetzmäßigkeiten. Sie sind eine Frage gesellschaftlicher Erwartungen und Forderungen an das Leben und an die medizinischen Möglichkeiten, die uns von der Wissenschaft dafür zur Verfügung gestellt werden. Dies sind Beispiele, die möglichen Veränderungen prinzipiell zugänglich sind. Der globale Faktor eines höheren Lebensalters hingegen wird sich Vorderhand nicht korrigieren lassen. Gleichwohl haben beide Aspekte – Unveränderlichkeit oder schwere Veränderbarkeit eines höheren Lebensalters einerseits und die potentielle Veränderbarkeit von gesellschaftlichen Einstellungen andererseits – unser Leben und den Umgang mit Sterben und Tod entscheidend geprägt. Das heißt, es ist fast nicht oder gar nicht möglich, von diesem Zug abzuspringen. In diesem Sinne versteht sich Globalität als Zugzwang unserer Zeit am Ende des 20. Jahrhunderts. Die Konsequenz daraus lautet: Wir müssen mit diesen Tatsachen veränderter Bedingungen und Anforderungen in der Arbeitswelt der Medizin leben – und unseren Umgang mit Todkranken darauf einrichten. Dabei darf es nicht zu einer Verleugnung gerade dieser Realität (und den daraus erwachsenen möglichen tödlichen Konsequenzen) kommen.

Abschließend bleibt festzuhalten: Patiententötungen erfolgen weder nach einem naturnotwendigen Gesetz noch rein zufällig. Es ist eben *nicht* einfach eine – wie auch immer geartete – individuelle Disposition, die einige Schwestern und Pfleger zu Tätern werden läßt; es sind vielmehr komplexe gesellschaftliche Veränderungen, die dazu führen, daß sie in und mit der Sinnerfüllung ihrer pflegerischen Aufgabe scheitern. Wer keinen Sinn mehr in seiner Arbeit findet – und schon gar in dieser, die höchsten Einsatz verlangt –, ist gefährdet. Er läuft Gefahr, seine berufliche und persönliche Identität zu verlieren. Es gibt mithin globale Entwicklungen, von niemandem intendiert, von niemandem gewünscht, die höchst gefährlich sind, wenn man sie nicht erkennt. Auf die veränderten gesellschaftlichen Bedingungen dieses Jahrhunderts haben wir noch keine angemessene Antwort gefunden. Wenn wir uns nicht darum kümmern, handeln wir zumindest fahrlässig an den Opfern, aber auch an der Gesellschaft.

Dank

Das Buch wäre ohne die große Geduld meiner Ehefrau, Doris Maisch, nie entstanden. Ihr gebührt in erster Linie meine große Bewunderung und mein Dank.

Daran mitgewirkt haben jedoch viele. Bekannte Wissenschaftler, Autoren, Gesprächspartner, die sich ihres Beitrags vielleicht gar nicht bewußt waren. Unter den Wissenschaftlern und Universitätsprofessoren, die mich mit kritischen Fragen, Einwänden und Korrekturen, insbesondere im medizinischen Bereich, gestützt und gefördert haben, danke ich insbesondere den Professoren der Universitätskliniken Hamburg: Thomas Meinertz (Facharzt für Kardiologie), Franz Schulte (Facharzt für Pädiatrie und Neuro-Pädiatrie), Klaus Püschel (Facharzt für Rechtsmedizin); ferner vom Allgemeinen Krankenhaus Bethanien: Manfred Dreyer (Facharzt für Innere Medizin und Diabetologie).

Von unschätzbarer Bedeutung war für mich die Lektüre *Wie wir sterben* des amerikanischen Chirurgen Sherwin B. Nuland, der mir durch seine kritische und zugleich abgewogene Haltung gegenüber der »Sterbehilfe« wichtige Einsichten vermittelte.
Freilich gibt es darüber hinaus noch manch andere Begegnung und Lektüre, die mich förderten.

Von zentraler fachlicher und menschlicher Bedeutung war und blieb mein geduldiger Lektor Klaus Fricke, dem mein herzlicher Dank gilt.

Mein großer Dank gilt vor allem auch dem Chefarzt der Neurologie im AK Barmbek Hamburg Herrn Professor Dr. L. Lachenmayer sowie seiner Oberärztin Frau Dr. Jöhnck, die mir in schweren Tagen geduldig zur Seite standen.

Mein ganz besonderer Dank gilt auch meinem Gesprächspartner Herbert Jäger, Professor Dr. jur., Emeritus der Juristischen Fakultät der Universität Frankfurt a. M. Die Gespräche mit ihm waren mir fachlich und menschlich besonders hilfreich.

Nicht zuletzt gilt mein ganz besonderer Dank einem Wissenschaftler, der 1991 mit 55 Jahren allzu früh verstarb: meinem Freund Eberhard Schorsch, Professor Dr. med., Facharzt für Psychiatrie und Neurologie an den Universitätskliniken Hamburg, von dem viele Gedanken in diesem Buch wiederzufinden sind.

Unvergessenen Dank schulde ich meinen beiden Freunden Norbert und Hannes Hansel, die mir in schweren Zeiten beistanden.

Mit ihrer Hilfe und manch anderer habe ich versucht, mich ein Stück der Wahrheit anzunähern. Ob es mir gelungen ist, mögen andere beurteilen.

Anhang

Anmerkungen

1
Der kurze Tod im langen Sterben

1 Moore, Kelly, und Dan Reed: *Tödliche Fürsorge.* Heyne, München 1992, S. 417f.
2 Nuland, Sherwin B.: *Wie wir sterben.* Kindler, München 1994; Söllner, W./Wesiack, W.: in: Benzer, H., u.a. (Hrsg.): *Intensivmedizin.* Springer, Berlin/Heidelberg/New York, 7. Aufl., 1995.
3 Söllner/Wesiack, a.a.O.
4 Hay, Donald/Oken, Donald: »The Psychological Stresses of Intensive Care Unit Nursing«, in: *Psychosomatic Medicine,* Vol. 34, 2/1972, S. 109ff.
5 Quill, Timothy: *Das Sterben erleichtern. Plädoyer für einen wundervollen Tod.* Knaur, München 1994, S. 80.
6 Gibiec, Christiane: *Tatort Krankenhaus.* J.H.W. Dietz, Bonn 1990.

2
Betroffenheit – Reaktionen und Phantasien

1 Mauz, G., in: *Der Spiegel,* 2/1989.
2 Kürten, C./Dörner, K. (Hrsg.): *Erfolgreich behandeln – armselig sterben.* Verlag Jacob van Hoddis, Gütersloh 1993, S. 92
3 Irion, B.: *»Warum sollte ich nicht töten?«,* in: Kürten, C./Dörner, K. (Hrsg): *Erfolgreich behandeln,* a.a.O., S. 9.
4 Stephan, C.: *Der Betroffenheitskult.* rororo, Reinbek 1993
5 Kürten/Dörner, a.a.O.
6 *Der Spiegel,* 5/1989.
7 Irion B., a.a.O., S. 13.
8 Lewe, K.: »Über Knechtschaft und Zivilcourage«; in: Kürten/Dörner, a.a.O., S. 45.
9 Meisl, Th., in: *profil* Nr. 14 v. 2.4.1991; *profil* Nr. 16 v. 17.4.1989.
10 Salzer, M., in: *profil* Nr. 16 v. 17.4.1989.
11 *profil* Nr. 20 vom 14.5.1990, Nr. 43 vom 23.10.1989, Nr. 27 vom 2.7.1990.
12 *New York Times* vom 19.8.1987.
13 Meisl, Th., in: *profil* Nr. 14 vom 2.4.1991.
14 Vogt, W.: »Der Prozeß gegen die Hexen von Lainz«, in: ders.: *Ausatmen, Einatmen,* Europa-Verlag, Wien 1991, S. 97ff..
15 Missliwetz, J., u.a.: »Todesfälle in einem Wiener Krankenhaus – Problematik und Diskussion der Lainzer Verbrechen«, in: Oehmichen, M. (Hrsg.): *Lebensverlängerung, Tötung und Serientö-tung – eine interdisziplinäre Analyse der »Euthanasie«.* Schmidt-Römhild, Lübeck 1996, S. 189.

16 Hacker, Fr. (Interview) in: Pandi, Hl. (Hrsg).: *Lainz, Pavillon V.* Ueberreuter, Wien 1989, S. 144.
17 Ringel, E. (Interview) in: ebda., S. 41.
18 Dörner, K.: *Tödliches Mitleid.* (Erster Anhang 1989), Verlag Jacob van Hoddis, Gütersloh, 1989, S. 121/124.
19 *Westfalenblatt* vom 16.1.1991; *Gütersloher Volkszeitung* vom 15.1.1991; *Der Spiegel* 34/1989; S. 176.
20 *Die Glocke* vom 7.2.1991; *Neue Weserzeitung* vom 19.9.1991.
21 Dörner, K.: »Helfen und töten«, in: *Zeitschrift für Gesundheitswesen – Dr. med. Mabuse,* Frankfurt a.M., 73/1991, S. 28; ders., in: Kürten/Dörner, a.a.O., S. 93.
22 *Bild am Sonntag* vom 7.11.1982; *The Guardian* vom 19.10.1982.
23 *Der Spiegel* 16/1989.
24 *New York Times* vom 19.8.1987.
25 Mauz, G.: *Die Justiz vor Gericht.* Bertelsmann, München 1990, S. 220.
26 *Bild am Sonntag* vom 26.6.1988.
27 Mauz, a.a.O., S. 214.
28 *Die Zeit,* Nr. 17 vom 21.4.1987.
29 Vogt, a.a.O., S. 97.
30 Meisl, Th. in: *profil* Nr. 14 vom 2.4.1991; *profil* Nr. 16 vom 17.4.1989.
31 *profil,* Nr. 32 vom 10.9.1990.
32 *profil,* Nr. 16 vom 17.4.1989.
33 *New York Times* vom 19.8.1987.
34 *Bild am Sonntag* vom 7.11.1982.
35 *Bild am Sonntag* vom 26.6.1988.
36 Ebda.
37 Vogt, a.a.O., S. 106; *profil* Nr. 18 vom 2.5.1996.
38 *profil* Nr. 18 vom 2.5.1989.
39 Ebda.
40 *Hamburger Abendblatt* vom 21./22.1.1989.
41 Ebda.
42 *Die Welt* vom 11.1.1989.
43 Gibiec, Chr.: *Tatort Krankenhaus.* J.H.W. Dietz, Bonn 1990.
44 *Süddeutsche Zeitung* Nr. 11 vom 14./15.1.1989.
45 *Frankfurter Rundschau* vom 19.1.1989.
46 *Neue Zürcher Zeitung* vom 31.3.1991.
47 *Süddeutsche Zeitung* vom 19.3.1983.
48 *Der Spiegel* 1/1978.
49 Vogt, a.a.O., S. 105–109; *Der Spiegel* 14/1991.
50 Knaus, Karl: *Sittlichkeit und Kriminalität.* Fischer, Frankfurt a.M. 1966, S. 232.
51 Vogt, a.a.O., S. 105–109.
52 Missliwetz, J./Bauer, G./Reiter C./Vycudilik, V.: »Todesfälle in einem Wiener Krankenhaus«, in: Oehmichen, a.a.O., S. 183ff.
53 Ringel, E./Hacker, Fr. (Interviews) in: Pandi, a.a.O., S. 87ff./ S. 133ff.
54 Vogt, W.: *Arm, krank, tot.* Europa-Verlag, Wien/Zürich 1989, S. 17–36; 128–134.

3
Patiententötungen –
Ein neues kriminologisches Phänomen

1 *Frankfurter Rundschau* vom 29.3.1995; *Stuttgarter Zeitung* vom 13.4.1995.
2 Eser, A./Koch, H.-G. (Hrsg.): *Materialien zur Sterbehilfe.* Max-Planck-Institut, Freiburg 1991, S. 454ff.
3 Ebda.
4 Ebda.
5 Ebda., S. 516.
6 Ebda.
7 Ebda, S. 20ff.
8 Ebda, S. 537.
9 *Frankfurter Allgemeine Zeitung* vom 5.11.1996; *Die Welt* vom 5.11.1996; *Berliner Tagesspiegel* vom 5.11.1996; *Berliner Zeitung* vom 5.11.1996; *Wochenpost* vom 7.11.1996.
10 Eser/Koch, a.a.O.
11 Ebda, S. 7–8.
12 Ebda., S. 53/54.
13 Eser/Koch, a.a.O.
14 Dörner, K.: »Nationalsozialismus und Lebensvernichtung«, in: *Vierteljahreshefte für Zeitgeschichte* 2/1967, S. 121ff.
15 Oehmichen, M. (Hrsg.): *Lebensverkürzung, Tötung und Serientötung – eine interdisziplinäre Analyse der »Euthanasie«.* Schmidt-Römhild, Lübeck 1996, S. 233.
16 1 StR 399/79.
17 Maisch, H.: »Phänomenologie der Serientötung von schwerstkranken älteren Patienten durch Angehörige des Pflegepersonals, in: *Zeitschrift für Gerontologie und Geriatrie* 29/1996, S. 201–205.
18 *Stuttgarter Nachrichten* vom 18.12.1993 (Deutschland); *Hamburger Abendblatt* vom 21.11.1994 (England); *Hamburger Abendblatt* vom 3.2.1995 (Deutschland); *Süddeutsche Zeitung* vom 3.2.1995 (Deutschland); *Hamburger Abendblatt* vom 29/30.4 u. 1.5.1995 (Norwegen); *Frankfurter Allgemeine Zeitung* vom 5.8.1995 (Niederlande); *The Guardian* vom 4.9.1995 (England); *Hamburger Abendblatt* vom 4./5.4.1996 (Italien); *Stuttgarter Zeitung* vom 4.4.1996 (Italien).

4
Zwischen Cincinnati und Wien –
Außenansichten

1 Langbein, K./Skalnik, Ch.: *Leben verlängern – um welchen Preis?* Europa-Verlag, München/Wien 1996, S. 54f.; *profil* Nr. 7 vom 11.2.1991.
2 *profil* Nr. 7 vom 11.2.1991; Nr. 16 vom 17.4.1989.
3 Nuland, Sh. B.: *Wie wir sterben.* Kindler, München 1994.
4 Elias, N.: *Über die Einsamkeit des Sterbens.* Suhrkamp, Frankfurt a.M. 1991.

5 Eser, A./Koch, H.-G. (Hrsg.): *Materialien zur Sterbehilfe.* Max-Planck-Institut für ausländisches und internationales Strafrecht, Freiburg 1991, S. 707.

6 Vogt, W.: *Einatmen, ausatmen – der Mißstand der Norm.* Europa, Wien/Zürich 1991.

7 Missliwetz, J.: »Die Mordserie im Krankenhaus Wien-Lainz«, in: *Archiv für Kriminologie* 194/1994, S. 1ff.

8 Meisl, Th. in: *profil* Nr. 14 vom 2.4.1991.

9 Oehmichen, M.: *Lebensverkürzung, Tötung und Serientötung – eine interdisziplinäre Analyse der »Euthanasie«.* Schmidt-Römhild, Lübeck 1996.

10 Nuland, a.a.O.

11 Ebda., S. 294.

12 Missliwetz, a.a.O., S. 1ff.

13 Anklageschrift der Staatsanwaltschaft Wien 1989.

14 Dreyer, M.: Persönliche Mitteilung.

15 Schwerd, W.: »Blausäure«, in: Ponsolt, A. (Hrsg.): *Lehrbuch der gerichtlichen Medizin,* Thieme, Stuttgart 1967, S. 461f.

16 Missliwetz, a.a.O.

17 von Engelhardt, D.: »Euthanasie in historischer Perspektive«, in: *Zeitschrift für medizinische Ethik,* 39/1993, S. 16.

18 Landschaftsverband Westfalen-Lippe: *Bericht der internen Kommission aus Anlaß der Tötungsdelikte in der Westfälischen Klinik für Psychiatrie, Psychosomatik und Neurologie.* Gütersloh/Münster 1991.

19 *profil* Nr. 43 vom 23.10.1989; Nr. 20 vom 14.5.1990.

20 *Der Spiegel* 11/1991.

21 Vogt, a.a.O.

22 *profil* Nr. 43 vom 23.10.1989; Nr. 20 vom 14.5.1990 und Aussage gegenüber einem Gutachter.

23 *profil* Nr. 14 vom 2.4.1991.

24 *profil* Nr. 16 vom 17.4.1989.

25 Wilhelm, J./Balzer, E.: »Intensivpflege zwischen Patient und Medizin«, in: Deppe, H.U./Friedrich, H./Müller, R. (Hrsg.): *Das Krankenhaus.* Campus, Frankfurt a.M./New York, 1989, S. 164ff.

26 Ebda.

27 Missliwetz, a.a.O.

28 *profil* Nr. 7 vom 11.2.1991; Nr. 8 vom 18.2.1991; Nr. 9 vom 25.2.1991.

29 Maisch, H.: »Phänomenologie der Serientötung von schwerstkranken älteren Patienten durch Angehörige des Pflegepersonals«, in: *Zeitschrift für Gerontologie und Geriatrie* 29/1996, S. 201–205; und in: Oehmichen, a.a.O., S. 217ff.

30 *New York Times* vom 19.8.1997.

31 *profil* Nr. 8 vom 18.2.1991.

32 *profil* Nr. 14 vom 2.4.1991; Nr. 16 vom 17.4.1989.

33 *profil* Nr. 14 vom 2.4.1991.

34 *Bild* vom 7.11.1982.

35 Diessenbacher, H./Schüller, B.: *Gewalt im Altenheim.* Lambertus, Freiburg 1993, S. 63–65.

36 Ebda., S. 64.f.

37 Wehner, B.: *Die Latenz der Straftaten.* Bundeskriminalamt Wiesbaden 1957, S. 16f.

38 Käferstein, H./Madea, B./Sticht, G.: »Todesfälle während ambulanter Krankenpflege«, in: Oehmichen, a.a.O., S. 205ff.

39 *profil* Nr. 16 vom 17.4.1989.

5
Ein Eisberg wird sichtbar – Problematik Dunkelfeld

1 Oehmichen, M.: »Todesursache Gift«, in: Kriminalistik 3/1992, S. 191ff.

2 Missliwetz, J.: »Die Mordserie im Krankenhaus Wien-Lainz«, in: *Archiv für Kriminologie* 194/1994, S. 1ff.

3 Oehmichen, M.: *Lebensverkürzung, Tötung und Serientötung* (Rechtsmedizinische Forschungsergebnisse, Bd. 15), Lübeck 1996, S. 235.

4 Matern u.a., in: *Zentralbl. Rechtsmedizin,* S. 392 (1990); *Frankfurter Allgemeine Zeitung* vom 25.7.1988.

5 *profil* vom 17.4.1989, S. 98.

6 *Münchner Medizinische Wochenschrift,* S. 133 (1991), zit. nach: Kuratorium Deutsche Altershilfe (Hrsg).: *Rund ums Alter,* München 1996, S. 269.

7 Oehmichen, M.: *Lebensverkürzung,* a.a.O.

8 Kuhse, H./Singer, P.: »Voluntary enthanasia and the nurse: an Australian Survey«, in: *International Journal of Nursing Studies* 30/1993, S. 311ff.; Stevens, C.A., und Hassan, R.: »Nurses and the management of death, dying and enthanasia«, in: *Medicine and Law* 13/1994; S. 541ff.; Asch, David A.: »The role of critical care nurses in euthanasia and assisted suicide«, in: *The New England Journal of medicine,* vol. 334/21, 23.5.1996, S. 1374ff.

9 Asch, a.a.O.

10 Kuhse/Singer, a.a.O.

11 Ebda.

12 Ebda.

13 Asch, a.a.O.

14 Kuhse, a.a.O.

15 Eser, A./Koch, H.-G. (Hrsg.): *Materialien zur Sterbehilfe,* Freiburg 1991, S. 222.

16 Kuhse, a.a.O.

17 BGH vom 13.9.1994; BGH 1 StR 357/94.

18 Kuhse, a.a.O.

19 Ebda.

20 Asch, a.a.O.

21 Ebda.

22 *Stern* vom 28.11.1996, S. 69ff.

23 Meisl, Th. in: *profil* vom 17.4.1989; S. 99

24 Young, A. et al: »Oncology nurses' attitudes regarding voluntary, physician – assisted dying for competent, terminally ill patients«, in: *Oncol. Nurs. Forum,* vol. 20, 1993, S. 445ff.

25 Ebda.

6
Grauzone im Grenzbereich zwischen Leben und Tod

1 Kuratorium Deutsche Altenhilfe (Hrsg.): *Rund ums Alter.* C.H. Beck, München 1996, S. 268f.

2 *Stern* Nr. 46 vom 28. November 1996, S. 68–78. Studie nach der Konzeption von Prof. Dr. Karl-Heinz Wehkamp, Direktor des Zentrums für Gesundheitsethik in Hannover.

3 Deibl, A. K.: »Die Mehrheit lehnt die aktive Sterbehilfe ab«, in: *Deutsches Ärzteblatt*, Heft 4 vom 25. Januar 1985, S. 157ff.

4 Ward, B.J. / Tate, P.A.: »Attitudes among NHS doctors to request for euthanasia«, in: *British Medical Journal*, vol. 308 vom 21. Mai 1994, S. 1332-1334; Collins, K. u.a.: »Attitudes are influenced by age and religion«, in: *British Medical Journal*, vol. 309 vom 2. Juli 1994, S. 52 ff.; Kuhse, H./Singer, P.: »Doctors' practices and attitudes regarding voluntary euthanasia«, in: *Medical Journal of Australia*, vol. 148/1988, S. 669 ff.; van der Wal, G. u.a: »Euthanasia and assisted suicide«, in: *Family practice*, vol. 9/1992, S. 130 ff.; van der Maas, P.J. u.a.: »Euthanasia and other medical decisions concerning the end of life«, in: *The Lancet*, vol. 331/1991, S. 369ff.; Pijnenborg, L. u.a.: »Life-terminating acts without explicit requests of patient«, in: *The Lancet*, vol. 341 vom 8. Mai 1993, S. 1196 ff.; Black, A.L. u.a.: »Physician-assisted suicide and euthanasia in WAschington State«, in: *Journal of American Medicine Association (JAMA),* vol. 275/1996, S. 919 ff.; Ryan, K.: »Bid to shift the focus of euthanasia debate«, in: Australian Doctor, vol. 11 vom 28. April 1995; van der Wal, G. u.a.: »Evaluation of the notification procedure for physician-assisted death in the Netherlands«, in: *The New England Journal of Medicine*, vol. 335 vom 28. November 1996, S. 1706 ff.; van der Maas, P.J. u.a.: »Euthanasia, physician-assisted suicide and other medical practices involving the end of life in the Netherlands, 1990–1995«, in: *New England Journal of Medicine*, vol. 335 vom 28. November 1996, S. 1399ff.; Volker, A.P. u.a.: »Experiences and attitudes towards end-of-life decisions amongst Danish physicians«, in: *Bioethics*, vol. 10/1996, S. 233 ff.; Stevens, C.A. / Hassan, R.: »Management of death, dying and euthanasia: attitudes and practices of medical practioners in South Australia«; in: *Journal of Medicine Ethics*, vol. 20/1994, S. 41 ff.; Gillick, M.R. u.a.: »Medical technology at the end of life. What would physicians and nurses want for themselves?«, in: *Archive International Medicine* 153 (22), S. 25 ff.; Bachmann, J. G. u.a.: »Attitudes of Michigan physicians and the public toward legalization of physician-assisted suicide and voluntary euthanasia«, in: *New England Journal of Medicine*, vol. 334/1996, S. 303 ff.; Nuland, Sh. B.: *Wie wir sterben.* Kindler, Mün-

chen 1994, S.214–247; Quill, T.: *Das Sterben erleichtern.* Knaur, München, 1994, S. 184, 197f.

5 Black, A.L. u.a.: »Physician-assisted suicide and euthanasia in WAschington State«, in: *Journal of American Medical Association (JAMA),* vol. 275/1996, S. 979.

6 van der Maas: »Euthanasia and other medical decisions ...«, a.a.O.; Kuhlmann, A.: *Spezial-Sterbehilfe*, rororo, Reinbek 1995.

7 »Allensbach-Umfrage 1977 (Töten auf Verlangen)«, in: Eser, A./Koch, H.-G. (Hrsg.): *Materialien zur Sterbehilfe.* Max-Planck-Institut für ausländisches und internationales Strafrecht, Freiburg 1991, S. 71f.; »Emnid-Institut vom 1.–13. März 1990«, in: Kennedy, L.: *Sterbehilfe.* Knesebeck & Schuler, München 1991 (Anhang).

8 Oehmichen, M.: *Lebensverkürzung, Tötung und Serientötung – eine interdisziplinäre Analyse der »Euthanasie«.* Schmidt-Römhild, Lübeck 1996, S. 133; *Spiegel* vom 6. Februar 1995, S. 114–126 (Umfrage Emnid).

9 Mead, G.E. u.a.: »Cardiopulmonary resuscitation«, in: *The Elderly: Patients and relatives views. Journal of Medicine Ethics*, Februar 1995, S. 39–44, zit. nach: Geisler, L.S.: Vortrag (1996, unveröffentlicht).

10 *Journal of American Medical Association*, vol. 274/1995, S. 1775–1779, zit. nach: Geisler, a.a.O.; vgl. Nuland, a.a.O., S. 214–247, und Quill, a.a.O., S. 184, 197f.

11 Urteil des BGH vom 13. September 1994; BGH 1 StR 357/94

12 »Richtlinien der Bundesärztekammer«, zit. nach: *Deutsches Ärzteblatt* 76/1979, S. 957.

13 Oehmichen, a.a.O., S. 240.

14 Eser, A.: »Möglichkeiten und Grenzen der Sterbehilfe aus der Sicht eines Juristen«, in: Jens, W./Küng, H. (Hrsg.): *Menschenwürdig sterben.* Piper, München/Zürich 1995, S. 158 f., 166.

15 *Stern* Nr. 46 vom 28. November 1996.

16 Ebda., S. 78.

17 Kutzer, K.: *Rechtliche und rechtspolitische Aspekte einer verbesserten Schmerzbekämpfung in Deutschland. Festschrift für Hannskarl Salger.* Heymanns, Köln/Berlin/Bonn/München 1995, S. 670.

18 Ebda.; *Neue Strafrechts-Zeitschrift* 110, 115 (1994).

19 Eser/Koch, a.a.O. (zu Frankreich).

20 Ebda. (zu den Niederlanden); van der Maas, a.a.O.

21 Vgl. u.a. Jäger, H.: »Thesen zu einer Sterbehilfe-Gesetzgebung«, in: Ostendorf, H. (Hrsg.): *Integration von Strafrecht und Sozialwissenschaft. Festschrift für L. Pongratz. J. Schweitzer*, München 1986, S. 366; Eser/Koch, a.a.O.; Oehmichen, a.a.O., S. 229ff.

22 *Stern* Nr. 46 vom 28. November 1996.

23 Schüller, H.: *Die Alterslüge.* Rowohlt, Berlin 1995, S. 139.

24 Quill, a.a.O., S. 184f.

25 Eser: »Möglichkeiten und Grenzen der Sterbehilfe ...«, a.a.O., S. 170.

26 Eser/Koch, a.a.O.

27 Ebda., S. 712ff.; Urteil des BGH vom 13. September 1994, BGH 1 StR 357/94, zit. nach Oehmichen, a.a.O., S. 240.

28 *Stern* Nr. 46 vom 28. November 1996.
29 Siehe dazu die in Anm. 4 genannten Studien.
30 Geisler, a.a.O.; Black, a.a.O.
31 Quill, a.a.O., S. 138.
32 Nuland, a.a.O., S. 223f.
33 Ebda., S. 234 f.
34 *Spiegel* Nr. 9 vom 24. Februar 1997, S. 196ff.
35 Schur, M.: *Sigmund Freud – Leben und Sterben.* Suhrkamp, Frankfurt a.M. 1977, S. 623.
36 Kennedy, L.: *Sterbehilfe.* Knesebeck & Schuler, München 1991, S. 49ff.
37 Nuland, a.a.O., S. 235f.
38 Name geändert; vgl. die Darstellung bei Eser/Koch, a.a.O., S. 44ff.
39 BGHSt 32, 367, 3 StR 96/84, zit. nach: Eser/Koch, S. 97; vgl. auch Jens/Küng, a.a.O., S. 164f.
40 *Sydney Morning Herald* vom 25. März 1995 und vom 5. Juni 1995.
41 Eser/Koch, a.a.O., S. 283.
42 Ebda., S. 17f.; für die Bundesrepublik siehe ebda., S. 44–48.
43 Brauchbar, M./Heer, H.: *Zukunft Alter.* Artemis & Winkler, München 1993, S. 315.
44 Ward/Tate, a.a.O.; Collins, a.a.O.; Kuhse/Singer, a.a.O.; Stevens/Hassan, a.a.O.
45 Quill, a.a.O., S. 166.
46 van der Maas: »Euthanasia and other medical decisions ...«, a.a.O.; Pijnenborg, a.a.O.; van der Maas: »Euthanasia, physician-assisted suicide ...«, a.a.O.; van der Wal: »Evaluation ...«, a.a.O.
47 Quill, a.a.O., S. 197.
48 Oehmichen, a.a.O., S. 107ff.; Eser/Koch, a.a.O., S. 453ff.
49 van der Maas: »Euthanasia and other medical decisions ...«, a.a.O.; Pijnenborg, a.a.O.; van der Maas: »Euthanasia, physician-assisted suicide ...«, a.a.O.; van der Wal: »Evaluation ...«, a.a.O.
50 Angell, M.: »Euthanasia in the Netherlands – Good News or Bad?«, in: *The New England Journal of Medicine*, vol. 335/22 vom 28. November 1996, S. 1676ff.
51 Eser/Koch, a.a.O.
52 Ebda., S. 356f.; Bedford, S.: *Der Fall John Bodkin-Adams.* Rainer Wunderlich, Tübingen o.J. (die Originalausgabe erschien 1958 bei Collins, London).
53 Eser/Koch, a.a.O., S. 342ff.
54 Ebda., S. 345.
55 *Neue Strafrechts Zeitschrift* Heft 3/1994, S. 114f.; Eser/Koch, a.a.O., S. 19.
56 Kutzer in: ebda.; ders.: »Die Angst der Ärzte vor dem Strafrichter« (Interview), in: *Zeitschrift für Rechtspolitik* Heft 10/1993, S. 404ff.; ders.: *Rechtliche und rechtspolitische Aspekte ...*, a.a.O., S. 672.
57 OLG München, Beschluß vom 31. Juli 1987, 1 Ws 23/87, zit. nach: *Neue Juristische Wochenschrift* 1987, S. 2940ff.; vgl. Eser/Koch, a.a.O., S. 105–118.
58 *Die Woche* vom 15. September 1994; *Stern* vom 24. Februar 1994; vgl. Langbein, K./Skalnik, C.: *Leben verlängern – um welchen Preis?* Europa, München/Wien 1996, S. 99f.

59 Eser/Koch, a.a.O., S. 10–12, 706–708.
60 Ebda., S. 18f.
61 Ebda., S. 19.
62 Kennedy, a.a.O., S. 58ff.; *Spiegel* Nr. 9/1997, S. 197; Bönisch, G./Leyendecker, H. (Hrsg.): *Das Geschäft mit der Sterbehilfe*. Steidl, Göttingen 1993, S. 210.
63 *Frankfurter Rundschau* vom 24. Mai 1996; *taz* vom 12. Juli 1996.
64 Kuhse/Singer, a.a.O.; dies.: »Voluntary Euthanasia and the Nurse: An Australian Survey«, in: *International Journal of Nursing Studies* Heft 30/1993, S. 311ff.
65 Eser/Koch, a.a.O.
66 *Stern* Nr. 46 vom 28. November 1996.
67 Eser/Koch, a.a.O.; vgl. auch die in Anm. 4 genannten Dunkelfeldstudien.
68 Jäger, a.a.O., S. 366.
69 Asch, D.A.: »The Role of Critical Care Nurses in Euthanasia and Assisted Suicide«, in: *New England Journal of Medicine*, vol. 334, Heft 21 vom 23. Mai 1996, S. 1378.

7
Innenansichten I – Lebensläufe und Persönlichkeitsstrukturen

1 Prof. Dr. med. Eberhard Schorsch, Facharzt für Neurologie und Psychiatrie, Abteilungsdirektor Universitätskrankenhaus Hamburg, 1992 mit 56 Jahren verstorben, und ich, der Autor.
2 Florence Nightingale, englische Krankenschwester, 1820–1910, organisierte im Krimkrieg die freiwillige Krankenpflege, setzte später Reformen der Krankenpflege durch, war für Generationen von Krankenschwestern Leitbild.
3 *Süddeutsche Zeitung* 14./15.1.1989.
4 Schmidbauer, Wolfgang: *Die hilflosen Helfer,* Rowohlt, Reinbek 1977.
5 Burisch, Matthias: *Das Burnout-Syndrom,* Springer, Berlin/Heidelberg/New York 1989; Kleiber, Dieter u. Gusy, Burkhard: »Burnout in der psychosozialen Arbeit«, in: *Report Psychol.* 21,4 1996, S. 306ff.
6 Prof. Dr. med. Norbert Leygraf, Direktor des Instituts für Forensische Psychiatrie der Universität Essen.
7 Rasch, Wilfried: *Forensische Psychiatrie.* Kohlhammer, Stuttgart/Berlin/Köln 1986, S. 163.
8 §§ 20, 21 StGB sind Paragraphen des deutschen Strafgesetzbuches und regeln die Frage der Schuldfähigkeit. Sie enthalten vier gesetzliche Merkmale: »Krankhafte seelische Störung«, »tiefgreifende Bewußtseinsstörung«, »Schwachsinn«, »schwere andere seelische Abartigkeit«. Wird eines dieser Merkmale von Sachverständigen für den Tatzeitpunkt für vorhanden erklärt und werden Auswirkungen einer solchen »seelischen Störung« bejaht (auf die Einsichts- oder Steuerungsfähigkeit), so kann entweder – z. B. infolge einer schizophrenen Psychose – Schuldunfähigkeit oder – bei einer sogenannten Affekttat – verminderte Schuldfähigkeit

vorliegen, im ersten Falle keine Strafe, aber eine Einweisung in die Psychiatrische »Anstalt« erfolgen, im letzteren Falle kann das Gericht die Strafe mildern (Strafmaß), muß dies jedoch nicht tun (sogenannte »Kann-Vorschrift«).

9 Gutachter waren: Prof. Dr. Siegfried Haddenbrock und Dipl.-Psych. Christa Lange-Joest, Psychiatrisches Landeskrankenhaus Emmendingen.

10 Burisch, a.a.O., S. 103.

11 Schwartz, M.S./Will G.T.: »Intervention and change on a mental hospital ward« (1953), 1961 zit. nach Burisch, a.a.O., S. 100–102.

12 Burisch, a.a.O., S. 13.

13 Ebda., S. 16.

14 Ebda, S. 129.

15 *Der Spiegel* 11, 1991.

16 Bernhard, Thomas: *Der Atem – eine Entscheidung.* dtv, München 1981.

17 *Der Spiegel* 14, 1991.

18 Bernhard, a.a.O.

8
Innenansichten II –
Entwicklungen zur Tat und Beweggründe

1 Storm, Theodor: *Ein Bekenntnis.* Novelle. Aufbau, Berlin 1956.

2 Söderberg, Hjalmar: *Doktor Glas.* rororo, Reinbek 1992, S. 136.

3 Dörner, Klaus: in Kürten, Claudio/Dörner, Klaus (Hrsg.): *Erfolgreich behandeln – armselig sterben.* Verlag Jakob van Hoddis, Gütersloh 1993, S. 93.

4 Schors, R.: »Beobachtungen zur Psychodynamik einer Intensivstation«, in: *Psyche* 33, S. 343ff. (1979); Hay, D./Oken, D.: »The psychological stresses of intensive care units nursing«, in: *Psychosomatic medicine,* vol. 34, S. 109ff. (1972); Eisendraht, Stuart J./ Dunkel, Joan: »Psychological issues in intensive care units staff«, in: *Journal of Heart and Lung*, vol. 8, S. 751ff. (1979); Kucher, R./Steinbereithner, K. (Hrsg.): *Die Intensivstation. Pflege, Therapie.* Thieme, Stuttgart 1972; Klapp, B.F.: *Psychosoziale Intensivmedizin.* Springer Berlin/Heidelberg/New York 1985; Wilhelm, Jürgen/Balzer, Elke: »Intensivpflege zwischen Patient und Medizin«, in: *Medizin und Gesellschaft,* Jahrbuch 2, S. 164ff. (1989); Söllner W./Wesiack, W.: »Die psychosoziale Situation des Behandlungsteams auf der Intensivstation«, in: Benzer, H. u.a. (Hrsg.): *Intensivmedizin*, Springer, Berlin/Heidelberg/New York, 7. Aufl., 1995; Hannich, H.-J./Wendt, M./Lawin, P. (Hrsg.): *Psychosomatik der Intensivmedizin.* Thieme, Stuttgart 1983; Hannich, H.-J.: »Psychosomatik«, in: Lawin, P. (Hrsg.): *Praxis der Intensivbehandlung.* Thieme, Stuttgart, 6. Aufl., 1993, S. 86–98.

5 Schara, J.: »Indikationen und Grenzen der Intensivtherapie«, in: Benzer, H. u.a. (Hrsg.): *Intensivmedizin.* Springer, Heidelberg/Berlin/New York, 7. Aufl., 1994, S. 25.

6 Söllner/Wesiack; a.a.O., S. 94; Hannich: »Psychosomatik«, a.a.O., S. 92 f.; Schara, J.: »Indikationen und Grenzen der Intensivmedizin«, in: Benzer, a.a.O., S. 24f.

7 Wilhelm/Balzer, a.a.O., und in: Deppe, H.U./Friedrich, H./Müller, R. (Hrsg.): *Das Krankenhaus.* Campus, Frankfurt a. M./New York 1989.
8 Wilhelm/Balzer, ebda.; Söllner/Wesiack, a.a.O., S. 87.
9 Wilhelm/Balzer, ebda.
10 Söllner/Wesiack, a.a.O.; Wilhelm/Balzer, ebda.
11 Finke, F./Thiel, B.: »Zur Situation der Krankenpflege in der Intensivmedizin«, in: *Die Schwester/Der Pfleger* 5, 382ff. (1979).
12 Klapp, a.a.O., S. 131.
13 Ebda, S. 132.
14 Söllner/Wesiack, a.a.O., S. 85.
15 Hannich: »Psychosomatik«, a.a.O., S. 86ff.
16 Söllner/Wesiack, a.a.O., S. 89.
17 Nuland, Sherwin B.: *Wie wir sterben.* Kindler, München 1993, S. 218.
18 Klapp, a.a.O., S. 229; Schors, a.a.O.; Söllner/Wesiack, a.a.O., S. 89.
19 Koocher, G.: »Adjustment and coping strategies among the caretakers of cancer patients«, in: *Social Work in Health Care* vol. 5, S. 145ff. (1979).
20 Schara, a.a.O., S. 25.
21 Schors, a.a.O., S. 335.
22 Burisch, M.: *Das Burnout-Syndrom.* Springer, Berlin/Heidelberg/New York 1989, S. 15.
23 Schors, a.a.O.
24 Schara, a.a.O., S. 25.
25 Nuland, a.a.O.
26 Quill, Timothy: *Das Sterben erleichtern.* Knaur, München 1994.
27 Lasch, H.-G.: »Chancen und Grenzen der Intensivmedizin«, in: *Medizinische Welt*, S. 515ff. (1978).
28 Jores, A./Freyberger, H.: *Psychologische Probleme in der Intensivpflege.* Deutsche Gesellschaft für Innere Medizin, Verlag J.F. Bergmann, S. 401ff. (1968).
29 Kucher/Steinbereithner, a.a.O.
30 Buchinger, K./Graupe, S.: »Gedanken zur Organisationsentwicklung einer Intensivstation«, in: Strotzka, H. (Hrsg.): *Der Psychotherapeut im Spannungsfeld der Institutionen.* Urban & Schwarzenberg, München, S. 168ff. (1980).
31 Rüdiger, E./Röckl, H.: »Psychische Belastungen beim Krankenpersonal im Intensivbereich«, in: *Die Schwester/Der Pfleger* 2; S. 114ff. (1983).
32 Schors, a.a.O., S. 337.
33 Klapp, a.a.O., S. 224.
34 Eisendraht/Dunkel, a.a.O.
35 Gutachter: Prof. Dr. Eberhard Schorsch und Dr. Herbert Maisch.
36 Formulierung von Rasch, W. in: *Forensische Psychiatrie.* Kohlhammer, Stuttgart/Berlin/Köln/Mainz, 1986, S. 154.
37 Quatember, R.: Gutachtliche Äußerung über eine der vier Angeklagten (»Prager«) im Wiener Schwurgerichtsprozeß 1991.
38 Vogt, W.: »Der Prozeß gegen die ›Hexen‹ von Lainz«, in: *Einatmen, Ausatmen,* Europa, Wien/Zürich, 1991, S. 108.
39 Bundesgerichtshof: BGHSt 9, 385, 390; 30, 105, 116.

40 Eser, A. in: *Neue Strafrechts-Zeitschrift* 1983, S. 383, 385.
41 Diurese = Harnausscheidung.
42 AZ = Allgemeinzustand.
43 Hannich, a.a.O.
44 Kucher/Steinbereithner, a.a.O.
45 *Der Spiegel* 30/1993.
46 Bundesgerichtshof: BGHSt 23, 119, 120.
47 Balint-Gruppe: Organisierte Arbeitsgruppe, die unter der Leitung eines Gruppenleiters oder Supervisors ihre Erfahrungen und Probleme in regelmäßigen Sitzungen bespricht. Zweck: Erhellung der subjektiven Probleme mit Patienten und von Patienten.
48 Meisl, Th.: »Überraschend kommt es nicht«, in: *profil* 16 vom 17.4.1989.
49 ders.: »Friedensverbrechen«, in: *profil* 14 vom 2.4.1991.
50 Prof. Dr. Norbert Leygraf und Dr. Herbert Maisch (Gutachter).
51 Bajanowski, T. und Mitarbeiter: »Tötungsserie durch Luftembolie« in: Oehmichen (Hrsg.): *Lebensverkürzung, Tötung und Serientötung – eine interdisziplinäre Analyse der »Euthanasie«*. Schmidt-Römhild, Lübeck 1996, S. 195ff.
52 Burisch, a.a.O., S. 16.
53 Friedrichsen, G. in: *Der Spiegel* 14/1991.

9
Hintergründe angekündigter Patiententötungen

1 Márquez, G.M.: *Chronik eines angekündigten Todes*. Kiepenheuer & Witsch, Köln 1981
2 *Kindlers Neues Literaturlexikon*, München 1988, S. 113
3 Dörner, K.: »Nationalsozialismus und Lebensvernichtung«, in: *Vierteljahresschrift für Zeitgeschichte* 2/1967, S. 121 ff.
4 *Spiegel* Nr. 27/1990
5 Dörner, a.a.O.
6 Vogt, W.: *Einatmen – ausatmen*. Europa, Wien/Zürich 1991, S. 105
7 Kuhlmann, A.: *Sterbehilfe*. Rowohlt, Reinbek 1995
8 Vogt, W.: *Arm, krank, tot*. Europa, Wien/Zürich 1989
9 Dörner, a.a.O.
10 Vogt: *Einatmen*, a.a.O., S. 116.
11 Vannahme, J. Fr.: »Der Streit um das würdige Leben«, in: *Zeit* vom 4. April 1997.
12 Mitscherlich, A./Mielke F. (Hrsg.): *Medizin ohne Menschlichkeit. Dokumente des Nürnberger Ärzteprozesses*. Stuttgart 1948, Neuaufl. S. Fischer, Frankfurt a.M. 1978.
13 Dörner, K.: »Wie kann ich heute und morgen ›Helfer‹ sein? Prüffragen zu Krankentötungen – Mögliche Gründe und Maßnahmen«, in: Kürten, Cl./Dörner, K.: (Hrsg.): *Erfolgreich handeln – armselig sterben*. Verlag Jakob van Hoddis, Gü-

tersloh 1993, S. 94; Vogt: *Arm, krank, tot*, a.a.O., S. 134; Vogt: *Einatmen,* a.a.O., S. 116.

14 *Spiegel* Nr. 11/1991.

15 Dörner, K.: »Wie kann ich heute und morgen ›Helfer‹ sein?«, a.a.O.

16 Schara, J.: »Indikationen und Grenzen der Intensivtherapie«, in: Benzer, H./Buchardi, H./Larsen, R./Suter, P.M. (Hrsg.): *Intensivmedizin*. Springer, Berlin/Heidelberg/New York, 7. Aufl. 1995, S. 22–27

17 ebda.; Schara, J.: »Abschied nehmen von Hippokrates?«, in: *Süddeutsche Zeitung* vom 21./22. Januar 1989.

18 Wehkamp, K.-H.: »Lebensende: Zwischen Intensivstation und Hospizbewegung«, in: Bubner, A.: (Hrsg.): *Die Grenzen der Medizin*. Heyne, München 1993, S. 207–223.

19 Schara: »Indikationen und Grenzen der Intensivtherapie«, a.a.O., S. 25.

20 Wehkamp, a.a.O.

Literatur

Bücher und wissenschaftliche Zeitschriften

Angell, Marcia: »Euthanasia in the Netherlands – Good News or Bad?«, in: *The New England Journal of Medicine*, vol. 335/22, 28.11.1996, S. 1676 ff.

Asch, David A.: »The Role of Critical Care Nurses in Euthanasia and Assisted Suicide«, in: *The New England Journal of Medicine*, vol. 334/21, 23.5.1996, S. 1374 ff.

Bachmann, J.G. et al: »Attitudes of Michigan Physicians and the Public Toward Legalizing Physician-assisted Suicide and Voluntary Euthanasia«, in: *The New England Journal of Medicine*, vol. 334, 1996, S. 303 ff.

Baltes, Paul B./Mittelstraß, Jürgen: *Zukunft des Alterns und gesellschaftliche Entwicklung*. De Gruyter, Berlin/New York 1992

Bedford, Sybille: *Der Fall John Bodkin-Adams*. Rainer Wunderlich, Tübingen o.J. (die Originalausgabe erschien 1958 bei Collins, London)

Benzer, Herbert/Larsen, Reinhard/Suter, Peter M.: *Intensivmedizin*. Springer, Berlin/Heidelberg/New York 1995 (7. Aufl.)

Bernhard, Thomas: *Der Atem – eine Entscheidung*. dtv, München 1981

Black, A.L. u.a.: »Physician-Assisted Suicide and Euthanasia in WAschington State«, in: *Journal of American Medicine Association (JAMA)*, vol. 275/1996, S. 919 ff.

Blohmke, Maria/Schaefer, Hans: *Erfolge und Grenzen der modernen Medizin*. S. Fischer, Frankfurt a.M. 1966

Bönisch, Georg/Leyendecker, Hans: *Das Geschäft mit der Sterbehilfe*. Steidl, Göttingen 1993

Brauchbar, Mathis/Heer, Heinz: *Zukunft Alter*. Artemis & Winkler, München 1993

Bubner, Andrea (Hrsg.): *Die Grenzen der Medizin*. Heyne, München 1993

Buchinger, K./Graupe, S.: »Gedanken zur Organisationsentwicklung einer Intensivstation«, in: Strotzka, Hans (Hrsg.): *Der Psychotherapeut im Spannungsfeld der Institutionen*. Urban u. Schwarzenberg, München 1980, S. 168 ff.

Burisch, Matthias: *Das Burnout-Syndrom*. Springer, Berlin/Heidelberg/New York 1989

Christoph, Franz: *Tödlicher Zeitgeist*. Kiepenheuer & Witsch, Köln 1990

Collins, K./Gilholly, Mary L.M./Murray, K.: »Attitudes are Influenced by Age and Religion«, in: *British Medical Journal*, vol. 309, 2.7.1994

Deppe, H.U./Friedrich, H./Müller, R. (Hrsg.): *Das Krankenhaus*. Campus, Frankfurt a.M./New York 1989

Dießenbacher, Hartmut/Schüller, Kirsten: *Gewalt im Altenheim*. Lambertus, Freiburg 1993

Dörner, Klaus: »Helfen und Töten«, in: *Zeitschrift im Gesundheitswesen – Dr. med. Mabuse*. Nr. 73/1991, Frankfurt a.M., S. 28 ff.

Dörner, Klaus: »Nationalsozialismus und Lebensvernichtung«, in: *Vierteljahresschrift für Zeitgeschichte* 2/1967, S. 121 ff.

Dörner, Klaus: »Wie kann ich heute und morgen ›Helfer‹ sein? Prüffragen zu Krankentötungen – Mögliche Gründe und Maßnahmen«, in: Kürten, C./Dörner K. (Hrsg.): *Erfolgreich behandeln – armselig sterben*. van Hoddis, Gütersloh 1993, S. 93

Eisendraht, St.-J./Dunkel, Joan: »Psychological Issues in Intensive Care Unit staff«, in: *Journal of Heart and Lung*, vol. 8, Nr. 4/1979, S. 751 ff.

Elias, Norbert: *Über die Einsamkeit des Sterbenden*. Suhrkamp, Frankfurt a.M. 1991

Engelhardt, Dietrich von: »Euthanasie in historischer Perspektive«, in: *Zeitschrift für medizinische Ethik* 39/1993, S. 15 ff.

Eser, Albin/Koch, Hans-Georg (Hrsg.): *Materialien zur Sterbehilfe*. Max-Planck-Institut für ausländisches und internationales Strafrecht, Freiburg 1991

Eser, Albin/Lutterotti, Marcus von/Sporken, Paul (Hrsg.): *Lexikon Medizin, Ethik, Recht*. Herder, Freiburg 1992

Finke, F./Thiel, B.: »Zur Situation der Krankenpflege in der Intensivmedizin«, in: *Die Schwester/Der Pfleger* 5/1979, S. 382 ff.

Geilen, G.: »Mitleid von (und mit) ›Todesengel‹« in: *Festschrift für Günter Spendel zum 70. Geburtstag am 11.7.1992*. De Gruyter, Berlin/New York 1992, S. 219 ff.

Geisler, Linus S.: »Muß der Arzt alles tun, was möglich ist?«, unveröff. Vortrag 1996

Gibiec, Christiane: *Tatort Krankenhaus*. J.H.W. Dietz, Bonn 1990

Goleman, Daniel: *Emotionale Intelligenz*. Hanser, München/Wien 1996

Gross, Werner: »Seelische und körperliche Kosten der Karriere«, in: *Report Psychologie* 4/1997, S. 298 ff.

Haag, Gunther/Brengelmann, Johannes C.: *Alte Menschen*. G. Röttger, München 1991

Hannich, H.-J./Wendt, M./Lawin, P. (Hrsg.): *Psychosomatik der Intensivmedizin*. Thieme, Stuttgart 1983

Hannich, H.-J.: »Psychosomatik«, in: Lawin, Peter (Hrsg.): *Praxis der Intensivbehandlung*. Thieme, Stuttgart, 6. Auflage 1994, S. 86–98

Hannich, H.-J.: *Medizinische Psychologie in der Intensivbehandlung*. Springer, Berlin/Heidelberg/New York 1987

Harris, John: *Der Wert des Lebens*. Akademie, Berlin 1995

Hay, D./Oken, D.: »The Psychological Stresses of Intensive Care Unit Nursing«, in: *Psychosomatic Medicine* 34, 2/1972; S. 109 ff.

Jäger, Herbert: »Thesen zu einer Sterbehilfe-Gesetzgebung«, in: Ostendorf, Heribert (Hrsg.): *Integration von Strafrecht und Sozialwissenschaft. Festschrift für L. Pongratz*. J. Schweitzer, München 1986, S. 365 ff.

Jäger, Herbert: *Strafgerichte gegen Menschheitsverbrechen*. Hamburger Edition 1995, S. 325 ff.

Jens, Walter/Küng, Hans: *Menschenwürdig sterben*. Piper, München/Zürich 1995

Jonas, Hans: *Technik, Medizin und Ethik*. Suhrkamp, Frankfurt a.M. 1987

Jores, A./Freyberger, H.: *Psychologische Probleme der Intensivpflege*. Deutsche Gesellschaft für Innere Medizin, Bergmann, München 1968

Käferstein, H./Madea, B./Sticht, G.: »Todesfälle während ambulanter Krankenpflege«, in: Oehmichen, Manfred (Hrsg.): *Lebensverkürzung, Tötung und Serientötung – eine interdisziplinäre Analyse der »Euthanasie«*. Schmidt-Römhild, Lübeck 1996, S. 205 ff.

Kennedy, Ludovic: *Sterbehilfe*. Knesebeck & Schuler, München 1991

Klapp, B.: *Psychosoziale Intensivmedizin*. Springer, Berlin/Heidelberg/New York 1985

Kleiber, Dieter/Gusy, Burkhard: »Burnout in der psychosozialen Arbeit«, in: *Report Psychologie*, 21,2/1996, S. 306 ff.

Koch, U./Schmüling, G.: *Betreuung von Schwer- und Todkranken*. Urban & Schwarzenberg, München 1982

Koocher, G.: »Adjustment and Coping Strategies among the Caretakers of Cancer Patients«, in: *Social Work in Health Care* 5/1979, S. 145 ff.

Kraus, K.: *Sittlichkeit und Kriminalität*. S. Fischer, Frankfurt a.M. 1966

Kucher, R./Steinbereithner, K. (Hrsg.): *Die Intensivstation*. Thieme, Stuttgart 1972

Kuhlmann, Andreas: *Sterbehilfe*. Rowohlt, Hamburg 1995

Kuhse, H./Singer, P.: »Doctors' Practices and Attitudes Regarding Voluntary Euthanasia«, in: *Medical Journal of Australia*, vol. 148/1988, S. 669 ff.

Kuhse, H./Singer, P.: »Euthanasia. A Survey of Nurses' Attitudes and Practices«, in: *The Australian Nurses Journal* vom 21.8.1992

Kuhse, H./Singer, P.: »Voluntary Euthanasia and the Nurse: An Australian Survey«, in: *International Journal of Nursing Studies* 30/1993; S. 311 ff.

Kuratorium Deutsche Altenhilfe (Hrsg.): *Rund ums Alter*. C.H. Beck, München 1996

Kürten, C./Dörner, K. (Hrsg.): *Erfolgreich behandeln – armselig sterben*. Van Hoddis, Gütersloh 1993

Kutzer, Klaus: »Die Angst der Ärzte vor dem Strafrichter« (Interview), in: *Zeitschrift für Rechtspolitik* 10/1993, S. 404 ff.

Kutzer, Klaus: »Strafrechtliche Überlegungen zum Selbstbestimmungsrecht des Patienten und zur Zulässigkeit der Sterbehilfe«, in: *Monatsschrift Deutsche Richter* 9/1985, S. 710 ff.

Kutzer, Klaus: *Rechtliche und rechtspolitische Aspekte einer verbesserten Schmerzbekämpfung in Deutschland. Festschrift für Hannskarl Salger*. Heymanns, Köln/Berlin/Bonn, München 1995

Landschaftsverband Westfalen-Lippe: *Bericht der internen Kommission aus Anlaß des Tötungsdelikts in der Westfälischen Klinik für Psychiatrie, Psychosomatik und Neurologie, Gütersloh*. Münster 1991

Langbein, Kurt/Skalnik, Christian: *Leben verlängern – um welchen Preis?* Europa, München/Wien 1996

Lasch, H.G.: »Chancen und Grenzen der Intensivmedizin«, in: *Medizinische Welt*. 1978, S. 515 ff.

Laux, Lothar/Weber, Hannelore: »Bewältigung von Emotionen«, in: Scherer, Klaus R. (Hrsg.): *Psychologie der Emotion*. (Enzyklopädie der Psychologie, Bd. 3), C.J. Hogrefe 1990, S. 560 ff.

Lawin, P. (Hrsg.): *Praxis der Intensivbehandlung*. Thieme, Stuttgart 1993, 6. Auflage

Maas, Paul J. van der et al.: »Euthanasia, Physician-assisted Suicide, and other Medical Practice Involving the End of Life in the Netherlands«, in: *New England Journal of Medicine*, vol. 335; 22/1996 vom 28.11.1996, S. 1699 ff.

Maas, Paul J. van der et al: »Euthanasia and other Medical Decisions Concerning – The End of Life«, in: *The Lancet*, vol. 338 vom 14.9.1991, S. 669 ff.

Maisch, Herbert: »Phänomenologie der Serientötung von schwerstkranken älteren Patienten durch Angehörige des Pflegepersonals« in: *Zeitschrift für Gerontologie und Geriatrie* 29/1996, S. 201-205. Und in: Oehmichen, Manfred (Hrsg.): *Lebensverkürzung, Tötung und Serientötung – eine interdisziplinäre Analyse der »Euthanasie«*. Schmidt-Römhild, Lübeck, 1996, S. 217 ff.

Marquez, G.M.: *Chronik eines angekündigten Todes*. Kiepenheuer & Witsch, Köln 1981

Mauz, Gerhard: *Die Justiz vor Gericht*. Bertelsmann, München 1990

Missliwetz, J./Bauer, G./Reiter, C./Vycudilik, W.: »Todesfälle im Wiener Krankenhaus«, in: Oehmichen, Manfred (Hrsg.): *Lebensverkürzung, Tötung und Serientötung – eine interdisziplinäre Analyse der »Euthanasie«*. Schmidt-Römhild, Lübeck 1996, S. 183 ff.

Missliwetz, Johann: »Die Mordserie im Krankenhaus Wien-Lainz«, in: *Archiv für Kriminologie* 194/1994, S. 1 ff.

Mitscherlich, A./Mielke F. (Hrsg.): *Medizin ohne Menschlichkeit. Dokumente des Nürnberger Ärzteprozesses*. Stuttgart 1948, Neuaufl. S. Fischer, Frankfurt a.M. 1978

Moore, Kelly/Reed, Dan: *Tödliche Fürsorge*. Heyne, München 1982 (3. Aufl.).

Narr, Helmut/Rehborn, Martin: *Arzt, Patient, Krankenhaus*. dtv/ Beck, München 1991

Nuland, Sherwin B: *Wie wir sterben*. Kindler, München 1994

Oehmichen, Manfred: »Todesbescheinigungen«, in: *Kriminalistik* 2/1993, S. 137 ff.

Oehmichen, Manfred: »Todesursache Gift«, in: *Kriminalistik* 3/1992, S. 191 ff.

Oehmichen, Manfred: *Lebensverkürzung, Tötung und Serientötung – eine interdisziplinäre Analyse der »Euthanasie«*. Schmidt-Römhild, Lübeck 1996

Pandi, Claus: *Lainz, Pavillon V*. Ueberreuter, Wien 1989

Pijnenborg, L. et al.: »Live-terminating Acts without Explicit Requests of Patient«, in: *The Lancet*, vol. 341 vom 8.5.1993, S. 1196 ff.

Ponsold, Albert: *Lehrbuch der gerichtlichen Medizin*. Thieme, Stuttgart 1967

Quill, Timothy: *Das Sterben erleichtern*. Knaur, München 1994

Rasch, Wilfried, in: *Handwörterbuch der Kriminologie*, Bd. III, De Gruyter, Berlin/New York 1975 (2.Aufl.)

Rasch, Wilfried: *Forensische Psychiatrie*. Kohlhammer, Stuttgart/Berlin/Köln 1986

Richter, Horst-Eberhard/Ehalt, Hubert-Christian: *Zur Epidemie der Gewalt*. Picus, Wien 1995

Rüdinger, E./Röckl, H.: »Psychische Belastungen beim Krankenpersonal im Intensivbereich«, in: *Die Schwester/Der Pfleger* 2/1983, S. 114 ff.

Schara, Joachim: »Abschied nehmen von Hippokrates?«, in: *Süddeutsche Zeitung* vom 21./22.1.1989

Schara, Joachim: »Indikationen und Grenzen der Intensivtherapie«, in: Benzer, H./Buchardi, H./Larsen, R./Suter, P.M. (Hrsg.): *Intensivmedizin*. Springer, Berlin/Heidelberg/New York 1995, 7. Auflage, S. 22–27

Schmidbauer, Wolfgang: *Die hilflosen Helfer*. Rowohlt, Hamburg 1987

Schors, R.: »Zur Problematik von Intensivstationen, in: *Psyche* 4/1979, S. 343 ff.

Schüller, Heidi: *Die Alterslüge*. Rowohlt, Berlin 1995

Schur, Max: *Sigmund Freud – Leben und Sterben*. Suhrkamp, Frankfurt a.M. 1977

Schwartz, M.S./Will, G.T.: *Intervention and Change on a Mental Hospital Ward (1953),* 1961; zit. n. Burisch, Matthias: *Das Burnout-Syndrom.* Springer, Berlin/Heidelberg/New York 1989, S. 100–102

Schwerd, W.: »Blausäure«, in: Ponsold, A. (Hrsg.): *Lehrbuch der gerichtlichen Medizin.* Thieme, Stuttgart 1967, S. 461 ff.

Schwind, Hans-Dieter u.a. (Hrsg.): *Dunkelfeldforschung in Göttingen 1973/74.* BKA-Forschungsreihe, Wiesbaden 1975

Söderberg, Hjalmar: *Doktor Glas.* rororo, Reinbek 1992

Söllner, W./Wesiack, W.: »Die psychosoziale Situation des Behandlungsteams auf der Intensivstation«, in: Benzer, H. u.a. (Hrsg.): *Intensivmedizin.* Springer, Berlin/Heidelberg/New York 1995 (7. Aufl.)

Stephan, Cora: *Der Betroffenheitskult.* Rowohlt, Hamburg 1993

Stevens, C.A./Hassan, R.: »Management of Death, Dying and Euthanasia: Attitudes and Practices of Medical Practioners in South Australia«, in: *Journal of Medicine Ethics*, vol. 20/1994, S. 41 ff.

Stevens, Christine A.: »Nurses and the Management of Death, Dying and Euthanasia«, in: *Medicine and Law* 13/1994, S. 541 ff.

Storm, Theodor: *Ein Bekenntnis.* Novelle. Aufbau, Berlin 1956

Vogt, Werner: *Arm, krank, tot.* Europa, Wien/Zürich 1989

Vogt, Werner: *Einatmen, ausatmen – der Mißstand der Norm.* Europa, Wien/Zürich 1991

Volker, A.P. u.a.: »Experiences and Attitudes Towards End-of-Life Decisions amongst Danish Physicians«, in: *Bioethics*, vol. 10/1996, S. 233 ff.

Wal, G. van der et al.: »Evaluation of the Notification Procedure for Physician-assisted-Death in the Netherlands«, in: *The New England Journal of Medicine*, vol. 335, 22/1996 vom 28.11.1996, S. 1706 ff.

Wal, G. van der u.a.: »Euthanasia and Assisted Suicide«, in: *Family Practice*, vol. 9/1992, S. 130 ff.

Ward, B.J./Tate, P.A.: »Attitudes among NHS Doctors to Requests for Euthanasia«, in: *British Medical Journal*, vol. 308 vom 21.5.1994, S. 1332–1334

Wehkamp, K.-H.: »Lebensende: Zwischen Intensivstation und Hospizbewegung«, in: Bubner, A. (Hrsg.): *Die Grenzen der Medizin.* Heyne, München 1993, S. 207–223

Wehner, B.: *Die Latenz der Straftaten.* Bundeskriminalamt Wiesbaden, 1957

Wilhelm, J./Balzer, E.: »Intensivpflege zwischen Patienten und Medizin. Soziologische Untersuchungen zum Verhältnis von Pflegern und Ärzten auf Intensivstationen«, in: Deppe, H.U./Friedrich, H./Müller, R. (Hrsg.): *Das Krankenhaus.* Campus, Frankfurt a.M./New York 1989, S. 169 ff.

Wolfensberger, W.: *Der neue Genozid an den Benachteiligten, Alten und Behinderten.* Van Hoddis, Gütersloh 1991

Young, Ann et al.: »Oncology Nurses' Attitudes Regarding Voluntary, Physician-assisted Dying for Competent, Terminally Ill Patients«, in: *Oncology Nursing Forum*, vol. 20, 1993, S. 445 ff.

Register